신령사랑과 신령지혜
(The Divine Love and the Divine Wisdom)

E. 스베덴보리 지음
이모세·이영근 옮김

예 수 인

차 례

제1편 창 조 주

제1장　사람의 생명은 사랑이다/1
제2장　하나님 즉 주님만이 사랑 자체이시다. 그 까닭은 그분이 생명 자체이시고, 천사들과 사람들은 그 생명을 받는 수용그릇이기 때문이다/4
제3장　신령존재는 공간(空間) 안에 계시지 않는다/7
제4장　하나님은 바로 사람이시다/11
제5장　하나님의 존재와 실재는 신·인(神·人) 안에서 구분되는 하나다/14
제6장　신·인(神·人) 안에 있는 무한한 것들은 구분되는 하나이다/17
제7장　한 분 신·인(神·人)에게서 만물이 비롯되었다/23
제8장　신령본질 자체는 사랑과 지혜이다/28
제9장　신령사랑은 신령지혜에 속하고, 신령지혜는 신령사랑에 속한다/34
제10장　신령사랑과 신령지혜는 실체이고, 형체이다/40
제11장　신령사랑과 신령지혜는 본질적으로 실체이고 형체이다. 그러므로 참존재이고, 유일존재이다/44
제12장　신령사랑과 신령지혜는 그에 의해 창조된 피조물들 안에서 반드시 존재와 실재를 갖는다/47
제13장　우주 안에 있는 삼라만상은 신·인의 신령사랑과 신령지혜로 말미암아 창조되었다/52

─────────────

＊목차의 숫자는 쪽수가 아니라 이 책의 항수입니다.

제14장 창조된 우주 안에 있는 삼라만상은 신·인의 신령사랑과 신령지혜의 수용그릇이다/55
제15장 창조된 삼라만상은 특정의 한 형상으로 사람과 관계를 갖는다/61
제16장 창조된 삼라만상의 선용들은 가장 낮은 것들에서부터 사람에 이르도록 단계적으로 올라가고, 그리고 사람을 통해서 창조주이시고, 그들의 근원이신 하나님에게 올라간다/65
제17장 신령존재는 공간을 떠나서, 우주의 모든 공간을 채우신다/69
제18장 신령존재는 모든 시간에 있으면서, 시간을 떠나 있다/73
제19장 최대의 것이나, 최소의 것 안에 있는 신령존재는 동일하다/77

제2편 창조의 방편들

제1장 신령사랑과 신령지혜는 영계에서 태양으로 나타난다/83
제2장 신령사랑과 신령지혜로 형체를 갖춘 태양에서 볕과 빛이 나온다/89
제3장 영계의 태양은 하나님은 아니고, 신·인의 신령사랑과 신령지혜로부터의 발출이며, 그 태양에서 비롯된 볕과 빛이다/93
제4장 영적 볕과 빛은 태양이신 주님에게서 비롯된 발출 안에서 하나이다. 그것은 주님의 신령사랑과 신령지혜가 하나를 이루는 것과 꼭같다/99
제5장 영계의 태양은, 자연계의 태양이 사람들에게서 멀리 떨어져 있듯, 천사들에게서 멀리 떨어져 있는 중간 고도(高度)에 보인다/103
제6장 영계의 태양과 천사들 사이의 거리는 천사들이 수용하는 신령사랑과 신령지혜에 일치하는 하나의 외현(外現)이다/108

제7장 천사들은 주님 안에 있고, 주님은 천사들 안에 계신다. 왜냐하면 천사들은 수용그릇이고 주님만이 홀로 천계이시기 때문이다/113

제8장 영계에서 동(東)은 주님께서 태양으로 나타나시는 곳이며, 다른 방위들은 이 방위로 결정된다/119

제9장 영계의 방위는 태양이신 주님에 의하지 않고, 주님을 영접하는 천사들에 의해 결정된다/124

제10장 천사들은 그들의 얼굴을 변함없이 주님을 향해 돌리며, 따라서 그들은 우측에 남쪽을, 좌측에 북쪽을, 그들의 뒤에 서쪽을 둔다/129

제11장 마음과 몸에 속한 천사들의 모든 내면적인 것들은 태양이신 주님을 향해 있다/135

제12장 모든 영은, 그의 성품이 어떠하든, 동일한 방법으로 자신의 주도애(主導愛)를 향한다/140

제13장 태양이신 주님에게서 비롯되고, 천계의 볕과 빛을 생성하는 신령사랑과 신령지혜는 신령발출 즉 성령(聖靈)이시다/146

제14장 주님께서는 신령사랑과 신령지혜의 첫 발출인 태양을 방편으로 하여 우주와 그 삼라만상을 창조하셨다/151

제15장 자연계의 태양은 순수한 불이고, 따라서 죽은 것이다. 자연은, 그 태양에서 그 근원을 가져왔기 때문에 역시 죽은 것이다/157

제16장 살아 있는 태양과 죽은 태양, 이 한 쌍의 태양 없이는 창조는 불가능하다/163

제17장 창조의 목적은, 만물이 창조주에게 보답하고, 결합하기 위해 궁극적인 것 안에서 형체를 취한다/167

제3편 창조의 구조

제1장 영계에는 자연계에서와 같이 대기·물·뭍이 있는데, 전자는 영적이고 반면에 후자는 자연적이다/173

제2장 사랑과 지혜의 계도가 있고, 따라서 별과 빛의 계도와 대기의 계도가 있다/179

제3장 계도에는 두 종류가 있는데, 하나는 수직적인 높이의 계도이고, 다른 하나는 수평적인 너비의 계도이다/184

제4장 높이의 계도들은 동질적이며, 목적·원인·결과처럼 연속적으로 하나가 다른 하나에서 비롯된다/189

제5장 첫째 계도는 뒤이어진 계도(從屬的 階度)들에 속한 모든 것 안에 있는 전체이다/195

제6장 모든 완전함은 계도들에 따라서, 또 계도들과 함께 점증되고 상승한다/199

제7장 단계적인 질서 안에서는 첫째 계도가 지고한 계도를 구성하고, 셋째 계도가 최저의 계도를 구성한다. 그러나 동시적인 계도 안에서는 첫째 계도가 가장 내적인 계도를 구성하고, 셋째 계도가 가장 외적인 계도를 구성한다/205

제8장 가장 외적인 계도는 선행하는 계도들의 복합체요, 그릇이며, 초석이다/209

제9장 수직적 계도들은 완성과 능력 가운데 극외적 계도 안에 현존한다/217

제10장 최대의 것이든 최소의 것이든, 모든 창조된 피조물 안에는 이 두 계도가 존재한다/222

제11장 주님 안에 있는 높이의 세 계도는 무한하고, 비창조적인 것이고, 사람 안에 있는 세 계도는 유한하고, 창조된 것이다/230

제12장 이 세 수직적 계도들은 모든 사람 안에 출생시부터 있고, 단계적으로 열려진다. 그것들이 열려지는데 따라서 그 사람은 주님 안에 있고 주님은 그 사람 안에 계신다/236

제13장 영적 빛은 세 계도들을 통해서 사람 안으로 입류하지만, 영적 볕은 사람이 악을 죄로 알고 멀리하며, 주님만을 우러르는 정도만큼 입류한다/242

제14장 사람 안에 있는 보다 높은 영적 계도가 열리지 않는다면, 그 사람은 자연적이고 관능적인 사람이 된다/248

　(1) 자연적인 사람과 영적인 사람의 됨됨이(性稟)는 무엇인가?/251

　(2) 영적 계도가 열려 있는 자연적인 사람의 됨됨이(性稟)/252

　(3) 영적 계도가 열려 있지는 않았으나, 아주 닫혀 있지 않은 자연적인 사람의 됨됨이(性稟)/253

　(4) 영적 계도가 완전히 닫혀 있는 자연적인 사람의 됨됨이(性稟)/254

　(5) 단순히 자연적인 사람의 생명과 동물의 생명과의 차이/255

제15장 사람의 마음의 자연적 계도는 그 자체로는 연속적인듯 생각되지만, 보다 높은 두 계도들과의 대응에 의해서 고양될 때에는 마치 불연속적으로 보인다/256

제16장 사람의 마음에 속한 보다 높은 계도들을 담는 그릇이고, 껍데기(被覆)인 자연적인 마음은 반충(反衝)적이다. 만일 보다 높은 계도들이 열려 있지 않으면 그것은 그 계도들에 거슬러 행동하고, 그것들이 열려 있으면 그것들에 순응하여 행동한다/260

제17장 악의 근원은 합리성과 자유라고 일컫는 사람의 고유기능들의 오용에서 비롯된다/264

　(1) 악한 사람도 선한 사람처럼 이 두 기능을 향유한다는 것/266

　(2) 선한 사람이 선과 진리를 확증하기 위해서 이 두 기능들을 사

용하는데 반해서 악한 사람은 악과 거짓을 확증하기 위해서 이 두 기능들을 사용한다는 것/267
(3) 사람 안에 있는 확증된 악과 거짓은 그 사람의 사랑의 일부되고, 그러므로 그의 생명의 일부가 되어 지속된다는 것/268
(4) 사랑과 생명의 일부가 된 것들은 후손에게 이어진다는 것/269
(5) 선천적인 것이든 후천적인 것이든, 모든 악들은 자연적인 마음 안에 그 자리를 잡는다는 것/270

제18장 악과 거짓은 선과 진리에 정반대가 된다. 그 까닭은 악과 거짓은 악마적이고 지옥적인데 반하여 선과 진리는 신령하고 천계적이기 때문이다/271
(1) 악과 그것에서 비롯된 거짓 안에 있는 자연적인 마음은 지옥의 형체이고 형상이다는 것/273
(2) 지옥의 형체이고 형상인 자연적인 마음은 세 계도들을 통해서 하강한다는 것/274
(3) 지옥의 형체이고 형상인 자연적인 마음에 속한 세 계도들은 천계의 형체이고 형상인 영적인 마음에 속한 세 계도들과는 정반대이다는 것/275
(4) 하나의 지옥인 자연적인 마음은 하나의 천계인 영적인 마음에 전적으로 반대된다는 것/276

제19장 자연적인 마음의 세 계도에 속한 모든 것들은 육체적 행동으로 말미암아 행위들 안에 내포된다/277

제4편 창조의 방법

제1장 영원 전부터 계신 여호와이신 주님께서 무(無)에서가 아니라 당신 자신으로부터 우주와 삼라만상을 창조하셨다/282
제2장 영원 전부터 계신 주님 즉 여호와께서 사람이 아니었다면, 그분은 우주와 그 만물을 창조하실 수 없으셨다/285

제3장 영원 전부터 계신 주님 즉 여호와께서 자신으로부터 영계의
       태양을 내셨고, 그것에 의해서 우주와 그 만물을 창조하셨다
       /289
제4장 주님 안에는 주님을 가리키는 세 가지 것들 즉 신령사랑·신
       령지혜·신령선용이 있는데, 이 셋은 영계의 태양으로부터 별
       으로는 신령사랑이, 빛으로는 신령지혜가, 그것들은 담는 대
       기로는 신령선용이 현현(顯現)된다/296
제5장 영계와 자연계에 세 계도로 있는 대기들은 가장 외적인 것
       안에서는 지상에 있는 실체와 물질에서 종결된다/302
제6장 이 세상을 구성하고 있는 실체와 물질 안에는 본질적으로 신
       령존재에 속한 것은 전무(全無)하지만, 그럼에도 불구하고
       그것들은 신령존재로부터 비롯되었다/305
제7장 창조의 목적들인 선용들은 형체들 안에 있으며, 그것은 지상
       의 삼라만상의 실체와 물질에서 그 형체를 위한다/307
  (1) 만물에는 형체 안에 있는 선용 즉 선용의 형체를 생산하는 활
      력소(活力素)가 있다는 것/310
  (2) 모든 선용의 형체 안에는 우주 창조의 이미지(image)가 있다
      는 것/317
  (3) 모든 선용의 형체 안에는 사람의 이미지가 있다는 것/317
  (4) 모든 선용의 형체 안에는 무한존재(無限存在·the Infinite)와 영
      원존재(永遠存在·the Eternal)의 이미지가 있다는 것/318
제8장 선용의 관점에서 보면 우주 안의 만물은 사람의 이미지를 나
       타내고, 이 사실은 하나님이 사람이시다는 것을 증거한다/
       319
제9장 주님에 의해 창조된 만물은 선용이다. 그것들은, 그것들이
       사람과 관계를 갖는다는, 그리고 사람을 통해서 그것들이 비
       롯된 주님에게 되돌아간다는, 그리고 질서와 계도의 측면에
       서 선용이다/327

사람의 몸을 유지하기 위한 선용/331
　　　사람의 합리성을 완성하기 위한 선용/332
　　　주님으로부터 영적인 것을 수용하기 위한 선용/333
제10장　악한 씀씀이(惡用)는 주님에 의해서 창조되지 않았고, 전적으로 지옥에서 비롯되었다/336
　(1) 악한 씀씀이(惡用)가 지상에서는 무엇을 뜻하는가?/338
　(2) 모든 악용들은 지옥에 있고, 모든 선용들은 천계에 있다는 것/339
　(3) 영계로부터는 자연계 안으로 흐르는 계속적인 입류가 있다는 것/340
　(4) 지옥에서 비롯된 입류작용에 의해 이루어진 악용을 가리키는 모든 것들은 그것에 대응하는 것들이 지옥에 존재한다는 것/341
　(5) 이같은 일은 상위(上位)에 있는 영적인 것에서 분리된 가장 낮은 영적인 것에 의하여 이루어진다는 것/345
　(6) 입류에 의한 작용이 일어나는 것에는 식물과 동물의 두 형체가 있다는 것/346
　(7) 이들 두 형체들은 자기 자신의 종족들을 번식할 능력과 방편을 가지고 있다는 것/347
제11장　창조된 우주의 만물은, 자연이 아무것도 창조하지 않았고, 창조하지 못하지만, 신령존재 자체가 영계를 거쳐서 만물을 창조하셨고, 창조하신다는 것을 증거한다/349

제5편　창조의 목적

제1장　사람 안에는 주님에 의해 창조되고 형성된 의지와 이해라고 부르는 주님을 받는 수용그릇들과 거처들이 있다. 의지는 신령사랑을 받고 이해는 신령지혜를 받는다/358

제2장 사랑과 지혜의 수용그릇인 의지와 이해는 전체적으로나 부분적으로나 뇌 안에 있고, 거기에서 비롯된 것은 전체적으로나 부분적으로나 몸 안에 있다/362
 (1) 사랑과 지혜, 그리고 여기서 비롯된 의지와 이해는 한 사람의 생명 자체를 이룬다는 것/363
 (2) 제일원리 안에 있는 사람의 생명은 뇌 안에 있고, 파생적인 것 안에 있는 사람의 생명은 몸 안에 있다는 것/365
 (3) 제일원리 안에 있는 생명이 이러하면, 전체나 각 부분 안에 있는 생명도 그러하다는 것/366
 (4) 제일원리에 의해 생명은 모든 부분에서 비롯된 전체 안에 있고, 또 전체에서 비롯된 모든 부분 안에 있다는 것/367
 (5) 사랑이 이러하면, 지혜도 그러하고, 또한 사람도 그러하다는 것/368
제3장 심장과 의지의 대응이 있고, 폐장과 이해의 대응이 있다/371
 (1) 마음에 속한 모든 것들은 의지와 이해에 관계되어 있고, 몸에 속한 모든 것들은 심장과 폐장에 관계되어 있다는 것/372
 (2) 의지와 이해는 심장과 폐장에 대응하고, 따라서 마음에 속한 모든 것들은 몸에 속한 모든 것들에 대응한다는 것/374
 (3) 의지는 심장에 대응한다는 것/378
 (4) 이해는 폐장에 대응한다는 것/382
 (5) 이 대응에 의하여 의지와 이해에, 따라서 사랑과 지혜에 관계되는 수많은 비의(秘義·arcana)를 열어 보일 수 있다는 것/385
 (6) 사람의 마음은 그 사람의 영이고, 영은 곧 그 사람이며, 몸은 외적인 것으로, 그것에 의해 마음 즉 영은 이 세상에서 느끼고 행동한다는 것/386
 (7) 사람의 영과 몸의 결합은 그의 심장과 폐장이 의지와 이해의

대응에서 비롯되고, 그것의 분리는 이같은 대응이 없는 것에서 비롯된다는 것/390

제4장 심장과 의지의 대응에서부터, 폐장과 이해의 대응에서부터, 의지와 이해에 관해서, 즉 사랑과 지혜에 관해서, 그러므로 사람의 영혼에 관해서 알 수 있는 것은 모두 알 수 있다/394

(1) 사랑 즉 의지가 사람의 생명 자체라는 것/399
(2) 사랑 즉 의지는 인간 형체와 그 형체에 속한 모든 것을 위해서 부단히 애쓴다는 것/400
(3) 사랑 즉 의지는 지혜 즉 이해와의 결합 없이 인간형체에 의해서 아무것도 이룰 수 없다는 것/401
(4) 사랑 즉 의지는 지혜 즉 이해를 가리키는 장차의 아내를 위해서 집 즉 신방(新房)을 준비한다는 것/402
(5) 사랑 즉 의지는 역시 지혜 즉 이해와 결합하여 행동하기 위해서 인간형체 안에서 모든 것들을 준비한다는 것/403
(6) 혼인 뒤, 첫번째 결합은 알고자 하는 정동을 통해서 이루어지고, 그것에서부터 진리를 위한 정동이 솟아난다는 것/404
(7) 두번째 결합은 이해를 향한 정동을 통해서 이루어지고, 그것에서부터 진리의 지각이 솟아난다는 것/404
(8) 세번째 결합은 진리를 보고자 하는 정동을 통해서 이루어지고, 그것에서부터 사상이 생겨진다는 것/404
(9) 이같은 세 결합을 통해서, 사랑 즉 의지는 감수성이 강한 삶과 적극적인 삶 안에 있다는 것/406
(10) 사랑 즉 의지는 지혜 즉 이해를 자신의 집안에 있는 모든 것들에게 안내한다는 것/408
(11) 사랑 즉 의지는 지혜 즉 의지와의 결합 안에 있지 않으면 아무것도 행할 수 없다는 것/409
(12) 사랑 즉 의지는 그 자신을 지혜 즉 이해에 결합시키고, 그리고

지혜 즉 이해도 교호적으로 그것과 결합하게 한다는 것/410
⒀ 지혜 즉 이해는 사랑 즉 의지에 의하여 그것에게 주어진 힘에 의해서 고양될 수 있고, 또 천계에서 비롯된 빛에 속한 것들을 받을 수 있고, 또 그것들을 지각할 수 있다는 것/413
⒁ 사랑 즉 의지는, 그 계도 안에서 자신의 배우자로 지혜를 사랑한다면, 마찬가지로 고양될 수 있고, 또 천계에서 비롯된 볕에 속한 것들을 지각할 수 있다는 것/414
⒂ 그렇지 않으면 사랑 즉 의지는 자체와 더불어 지혜 즉 이해가 한 몸처럼 행동하기 위해서 지혜 즉 이해를 고양된 지점에서부터 하강시킨다는 것/416
⒃ 사랑 즉 의지는, 만약 의지와 이해가 모두 함께 고양되었다면, 이해 안에 있는 지혜에 의하여 정화(淨化)된다는 것/419
⒄ 사랑 즉 의지는, 만약 의지와 이해 모두가 함께 고양되지 않았다면, 이해 안에서, 그리고 이해에 의해서 오염(汚染)된다는 것/421
⒅ 사랑이 이해 안에서 지혜에 의해 정화되었을 때, 그 사랑은 영적 또는 천적 사랑이 된다는 것/422
⒆ 사랑이 이해 안에서, 그리고 그것에 의해 오염되었을 때 그 사랑은 자연적, 삼관적, 관능적이 된다는 것/424
⒇ 합리성이라고 부르는 이해하는 기능과 자유라고 부르는 행동하는 기능은 계속 남아 있다는 것/425
(21) 영적 사랑은 이웃사랑이고, 천적 사랑은 주님사랑이며, 또 자연적 사랑은 세간애이고, 감관적 사랑은 자아애이다는 것/426
(22) 인애와 믿음, 그리고 그것의 결합은 의지와 이해, 그리고 그것의 결합과 꼭같다는 것/427

제5장 수태에서 비롯되는 인간의 시초는 무엇인가?/432

옮긴이의 말씀 /

제 1 편

창 조 주

제 1 장 ▓ 사람의 생명은 사랑이다.

1. 사람들은 사랑이 존재한다는 것은 알고 있으면서도 사랑이 무엇인지를 모릅니다. 일상 사용하는 언어에서도 사랑이 존재한다는 것을 잘 알 수 있습니다. 예를 들면, 그가 나를 사랑한다, 임금은 신하를 사랑한다, 남편이 아내를 사랑한다, 어머니가 자녀들을 사랑한다, 또 그 반대도 그러하고, 그리고 또한 전자나 후자도 그의 나라와 국민과 이웃을 사랑한다고 말하는 것들입니다. 이같은 것은 사람(人格)에게서 추상화한 것들도 마찬가지입니다. 예를 들면 사람은 이것을, 또는 저것을 사랑한다고 말합니다. 비록 "사랑"이라는 낱말이 보편적으로 널리 사용되지만 사랑이 무엇인지를 아는 사람은 매우 드뭅니다. 사람들은 사랑에 관해서 생각할 때 그 사랑의 개념을 형성할 수 없기 때문에, 사랑이 현실적인 존재가 아니라거나, 아니면 단지 시각이나 청각 또는 촉각 그리고 서로의 대화에 의해서 흘러들고, 영향력을 행사하는 어떤 것에 지나지 않는다고 말합니다. 사람들은 사랑이 자기들의 생명 자체임을 전혀 깨닫지 못하고 있습니다. 즉 사랑이 자신들의 온 몸의 총체적인 생명이고, 자신들의 모든 사상(思動)들의 전체적인 생명일 뿐 아니라 자신들의 각 부분들의 생명임을 깨닫지 못합니다.

이렇게 말하면 슬기로운 사람은 무엇인가 느낄 수 있겠습니다. 즉, 만일 사랑에서 비롯된 정동(情動 affection)을 제거한다면 당신은 무엇을 생각할 수 있겠소? 아니, 무엇을 행할 수 있겠소? 사랑에서 비롯된 정동이 싸늘하게 식으면 모든 생각과 언어 그리고 행동이 냉랭하게 될 것이 아니겠소? 사랑 하나가 시동되면 다른 모든 것들이 가동될 것이 아닙니까? 라고 말입니다. 그러나 그 슬기롭다는 사람도 이 사실들을 "사람의 생명이 사랑이다"라는 생각을 토대로 해서 지각하지 않고, 다만 사랑이란 사물들이 생겨지는 한 방도라는 자신들의 경험을 토대로 해서 지각할 뿐입니다.
2. 사랑이 무엇인지를 알지 못하면 아무도 사람의 생명이 무엇인지를 알 수 없습니다. 이것을 모르면, 어떤 사람은 사람의 생명이 느낌과 행동이라고 믿게 될 것이고, 또 다른 사람은 사람의 생명이 단순히 생각하는 것이라고 믿게 될 것입니다. 왜냐하면 사람이 실제로 생각하는 것이 생명의 첫 결과이고, 느낌과 행동이 그 둘째 결과이기 때문입니다. 생각하는 것이 생명의 첫 결과라고 말하지만 생각하는 것에는 내면적인 생각과 보다 내면적 생각들이 있고, 또 외면적인 생각과 보다 외면적인 생각들이 있습니다. 가장 내면적 생각 즉 목적들을 지각하는 것은 진실로 생명의 첫 결과입니다. 그러나 이것에 관해서는 뒤에 생명의 계도들을 논하게 될 때 더 상세하게 설명하겠습니다.
3. 사람의 생명을 가리키는 사랑의 개념은 이 세상의 태양의 별(熱)에서부터 얻을 수 있습니다. 이 별이 소위 지상의 식물들이 공유하고 있는 공통적인 생명이다는 것은 잘 알고 있습니다. 그 까닭은 봄철에 생겨지는 것 같이, 그 별이 증가하면 모든 종류의 식물들이 토양 밖으로 솟아 올라와 잎사귀들로 몸단장을 하고, 꽃을 피우고, 마침내는 열매를 맺기 때문입니다. 이것들은 어떤 의미로 보면 살아 있습니다. 그러나 그 별이 가을과 겨울에서처럼 감소하면, 그 생명에 속한 이같은 징후들은 사라지고, 그것들은 모두 시들어 버립니다.

사람 안에 있는 사랑에 있어서도 동일합니다. 사랑과 별(熱)은 서로 대응(對應)하기 때문입니다. 이런 까닭에 사랑은 역시 따뜻하게 하는 효과를 가지고 있습니다.

제 2 장
하나님 즉 주님만이 사랑 자체이시다. 그 까닭은 그분이 생명 자체이시고, 천사들과 사람들은 그 생명을 받는 수용그릇이기 때문이다.

4. 이 명제는 《신령 섭리와 생명》(on Divine Providence and on Life)을 다룬 나의 저서에서 충분하게 설명하였지만, 여기서는 사람들과 천사들은 창조되었고 유한(有限)하지만, 우주의 하나님이신 주님은 창조되지 않으셨고 무한(無限)하시다는 것만을 서술하는 것으로 충분하다고 하겠습니다. 주님께서는 지음받지 않으셨고 또 무한하시기 때문에 그분은 여호와라고 부르는 존재 자체이시고 생명 자체 즉 그 자체 안에 내재한 생명이십니다. 창조되지 않으시고 무한하신 존재 자체요, 생명 자체이신 분에게서는 아무 것도 직접 창조될 수 없습니다. 그 까닭은 신령존재(神靈存在·the Divine)는 하나이고, 불가분리(不可分離)하기 때문입니다. 오히려 이 창조는 지음받은 유한한 것들을 사용해서 생겨져야 할 것이므로, 신령존재가 그들 안에 있을 수 있도록 그렇게 형성되었습니다. 바로 이것이 사람과 천사의 본성(本性)입니다. 즉 그들은 생명의 수용그릇(受容器)입니다.

그러므로 사람들이 자신들을 생명의 수용그릇이 아니라 생명 자체라는 데까지 오도(誤導)되어 생각한다면, 종국에는 자신들이 하나님이라고 생각하지 않을 수 없습니다. 자신들이 생명 자체라고 느끼고, 그 결과로서 그렇게 믿는 것은 하나의 미망(迷妄)에서 비롯된 것입니다. 그같은 근본적인 원인은 그 불가결한 것과 하나가 되지 않고 보조적인 중간 원인에서는 지각할 수 없기 때문입니다. 주님께서는 요한복음서에서 당신이 스스로 생명 자체시다고 가르치십니다. 즉—.

아버지께서 자기 안에 생명이 있는 것처럼, 아들에게도 생명을 주셨다.

(요한 5:26)
나는 부활이요, 생명이다.
(요한 11:26; 14:6)

자, 이제 생명과 사랑이 하나이고(1·2항 설명 참조), 주님께서 생명 자체이시기 때문에 주님이 사랑 자체이심을 잘 알 수 있겠습니다.
5. 만일 이것이 우리들의 이해에 맞는다고 하더라도 우리는 그 본질 자체로 사랑 또는 신령사랑(神靈愛)이신 주님께서 천계의 천사들에게 태양처럼 보인다는 것을 필히 알아야 하겠습니다. 별과 빛이 그 태양에게서 발산되고, 그 발산되는 별은 본질적으로 사랑이시고, 또 그 발산되는 빛이 본질적으로 지혜이심을 명백히 알아야 합니다. 천사들은 사랑이고 지혜인 영적 별과 영적 빛을 담는 그릇임을 아는 한 자기 자신에게서부터 그것들이 비롯되는 것이 아니라 주님에게서만 비롯된다는 것을 압니다.

영적 별과 영적 빛은 천사들에게만 흘러들고 영향을 주는 것이 아니라 지상의 사람들에게도 꼭 같이 흘러들고 영향을 줍니다. 분명하게 말하지만 천사들이나 사람들이 그 수용그릇이 되어 있는 정도 만큼 흘러들고 영향을 줍니다. 그리고 주님을 향한 그들의 사랑과 이웃을 향한 그들의 사랑의 분량 만큼 그들은 그것을 받을 그릇이 됩니다.

그 태양 자체 즉 신령사랑은 어떤 사람이나 천사들을 직접적으로 창조하기 위해서 자체의 별과 빛을 사용할 수 없습니다. 만약 그렇게 한다면 그 창조는 본질적인 사랑 즉 주님 자신을 창조하는 결과가 되기 때문입니다. 그래서 신령사랑은 실체와 물질을 사용해서 그것들을 창조하고, 그것들이 실질적인 별과 실질적인 빛을 받을 수 있게 하십니다. 세상의 태양이 지상의 것들을 직접 생산하기 위해서 그 별과 빛을 사용할 수 없는 것이 영적 태양의 경우와 꼭 같습니다. 이 세상의 태양은 그 별과 빛을 방편으로 해서 들어 있을 수 있

제1편 창조주   21

는 토양(土壤)이라는 물질을 사용하고, 그 토양이 생물을 솟아나게 합니다.
　독자는 《천계와 지옥》*(Heaven and Hell)(같은 책 116－140항 참조)에서 주님의 신령사랑이 영계의 태양처럼 보이고, 영적 별과 빛이 천사들의 사랑과 지혜의 근원인 그 태양으로부터 발산된다는 것을 알 수 있으리라 생각됩니다.
6. 그래서 사람들은 생명 자체가 아니고 오히려 생명을 담는 그릇이기 때문에, 아버지에 의해서 수태되는 사람의 존재는 생명의 수태가 아니라 생명을 받을 수 있는 오히려 제일의 또는 가장 순수한 형체의 수태라는 결론이 나옵니다. 그 형체란 마치 직물의 날실 또는 출발점과 같은 것으로서 실체와 물질이 각자의 질서에 적합하고 또 자체의 계도에 맞는 생명을 받기에 합당한 형체로 자궁 안에서 점차 첨가되어 갑니다.

제 3 장 ■ 신령존재는 공간(空間) 안에 계시지 않는다.

7. 신령존재 즉 하나님은 어느 곳에나 현재하시고, 지상의 모는 사람들, 천계의 천사들 그리고 천계 아래의 모든 영들과 같이 계시면서도 공간 안에 계시지 않는다는 사실은 단순한 자연적 개념을 방편으로 해서는 파악될 수 없고, 다만 영적 개념을 방편으로 해서만 파악될 수 있습니다. 자연적 개념을 가지고 파악할 수 없는 까닭은 그러한 개념에는 공간이 포함되어 있기 때문입니다. 자연적 개념들은 세상에 존재하는 사물들에게서부터 실제로 형성됩니다. 즉 눈으로 보

---

　*《천계와 지옥》(Heaven and Hell)은 〈도서출판 예수인〉에서 번역, 출판하였다(역자 주).

는, 개별적인 것이든 전체적인 것이든, 모든 사물들에게는 공간이 있습니다. "길다" "넓다" 또는 "높다"는 것은 공간에 관련된 사항입니다. 한마디로 모든 계량의 단위, 도형(圖形), 꼴(型·form)은 공간 개념을 갖습니다. 그래서 신령존재가 어떤 곳에나 계신다고 말하면서 공간 안에 계시지 않는다는 것은 자연적인 개념으로는 파악할 수 없다고 서술한 이유가 여기 있습니다. 그렇지만 만일 사람들이 이 문제에 영적 빛에 속한 어떤 것을 끌어들이기만 한다면 자연적인 사상으로써도 이것을 파악할 수 있습니다. 그러므로 먼저 "영적 개념"에 관해서 설명하고, 그 다음에 그 개념에 비롯된 영적 사상에 관해서 설명하고자 합니다.

영적 개념은 어떤 것을 생각할 때도 공간을 끌어들이지 않고 오히려 모든 사물을 상태에서부터 끌어들입니다. 상태는 사랑·생명·지혜·정동, 그리고 이것들에서 비롯되는 기쁨을 서술합니다. 광의로 말해서 선과 진리에 관해서 서술합니다.

이런 것들의 진실한 영적 개념은 공간과는 전혀 관련이 없습니다. 마치 높은 천계에서 지상을 내려다 보는 방식으로 공간개념들을 관조합니다. 그러나 천사들과 영들은, 지상에서 사람들이 보는 것처럼, 그들의 눈으로 공간개념을 보며, 그 대상들은 공간 안에 있지 않으면 보여질 수 없기 때문에 지상의 공간들과 유사한 "공간들"이 영들과 천사들이 있는 영계에 나타납니다. 그러나 그것들은 공간들이 아니고 공간의 외현(外現)일 뿐입니다. 왜냐하면 그것들은 지상에서와 같이 고정되거나 정지되어 있지 않기 때문입니다. 그것들은 늘려질 수도, 줄여질 수도 있고, 변질될 수도, 변화될 수도 있습니다. 그렇지만 자로 잴 수는 없기 때문에 어떤 자연적 개념을 가지고는 깨달을 수 없고, 다만 영적 개념으로만 깨달을 수 있습니다. 이 말은 영적 공간의 거리는 단순히 선과 진리의 거리를 반영한다는 뜻입니다. 즉 이 거리들은 선과 진리의 상태에 일치하는 친숙함과 닮은꼴을 가리킵니다.

8. 이상 설명한 것에 의해서, 사람들은 단지 자연적 개념을 바탕으로

해서는 신령존재가 어디나 계시면서도 공간 안에 계시지 않는다는 것을 파악할 수 없지만, 천사들이나 영들은 이 사실을 분명하게 파악한다는 것과 그리고 사람도 만약 사상 안에 어떤 영적 빛을 들어오게만 한다면 이 사실을 파악할 수 있다는 결론을 내릴 수 있겠습니다.

그렇게 이해할 수 있는 이유는 우리의 육체가 생각하는 것이 아니라 오히려 우리의 영이 생각하기 때문입니다. 따라서 자연적인 존재가 아니라 영적인 존재가 생각하기 때문입니다.

9. 많은 사람들이 이것을 깨닫지 못하는 이유는, 그들이 자연적인 것을 사랑하고, 또 그 때문에 자신들의 이해에 속한 사상들을 자연적인 것에서부터 영적인 빛 안으로 들어올리기를 원하지 않기 때문입니다. 이렇듯 원하지 않는 사람들은 오로지 공간개념으로만 생각하게 되고, 심지어 하나님에 대해서도 공간적인 개념으로 생각할 수밖에 없습니다. 하나님에 관하여 공간개념에 따라서 생각하는 것은 자연공간(自然空間·the expanse of Nature)에 관해서 생각하는 것입니다.

신령존재가 공간 안에 존재하지 않는다는 확실한 지식이나 지각이 없다면, 이 책이 다루고자 하는 주제가 되는 사랑과 지혜 즉 신령생명을 이해할 수 없기 때문에, 따라서 우리가 순서를 따라 다루어야 할 신령섭리(攝理·Divine providence), 편재(遍在·Omnipresence)·전지(全知·Omniscience)·무한성(無限性·Infinity) 그리고 영원성(永遠性·Eternity)에 관해서도 거의 이해할 수 없기 때문에, 부득이 이 문제를 머릿말로 제시하여야만 하겠습니다.

10. 우리는 이미 영계에도 공간, 즉 거리가 마치 자연계 안에서처럼 나타나 보이지만, 그것은 오직 사랑과 지혜 또는 선과 진리의 영적인 관련성에 의존되고 있는 하나의 외현(外現)일 뿐이라고 말한 바 있습니다.

이것이 주님께서 천사들과 함께 천계 어디에나 계시지만 그들 위에 높이, 태양으로서 나타나시는 이유입니다. 그리고 사랑과 지혜의 수용이 주님과의 친밀성을 이루기 때문에, 천사들이 있는 천계는 주님에게 더 가깝게 보이고, 그보다 덜 수용하는 천사들은 덜 가깝게 보입니다. 이런 이유로 해서, 셋으로 되어 있는 천계도 서로 분별되고, 마찬가지로 각각의 천계에 속한 수많은 사회들로 분별되는 것입니다. 더욱이 천계들 아래에 있는 지옥들도 사랑과 지혜에 대한 그들의 거부에 따라서 주님에게서 멀리 떨어져 있는 것입니다.

지상에 있는 사람들 안에, 그리고 그들과 함께 온 지구상 어디에나 주님께서 계신다는 것도 마찬가지입니다. 이상 말한 것의 유일한 이유는 주님께서 공간 안에 계시지 않는다는 것입니다.

제 4 장 ▨ 하나님은 바로 사람이시다.

11. 온 천계에서 통용되는 하나님의 유일한 개념은 그분이 사람이시다(He is a Man)는 개념입니다. 이것은, 천계가 전체적으로나 부분적으로나 그 형체에 있어서 한 사람처럼 되어 있기 때문이고, 또 천계를 구성하고 있는 천사들이나, 그리고 사상도 그 천계의 형체에 따라서 생성됨으로, 그리고 그 천사들과 같기 때문에 천사들은 하나님에 관해서 다른 식으로 생각할 수 없기 때문입니다. 이것이, 천계와 결합된 이 세상 모든 사람들이 내면적으로 또는 영으로 생각할 때 하나님을 동일한 식으로 생각하는 이유입니다.

하나님이 한 사람이시다는 사실에서부터 모든 천사들과 영들은 완전한 형체의 사람들이다는 결론이 뒤따릅니다. 이 사실은 천계가, 가장 큰 것 안에서나 가장 작은 것 안에서나, 꼭 같다는 천계의 형체에서 비롯된 결과입니다. 천계가, 전체적으로든 부분적으로든, 형체에 있어서 사람과 같다는 것은 《천계와 지옥》 59-87항에서 알 수 있고, 또 천계의 형체에 따라서 생성하게 되는 사상들에 관해서는 같은 책 203·204항에서 읽을 수 있겠습니다.

사람들이 하나님의 형상과 모양으로 창조되었다는 것은 창세기 1장 26, 27절에서 알 수 있습니다. 하나님은 아브라함이나 다른 사람들에게 한 사람으로 나타나셨습니다. 고대인들은, 슬기로운 자들이나 단순한 자들이나, 모두 하나님을 한 사람 이외의 다른 존재로 생각하지 않았습니다. 물론 그들이 아테네와 로마에서 했던 것처럼 많은 신들을 예배하기 시작했을 때에도 그들은 그 신들을 사람으로 모시고 섬겼습니다. 이러한 고찰은 이미 출간된 나의 소 논문에서 다룬 다음과 같은 사실에서도 설명이 되겠습니다.

이교도들, 특히 아프리카 사람들은 우주의 창조주로서 한 분 하나님을 예배했을 때도 하나님을 《한 사람》(God is a Man)이라는 개념을 가지고 있었다. 이 사람들은 어떤 다른 하나님관(神觀)을 어느 누구도 가질 수 없다고 말한다.

그들은, 대부분의 사람들이 하나님을 모든 것의 중심에 있는 한 조각의 구름 같은 것 또는 그 무엇이라고 주장하는 것을 들을 때, 그런 사람들이 어디 있는가를 묻는다. 그리고 그런 사람들이 기독교도들 사이에 있다는 말을 듣게 되면 어째서 그런 일이 있을 수 있겠는가고 부인한다.

어쨌든 잘못된 신관을 가지고 있는 사람들은, 이같은 오류가 성경말씀에서 하나님을 "하나의 영"(a Spirit)이라고 부른 사실에서, 그리고 그들이 영의 개념에 관해서, 모든 영이나 천사가 사람이다는 것을 모르고, 하나의 뜬구름 조각 이외의 다른 개념을 가지고 있지 못한데서 비롯된 것이다는 것을 알게 되었다. 그러나 그들은 자신들의 영적 개념이 자신들의 자연적 개념과 같은지 아닌지 시험을 거치었으며, 마침내는 주님을 천지(天地)의 하나님으로서 시인하는 사람들과는 동일하지 않다는 것을 발견하였다.

나는 기독교계에서 온 어떤 장로가 아무도 신령인간이라는 개념을 가질 수 없다고 말하는 것을 들었다. 나는 그가 이교도들로부터 점점 더 내적으로 옮겨져 가서 마침내는 그들을 떠나 그의 천계에까지 옮겨지고, 급기야에는 기독교도들의 천계에까지 이른 것을 보았다. 그는 가는 곳곳에서 하나님에게 대한 보다 내면적인 지각을 사람들과 나누어 가지도록 허락이 되었고, 거기의 사람들이 "하나님은 한 사람이시다"는 신관 이외의 것을 가지고 있지 않다는 것을 관찰했다. 그리고 신령인간이라는 관념에서도 마찬가지였다(《속 최후심판》 74항 참조).

12. 기독교계의 일반적인 사람들의 하나님관은 하나님은 한 사람이라는 관념입니다. 그 까닭은 아타나시어스 신경의 삼일성(三一性·三位一體) 교리에서 하나님을 한 위(位·사람·Person)라고 칭하고 있기 때문입니다. 그러나 보통 사람보다 박식하다는 사람들은 하나님을 보이지 않는 분이라고 공언합니다. 이같은 이유는, 그들이 사람이신 하나님께서 어떻게 천계와 지구(天地)를 창조하실 수 있는지를 이해할 수 없기 때문이고, 또 그분께서 그의 현존(現存·His presence)으로 우주를 가득 채우신다는 것도 이해할 수 없기 때문이며, 그리고 신령존재께서 공간 안에 계시지 않는다는 무지(無知)가 진리라고 여기는 한 그밖의 다른 것들도 이해에 들어올 수 없기 때문입니다. 그렇지만 오직 주님에게만 가까이 나아가는 사람들은 사람이신 신령인간을 생각하고 또 사람이신 하나님을 생각합니다.

13. 사람이 가지는 올바른 신관이 종교를 가지는 모든 사람들의 사상의 핵을 구성한다는 사실에서 그 신관 여하가 얼마나 중요한지를 확신할 수 있습니다. 왜냐하면 종교의 모든 요소들과 예배의 모든 요소들은 하나님에게 촛점을 맞추는 것이기 때문입니다. 그리고 총체적으로나 개별적으로나 종교와 예배의 모든 요소들 안에 하나님이 관련되어 있기 때문에 올바른 신관을 가지지 않고서는 천계와의 교류(交流)가 있을 수 없기 때문입니다.

그러므로 영계에서는 《한 사람》으로의 신관에 따라서 모든 민족에게 각자의 처소가 주어지고 있습니다. 그들의 주님관은 실지로 《한 사람》으로의 신관 안에 자리잡고 있으며, 어떤 다른 신관 안에 들어 있지 않습니다. 사후의 생활상태가 그 사람이 시인하고 있는 신관에 의존한다는 사실은 기독교도들이 주님의 신성을 부인하는 것이 지옥을 이루고 있다는 반대현상의 고찰에서 알 수 있습니다.

제 5 장 　 하나님의 존재와 실재*는 신·인(神·人) 안에서 구분되는 하나다.

14. 존재(存在·*Esse*)가 있는 곳에는 성형존재(成形存在·實在·顯現·*Existere*)가 있습니다. 전자는 후자와 무관하게 존재할 수 없습니다. 왜냐하면 존재는 성형존재에 의해서 존재하며, 그것을 떠나서는 존재할 수 없기 때문입니다. 합리적인 마음이 실재(實在) 없이 존재(存在)가 가능한지, 또 존재 없이 실재가 있을 수 있는지를 생각한다면, 그것은 이 사실을 밝히 깨달을 것입니다. 그리고 전자는 후자와 더불어 존재하고, 또 후자와 무관하게 존재할 수 없기 때문에, 여기서 뒤따르는 것은 이 둘은 하나이면서 구별되는 하나라는 결론이 나옵니다. 즉 이 둘은, 사랑과 지혜처럼, 구별되는 하나입니다. 그렇습니다. 사랑은 존재이고 지혜는 그 현현(顯現·實在)입니다. 사랑은 지혜 안에서가 아니고는 실지로 생겨나지 않으며, 지혜는 사랑으로부터가 아니면 실지로 생겨나지 않습니다. 사랑은 지혜 안에 있을 때 존재합니다.

이 둘은 사상으로는 구분이 되면서 그 운영으로는 구분되지 않는 성질의 것입니다. 그리고 이것들이 사상 안에서는 구분이 되고 그 운영에 있어서는 구분되지 않기 때문에 "구분되는 하나"라는 문구를 사용합니다.**

---

* 무엇이 된다 또는 존재한다는 말을 스베덴보리는 낱말 "존재한다"(exist)를 고전적인 뜻으로, 솟아 오른다(spring), 나타내다(stand forth), 명백히 한다(become manifest), 형태를 취한다(take form)는 뜻에 가깝게 사용하고 있다. 존재(存在·*esse*)와 실재(實在·*existere*)의 차이는 본질(本質·substance)과 형체(形體·꼴·form)의 차이와 같다.

** "구분되는 하나"라는 말의 뜻은 아래의 문단과 17·22·34·223항, 그리고 《신령섭리론》(Divine Providence) 4항 참조(역자 주).

신·인(神·人·God-Man) 안에서는 존재와 실재가 마치 혼과 몸의 관계처럼 구분되는 하나입니다. 혼은 몸을 떠나서 존재할 수 없으며, 몸은 그 혼에서 분리되어서는 존재하지 않습니다. 신·인의 신령혼은 "신령존재"라고 뜻하는 말이며, 신령몸은 "신령실재"라고 뜻하는 말입니다.

혼이 몸을 떠나서 현존할 수 있고, 생각하며, 슬기로울 수 있다는 생각은 잘못된 개념들로 인해서 생겨난 오류입니다. 왜냐하면 모든 사람의 혼은, 그것이 이 세상에서 가지고 다니던 물질적인 껍데기(部屬品·the material covering)들을 떨쳐 버린 후의 영적인 몸 안에 있기 때문입니다.

15. 존재가 실재하지 않는다면 존재일 수 없는 까닭은 존재가 실재를 동반하지 않는다면 형체(形體)로 있지 않기 때문입니다. 그리고 만일 그것이 하나의 형체로 존재하지 않는다면 그것은 내용(內容·quality)이 없고, 내용이 없으면 그것은 아무것도 아니기 때문입니다.

실재가 존재로부터 비롯되기 때문에, 존재로부터 비롯된 실재는 그것과 더불어 하나(一體)를 형성합니다. 이것이 양자가 하나가 되는 근원이며, 또 이것이 각자가 서로 교호적(交互的) 또는 상보적(相補的)으로 소속되는 이유며, 또한 본질적으로 볼 때 타자의 모든 것의 모든 것이 되는 이유입니다.

16. 이 고찰을 통해서 "하나님이 한 분의 사람이시다"(人間·Man)는 결론을 내릴 수 있으며, 이 사람되는 방편에 의해서 하나님은 하나님·실재(God-Existing)가 됩니다. 즉 하나님은 당신 자신을 떠나서는 실재가 될 수 없고, 당신 자신 안에서 실재하신다는 결론을 내리게 됩니다. 자신 안에서 실재가 되시는 그 어르신이 하나님이며, 또한 만유(萬有)의 근원이십니다.

제 6 장 신·인 안에 있는 무한한 것들은 구분되는 하나이다.

17. 하나님이 무한하시다는 그의 무한성은 잘 알려져 있습니다. 왜냐하면 하나님은 "무한한 존재"라고 부르고 있기 때문입니다. 그리고 이 분이 "무한존재"라고 일컬어지는 것은 그분이 무한하시기 때문입니다. 이 분이 자체적으로 존재이시고 실재이시기 때문에 단순한 무한존재가 아니고, 오히려 이 분 안에 무한한 요소들이 있기 때문에 역시 무한존재이십니다. 무한한 요소들이 없다면 무한존재란 이름 뿐이 되기 때문입니다.

하나님 안에 있는 무한한 요소들은 "많다"와 "전부"라는 자연적인 개념 때문에 "무한하게 많다" 또는 "무한한 전부"라고 일컬을 수는 없습니다. 그 까닭은 "무한히 많다"라는 자연적인 개념은 제한되어 있기 때문이고, "무한한 전부"라는 개념에는 제한되지 않은 무엇이 있다는 것은 우주 안의 제한된 요소들을 생각하는 것에 의존되어 있기 때문입니다.

그러므로 자연적인 개념을 가지고 있는 사람들은 그들 자신의 개념들 또는 유추법(類推法)에 의해서는 하나님 안의 무한한 것들을 지각할 수 없습니다. 그러나 천사들은 영적인 개념을 가지고 있으므로, 그들이 전적으로 지각할 수는 없다고 하더라도 사람들의 수준 이상으로 자신들의 개념을 들어올릴 수 있지만, 그럼에도 불구하고 그들은 유추에 의해서 그 지각에 도달할 수는 없습니다.

18. 하나님께서 사람이시다 라고 믿는 모든 사람들은 하나님 안에 무한한 것들이 있다고 확신합니다. 즉 하나님이 사람이신 고로, 그분은 몸을 가지고 있고, 또 몸이 가지고 있는 모든 것을 가지고 있다고 확신합니다. 그러므로 하나님은 얼굴, 가슴, 배, 허리, 다리들을 가지고 계신데, 이것들을 가지고 있지 않다면 그분이 실제로 사람일

수 없습니다. 그리고 하나님은 이러한 체형(體形)을 하고 계시기 때문에 역시 눈들, 귀들, 코, 입 그리고 혀도 가지고 계십니다. 그러니까 한 사람 안에 있는 기관(器官)들 즉 심장과 폐장 그리고 그것들에 속한 모든 조직들을 가지고 있으므로, 이 모든 것들이 총체적으로 한 사람을 사람되게 합니다.

창조된 사람들 안에는 이 많은 요소들이 서로 연결되어 있으며, 그 수를 이루 헤아릴 수 없습니다. 그러나 신·인 안에는 그것들이 무한하며 어떤 것 하나도 빠져 있지 않습니다. 이렇게 볼 때 하나님은 무한한 완전존재이십니다.

비창조된 사람 즉 하나님과 창조된 사람을 비교하는 이유는 하나님께서 사람이시기 때문입니다. 즉 이것이 하나님은 지상의 사람을 당신의 형상을 따라 그 모양대로 창조하셨다(창세기 1:27)고 말하게 되는 이유입니다.

19. 천사들은 그들이 들어 살고 있는 천계들의 기반 위에서 하나님 안에 무한한 것들이 있음을 명백하게 볼 수 있습니다. 수 억의 천사들로 구성되어 있는 온 천계는, 보편적 형체로 보면, 한 사람처럼 보입니다. 사실은 크고 작은 각 천계 사회도 그렇게 되어 있습니다. 더 나아가서 한 천사가 한 사람입니다. 왜냐하면 한 천사가 가장 작은 형체의 천계이기 때문입니다. 이 진리는 《천계와 지옥》에서 설명한 바 있습니다(같은 책 51-86항 참조).

천계는, 전체적으로나 부분적으로나 또는 개별적으로나, 천사들이 수용하고 있는 신령존재에 의한 그 형체 안에 있습니다. 왜 그런가 하면 천사들이 수용하는 신령존재의 분량이 그들로 완전한 인간형으로 있게 하는 정도를 결정하기 때문입니다. 이것이 천사들이 하나님 안에 있고, 하나님이 그들 안에 있으며, 또 하나님이 "그들의 전부"가 된다고 일컬어지는 이유입니다.

천계 안에 얼마나 많은 것들이 존재하는지를 서술한다는 것은 불가능합니다. 그리고 신령존재가 천계를 구성한다는 이 사실은 서술할 수 없이 많은 것들이 신령존재로부터 연유한다는 것을 의미하기 때문에, 하나님이신 바로 사람 안에 무한한 요소들이 있다는 사실을 쉽게 알 수 있겠습니다.

20. 선용(善用·use)들과 그 선용들에게 대응되는 것들을 관찰할 때에 창조된 우주에서부터 동일한 결론을 내릴 수 있습니다. 그러나 이것이 이해되기 전에 몇몇의 예비적인 실증이 있어야 하겠습니다.

21. 거울 속에서 보는 것처럼 천계와 천사 그리고 사람 안에 있는 무한한 것들이 신·인 안에 있기 때문에, 그리고 또 신·인이 앞에서 상술한 바대로(7-10항 참조) 공간 안에 계시지 않기 때문에, 하나님이 무소부재(無所不在)하시고, 전지(全知)하시며, 전능(全能)하시며, 모든 것을 섭리하신다는 것을 어느 정도 알고 파악할 수 있습니다. 또 사람으로서 하나님이 어떻게 모든 것을 창조하셨으며, 그분께서 당신의 설계를 따라 창조하신 바를 어떻게 영원히 보존하시는지도 알 수 있습니다.

22. 무한한 것들이 신·인 안에서 구별되는 하나라는 명제에 관해서도, 거울을 보듯, 사람에게서부터 결론지을 수 있습니다. 상술한 바와 같이, 사람 안에는 많은 것들 즉 무수한 요소들이 있지만 그래도 그것들을 하나로 느낍니다. 사람들은 감관으로부터는 자신들의 두뇌, 심장, 폐장, 간장, 비장, 그리고 췌장에 대해서 아무 것도 알지 못합니다. 그들은 자신들의 눈들이나 혀, 내장, 생식기관들 또 기타 조직 안에 무수한 것들이 있다는 것도 알지 못합니다. 그리고 감각기관으로는 그것을 모르기 때문에 그들 자신들에게는 하나의 단일적인 실체(一體·as a one)일 뿐입니다.

그 이유는 이 모든 것들이 어떤 한 요소라도 결여되면 안 될 형체 안에 존재하기 때문입니다. 이 형체는, 상술한 바 있듯이(4-6항 참조), 신·인에게서 받은 생명을 받는 수용그릇의 형체입니다. 이러한 성질의 형체 안에 있는 이 모든 요소들의 질서와 연결에서부터, 그것들이 많다거나 무수하다는 느낌이 나타나지만 그러나 실질적으로 그것들은 하나일 뿐입니다.

　이런 고찰에 의해서 사람 안에 있는 "하나"라는 식의 느낌을 형성하는 많은 또 무수한 것들은 하나님이신 본질적 인간(a Very Man) 안에서 구분되는 하나라는 결론을 얻게 됩니다. 그렇습니다. 이 하나됨은 매우 명확하게 구분되는 "하나"입니다.

제 7 장 ■ 한 분 신·인(神·人)에게서 만물이 비롯되었다.

23. 인간적 지혜에 속한 모든 것들은 우주의 창조주이신 한 분 하나님이 계시다는 그 중심과 결합되어 있습니다. 그러므로 이성(理性)을 소유한 사람은, 그의 일반적인 이해의 본성으로 말미암아 다른 어떤 것을 생각하지 않으며, 또 생각할 수도 없습니다. 건전한 이성을 가진 사람에게 우주의 창조주가 둘이라고 말해 보십시오. 그러면 당신은 그 사람으로부터 그의 반감에서 나오는 짜증의 소리를 들을 것이고, 또 금방 그렇게 느낄 것입니다. 이 사실에서 볼 때 인간 이성의 모든 것들이 모두 한 분 하나님이 계시다는 사실에 중심을 두고 있고 또 그것과 결합되어 있다는 것을 알게 됩니다.

　여기에는 두 가지 이유가 있습니다. 첫째는 합리적으로 사고하는 기능 자체가 사람의 것이 아니라, 그 사람 안에 있는 하나님의 것이다는 사실입니다. 인간 이성은 일반적으로 바로 이 기능 위에 의존해 있으며, 이 일반적인 이성의 본성은 사람으로 하여금 자기 스스로 하나님이 한 분이시다는 것을 볼 수 있게 작용합니다. 둘째는 사람이 천계적 빛 또는 그 빛에서 일반적인 사상의 줄기를 가질 수 있는 것은 이 기능에 의해서 입니다. 그리고 천계적인 빛의 보편적 사상은 하나님이 한 분이시다는 것입니다. 만일 어떤 개인이 이 기능으로 자기들의 이해 보다 낮은 요소들을 부패하도록 사용한다면 경우는 달라집니다. 이런 부류의 사람들도 실제로 이 기능이 부여되었지만, 만약 보다 낮은 요소들에게 잘못 적용하게 되면 곁길로 빠져들게 됩니다. 이런 식으로 그들의 이성은 불건전하게 됩니다.

24. 사람이 깨닫고 있건 없건 간에, 모든 사람은 사람들의 집단을 한 개인적인 한 몸으로 생각합니다. 그래서 사람들은 통치자가 머리고, 국민은 몸이라고 말할 때, 또 이 사람 저 사람이 일반적인 몸 안에, 즉 한 나라의 어떤 자리에 있다고 말할 때 곧바로 이 말을 이해합니다. 이러한 것은 시민 단체에 있어서나, 영적인 몸에 있어서나 모두 동일합니다. 영적인 몸은 교회이고, 그 머리는 신·인입니다.

이런 관점에서 교회가 만일 우주의 창조주요 그것을 보존하시는 분으로서 한 분 하나님을 생각하지 않고 오히려 수삼의 통치자로 생각한다면, 교회가 어떤 꼴이 되겠습니까? 즉 교회는 몸 하나에 수개의 머리를 달고 있는 꼴이 되어 그 교회는 사람의 모양이 아니라 괴물처럼 되고 말 것입니다.

만일 어떤 사람이 이 머리들이 한 본질을 가지고 있고, 그러므로 하나의 머리를 구성한다고 주장한다면 이 주장이 새끼치는 유일한 개념은 머리 하나에 많은 몸들을 하고 있거나, 몸 하나에 많은 머리들을 가진 것이 될 것입니다. 그렇다면 이 관점에서 보면 교회는 기형아(畸形兒)의 모습으로 보일 것입니다. 그러나 사실은 한 분 하나님이 머리요, 교회는 그 머리의 명령을 받고 행동하며, 자기 자신의 뜻을 행하지 않는 것입니다. 이같은 사실은 사람의 경우에도 차이가 없습니다.

이렇게 볼 때 한 나라에는 한 임금이 있어야 하고, 복수의 왕들이 있다면 그 나라는 분열이 일어나겠지만, 한 왕이 있으면 그 나라는 통일체를 유지할 수 있다는 것을 알 수 있습니다.

25. 소위 세계에 두루 퍼져 있는 공동체라고 불리고 있는 교회에게도 동일한데, 그 까닭은 교회가 하나의 머리에 의해서 통치되는 하나의 몸이기 때문입니다.

하나의 머리가 그 소속된 몸을 뜻대로 통치한다는 것을 잘 압니다. 왜냐하면 깨달음과 의도(意圖)가 머리 안에 있으며, 몸은 그 깨달음과 의도에 맞추어서 움직여지고, 종국에는 몸은 순종하는 것 이외의 아무 것도 아니라는 정도에 이르기 때문입니다. 몸은 머리 안의 깨달음과 의도에 의하지 않고서는 아무 것도 할 수 없는 것과 같이 교회에 속한 사람도 하나님으로부터가 아니면 아무 것도 할 수 없습니다.

그렇지만 몸은 그 스스로 작용하는듯 보입니다. 예컨대 손들과 발들은 그것들이 활동하는 동안에는 그것들이 스스로 움직이는듯 보이고, 입과 혀가 말하고 있는 동안 그 스스로 빠르고, 작은 동작들을 하고 있는듯 보입니다. 그러나 이 작은 어느 것 하나도 자기 스스로 움직이는 것이 아니라, 오히려 머리 안에 있는 의도에 속한 정동과 깨달음의 결과적 사고로부터 움직이게 됩니다.

그것들을 돌이켜 생각해 봅시다. 하나의 몸이 몇 개의 머리를 가졌고 그 각각의 머리가 그 자체의 깨달음과 그 자체의 의도의 결과로서 자치(自治)한다면 몸이 온전하게 계속 존속할 수 있을까요? 한 머리가 가지는 일편단심은 그 많은 머리들에게는 불가능합니다.

수억의 천사들로 구성되어 있는 천계도 교회 안에서와 한가지입니다. 만일 각자각자 모든 사람이 한 분 하나님에게 초점을 맞추지 않는다면 서로가 맞부딪혀서 천계는 산산조각이 날 것입니다. 그러니까 천계의 천사가 수삼의 신들(多神)을 생각한다면 즉시 분리되어, 천계의 변방 가장자리로 쫓겨나고, 나중에는 아래로 사라져버릴 것입니다.

26. 온 천계와 그 모든 만물들이 한 분 하나님과 관계를 가지기 때문에 천사들의 언어는 천계 자체의 화합에서 비롯되는 조화에 의해서 단 하나의 운율로 끝맺습니다. 이것은, 언어가 사상에서 비롯된 것이기 때문에, 천사들이 한 분 하나님 이외의 다른 존재를 생각하는 것이 불가능하다는 것에 의해서 입증됩니다.

27. 건전한 이성을 가지고 있는 사람은 어느 누구가 신령존재가 나

제1편 창조주

누어질 수 있는 존재가 아니라는 것을 알지 못하겠습니까? 따라서 무한하고 비창조의 전능하신 존재들 즉 수삼의 신들(多神)이 있을 수 없다는 것을 모르겠습니까? 만일 어떤 다른 비합리적인 사람이 수삼의 무한하고 비창조된 전능존재들이 있을 수 있다고 주장한다면, 또 그것들이 하나의 단수로 정의되는 본질을 가지므로, 이 생각이 하나의 무한존재, 비창조의 전능존재 즉 한 분 하나님이 된다고 주장한다면, 그 하나의 단수로 정의된 본질이 하나의 단수로 정의되는 실체일까요? 그리고 단수로 정의된 실체는 복수로는 생겨지지 않습니다. 만일 이것들 중 하나가 타자로부터 파생된다고 주장된다면, 그 때에 파생된 것 그 자체가 하나님일 수는 없습니다. 뿐만 아니라 자신 안에 계신 하나님만이 만유의 근원이신 하나님이십니다(16항 참조).

제 8 장 ▓신령본질 자체는 사랑과 지혜이다.

28. 당신이 알고 있고, 또 마음에 세심한 주의를 쏟고 있는 모든 것들을 함께 모아보십시오. 그리고 고양된 귀하의 영으로 모든 것들에 속한 보편적인 것들을 예의 살펴보십시오. 그러면 귀하는 이 보편적인 것들이 사랑과 지혜라고 결론짓지 않을 수 없을 것입니다. 왜냐하면 이것들은 사실상 인간 생명에 속한 두 본질적인 요소들이기 때문입니다. 즉 인간 존재들에게 속한 시민 생활, 도덕 생활 그리고 영적인 생활이 이 두 요소들에 의존하기 때문이고, 또 이것들 없이는 인간 생활은 아무것도 아니기 때문입니다.

이것은 복합적인 인간의 생명에 속한 모든 것에도 동일합니다. 즉 상술한 바와 같이, 크고 작은 공동체, 국민, 국가, 교회 그리고 천사들의 천계가 그렇습니다. 사랑과 지혜를 이상의 것들에게서 사상(捨象)하고 생각해 보십시오. 그것들이 무엇이 되겠습니까? 귀하는 아마도 그것들의 근원인 사랑과 지혜를 떠나서는 그것들이 아무것도 아님을 발견하게 될 것입니다.

29. 사랑은 지혜와 더불어 하나님 안에 내재해 있는 그 본질 안에 있습니다. 이러한 사실은 어느 누구도 부인할 수 없습니다. 왜냐하면 하나님께서는 당신 자신 안에 있는 사랑으로 모든 사람들을 사랑하고, 당신 안의 지혜로부터 모든 사람들을 인도하시기 때문입니다.

더 나아가서 창조된 우주를 그 질서라는 관점에서 볼 때 귀하는 전체의 것 즉 함 묶음으로 파악해서 지혜다 라고 말하게 될 만큼 사랑에서 비롯된 지혜로 가득 차 있다는 것을 알게 됩니다. 왜냐하면 헤아릴 수 없이 많은 것들은 이와 같은 질서 안에 놓여 있어서, 계속적으로나 동시적으로나 이것들을 한데 모으면 그것들은 하나(一體)를 형성하기 때문입니다. 이것으로 말미암아, 그리고 오직 이것만이 계속적으로 함께 보존되는 것입니다.

30. 사람은 생명의 두 기능들을 가지고 있어서, 그 하나는 우리에게 이해를 주고, 다른 하나는 우리에게 의도를 주는 것은 그 신령본질 자체가 사랑과 지혜이기 때문입니다. 이해 안에 결과되는 기능은 하나님으로부터 오는 지혜의 입류에 의해서 모든 것을 얻게 되고, 의도 안에 결과되는 기능은 하나님으로부터의 사랑의 입류에서 모든 것을 얻게 됩니다.

한 개인이 철저하게 슬기롭고 철저하게 사랑하는 데 실패한다고 해서 이 기능들이 말살되지는 않습니다. 다만 그것들이 단순히 밀폐될 뿐입니다. 사람이 이 기능들을 밀폐하고 있는 한에는 이해와 의지라는 이름들은 사용되겠지만, 그럼에도 불구하고 그것들은 본질적으로 존재하지는 않습니다. 만일 그 기능들이 그렇게 제거되면 인간이 인간되게 하는 모든 것들이 파멸됩니다. 왜냐하면 사상으로 말미암아 생각하고, 말하는 것이 인간이고, 또 의도로 말미암아 뜻하고, 행동하는 것이 사람이기 때문입니다.

이 사실에서 우리는 인간존재 안에 즉 신령존재가 이 두 기능 안에 거하시고, 다시 말해서 슬기롭게 되기 위한 기능과 사랑할 수 있는 기능 안에 거하셔서 사실상 사람이 이것들을 행할 수 있게 하신다는 것을 알 수 있습니다.

다른 곳에서 충분하게 제시할 수 많은 경험에서 보면, 사람들은 자신들이 할 수 있는 만큼 슬기롭지 못하고, 또 사랑할 수 있을 만큼 사랑하지 않는다고 해도, 슬기롭게 되고 사랑할 수 있는 가능성이 사람들 안에 있다는 것을 나는 충분히 알 수 있었습니다.

31. 우주 안의 만물이 선과 진리에 관계를 갖는다는 것은 신령 본질 자체가 사랑과 지혜이기 때문입니다. 왜냐하면 사랑에게서 나아오는 모든 것을 선이라고 부르고, 지혜에서 나오는 모든 것을 진리라 일컫기 때문입니다. 그러나 이것에 관해서는 아래에서 더 설명하겠습니다.

32. 우주와 그 안에 있는 모든 것들은, 살아 있건 동작이 없건 간에, 볕과 빛으로 말미암아 계속 존재하는데, 그 까닭은 신령본질 자체가 사랑이고 지혜이기 때문입니다. 왜냐하면 볕은 사랑에 대응되고, 빛은 지혜에 대응되기 때문입니다. 그러므로 영적 볕은 사랑이고 영적 빛은 지혜입니다. 그러나 이것에 관해서도 아래에서 더 설명하겠습니다.

33. 하나님이신 본질 자체를 구성하고 있는 신령사랑과 신령지혜로부터 인간존재 안에 있는 모든 정동들과 사상들이 비롯됩니다. 사람의 정동들은 신령사랑으로부터 비롯되고, 사람의 사상들은 신령지혜로부터 비롯됩니다. 사람의 각각 그리고 모든 부분은 정동과 사상 이외에 아무 것도 아닙니다. 이것들은 인간생명에 속한 모든 요소들의 원천(源泉)입니다. 우리 삶의 모든 환희와 은혜들은 이것들에게서 파생됩니다. 환희는 사랑의 정동에게서 나오고, 은혜는 사상으로부터 옵니다.

자, 그러면 사람이 수용그릇(受容器)으로서 창조되었기 때문에 사람들이 하나님을 사랑하는 한도 만큼 수용그릇들이고, 하나님을 사랑하는 정도만큼, 슬기롭게 되기 때문에 즉 하나님에게서 오는 것들에 의해서 감동되고, 그 정동으로 말미암아 생각하는 것에 의해서 슬기롭게 됨으로 창조주를 가리키는 신령본질(神靈本質·the Divine Essence)은 신령사랑과 신령지혜라는 결론을 얻게 됩니다.

제 9 장 ▌신령사랑은 신령지혜에 속하고, 신령지혜는 신령사랑에 속한다.

34. 신·인 안의 신령존재와 신령실재가 구분되는 하나라는 데 관해서는 설명한 바 있습니다(14-16항 참조). 신령존재가 신령사랑이고, 신령실재가 신령지혜이기 때문에, 이 둘 즉 신령사랑과 신령지혜도 구분되는 하나입니다.

우리는 사랑과 지혜가 구분되는 두 분명한 것들이므로 그것들을 구분되는 하나라고 일컫습니다. 그러나 이것들은 사랑이 지혜에 속하고, 지혜가 사랑에 속하는 식으로 통합이 되어 존재합니다. 사실상 사랑은 지혜 안에 존재하고, 지혜는 사랑 안에 존재합니다. 그리고 지혜가 사랑에서 비롯된 그것의 실재에서 파생되었기 때문에(15항 참조) 신령지혜 역시 실재입니다. 이 사실에 의해서 사랑과 지혜가 함께 더불어 신령존재이고, 따로 분리하면 사랑은 신령존재라고 부르고, 지혜는 신령실재라고 부르게 된다는 결론에 이르게 됩니다. 이것이 신령사랑과 신령지혜에 관한 천사들의 개념입니다.

35. 신·인 안에는 사랑과 지혜의 합일(合一) 또는 지혜와 사랑의 합일이 내재해 있기 때문에, 거기에는 하나의 신령본질이 존재합니다. 왜냐하면 신령본질은, 신령사랑이 신령지혜에 속하기 때문에, 신령사랑이고 또 신령본질은, 신령지혜가 신령사랑에 속하기 때문에, 신령지혜입니다. 그리고 거기에는 이들의 합일이 있기 때문에, 신령생명 또한 하나입니다. 생명은 신령본질입니다.

신령사랑과 신령지혜가 하나이기 때문에 상호적이고 교호적인 그 결합이 하나의 동일성을 만듭니다. 그러나 다른 곳에서 이 상호적인 결합에 관해서 더 설명하겠습니다.

36. 사랑과 지혜의 합일(合一)은 모든 신령역사(神靈役事·the Divine work) 안에도 존재합니다. 이것이 일관성의 근원이고, 그 영원성의 근원입니다. 어떤 창조된 작품 안에 신령사랑 보다 신령지혜가, 또는 신령지혜 보다 신령사랑이 더 많이 존재한다면 둘의 동등한 분량이 있는 만큼만 존속되고, 그 여분(餘分)은 사라질 것입니다.

37. 개혁(改革·바로잡음·reformation)·재생(再生·重生·거듭남·regeneration) 그리고 인간구원의 활동 안에는 동등한 신령사랑과 신령지혜를 사용해서 신령섭리를 행하십니다. 어느 누구도 신령지혜 보다 많은 신령사랑에 의해서 개혁되거나 재생 또는 구원될 수 없습니다. 또 신령사랑 보다 넘고 처지는 신령지혜에 의해서도 구원될 수 없습니다. 신령사랑이 모든 사람들을 구원하시려고 의도하지만, 신령지혜를 통해서만 구원하실 수 있습니다. 신령사랑과 신령지혜가 하나이고, 한 행동으로 작용하기 때문에 구원이 이 법칙을 통해서 이룩되는데, 이 모든 법칙들은 신령사랑과 신령지혜를 초월할 수는 없습니다.

38. 신령사랑과 신령지혜는 정의(正義·righteousness)와 공정(公正·公平·審判·judgment)이라는 말이 뜻하는 것입니다. 즉 신령사랑은 "정의"가, 신령지혜는 "심판"이라는 말로 표의(表意)됩니다. 이 이유 때문에 정의와 심판이 성경말씀에서 그렇게 서술되어 있습니다. 시편서에는―.

　　정의와 공정이 주의 보좌를 받들고…
　　(시편 89:14)

또―.

너의 의를 빛과 같이,
너의 공의를
한낮의 햇살처럼 빛나게 하실 것이다.
(시편 37:6)

호세아서에는―.

그 때에
내가 너를 영원히 아내로 맞아들이고,
너에게 정의와 공평으로 대하고
너에게 변함없는 사랑과 긍휼을 보여 주고,
너를 아내로 삼겠다.
(호세아 2:19)

예레미아서에는―.

그는 왕이 되어 슬기롭게 통치하면서, 세상에 공평과 정의를 실현할 것이다.
(예레미야 23:5)

이사야서에는―.

그의 왕권은 점점 더 커지고,
나라의 평화도 끝없이 이어질 것이다.
그가 다윗의 보좌와 왕국 위에 앉아서,
이제부터 영원히,
공평과 정의로 그 나라를 굳게 세울 것이다.
(이사야 9:7)

제1편 창 조 주

또—.

   주님은 참으로 위대하시다!
   저 높은 곳에 계시면서도,
   시온을 공평과 의로 충만하게 하실 것이다.
   (이사야 33:5)

시편서에—.

   내가 주의 의로운 판단을 배울 때에,
   주의 공의로운 규례를 생각하면서,
   내가
   하루 일곱 번씩 주님을 찬양합니다.
   (시편 119:7, 164)

요한복음서의 "생명"과 "빛"은 같은 뜻을 가리킵니다. 즉—.

   그의 안에서 생겨난 것은 생명이었으니, 그 생명은 모든 사람의 빛이었다.
   (요한 1:4)

이 귀절에서 "생명"은 주님의 신령사랑을 뜻하고, "빛"은 그의 신령지혜를 뜻하였습니다. 같은 복음서에서 "생명"과 "영"도 동일한 뜻을 가지고 있습니다. 요한복음서에—.

   생명을 주는 것은 영이다. 육은 아무 데도 소용이 없다. 내가 너희에게 한 그 말은 영이요, 생명이다.
   (요한 6:63)

39. 사람 안에서 사랑과 지혜가 두 분리된 것들처럼 보이지만, 그럼에도 불구하고 그것들은 자기 자체 안에서 구분되는 하나입니다. 그 이유는 사람에게 있어서 사랑이 지혜이고, 지혜가 사랑이기 때문입니다. 사랑과 하나가 되지 않는 지혜는 지혜인듯 보이지만 실은 지혜가 아닙니다. 또 지혜와 하나가 되지 않는 사랑은 사랑인듯 보이지만 실은 사랑이 아닙니다. 각자는 서로 그 본질을 얻어 가지며, 또 서로는 자기의 생명을 상대에게서 취하기 때문입니다. 사람에게 있어서 사랑과 지혜가 두 분리되어 있는 것처럼 외모를 나타내고 있는 이유는, 그에게 있어서 이해할 수 있는 기능은 천계의 빛 안으로 올리워질 수 있으나, 사랑할 수 있는 기능은, 사람이 자기가 깨닫는 바와 발을 맞추어 행동하는 정도만큼, 천계의 사랑으로 올리워지기 때문입니다. 결과적으로 지혜의 사랑과 하나를 이루지 않는 소위 외견상의 지혜는 지혜와 하나가 되어 있는 사랑 속으로 빠져들어갑니다. 그런 지혜는 지혜에 속한 사랑인 듯 하나 실은 광기(狂氣)적인 사랑입니다. 사람들은 자기들이 지혜로 말미암아 무엇인가를 해야 한다고 생각하면서도 그것들을 사랑하지 않는 까닭에 행하지 않는다는 것을 실지로 알고 있습니다. 그러나 그들이 지혜가 가르치는 것을 사랑으로 행하는 정도만큼 하나님의 형상들이 됩니다.

제 10 장 ▌신령사랑과 신령지혜는 실체(實體)이고, 형체(形體)이다.

40. 사랑과 지혜에 대한 일반적인 사람들의 개념은 그것들이 어떤 휘발물질 같은 즉 묽은 가스나 에텔 안에 흐르고 있는 것 같은, 또는 그러한 것들에게서 발출되는 어떤 것으로 생각하고 있습니다. 거의 누구도 사랑과 지혜가 실제적이고 또 활동적인 실체이고 형체라고 믿는 사람은 것의 없습니다. 심지어 그것들이 실체이고 형체라고

보는 사람들까지도 사랑과 지혜를 주체 밖에 있고, 그러면서도 그로 부터 발출되는 것으로 인지하고 있습니다. 왜냐하면, 그들은 사랑과 지혜가 주체 자체라는 것을 모르고, 또 주체가 없는 것으로 생각하 고, 그리고 날아다니거나 떠다닌다고 생각하는 것이, 본질에서 보면 주체의 상태의 외현(外現)에 지나지 않는다는 것을 모르면서, 그들 은 사랑과 지혜가 주체 밖에 있는 것으로, 그러면서도 그것에서부터 흘러나오는 것 같은 것으로, 날아다니거나 떠다닌다는 것으로 생각 한 것을 실체와 형체라고 부르기 때문입니다.

  이것이 오늘날까지 알려지지 않은 이유는 많습니다. 그 많은 이유 들 중에는 이런 것도 있습니다. 즉 외현들은 사람의 마음이 그 이해 를 형성하게 하는 첫째의 것이고, 이 첫째의 것인 외현들을 사람의 마음은 그 원인들을 주의 깊게 연구하지 않고서는 지워 버릴 수 없 습니다. 만약 이 원인들이 깊숙하게 감추어져 있다면, 마음이 상당한 시간 영적인 빛 가운데 올려져 있지 않고서는 그 원인을 찾아낼 수 없습니다. 그런데 마음은 끈질기게 잡아 당기는 자연적 빛 때문에 영적인 빛 안에 오래 머물 수 없습니다. 그러나 사랑과 지혜가 주체 자체를 형성하는 실제적이고 활동적인 실체요, 형체라는 것은 진리 입니다.

41. 그러나 이것은 외현에 정반대가 되기 때문에, 그것을 증명하지 않는다면 그것은 믿을만한 가치가 없는듯 보입니다. 이것을 입증할 수 있는 유일한 방도는 사람이 자기의 육체적 감관들을 이용해서 감 지할 수 있는 사물들을 이용하는 수밖에 없습니다. 그래서 그 입증 을 위해서 이것들을 사용하겠습니다.

  사람들은 촉각·미각·후각·청각 그리고 시각이라고 부르는 외적인 오관(五官)을 가지고 있습니다.

  촉각의 주체는 사람을 싸고 있는 피부입니다. 이 피부의 실체와 형체 자체는 사물들이 접촉해 올 때 그것들을 느끼게 합니다. 접촉 의 감각은 접촉해 들어오는 것들 안에 있지 않고, 주체 자체인 피부의 실체와 형체 안에 있습니다. 감각 자체는 피부에 적용되는 대상물들에 의해서 느껴지게 하는 것 이외의 아무것도 아닙니다.

미각에 있어서도 매 한가지입니다. 이 감각은 단순히 실체와 형체의 느낌 상태의 변화이고, 혀가 그 주체입니다.

후각도 마찬가지입니다. 냄새가 코와 그 구성물들에게 영향을 주며 부딪쳐 오는 냄새에 의해서 그것들 안에 일어나는 느낌상태의 변화입니다.

청각의 경우도 동일합니다. 청각이 소리가 나는 것 안에 있는듯 생각되나 청각은 귀 안에 있습니다. 그리고 그 실체이고 형체인 귀가 느끼는 상태의 변화입니다. 청각이 귀 밖에 있다는 것은 오로지 한 현상일 뿐입니다.

시각의 경우에도 매 한가지입니다. 사람이 거리를 두고 대상물을 볼 때 시각이 그 곳에 있는듯 생각합니다. 그러나 시각은 주체인 눈 안에 있습니다. 다른 경우에 있어서와 같이 주체인 눈의 지각 상태의 변화입니다. 거리의 요소는 시야에 들어오는 대상물의 기초가 되는 공간 또는 그 대상물의 크기가 작아지든가, 더 나아가서 명확하게 보이지 않게 되는 것들에 의한 판단에서 얻어집니다. 대상물의 현상은 눈 안에서 형성되며 상태의 발생에 따라서 결정됩니다.

이상에서 시각이 눈을 나와서 대상물에게 가지 않고, 대상물이 눈 안에 들어 와서 눈의 실체와 형체에게 영향을 준다는 것을 알 수 있습니다. 청각의 경우도 시각의 경우에 있어서와 같습니다. 청각이 귀 밖으로 나가서 소리를 잡는 것이 아니라 오히려 소리가 귀 안에 들어와서 귀를 자극합니다.

이 고찰들에 의해서 다음과 같은 결론을 내릴 수 있겠습니다. 감각을 일으켜 실체와 형체에 영향을 주는 것은 주체에서 분리된 어떤 것이 아니고, 그 전이나 그 후나, 주체는 주체로 남아 있고 단순히 그 안에서 변화를 일으키는 것이다는 사실입니다. 그러므로 시각·청각·후각·미각 그리고 촉각이 그 기관들에게서 흘러나오는 휘발성의 유출물이 아니라, 그 실체와 형체를 예의 연구해보면 그것들은 기관 자체들이고, 그 기관들이 자극을 받으면 감각이 생성된다는 것을 알 수 있겠습니다.

42. 사랑과 지혜에 있어서는 더욱 그렇습니다. 다만 사랑과 지혜인 실체와 형체가 다른 외적 감각기관들처럼 눈에 보이지 않는다는 한 가지가 다를 뿐입니다. 그렇지만 사상이라든가 지각들 그리고 정동들이라고 일컫는 지혜나 사랑에 속하는 것들은 실체와 형체이고, 그것들이 무(無)에서 흘러나오든가, 또는 그것들이 주체들인 실제적이고 활동적인 실체와 형체에서부터 떠난 추상물이 아니라는 것을 아무도 부정할 수 없습니다. 왜냐하면 두뇌 안에는 무수한 실체와 형체들이 있으며, 또한 이해나 의지에 속한 내면적 감각들이 그 안에 있기 때문입니다.

두뇌 안에 있는 정동·지각·사상 등이 실체들에서 비롯된 발산물(發散物)이 아니고, 오히려 그것들은 자기들에서 비롯된 것이 아무것도 없는 모든 실제적이고 활동적인 주체일 뿐입니다. 그러나 그것들은 그것들에게 자극을 주는 것에 따라서 변화를 일으키는 것에 불과합니다. 이러한 사실은 앞에서 외적 감각에 관해 설명한 내용에서 잘 알 수 있을 것입니다. 흘러나와 자극을 끼치는 것에 관해서는 아래에서 더 설명하겠습니다.

43. 이상에서 신령사랑과 신령지혜 자체가 실체이고 형체라는 것을 처음으로 알 수 있었습니다. 왜냐하면 그것들이 존재이고 실재이기 때문입니다. 그리고 만일 그것들이 실체와 형체인 것처럼, 그것들이 이와 같은 존재와 실재가 아니라면, 그것들은 본질적으로는 아무것도 아닌 단순한 추론에 속한 어떤 것에 불과할 것입니다.

제 11 장 ▌신령사랑과 신령지혜는 본질적으로 실체이고 형체이다. 그러므로 참존재이고 유일존재이다.

44. 신령사랑과 신령지혜가 실체이고 형체라고 위에서 증명하였습니다. 그리고 신령존재(神靈存在·the Divine Esse)와 신령실재(神靈實在·the Divine Existere)가 존재와 실재 자체라는 것도 이미 증명하였습니다. 그러므로 존재와 실재는 그 자체로부터 연유한다고는 말할 수 없습니다. 그 까닭은 이 말이 시초를 내포하고 있으며 존재와 실재 자체가 들어 있을 무엇인가에서 그 시초를 가지게 된다는 말이 되기 때문입니다. 그러나 본질적으로 존재와 실재 자체는 영원 전부터 있는 것입니다. 그 자체가 존재와 실재인 것은 창조된 것이 아니고, 창조된 모든 것은 창조되지 않은 것에서 존재해야만 합니다. 창조된 것은 역시 유한하고, 유한 것은 무한한 것에서만 존재할 수 있습니다.

45. 본질적으로 존재와 실재의 개념을 사색의 체험에 의해 파악하고 이해할 수 있는 사람은 그것이 참존재(the Very)이고 유일존재(the Only)라는 것을 확실하게 지각하고 이해할 수 있습니다. 홀로 존재할 수 있는 존재를 참존재(the Very)라고 부르고, 유일존재(唯一存在·the Only)는 모든 것의 근원이라는 뜻입니다. 참존재이고 유일존재가 실체이고 형체이기 때문에 그것은 참되고 유일한 실체요, 형체라는 결론을 지을 수 있겠습니다. 이 참되고 유일한 실체와 형체가 신령사랑과 신령지혜이기 때문에, 그것이 참되고 유일한 사랑이요, 지혜라는 결론이 뒤따릅니다. 결과적으로 그것은 참되고 유일한 생명과 꼭 같이 참되고 유일한 본질(本質·Essence)입니다. 왜냐하면 생명은 사랑과 지혜이기 때문입니다.

46. 이 사실에서 볼 때 감관적인 사람 즉 영적인 사물을 육체적인

감각에만 의존하여 맹목적으로 보는 사람들이 자연을 자생적(自生的
·from herself)인 것이라고 생각하는 것이 어떠한지를 알 수 있습니
다. 그들은 오직 눈으로 보는 것에 의해서는 생각하지만, 이해에 의
해서는 생각할 수 없습니다. 눈에 의존한 사상은 이해를 막아 버리
지만, 이해에 의존한 사상은 눈을 뜨게 합니다.

감관적인 사람들은 본질적으로 존재와 실재에 대해서는 아무 것도
생각할 수 없고, 영원존재·비창조적 존재·무한존재에 관해서도 역시
생각할 수 없습니다. 그들은 생명에 대해서 무(無)에 함몰될 어떤
휘발성의 것으로밖에 생각할 수 없습니다. 이것이 그들이 사랑과 지
혜에 대해서 생각할 수 있는 유일한 길입니다. 그들은 사랑과 지혜
가 자연에 속한 모든 것들의 근원이라는 것도 생각할 수 없습니다.

그러나 자연을 단순한 시각의 대상에 지나지 않는 자연의 형체로
부터 보지 않고, 그 대신 계열과 질서 안에 있는 선용(善用)으로 본
다면, 자연에 속한 것들을 볼 수 있습니다. 즉 시각의 대상들인 그
형체들로부터는 올바른 생각을 할 수 없습니다.

왜냐하면 선용들은 오직 생명에 의해서만 존재하고, 그것들의 계
열과 질서도 생명인 사랑과 지혜로 말미암아 존재하기 때문입니다.
이에 반하여 형체들은 선용들을 담는 그릇입니다. 그러므로 만일 초
점을 형체들에만 맞추게 되면 생명의 요소들 즉 사랑과 지혜의 어떤
요소들도 볼 수 없는데, 하물며 자연 안에서 하나님에 관해서 무엇
을 볼 수 있겠습니까.

제 12 장 신령사랑과 신령지혜는 그에 의해 창조된 피조물들 안에서 반드시 존재와 실재를 갖는다.

47. 사랑의 본질은 자신을 사랑하지 않고 상대를 사랑하고, 그 사랑
을 통해서 상대와 결합하는 것입니다. 사랑의 본질은 또한 상대에

의해서 사랑받는 것인데, 사실 이것이 결합을 가능하게 하는 길입니다.

모든 사랑의 본질은 결합을 성취합니다. 사실 사랑의 진수(眞髓)는 즐거움·기쁨·환희·감미로움·축복·번성, 그리고 행복이라고 일컫는 것들입니다. 사랑은 자기의 것을 다른 사람의 것이 되게 하는 것 즉 남의 기쁨을 자기 것인 양 느끼는 것으로 이루어집니다. 그러나 다른 사람에게서 자기 자신의 기쁨을 느끼는 것은 사랑하는 것이 아닙니다. 이 후자는 자기 자신을 사랑하는 것이고, 전자는 이웃을 사랑하는 것입니다.

이 두 종류의 것은 정반대의 것들입니다. 둘 다 한 묶음을 형성하는 것은 사실입니다. 그러나 자기 자신의 것 즉 상대 안에서 자기 자신을 사랑한다는 것이 두 사람을 분리하지 않는 듯 보이지 않지만, 그러나 분명히 이런 사랑은 두 사람을 분리시킵니다. 다른 사람을 이런 식으로 사랑하는 한도 만큼 나중에는 미워하게 됩니다. 왜냐하면 이 결합은 저절로 점차 해체되고, 마침내는 그만큼 그 사랑이 미움으로 변하기 때문입니다.

48. 만일 누가 사랑의 본질을 탐색한다면 이 사실을 간과할 수 있겠습니까? 왜냐하면 자기가 사랑을 되돌려 받을 다른 사람을 자신 이상 사랑하지 않고 자신만을 사랑한다는 것이 무엇을 의미하는 것이겠습니까? 이것은 둘을 묶는 것(結合)이 아니라 깨뜨려 헤치는 것이 아니겠습니까?

사랑의 결합은 교호적(交互的)입니다. 자기 자신만을 사랑하는데는 이 교호성이 있을 수 없습니다. 만일 교호성이 있다고 생각한다면 다른 사람들이 나를 사랑한다는 상상에서 비롯된 생각입니다. 그러므로 신령사랑은, 그가 사랑하게 되고, 사랑을 받게 되는 다른 사람들 안에 존재와 실재를 갖는다는 것은 필수적입니다. 왜냐하면 모든 사랑 안에는 이같은 필요(必要)가 있기 때문에, 사랑 자체 안에서는 최대한도까지 즉 무한하게 있어야만 하기 때문입니다.

49. 하나님에 관하여 말한다면, 그분에게는 다른 사람을 사랑한다는 것, 그리고 또 무한에 속한 어떤 것, 즉 본질에 속한 것이나 본질적으로 사랑의 생명 또는 신령존재에 속한 어떤 것이 내재해 있는 다른 사람에 의해 상호적으로 사랑을 받는다는 것은 불가능합니다. 왜냐하면 그것들 안에 있는 무한한 것, 다시 말하면 본질이나 본질적으로 사랑의 생명에 속한 즉 신령존재에 속한 것을 가지고 있는 존재가 있다면 그것은 상대들에 의해서 사랑을 받을 하나님이 아니라, 오히려 자기 자신을 사랑하는 하나님이기 때문입니다. 무한존재 즉 신령존재는 오직 한 분이기 때문에, 만약 이 하나가 다른 상대 안에 있다면 그것 자체(Itself)가 그들 안에 있는 것이고, 그것 자체의 사랑일 것입니다. 그리고 그 사랑에 속한 것은 하나님 안에는 편린(片鱗)도 있을 수 없는데, 그 이유는 그것은 신령본질에 전적으로 정반대가 되기 때문입니다. 그러므로 이런 이유 때문에 교호적인 사랑이 가능하기 위해서는 자체 안에 신령존재에 속한 것은 아무것도 없는(全無) 다른 상대들이 있어야만 합니다. 신령존재에서 비롯된 피창조물 안에 그것이 있을 수 있다는 것은 아래에서 잘 볼 수 있을 것입니다. 그러나 그것이 가능하기 위해서는 무한사랑(Infinite Love)과 하나를 이룰 수 있는 무한지혜(Infinite Wisdom)가 있어야만 합니다. 즉 신령지혜에 속한 신령사랑이나, 신령사랑에 속한 신령지혜가 필히 존재하여야만 합니다(이것에 관해서는 34-39항 참조).

50. 모든 존재 즉 창조에 속한 지각과 지식은 이 신비(神秘)에 속한 지각이나 지식에 의존되어 있습니다. 그리고 계속적인 존재에 속한 모든 사물의 지각이나 지식 역시도 하나님에 의한 보호에 달려 있습니다. 다른 말로 하면, 창조된 우주 안에 있는 하나님의 모든 작품(all the works of God)에 속한 지각과 지식은 신비에 속한 지각이나 지식에 의존되어 있습니다. 이 내용에 관해서는 뒤이어지는 여러 페이지에서 다루겠습니다.

51. 그렇지만 부디 부탁하는 바는, 독자들이 시간과 공간 관념을 가

지고 혼돈하지 말아 달라는 것입니다. 만일 시간과 공간 관념을 가지고 읽으면 읽을수록 이제 설명하려는 것을 읽을 때 그만큼 더디 이해하게 될 것이기 때문입니다. 그 까닭은 신령존재는 시간과 공간 안에 계시지 않기 때문입니다. 이러한 내용은 이 책의 설명이 진행되는 동안 특히 영원성, 무한성, 그리고 편재성(遍在性)을 다룰 때 더욱 명확하게 이해할 수 있으리라 생각됩니다.

제 13 장 ▌우주 안에 있는 삼라만상은 신·인의 신령사랑 과 신령지혜로 말미암아 창조되었다.

52. 우주는 가장 큰 것에서부터 가장 작은 것에 이르기까지 또는 첫째 것에서부터 마지막 것에 이르기까지, 형상(形狀·image)으로 있는 신령사랑과 신령진리라고 말할 수 있을 정도로 신령사랑과 신령지혜로 충만합니다. 이같은 사실은 우주의 모든 것들과 사람의 모든 것들이 서로 대응되어 있다는 것에서 명료합니다. 창조된 우주 안에서 형체를 취하는 모든 것들은, 개별적이든 전체적이든, 사람의 모든 것들과 이와 같은 대응을 가지고 있으므로, 사람을 우주의 일종(一種)이라고 할 수 있습니다.

사람의 정동들과 그것에서 비롯되는 사상들은 동물계의 모든 것들에 대응되고, 또 사람의 의지와 그 결과로 오는 이해는 식물계의 모든 것들과 대응되고, 사람의 극외적인 모든 삶에 속한 것들은 광물(鑛物)계의 모든 것들과 대응됩니다. 이와 같은 대응은 관찰력이 있는 사람에게는 영계 안에서는 확연하지만, 자연계 안에서는 그 누구에게나 확연하지 않습니다. 자연계 즉 세 세계(동물계·식물계·광물계)에서 형상을 취하는 모든 것들은 영계에 존재하며, 그곳에 사는 사람들의 정동과 사상에 대응됩니다. 그리고 그것들은, 의지로부터의 정동들과 이해로부터의 사상들, 그리고 그곳 주민들의 주서 볼 수 있으며, 보다 작은 형체로써의 차이만 있을 뿐 창조된 우주에 속한 것과 꼭같은 외현을 드러내 보여주는 그 세계에 사는 주민들의 모든 것이나, 삶에 속한 극외적인 것들과도 대응됩니다.

이런 사실에서 볼 때, 천사들에게 분명한 것은, 창조된 우주가 신·인을 표징하는 한 형상(形狀)이며, 그것이 우주 안에서 형상으로 현존하는 신·인의 사랑과 지혜라는 것입니다.

창조된 우주가 신·인은 아니며 오히려 그 신·인에게서 비롯된 것입니다. 왜냐하면 창조된 우주 안에 있는 것은 무엇이든 그 자체에 있어서 실체와 형체이며, 또는 그 자체에 있어서 생명 또는 사랑과 지혜가 아닌 것은 아무것도 없기 때문입니다. 뿐만 아니라, 사람은 자신에 있어서도 사람이 아니고, 다만 모든 것은 사람이신 하나님에게서 즉 본질적으로 지혜와 사랑이시고, 형체와 실체이신 하나님에게서 모두 비롯되었기 때문입니다.

본질적 존재(Being-in-itself)를 갖는 것은 비창조요, 무한입니다. 참존재(the Very Being) 즉 주님에게서 비롯된 것은 무엇이든지, 그 안에 본질적 존재로 있는 것은 하나도 없기 때문에 창조된 것이고 유한한 것입니다. 이 사실은 존재와 형체의 근원이신 그분의 형상(an image of Him)을 그려 줍니다.

53. 창조되고 유한한 것들을 존재(存在·being·*esse*)와 실재(實在·taking form·*existere*)라고 서술할 수 있고, 또 창조된 것들을 실체와 형체, 생명, 사랑과 지혜로 서술할 수 있겠습니다. 그러므로 이 서술된 것들 모두는 창조된 것이고 유한합니다. 우리가 창조되고, 유한한 것들에 관해서 이렇게 서술할 수 있는 이유는 그것들이 어떤 신령한 것을 소유하고 있기 때문이 아니라, 오히려 신령존재 안에 그것들이 있고, 그것들 안에 신령존재가 계시기 때문입니다. 왜냐하면 창조된 모든 것은 본질적으로는 무생명(無生命)이고 죽어 있는 것이지만 그러나 그것들 안에 신령존재가, 그리고 그것들이 신령존재 안에 있다는 사실에 의해서 모든 것들이 생명이 있게 되고 살아

가기 때문입니다.

54. 신령존재는 한 주체 안의 임재와 다른 주체 안의 임재가 서로 다르게 임재하는 법이 없습니다. 오히려 창조된 한 주체가 상대와 다를 뿐입니다. 동일한 두 객체가 존재할 수 없는 까닭은 그것들이 서로 다른 무엇인가를 가지고 있기 때문입니다. 이것이 신령존재가 형상으로 나타날 때 여러 모양의 외현(外現)으로 보여지는 이유입니다. 뒤에 신령존재가 그 반대로 현존한다는 것에 대해서도 설명하겠습니다.

제 14 장 ▌창조된 우주 안에 있는 삼라만상은 신·인의 신령사랑과 신령지혜의 수용그릇이다.

55. 개별적인 것이든 전체적인 것이든, 우주의 삼라만상이 하나님에 의하여 창조되었다는 것은 누구나 잘 아는 사실입니다. 그 까닭에 우주와 그것에 있는 모든 것들을 성경말씀에서 "하나님의 손으로 된 작품"이라고 기술하고 있습니다.

어떤 이들은 온 세상이 무(無·nothing)로부터 창조되었다고 주장하며, 또 그 무(無·nothing)라는 것을 전적으로 공허(空虛)하다는 개념이라고 규정합니다. 그러나 전적으로 허(虛·nothingness)하고 무(無·nothing)한 것에서부터는 아무것도 만들어질 수 없습니다. 전적으로 허(虛)한 것에서 생겨지는 것은 아무것도 없습니다. 이것은 이미 정설로 받아 들여지고 있는 진리입니다.

이런 이유 때문에 하나님의 형상이며, 하나님으로 충만한 우주는 하나님으로 말미암아 하나님 안에서 창조되어야만 합니다. 왜냐하면 하나님은 존재자체이시고, 존재하는 것은 무엇이든지 이 존재로부터 비롯되었기 때문입니다. 존재하지 않는 무(無)로부터 존재되어 있는 것을 창조한다는 것은 절대적인 자가당착(自家撞着)입니다.

그럼에도 불구하고 하나님으로부터 하나님에 의해서 창조된 어떤 것은 하나님의 한 연속이나 연장(延長)은 아닙니다. 왜냐하면 하나님은 본질적으로 존재 자체이며 창조된 것들 안에는 그 존재가 전혀 없기 때문입니다. 만일 창조된 것들 안에 어떤 본질적 존재가 있다면 그것은 하나님의 연장일 것이며, 하나님에게서 비롯된 어떤 연속은 하나님일 것이기 때문입니다.

이런 경우에 천사들의 개념은 다음과 같습니다. 하나님으로 말미암아 하나님 안에서 창조된 것은 마치 사람 안에 있는 그의 생명에서 나온 것과 같습니다. 그러나 거기에서 생명을 거두어가면, 그것은 그의 생명에 일치하는 것 같은 그런 성질일지언정, 진정 그의 생명은 아닙니다. 천사들은 천계에서 일어나는 많은 것들을 가지고 이 개념에 확신을 갖습니다. 천계에서 그들은 하나님 안에 있고, 하나님이 그들 안에 있다고 말합니다. 그러면서도 계속 그들이 실제로 자신들의 그 안에 있다는 하나님인 그 하나님의 아무것도 가지고 있지 않다는 것입니다. 이것을 확증하기 위하여 후에 더 그 사실들을 인용하겠지만 현재로는 언급한 내용으로 충분한 설명이 되겠습니다.

56. 이 근원(根源) 때문에 모든 창조된 것들은 하나님의 연속에 의한 것이 아니고 하나님의 연장에 의해서, 하나님의 수용그릇이라는 측면에서 그 자체의 성질을 가지게 됩니다. 이것이 결합을 가능하게 하는 유일한 방편입니다. 모든 사물이 이렇게 창조되었으므로 모든 사물은 닮은꼴이며, 결합되는 것에 의해서 거울에 비친 하나님의 형상과 같습니다.

57. 이렇게 볼 때 천사들은 자력(自力)으로 천사들이 된 것이 아니고, 신·인과의 결합에서 비롯된 존재인데, 이 결합은 하나님이신 신령선과 신령진리의 수용에 의해서 이루어집니다. 이 수용은 그들 천사들이 실제로는 신·인 안에 있지만 다만 그 신·인으로부터 흘러나오는듯 보입니다. 그들의 수용은 더 나아가서 질서의 법칙에 그들 자신들을 적용하는 것에 의해서 되어지는데, 그 질서의 법칙은 자유

롭게 생각하고, 이성에 따라 의도하는 신령진리입니다. 그런데 자유와 이성은 천사들에게 속해 있는듯 보이지만 주님에 의해서 그들에게 주어졌습니다. 이것이 천사들이 신령선과 신령진리를 외관상 독립적으로 수용하게 하는 근원입니다. 그리고 또 사랑의 상호적 수용을 제시하는 근원이기도 합니다. 왜냐하면 이미 설명한 바와 같이 사랑은 상호적이 아니고서는 존재하지 않기 때문입니다. 이것은 지상의 사람들에게 있어서도 마찬가지입니다.

이상 설명한 것에 의해서 우주 안의 삼라만상이 신·인의 신령사랑과 신령진리를 담는 수용그릇으로서 창조되었다는 것을 알 수 있게 되었습니다.

58. 그럼에도 불구하고 천사들이나 사람들 또는 우주의 다른 모든 것들이 신·인의 신령사랑과 신령진리를 받는 수용그릇들이라는 것, 다시 말해서 동물계 안에 있는 사람 이하의 것들, 또 식물계 안에 있는 그것들 이하의 것들, 그리고 광물계 안에 있는 그 이하의 것들이 신·인의 신령사랑과 신령지혜를 받는 수용그릇들이라는 것을 이 지적으로 설명할 수는 없습니다. 왜 그런가 하면 우리는 생명의 계도(階度·degree) 즉 생명의 수용그릇의 계도들에 관해서 먼저 많은 설명을 해야 하겠기 때문입니다.

이것들과의 결합은 그것들의 쓰임쓰임이(善用·use)들에 따라 성립됩니다. 선한 쓰임쓰임이는 하나님과의 결합과 같은 것을 통하지 않는 다른 근원을 가지지 않습니다. 그러나 그 선용들은 계도들에 따라서 다릅니다. 하향적 결합(下向的 結合)은 점차로 변해서 그 안에 자유라는 것은 조금도 남아 있지 않게 됩니다. 그렇게 되면 이성이 결여되는 까닭에 생명의 외현은 전혀 없습니다. 그러나 그럼에도 불구하고 그것은 그것들을 수용하는 그릇들입니다. 그것들이 받아들이는 그릇들이기 때문에 반충작용(反衝作用)하는 실체(re-agent)들입니다. 그것들이 반충작용하는 수용그릇들인 만큼 그것들은 또한 내용물들입니다. 선하지 않은 쓰임쓰임이와의 결합은 악의 근원을 설명할 때 다시 설

제1편 창 조 주   55

명하겠습니다.
59. 이상과 같은 전제 아래서 창조된 우주의 만물 안에는 신령존재가 계시다는 것과 성경말씀에서 말씀되고 있는 대로 창조된 우주가 여호와의 손으로 된 작품이라는 결론을 지을 수 있겠습니다. 다시 말해서 이 창조된 우주는 여호와의 손이 의미하는 바에 의해서 이루어진 신령사랑과 신령지혜의 작품입니다.

더 나아가서 말을 하자면 창조된 우주의 삼라만상 안에는 신령존재가 계시다고 하지만, 그것들 안에 본질적인 신령존재의 존재는 아무것도 없습니다. 왜냐하면 창조된 우주는 사실상 하나님이 아니고, 다만 하나님에게서 창조된 것 뿐이기 때문입니다. 하나님에게서 창조되어 온 것이기 때문에 그 안에는, 사람의 형상이 거울 안에 보이는 것 같이, 하나님의 형상이 비칠 뿐입니다. 즉 사람이 거울 속에 나타나는 것 뿐이고, 더욱이 형상 속에는 사람의 것은 아무 것도 없습니다.

60. 나는 영계에서 많은 사람들이 내 옆에서 말하는 것을 들을 수 있었습니다. 즉 그들은 창조된 우주 안에서 하나님의 놀라운 힘을 보았으며, 더 깊이 직시하면 그럴수록 더 놀라운 것들을 보기 때문에 우주의 삼라만상 안에서 신령존재의 현존을 시인하고 또 시인하기를 원한다고 말하였습니다. 그러나 그들이 신령하신 분이 실지로 창조된 우주의 삼라만상의 모든 것들 안에 있다는 말을 들었을 때 그들은 아주 실망하였습니다. 즉 이것은 그들에게 이 말을 했을 때 그들은 그것을 믿지 않았다는 내용이 되겠습니다.

그러므로 그들은 모든 종자에 유전되어 있으며, 계속해서 부단히 새로운 종자에게까지 그 자체의 본체를 생산해 내는 그 놀라운 능력을 보고도 이 사실을 알 수 없겠는가 질문을 받았습니다. 모든 씨앗 안에는 무한하고 영원한 바의 개념 즉 무한히 그리고 영원히 과실을 맺으려는 실질적인 노력이 씨들 안에 있습니다.

또는 이런 증좌는 지극히 작은 생물에게서도 볼 수 있습니다. 각자는 자신 안에 감각기관들, 두뇌들, 심장, 폐장, 그리고 동맥들과 정맥들, 섬유질과 근육들 그리고 그것들이 가져 오게 되는 활동들을 가지고 있습니다. 그 외에도 그들의 본능적인 성질에는 믿을 수 없을 만큼 여러 국면들이 있는데, 아마도 이것들에 관해서 말을 하자면 몇 권의 책을 써야만 할 것입니다.

이 모든 놀라운 것들이 하나님에게서 창조되었습니다. 그러나 그것들에게 옷 입혀지고 있는 형체는 이 지상의 요소들로 만들어져 있습니다. 식물들은 이런 지상적인 요소들에게서 만들어졌고, 인간 존재도 그 자체의 질서에서 보면 땅에서부터 생겨졌습니다. 그러므로 사람에 관해서 아래의 말씀이 언급되어 있습니다. 즉—.

주 하나님이 땅의 흙으로 사람을 지으시고, 그의 코에 생명의 기운을 불어넣으시니, 사람이 생명체 되었다.
(창세기 2:7)

이 말씀에서 신령존재가 사람에 속한 고유속성(人間固有屬性·man's own)이 아니고, 사람에게 더해진 것임(be adjoined to him)을 알 수 있겠습니다.

제 15 장 ▌창조된 삼라만상은 특정의 한 형상으로 사람과 관계를 갖는다.

61. 이러한 사실은 동물계, 식물계, 그리고 광물계에 속한 개별적인 것이나 전체적인 것들에서 잘 이해할 수 있습니다.

사람과 동물계에 속한 개별적인 것이나 전체적인 것들과의 관계는 다음과 같은 연구에 의해서 명료합니다. 모든 종류의 동물들은 자신들을 움직일 수 있는 사지(四肢)나 날개 따위를, 느낄 수 있는 감나

기관들, 그리고 그들에게 정기를 주는데 일익을 담당하는 내적인 기관들을 가지고 있는데, 이런 것들은 사람이 가지고 있는 것과 꼭같은 것들입니다. 그리고 그들은 사람들이 가지고 있는 자연적인 식욕과 정동에 비슷한 식욕과 정동을 가지고 있습니다. 그들은 정동들에 대응되는 생득적인 지식(生得的 知識)들을 가지고 있으며, 이 지식들 중 어떤 것에서는 분명하게 영적인 것에 유사한 것을 볼 수 있습니다. 즉 지상의 짐승들, 공중의 새들, 벌들, 나비들과 개미들 등등에서는 그 영적 유사형체들이 다소간 명료하게 나타나 보입니다. 이렇게 볼 때 단순한 자연적인 사람은, 언어에 관한 것을 제외하면 동물계에 속한 살아 있는 피조물들을 자기 자신들과 비슷하다고 생각합니다.

식물계 안에 있는 모든 것들과 인간과의 관계는 다음과 같은 관찰에서 잘 알 수 있습니다. 그것들은 씨에게서 발출하고, 단계를 따라 자기들 자체의 성장 단계에로 진전합니다. 그것들은 생식이 따르게 되는 혼인 같은 것을 가지고 있습니다. 식물적 혼(魂·soul)은 선용입니다. 그리고 자신들은 선용인 그 혼에서 형체를 취합니다. 이 밖에도 사람과 관계되는 것들은 수도 없이 많습니다. 그리고 이러한 사실들은 여러 분야의 저자들에 의해서 저술되고 있습니다.

사람들과 광물 세계의 것들과의 관계는, 앞서의 식물계의 모든 것들이 그러하듯이, 서로의 관계를 보여주려는 심신의 상태(心身狀態·forms)를 그려보고자(to produce) 하는 노력 안에서만 볼 수 있습니다. 즉 선용을 완수하고자 하는 노력에서만 볼 수 있습니다. 왜 그런고 하니 먼저 씨가 땅의 품에 떨어지면, 땅은 그것을 받아서 자신에게서 모든 근원을 동원하여 자양분을 제공하고, 싹이 나오게 하는데, 사람의 표징적 형체 안에서 그 자체를 나타내기 때문입니다. 그러한 노력은 토양 같은 굳은 부분에도 존재한다는 것은 바다 밑바닥의 산호 층에 흐르는 딱딱한 액체에서와 광물들과 금속들에서 형성되는 광산 안에 돋는 광화(鑛化)에서 볼 수 있습니다.

식물적인 성장을 향한 노력과 또 그것에 의한 선용의 성취를 위한 노력은 창조된 것들 안에 있는 신령존재로부터 비롯된 가장 궁극적 근원입니다.
62. 땅의 광물들에게 식물들이 성장해 가려는 노력이 있는 것처럼, 식물들 안에는 생동하려는 노력이 있습니다. 이것이 여러 다른 곤충들이 식물들에게서 발산하는 향기에 대응한다는 것을 설명해 줍니다. 이것은 지상의 태양이 발산하는 볕의 결과로 생겨지는 것이 아니라, 아래에서 볼 수 있듯이, 그 수용의 상태에 따라서 그 볕을 거쳐 작용하는 생명에서 일어난다는 것입니다.
63. 창조된 우주 안의 모든 것들이 사람과 관계가 있다는 것은 위에서 설명한 내용에 의해서 막연하기는 하지만 알 수 있습니다. 그러나 이와는 달리 영계에서는 이런 사실은 매우 명료합니다.

영계에도 지상의 삼계(三界)에 속한 모든 것들이 있는데, 그것들 한 가운데에는 천사가 자리잡고 있습니다. 천사는 자기 주변의 것들을 보며, 더 나아가서는 그것들이 자신들의 표징이라는 것을 잘 압니다. 사실 그의 이해의 지심한 것이 열려질 때 그는 거울 속에서 보듯 그것들 안에서 자기 자신을 인지하고, 자신의 형상을 그것들 안에서 봅니다.
64. 이미 주어진 이 사실들과 또 그것들과 일치하는 다른 많은 것들을 여기에 부연할 시간이 없지만, 이상에서 볼 때 우리는 하나님이 사람이다는 사실만은 확실하게 알 수 있겠습니다. 왜냐하면 하나님과 모든 것들의 전반적인 관계는 마치 개인적인 사람과의 관계처럼 분명히 나타난 관계이기 때문입니다.

제 16 장
창조된 삼라만상의 선용들은 가장 낮은 것들에서부터 사람에 이르도록 단계적으로 올라가고, 그리고 사람을 통해서 창조주이시고, 그들의 근원이신 하나님에게 올라간다.

65. 앞에서 설명한 바 있듯이 가장 말단의 것들인 광물계의 만상은 이름해서 각양한 물질 즉 석질(石質)로 구성되어 있는 것들, 암염이나 석유류, 또는 금속적인 것들로 구성된 것들 그리고 아주 미세한 가루가 되어 식물들이나 동물적인 물질들에 의해서 흙 속에 저장된 것들입니다. 이것들 안에는 생명으로부터 비롯되는 모든 선용(善用·use)들의 목적(目的·end)과 시작(始作·beginning)이 있습니다. 모든 선용들의 목적은 선용을 이루기(produce) 위한 노력이지만, 그 시작은 그 노력에서부터 파생되는 실제적 힘(實際的 能力·acting force)입니다. 이것들이 광물계에 관계되는 것들입니다.

중간적인 것들은 식물계의 모든 것들로, 모든 종류의 풀들과 약초들, 모든 종류의 화초들과 관목들, 그리고 모든 종류의 수목들입니다.

그들의 쓸쓸이는 불완전하건 완전하건, 동물계에 속한 것들을 섬기는 것입니다. 이것들은 동물계에 속한 것들을 보양하고 기쁘게 하며 활성화시킵니다. 그것들은 그것들이 가지고 있는 물질들을 가지고 동물들의 몸을 보양합니다. 그것들은 맛이나 냄새 그리고 아름다움으로 동물들의 감각을 즐겁게 하고, 또 동물들의 정동들을 생동감 있게 합니다. 이 선용들을 향한 노력은 그것들 안에 생득적으로 존재합니다.

제일 첫째 것들은 동물계의 모든 것들입니다. 그 중 가장 낮은 것을 벌레와 곤충이라고 부릅니다. 그리고 중간 것들은 새들과 짐승들이고, 가장 높은 것은 사람들입니다. 왜냐하면 세 세계 모두에는 가장 낮은 것들, 중간적인 것들 그리고 가장 높은 것들이 있어서, 가장 낮은 것들은 중간 것들을 섬기고, 중간적인 것들은 가장 높은 것들을 섬기도록 되어 있습니다. 이런 식으로 모든 창조된 것들의 선용들은 순서를 좇아 가장 낮은 것들에서부터 그 순서 가운데 첫째 것인 사람에게까지 올라가게 되어 있습니다.

66. 자연계에는 상승적 세 계도가 있으며, 영계에도 세 가지 상승적 계도들이 있습니다. 모든 동물들은 생명의 수용그릇들입니다. 보다 완전한 것들은 자연계의 세 계도들의 생명을 받는 수용그릇이지만 그러나 덜 완전한 것들은 그 세계의 두 계도에서만 생명을 받는 그릇들이고, 불완전한 것들은 그 계도들의 하나에서 생명을 받는 그릇들입니다. 그러나 인간 존재들은 자연계의 세 계도들에 더하기를 영계의 세 계도들의 생명을 받는 그릇입니다.

이상에서 볼 때 사람만이 다른 어떤 생물들과 다르게 자연 이상으로 올려질 수 있다는 것입니다. 사람들은 자연 안에 있는 시민 생활이나 도덕적인 문제들을 분석적으로 생각할 수도 있고, 합리적으로 생각할 수도 있습니다. 더 나아가서 자연 이상인 영적이고 천계적인 것들에 관해서도 분석하고 합리적으로 생각할 수 있습니다. 아니, 사람은 지혜 안으로 올려져서 하나님을 볼 수도 있습니다.

우리는 이제 여섯 계도들 즉 모든 창조된 것들의 선용들이 그들의 질서에 따라서 창조자 하나님에게까지 올리워지는 단계들을 해당되는 곳에서 부연 설명하겠습니다.

이상을 요약해서 보면 홀로 생명이신 제일존재(第一存在·the First)에게까지 모든 창조된 것들이 올려지고 있다는 것과 또 이 모든 것들의 선용들이 실제로 생명의 수용그릇이라는 것을 알 수 있습니다. 그런즉 이것들이 선용의 형체입니다.

67. 자, 이제는 사람이 어떻게 맨 나중 계도에서 첫째 계도에 오르는지 즉 어떻게 그들이 고양되는지를 설명하고자 합니다.

사람은 자연계의 가장 낮은 계도 안으로 출생됩니다. 그 뒤, 그는 지식을 방편으로 해서 둘째 계도에 올려집니다. 그리고 사람은 지식에 의하여 자신의 이해를 완전하게 만들기 때문에, 그 사람은 셋째 계도에 올려집니다. 이 시점에서 사람들은 합리적이 됩니다.

　영계에 있는 상승적인 세 계도는 자연계의 셋째 계도 보다 우위에 있는 사람 안에 존재하고, 또 영계의 그 계도들은 사람이 이 세상의 육신을 벗을 때까지 나타나지 않습니다. 이같은 일이 일어날 때 영계의 첫째 계도가 그에게 개방됩니다. 그 뒤에는 둘째 계도가, 그리고 최종적으로는 세번째 계도가 그 사람에게 개방됩니다. 그러나 이같은 일은 셋째 천계의 천사가 된 사람들에게만 있을 뿐입니다. 이들이 바로 하나님을 볼 수 있는 사람입니다. 둘째 천계와 마지막 천계의 천사가 된 자들에게는 둘째 계도와 마지막 계도가 각각 열려집니다.

　사람 안에 있는 각각의 영적 계도는 주님에게서 비롯된 신령사랑과 신령지혜의 수용에 따라서 열려집니다. 첫째 즉 가장 낮은 영계의 어떤 것을 수용한 사람은 그것으로 말미암아 그 계도에 들어가고, 둘째 또는 중간 영계의 어떤 것을 수용한 사람은 그것으로 말미암아 둘째 계도에 오르고, 셋째 즉 지고의 영계에 속한 어떤 것을 수용한 사람은 보다 높은 그 계도에 들어갑니다. 그러나 거기에서 비롯된 그 어떤 것도 수용하지 못하는 사람은 자연적 계도에 머무르고, 또 영적 계도로부터 생각하고, 말하고, 뜻하고 따라서 행동하는 능력 이외의 것은 아무것도 얻지 못하지만 그렇다고 이지적이지는 못합니다.

68. 사람들의 마음에 속한 내면적인 부분들이 올리워진다는 것에 관해서 또한 잘 알아야 하겠습니다.

　반충작용은 하나님에 의해서 창조된 모든 것 안에 존재합니다. 작용은 오직 생명(Life alone) 안에만 있습니다. 반충작용은 생명에 속한 작용에 의하여 일어납니다. 반충작용은 작용이 행해질 때 모양을 나타내는 것이기 때문에 창조된 것들에게 속해 있는듯 보입니다. 그러므로 사람에게서 반충작용은 마치 사람의 것인양 나타나 보입니다. 왜냐하면 생명이 그의 것인양 느끼는 것 이상의 것을 느끼지 못하기 때문입니다. 그러나 사실은 사람은 생명의 수용그릇일 뿐입니다.

이런 원인 때문에 사람은 자기의 유전적 악에 속한 이성에 의하여 하나님을 대항하는 짓거리를 저지릅니다. 그러나 개인들이 자기들의 전 생명이 하나님에게서 비롯되었고, 모든 생명의 선이 하나님에게서 비롯되며, 모든 생명의 악이 자신들의 반충작용에서 나온다는 것을 믿는 정도에 따라 사람의 반충작용은 [하나님의 작용]으로부터 있게 됩니다. 즉 사람은 마치 자기 자신에게서 비롯된 것처럼 하나님과 더불어 행동합니다.

모든 것들의 형평(衡平)은 동일한 순간의 작용과 반충작용에 의해서 결과되고, 또 모든 사물은 한 형평 상태 안에 있어야만 합니다. 우리가 이 내용들을 설명한 까닭은, 사람들이 주님에 의한 것이 아니고, 자기 자신의 힘으로 하나님에게 기어오를 수 있다고 믿지 않게 하려는 것입니다.

제 17 장 ▎ 신령존재는 공간을 떠나서, 우주의 모든 공간을 채우신다.

69. 자연은 공간(空間·space)과 시간(時間·time)이라는 고유한 두 특징을 가지고 있습니다. 자연계의 사람들은 이 두 특징에서부터 자신들의 사상에 속한 개념들과 또 그것에 의해서 이해를 형성합니다. 만일 사람이 이 개념들 안에 끈질기게 머물면서, 자신의 마음을 보다 높이 올리지 않는다면 그는 영적이고 신령한 어떤 사물을 지각할 길이 결코 없습니다. 왜냐하면 그는 이것들을 공간과 시간으로부터 유추한 개념들 안에 감금되기 때문에, 그리고 이렇게 하고 있는 한

에는 그의 이해에 속한 빛(光明·*lumen*)은 자연적인 것에 불과하기 때문입니다.

 영적이고 신령한 것들에 관해서 추상(抽象)하는데 있어서 이 광명으로 생각하는 것은 백주(白晝)에 볼 수 있는 것을 흑암에서 보는 것과 같습니다. 자연주의(自然主義·naturalism)는 이런 것에서 비롯됩니다.

 그러나 공간과 시간에서 유추한 사고의 개념들 이상으로 자기의 마음을 올리는 방법을 아는 사람은, 암흑에서부터 광명으로 옮겨간 것이고, 영적이며 신령한 것과 영적인 것 안에 있는 것들과 그것들에서 파생되는 것들에 관한 예리한 통찰력(洞察力)을 가지며, 종국에는 영적인 것이나 신령한 것 안에, 또는 그것에서 비롯된 것들 안에 있는 것들을 볼 수 있습니다. 그렇게 되면 그 빛 때문에 자연적인 빛(*lumen*)의 어두움을 떨쳐 버리고, 그 오류들은 중심에서부터 변두리로 추방됩니다.

 이해를 가지고 있는 모든 사람은 자연의 특징들을 가지고 있는 것들 보다 높은 계도에서 생각할 수 있으며, 사실 그렇게 생각합니다. 그렇게 되었을 때에 사람은 신령존재 즉 전능하신 분은 공간 안에 있지 않다고 주장하고, 그 사실을 이해합니다. 그런 사람은 우리가 위에서 말한 내용들을 확증하고 밝히 이해할 수 있습니다. 그러나 만일 사람들이 신령편재(神靈遍在)를 부인하고 자연에게 모든 사물의 존재를 위한 신뢰를 둔다면, 그 때에는 그렇게 할 수 있지만, 위로 올리워지기를 원하는 것은 아닙니다.

70. 자연의 이 두 특징들 즉 설명한 것과 같이 사람이 죽어서 천사가 되면 공간과 시간의 속성을 벗게 됩니다. 왜냐하면 그 시점에서 사람은 영적인 빛 안에 들어가기 때문입니다. 이 영적인 빛 안으로 들어가면, 사상의 대상은 진리이고, 시각의 대상은 자연계 안의 그것들과 유사하지만 그러나 천사들의 사상과 대응되는 것들입니다. 설명했지만 그들의 사상의 대상들은 공간과 시간으로부터 전적으로 독

립되어 있습니다. 비록 그들 시각의 주체들이 공간과 시간 안에 있는 듯 보이지만 이 시간과 공간을 기본으로 해서 천사들은 생각하지는 않습니다.

　이것은 공간과 시간이 거기서는 자연계에 있어서와 같은 식으로 고정되어 있지 않기 때문입니다. 오히려 천사들의 생명 상태에 따라서 그것들은 가변적입니다. 그러므로 그들의 사상의 관념들 안에는 공간과 시간의 관념을 대신해서는 생명의 상태가 있고, 공간을 대신해서는 사랑의 상태에 관계되는 것이 있고, 시간을 대신해서는 지혜의 상태에 관계되는 것이 있습니다.

　이렇게 볼 때 영적인 사상과 거기서 비롯된 영적 언어는, 모든 것이 영적인 것들인 내면적인 것에 관계되는 것을 제외하면 공통된 것이 하나도 없을 정도로, 자연적인 사상과 거기서 비롯된 자연적 언어와는 그만큼 차이가 있습니다. 이런 차이에 관해서는 뒤에 설명하겠습니다. 그러므로 천사들의 사상이 공간과 시간에서는 아무것도 이끌어 낼 수 없고, 오직 생명의 상태에서부터 모든 것을 이끌어 내기 때문에, 신령존재가 공간을 가득 채운다고 말하여도 천사들은 이런 사실을 분명하게 깨닫지 못합니다. 왜냐하면 그들은 공간이 무엇인지를 알지 못하기 때문입니다. 그러나 만약 어떤 공간개념을 떠나서 신령존재가 모든 것들을 가득 채운다고 일어지면, 그들은 그것을 분명하게 깨달을 수 있습니다.

71. 다음의 예설은, 영적인 사람은 공간을 떠나서 생각하지만, 단순한 자연적인 사람은 영적인 것들이나 신령한 것들에 관해서 공간을 기반으로 해서 생각한다는 것을 확실하게 해 줄 것입니다.

　단순한 자연적인 사람들은 그들이 보는 시각의 대상물들에게서 얻는 개념들을 방편으로 해서 생각합니다. 그 모든 것 안에는 장(長·길이)·광(廣·너비)·고(高·높이)에 속한 것이나, 그리고 그것에 의해 이루어진 각진 것이나 둥근 것 등의 모양체들이 있습니다. 이러한 개념들은 그들이 지상에서 보는 것들에 관한 사고 개념 안에 잘 나타나 있습니다. 그리고 보이지 않는 사물들 즉 시민생활과 도덕적인 문제들에 관해서도 그들의 사고 개념 안에 역시 잘 나타나 있습니다. 이러한 사실은 그들이 실제로 그 국면들을 인지한다는 것이 아니라 그것들이 계속해서 모습을 드러낸다는 말입니다.

그러나 영적인 사람들 특히 천계의 천사들의 경우는 매우 다른데, 그들의 생각은 공간적인 길이나 너비 그리고 높이와는 아무런 상관관계가 없고, 생명의 상태에서 비롯된 사물들의 상태에만 관련되고 있습니다. 그래서 공간적인 길이 대신에 삶의 선에서 비롯된 사물들에 속한 선에 관해서 생각하고, 공간적인 너비 대신에 삶의 진리에서 비롯된 사물들에 속한 진리에 관해서 생각하고, 또 높이 대신에는 이것들의 계도에 관해서 생각합니다. 그러므로 그들은 영적인 것들과 자연적인 것들 사이에 있는 대응들에 의해서 생각합니다. 이 대응에서 보면 성경말씀에서 "길이"가 사물의 선을 의미하고, "너비"가 사물의 진리를, 그리고 "높이"가 그것들의 수준(또는 계도)을 각각 가리킨다는 것을 알 수 있습니다.

이렇게 볼 때 천계의 천사가 신령편재에 관해서 생각할 때, 그는 공간에 계시지 않으면서 모든 것 안에 충만히 계시는 신령존재 이외의 것을 생각하지 않는다는 것을 밝히 알 수 있습니다. 그리고 천사들이 생각하는 것은 무엇이든지 진리인데 그 이유는 그들의 이해에 비추어 주는 빛이 신령지혜이기 때문입니다.

72. 이것은 하나님에 대한 사상의 근본입니다. 왜 그런가 하면 이 사상 없이는 신·인의 우주 창조에 관해 어떤 것을 말할 때, 또는 신·인의 섭리·전능·편재·전지 등을 말할 때 그것들을 이해할 수 있을지라도, 그것들을 마음 속에서 계속 보존할 수는 없기 때문입니다. 그리고 단순한 자연적인 사람은 비록 이런 것들을 그의 이해 안에 가지고 있을지라도, 그의 의지에 속한 것인 그의 생명에 속한 사랑에 빠져들어갈 것이기 때문에, 그 사랑은 이들 진리들을 없애버리고, 그 사람은, 이런 것을 부인하는 정도만큼 그 자신이 비합리적이다는

것을 알지 못하면서, 합리적이라고 부르는 그의 자연적인 광명(lumen)이 살고 있는 공간 개념 속에 그의 사상을 몰입(沒入)시킵니다.

이것이 그렇다는 것은, "하나님이 사람이시다"는 이 진리를 받아들인 관념에 의해서 확증될 수 있습니다. 바라건대 앞에서 설명한 내용(11-13항 참조)과 뒤따르는 부분들을 주의 깊게 읽어 보면 독자들은 이 명제가 옳은 것임을 이해하게 될 것입니다. 그러나 공간 개념에 의존하고 있는 자연적인 광명(lumen) 안에 머물러 있으면 이 관념들이 역리(逆理)처럼 보일 것이고, 또 만일 생각을 더 낮게 떨어뜨리면 위의 사실들을 거부하게 될 것입니다.

신령존재께서 우주의 모든 공간들을 채우고 있다고 말하면서, 신·인이 그것들을 채우고 있다고 말하지 않은 이유가 바로 이것입니다. 왜냐하면 만일 이 후자의 명제를 설명하였다면 자연적인 광명(lumen)에 불과한 것이 그것을 지지하지 않을 것이기 때문입니다. 그러나 신령존재가 모든 것을 채우고 있다는 명제에 대해서 그것을 지지하는 이유는 그 명제가 신학자들의 어투 즉 하나님이 전능하셔서 모든 것을 듣고 아신다는 말과 일치하기 때문입니다(더 자세한 내용은 7-11항 참조).

제 18 장 ▌신령존재는 모든 시간 안에 있으면서, 시간을 떠나 있다.

73. 신령존재가 모든 공간 안에 계시면서 공간을 떠나 있다는 것과 같이, 신령존재는 모든 시간 안에 있으시면서 시간을 떠나 있는 존재입니다. 왜냐하면 신령존재를 자연에 속한 어떤 특성으로, 즉 자연의 특성들인 공간개념과 시간개념으로 서술할 수 없기 때문입니다.

자연 안에 있는 공간은 계측(計測)이 가능하고, 시간 역시 그러합니다. 시간은 일, 주, 월, 년들, 그리고 세기(世紀)들로 계측됩니다. 날들은 시간들로 계측되고, 주들과 월들은 날들로 계측되며, 또 해(年)들은 사계절들, 그리고 세기들은 햇수로 계측됩니다. 이 계측의 성질은 지구의 자동 회전(自轉)과 태양 주변을 도는 공전(公轉)에서 비롯됩니다.

그러나 영계에서는 이와 다릅니다. 그 곳에서 생명의 진전들은 시간 안에 일어나는 것과 유사하게 보입니다. 왜냐하면 영계의 사람들은 지상에서 그들이 사는 방식과 꼭 같아서, 어떤 시간의 외현(外現) 없이는 이같은 것은 불가능하기 때문입니다. 그러나 그 곳의 시간은 이 세상에서처럼 기간(期間·period)으로 나뉘어지지 않습니다. 그 까닭은 그 곳의 태양은 줄곧 동쪽에 있으며, 어떤 방향으로도 움직이지 않기 때문입니다. 그리고 천사들에게 태양으로 보이는 것은 주님의 신령사랑일 뿐입니다.

그러므로 그들은 일·주·월·년 또는 세기 등을 가지고 있지 않습니다. 다만 그런 것들 대신에 생명의 상태가 있는데, 이 상태는 하나의 분별(分別·distinction)에 의한 것인데, 그 분별은 기간으로 나뉘어지는 분별이 아니고, 상태로 나뉘어지는 분별입니다.

따라서 천사들은 시간이 무엇인지 모르고, 시간에 관해서 듣게 되면, 그들은 그 때 시간 대신에 상태를 지각합니다. 더 나아가서 상태가 시간을 정하면, 시간은 오로지 한 외현일 뿐입니다. 왜냐하면 재미나는 상태는 시간을 짧게 하고, 재미 없는 상태는 시간을 길게 끄는 것처럼 보이기 때문입니다.

이상에서 볼 때 영계에서의 시간이 상태의 질(質)일 뿐 아무 것도 아님을 알 수 있겠습니다. 여기에서 성경말씀에서 시간들, 날들, 주들, 달들, 그리고 년들이 계열별로 또는 총체적으로 상태들이나 그 상태의 진전과정을 뜻한다는 것을 알 수 있습니다. 교회에 관해서 때(times)들이 언급될 때 그 "아침"은 그것의 첫 상태를, "낮"이 그것의 충만한 상태를, "저녁"이 그 기욺을, "밤"이 그 종말을 뜻합니다. 한 해의 네 계절 즉 "봄" "여름" "가을" "겨울"도 동일한 뜻을 갖습니다.

74. 이상의 고찰에서 시간이 정동에서 비롯된 사상과 더불어 하나를 이룬다는 결론을 짓게 합니다. 왜냐하면 사람의 상태에 속한 질(質)이 그것에서 비롯되기 때문입니다. 영계에서 시간의 진전과 공간의 진전 거리는 서로 일치합니다. 이와 같은 사실은 여러가지 것들에서 잘 입증될 수 있습니다. 예를 들어 보겠습니다. 영계에서 길(道)은, 동정에서 비롯된 사상의 열망에 따라서 실제적으로 짧아지기도 하고 또는 길어지기도 합니다. 여기에서 또한 "시간의 공간"(時間의 空間·spaces of time)들이라는 표현이 나오게 됩니다. 더욱이 그같은 경우, 사상이 사람 안에 있는 그의 고유정동과 결합되지 않으면, 잠을 잘 때처럼, 시간의 경과는 알 수 없습니다.

75. 자연계에서 자연의 특성인 "시간"이 영계에서는 순수한 상태들 이외의 것이 아니고, 거기서 천사들이나 영들이 제한적이기 때문에 외관상 점진적인듯 보이지만, 그분이 무한하시고 무한한 것들이 그분 안에서 하나가 되어 있는 까닭에, 하나님 안에서 시간은 점진적인듯이 보이지 않습니다(설명한 바 있는 17－22항 참조). 이상에서 볼 때 모든 시간 안에 있는 신령존재는 시간을 떠나 계시다는 것을 밝히 알 수 있습니다.

76. 시간개념을 떠나서는 하나님에 관한 지식을 전혀 가지고 있지 않으며, 또 어떤 지각에서부터 하나님에 관해서 생각할 수 없는 사람은 시간의 영원성을 떠나서는 영원성에 관해서 전혀 상상도 할 수 없습니다. 그 경우 시간적으로 영원부터 계신 하나님을 생각한다면 그 사람은 얼떨떨할 것입니다. 왜냐하면 그는 시점에 관해서 생각할 것이며, 그 시점은 전적으로 시간과 관계를 가지기 때문입니다. 그의 당황함은 하나님은 그분 자신에게서부터 존재한다는 관념에서 야기되는데, 이것으로 말미암아 그 사람은 자연에서 비롯되었다는 자연의 근원으로 저돌적으로 달려갈 것입니다. 이같은 개념에서 탈출하

제1편 창조주

려면 영원성에 속한 영적 또는 천사적 개념 즉 시간을 떠난 개념으로만 가능합니다. 시간을 떠나면 영원존재나 신령존재는 동일하며, 신령존재는 본질적인 신령존재로, 그 어떤 존재로부터 비롯된 존재가 아니라는 개념입니다.

천사들은 영원 전부터의 하나님을 지각할 수 있으나 영원 전부터 있는 자연은 결코 생각할 수 없다고 단호하게 선언합니다. 그리고 그 자체 안에 존재하는 즉 스스로 존재하는 자연에 대해서는 더욱 지각할 수 없다고 말합니다. 왜 그런가 하면, 그 자체 안에 존재하는 어떤 것은 존재 자체이며, 모든 것의 근원이기 때문입니다. 존재 자체(the very Esse)는 신령지혜의 신령사랑이고, 또 신령사랑의 신령지혜인 생명 자체입니다.

왜냐하면 천사들에게는, 비창조적 존재가 창조적 존재에게서, 무한존재가 유한존재에게서 아주 먼 것처럼, 사실 이 양자들 사이에는 어떤 대조나 비교가 없는 것 같이, 영원존재는 시간에서 아주 멀리 떨어진 영원일 뿐이기 때문입니다.

제 19 장 　최대의 것이나, 최소의 것 안에 있는 신령존재는 동일하다.

77. 이 명제는 앞에서 신령존재가 공간 안에서 비공간적이고, 모든 시간 안에서 비시간적이라고 말한 두 논증에서 비롯됩니다. 더욱이 보다 크고 또 가장 큰 공간들이 있고 또 보다 작고 또 가장 작은 공간들이 있습니다. 그런데 공간과 시간은 하나를 이루기 때문에, 이것은 시간의 경우에도 동일합니다. 신령존재가 그것들 안에서 동일하다는 이유는 시간과 공간으로 특징지어지고 있는 자연에 속한 모든 것이 변하고 바뀌어지는 것처럼 신령존재는 변질되거나 변하지 않기 때문입니다. 신령존재는 변질되지 않는 불변적 존재입니다. 이것이

신령존재가 어디서나 또 영원히 동일한 존재인 이유입니다.

78. 신령존재는 사람에 따라서 동일하지 않은 것 같이 보입니다. 예를 들어서 말한다면 슬기로운 자 안에서와 숙맥인 사람 안에서 다른 듯 보입니다. 또 연로한 분 안에서와 어린 아이 안에서 다른듯 보입니다.

그러나 이것은 외현에서 비롯된 오류(誤謬)이며, 사람은 다르지만 그러나 신령존재는 그 사람 안에서 다르지 않습니다. 사람은 받아 들이는 그릇이고, 받아 들이는 그릇 즉 수용그릇이 다양한 것 뿐입니다.

슬기로운 사람은 신령사랑과 신령지혜를 보다 적합하게 받는 수용그릇이며, 따라서 숙맥 보다 더 충분하게 수용합니다. 그리고 슬기롭고 연로한 사람은 역시 어린 아이나 아이 보다는 더 충분하게 수용합니다. 그러나 신령존재는 후자 안에서나 전자 안에서나 모두 꼭같습니다.

이와 마찬가지로 지상의 사람과 천계의 천사들에게 신령존재는 서로 다르다는 것은 외모에서 비롯된 오류입니다. 왜냐하면 천계의 천사들은 말로 형언할 수 없는 지혜 안에 있는데 반하여 지상의 사람들은 그렇지 않기 때문입니다. 그러나 이와 같이 다르게 보이는 착시(錯視)는 신령존재에 속한 수용그릇의 질(質)에 일치하는 주체 안에서 그렇게 보일 뿐, 주님 안에 있어서는 전혀 다르지 않습니다.

79. 신령존재가 최대의 것이나 최소의 것 안에 동일한 존재로 내재해 있다는 것은 천계에 의해서, 그리고 그 천계에 있는 천사들에 의하여 입증할 수 있습니다. 전 천계 안에 있는 신령존재는 한 천사 안에 있는 신령존재와 꼭같은 동일한 존재입니다. 이 이유 때문에 전 천계는 단 하나의 천사처럼 보일 수 있습니다. 이 같은 사실은 교회에 있어서나 그 교회에 속한 사람에 있어서도 마찬가지입니다.

신령존재에 속한 가장 큰 수용실체는 전 천계와 전 교회가 합친 전 천계와 같습니다. 가장 작은 신령존재에 속한 수용실체도 천계의 한 천사나 교회에 속한 한 사람과 같습니다.

　나는 몇 번인가 천계의 완전한 사회가 나에게 단 하나의 천사·인간(天使人間·one angel-man)으로 나타난 일이 있습니다. 또 그 모습은 거인처럼 큰 사람으로 또는 어린 애기처럼 작은 사람으로 나타날 수 있다고 일러졌습니다. 그것은 신령존재가 최대의 것들이나 최소의 것들 안에서 동일하기 때문입니다.

80. 신령존재는 살아 있지 않은 모든 창조물들의 최대의 것이나 최소의 것 안에서도 역시 동일합니다. 왜냐하면 신령존재는 그것들의 선용에 속한 선 안에 있기 때문입니다. 그것들이 무생물인 이유는 그것들이 생명의 형체 보다는 기능들의 형체이기 때문이며, 그 형체는 선용의 탁월함에 따라서 다양합니다.

　그러나 신령존재가 어떻게 그것들 안에 내재하는가에 관해서는 뒤에 창조를 논할 때 설명하겠습니다.

81. 공간을 제거하고, 어떤 텅 빈 진공(眞空)의 가능성을 부정해 보십시오. 그리고 공간이 제거되고 진공이 부정된 그 때에 존재 자체로써 신령사랑과 신령지혜에 대해서 생각하여 보십시오. 그리고 나서는 공간의 기초 위에서 생각해 보십시오. 그러면 독자들은 신령존재가 공간들, 즉 최대의 것이나 최소의 것 안에 공히 내재해 계심을 확인할 수 있을 것입니다. 왜냐하면 공간에서부터 제거된 본질 안에는 큰 것도 작은 것도 없고 다만 동일한 것만 존재하기 때문입니다.

82. 이제는 진공(眞空)에 대해서 논하고자 합니다. 한번은 어떤 천사들이 뉴톤과 함께 진공에 관해 이야기하는 것을 들었습니다. 말하기를 그들은 무(無·nothing)라는 개념으로 진공을 생각하는 것은 참을 수 없다고 했습니다. 까닭은 자연계의 공간과 시간들 안에, 또는 위에 있는 그들의 영적 세계에서도 그들은 똑같이 느꼈고, 생각했고, 감동되었고, 사랑했고, 의도했고, 생기를 불어 주어서 말하기도 했고 또 행동도 했기 때문입니다. 그 이유는 무는 무이기 때문이며, 어떤 속성으로도 그 무를 수식 또는 형용할 수 없기 때문입니다.

이에 대하여 뉴톤은 존재로서의 신령존재가 모든 것을 채우고 있다는 것을 알았다고 하였습니다. 그는 진공을 무라는 개념으로 받는 것을 혐오한다고 말하였습니다. 그 까닭은 그 개념이 모든 것을 파괴하려는 경향이 있기 때문이었습니다. 그는 자기와 함께 진공을 논하고 있던 천사들에게 무(無)라는 개념을 가지게 될 것에 경계하라고 강권하였으며 그런 개념을 하나의 졸도(卒倒)에 비교하였습니다. 그 까닭은 마음의 실제 활동은 "무"(無)에서는 있어질 수 없는 것이기 때문입니다.

제 2 편

창조의 방편들

제 1 장 ▧ 신령사랑과 신령지혜는 영계에서 태양으로 나 ▧ 타난다.

83. 두 세계 즉 영계와 자연계가 있습니다. 영계는 자연계에서 얻는 것은 아무 것도 없고, 자연계 역시 영계에서 얻는 것은 아무것도 없습니다. 이 두 세계는 완전히 서로 분별되지만, 그러나 두 세계는 대응에 의하여 교류하는데, 이 대응의 내용에 대해서는 다른 곳에서 충분히 설명하겠습니다.

아마도 아래 내용이 설명할 한 예가 되겠습니다. 자연계 안에 있는 볕(熱·heat)은 영계 안에 있는 인애에 속한 선에 대응되고, 자연계 안의 빛(光·light)은 영계 안에 있는 믿음에 속한 진리에 대응됩니다. 볕과 인애에 속한 선이, 그리고 빛과 믿음에 속한 진리가 서로 구별된다는 것을 누가 알아보지 못하겠습니까?

첫 눈에 그것들은 전적으로 다른 두 실체들로 구별되어 보입니다. 인애에 속한 선이 볕과 공통되는 것이 무엇인지, 또 믿음에 속한 진리가 빛과 공통되는 것이 무엇인지를 알아보려고 한다면, 그것들은 그렇게 보일 것입니다. 그러나 사실은 영적인 볕은 그 선이고 영적인 빛은 그 진리입니다.

이 실체들이 본질적으로 구별된다는 사실에도 불구하고 그것들은 대응에 의해서 한몸(一體)을 이룹니다. 그것들은 이런 방법으로 하나가 되는데, 그 내용은 이렇습니다. 사람이 성경말씀에서 볕과 빛이라는 말씀을 읽을 때 그 사람과 같이 하는 영들이나 천사들은 볕 대신에 인애를 지각하고, 빛 대신에 믿음을 지각하는 식으로 그것들이 하나가 됩니다.

독자들이 두 세계 즉 영계와 자연계가 서로 공통되게 가지고 있는 것이 아무것도 없다는 것을 알게 하기 위해서 이 예를 들었습니다. 그러나 그것들이 대응에 의해서 서로 교류할 수 있도록, 또 그것들이 서로 하나로 결합할 수 있도록 창조되었습니다.

84. 이 두 세계가 이렇듯 구분되는 세계이므로, 지각이 있는 사람은 영계가 자연계의 태양과 다른 태양 아래 있다는 것을 알 수 있겠습니다. 왜냐하면 영계에서도 자연계에서와 같이 별과 빛이 있기 때문입니다. 그러나 그 별과 빛은 영적인 것입니다. 영적인 별은 인애에 속한 선이고, 영적인 빛은 믿음에 속한 진리입니다.

자, 별과 빛이 태양 이외의 다른 근원일 수 없듯이, 영계에서는 자연계와 다른 태양이 있을 것이라는 것은 아주 명백합니다. 더 나아가서 영계의 태양은 본질적으로 영적 별과 빛을 내도록 된 성질의 것이고, 또 자연계의 태양은 그것에서부터 자연적인 별과 빛을 내도록 된 성질의 것임을 결론지을 수 있겠습니다.

영적인 모든 것은 선과 진리와 관계를 가지고, 또 신령사랑과 신령지혜 이외의 다른 근원에서 발출되지 않습니다. 왜냐하면 모든 선은 사랑에 속한 것이고, 모든 진리는 지혜에 속한 것이기 때문입니다. 식견 있는 사람이면 누구나 그것들이 다른 근원을 가지지 않는다는 것을 명확하게 알 것입니다.

85. 오늘날까지 자연계의 태양 이외의 태양이 있다는 것을 어느 누구도 알지 못했습니다. 그 까닭은 사람이 영적인 것이 어떤 것인지 모름만큼 자연적인 것에 흠뻑 빠져 있었기 때문이고, 따라서 자연계와 다르며, 자연계로부터 구분되는 세계 즉 영들과 천사들이 살고 있는 영계가 있다는 것을 몰랐기 때문입니다. 자연계 안에 있는 사람들의 지식으로는 전혀 알 수 없는 감추어진 영계가 존재하기 때문에, 주님께서는 나의 영적 시각을 열어 주셔서 그 세계 안에 존재하는 것들을, 마치 자연계 안의 것들을 내가 보듯, 볼 수 있게 하셨으므로 바로 내가 쓴 책,《천계와 지옥》이라는 책에 기록하였습니다. 그 책에서 영계의 태양에 관해서 한 장(章)을 할애하였는데, 왜냐하면 나는 실제로 그것을 보았고, 자연계의 태양과 같은 크기로 그것은 보였기 때문입니다. 그리고 자연계의 태양처럼 불덩어리 도양을

하고 있었는데, 다만 약간 더 불타는 모양으로 보였습니다. 온 천사들의 천계가 그 태양 아래 있으며, 삼층천의 천사들은 줄곧 그 태양을 보고, 이층천의 천사들은 자주 그것을 보고, 맨 아래에 있는 극외적 천계의 천사들은 가끔 그것을 본다고 나에게 알려졌습니다.

독자들은 아래 설명에서 이 태양이 그 세계의 별과 빛, 그리고 그 세계 안에서 보이는 모든 것의 근원임을 알게 될 것입니다.

86. 이 태양은 주님 자신이 아니라, 오히려 주님에게서 비롯된 것입니다. 영계에 있는 태양처럼 나타나는 것은 주님에게서부터 흘러오는 신령사랑과 신령지혜입니다. 그리고 주님 안에서 사랑과 지혜가 하나가 되어 있기 때문에(1편에서 서술한 바 있듯이) 영적 태양이 신령사랑이라고 일컬어졌습니다. 왜냐하면 신령지혜는 신령사랑에 속해 있으므로 그것 역시 사랑입니다.

87. 이 태양이 천사들의 눈에 불덩어리로 보이는 이유는 사랑과 불이 서로 대응되기 때문입니다. 왜냐하면 천사들은 그들의 눈으로 사랑을 볼 수 없으나 그 대신 사랑에 대응되는 것을 볼 수 있기 때문입니다.

천사들은 사람들과 같이 내적인 것과 외적인 것을 가지고 있습니다. 그들의 내적인 것은 생각하고 슬기로운 것이고, 또 뜻하고 사랑하는 것이며, 그들의 외적인 것은 느끼고 보고 말하고 행동하는 것입니다. 그것들의 모든 외적인 것은 내적인 것들의 대응들입니다. 그러나 대응은 영적인 것이지 자연적인 것은 아닙니다.

더욱이 신령사랑은 영적인 존재들에 의해서는 불처럼 느껴집니다. 이것이 성경말씀에서 "불"이 언급될 때 사랑을 의미하는 이유입니다. 이스라엘 교회에서는 "거룩한 불"(holy fire)이 사랑을 뜻하였습니다. 이것이 바로 사람들이 하나님께 기도할 때 "천계적 불"이 가슴 속에 타는 것 즉 신령사랑을 구하는 관습의 근원입니다.

88. (83항에서 설명한 바와 같이) 영적인 것과 자연적인 것 사이의 이런 차이 때문에 자연계의 태양에서 비롯되는 별이나 빛은 물론 그

밖의 지상의 어떤 지극히 미세한 분자(分子)라도 영계에 넘어 들어
갈 수 없습니다. 자연계의 빛은 영계에서는 짙은 흑암이고 그 별은
생명이 없는 주검과 같습니다.

 그럼에도 불구하고 이 세상의 별은 천계적 별의 흘러듦(入流)에
의해서 생기를 찾을 수 있으며, 이 세상의 빛은 천계적 빛의 입류에
의해서 그 빛을 발할 수 있습니다. 이 입류(入流)는 대응에 의해서
생겨지는 것이지 어떤 연장이라는 방편으로는 이루어지지 않습니다.

제 2 장 ▐ 신령사랑과 신령지혜로 형체를 갖춘 태양에서 별과 빛이 나온다.

89. 천사들과 영들이 살고 있는 영계에도 사람들이 살고 있는 자연
계에서와 마찬가지로 별과 빛이 있습니다. 그리고 마찬가지로 별은
별으로 느껴지고 빛은 빛으로 보여집니다. 그렇지만 영계의 별과 빛
이 자연계의 그것들과는 아주 다르므로, 설명한 바와 같이 공통된
것은 하나도 없습니다. 그것들이 서로 다른 것은 살아 있는 것과 죽
은 것들의 차이처럼 다릅니다.

 영계의 별은 본질적으로 살아 있고, 또 그 빛 역시 그렇습니다. 그
러나 자연계의 별은 본질적으로 죽어 있고, 또 그 빛도 그렇습니다.
자연계의 별과 빛이 순수한 불인 태양에서 흘러나오는 반면에, 영계
의 별과 빛은 순수한 사랑인 태양에서 흘러나오기 때문입니다. 즉
사랑은 살아 있고, 신령사랑은 생명 자체인데 비해 태양계의 불은
죽어 있고, 그 불은 죽음 자체이기 때문입니다. 따라서 그것을 죽음
이라고 부르는 것은 그 태양에는 생명의 흔적이 전혀 없기 때문입니
다.

90. 천사들은 영적이기 때문에 그들은 영적이 아닌 어떤 별이나 빛
안에 살 수 없습니다. 반면에 사람들은 자연적이 아닌 어떤 별이나

빛 안에 살 수 없습니다. 왜냐하면 영적인 존재는 영적인 것에 적합하고, 자연적인 존재는 자연적인 것에 적합하기 때문입니다. 만일 한 천사가 자연적인 별이나 빛의 지극히 작은 흔적이라도 있는 곳에 두어진다면 그는 죽을 것입니다. 그 까닭은 그 천사가 자기 생명과 적합하지 않은 상태에 있기 때문입니다.

 모든 사람은 마음의 내면적인 측면에서 보면 모두가 영적입니다. 사람은 죽을 때 완전하게 자연계를 떠나며, 그 세계에 속한 모든 것을 벗어버립니다. 그리고 자연에 속한 것이 전혀 없는 한 세계에 들어갑니다. 그 사람은 계속적인 어떤 것의 교류가 전혀 있을 수 없는 그 세계 안에서 자연계와 단절된 채 살아갑니다. 즉 보다 순수한 것과 조악한 것과의 사이에서처럼 살아가지만 그러나 다만 선재(先在)하는 것과 후래(後來)하는 것과 같은 교류에 의하여 살아갑니다. 대응은 이 양자가 교류하기 위한 유일의 길입니다.

 이렇게 볼 때 영적 별이 보다 순수한 자연적 별이 아니고, 또 영적 빛이 보다 순수한 자연적 빛이 아니며, 영적 별과 빛은 오히려 영적인 본질에서 비롯된 것이다는 것을 잘 알 수 있겠습니다. 왜냐하면 영적 별과 영적 빛은 보다 순수한 사랑이며 또 생명 자체인 본질에서 비롯되기 때문입니다. 자연적 별과 빛은, 그들의 본질은 상술한 바와 같이, 순전한 불 즉 그 안에 생명의 흔적이 결코 없는 태양에서 비롯됩니다.

91. 서로 다른 두 세계의 별과 빛이 엄청나게 다르다는 관점에서 이미 한 세계 안에 사는 사람들이 다른 세계 안에 사는 사람들을 볼 수 없다는 이유를 알 수 있습니다. 자연적 빛으로 인해서 사물을 보는 이 세상 사람들의 눈은 그들 자신의 세계에서 얻은 실체들로 만들어지고, 천사의 눈들은 그들 자신의 세계에서부터 얻은 실체들로 만들어지기 때문입니다. 각각의 경우에서 그들의 눈은 모두 자신들의 빛을 효과적으로 받아들이도록 형성되었습니다.

 이 사실에서 우리는, 자기들의 눈으로 볼 수 없다는 이유 때문에 천사들과 영들이 사람들이라는 관념을 자기들의 믿음 안에 용납하지 않는 사람들의 무지가 어떠한지를 알 수 있겠습니다.

92. 지금까지 천사들이나 영들이 사람들이 살고 있는 별과 빛과는 전혀 다른 별과 빛 안에 살고 있다는 것은 전혀 알려져 있지 않습니다. 그것은 서로 다른 별과 빛이 있을 수 있다는 것을 알지 못하였기 때문입니다. 왜냐하면 사람은 자기 자신의 사고능력으로는 자연에 속한 보다 내면적이고 순수한 것 이상을 통찰할 수 없기 때문입니다. 그래서 많은 사람들이 천사들과 영들의 집이 에텔 안에, 또 어떤 이들은 별들 안에 있다고 여기고, 그 위에나, 그 이상에 대해서는 상상조차 하지 않았습니다. 그러나 천사들과 영들은 전적으로 자연계 위 또는 그 이상, 다시 말해서 다른 태양 아래 있는 자기들의 세계 안에 삽니다.

그 세계의 공간이, 설명한 바와 같이, 외현들이기 때문에, 그들이 에텔이나 별들 안에 있다고 말할 수 없습니다. 그들은 그의 영에 속한 정동과 사상에 하나로 묶여 있는 사람과 같이 여기에 현존해 있습니다. 왜 그러냐 하면 생각할 수 있고 의도할 수 있는 사람이 바로 영이기 때문입니다. 그러므로 영계는 사람들이 살고 있는 곳이며 또 어떤 식으로도 사람들과 멀리 거리를 두고 있는 곳이 아닙니다. 한마디로 해서 모든 사람은, 마음의 내면적인 것들을 감안할 때, 그들의 세계 안에 있으면서 또한 천사들과 영들에게 둘러 싸여 있습니다. 그리고 그 빛으로 생각하고 그 별으로 사랑합니다.

제 3 장 영계의 태양은 하나님은 아니고, 신·인의 신령사랑과 신령지혜로부터의 발출이며, 그 태양에서 비롯된 별과 빛이다.

93. 천사들의 안전(眼前)에 있는 그 태양이나, 또는 천사들이 가지

는 그것에서 비롯된 별과 빛이 주님 자신을 뜻하는 것이 아니고, 오히려 주님에게서 비롯된 첫째 발출(發出·the first proceeding)인데, 그것은 영적 별의 최고〔계도〕입니다. 영적 최고 계도(階度)의 영적 별은 신령사랑과 신령지혜를 가리키는 영적 불(靈的火·spiritual fire)인데, 그것은 그것들의 첫번째 대응입니다. 이것이 바로 사람들은 그렇지 못하지만 천사들에게 보이는 불타는 불꽃입니다. 사람들이 경험하는 불은 영적인 불이 아니고 자연적인 불이기 때문에, 그것은 마치 어떤 살아 있는 것과 죽어 있는 것 사이에 있는 차이와 같습니다. 그러므로 영적 태양은 자신의 별으로 영적 존재들을 생동하게 하고 영적인 사물들을 쇄신합니다. 마찬가지로 자연적인 태양은 자연적 존재들과 자연적인 것들에게 동일하게 작용합니다. 그러나 자연적 태양은 이것을 자기 힘으로 하는 것이 아니라 영적 별의 입류에 의하여 그 일을 행하고, 자연적인 태양은 그 입류를 돕는 대리자의 역할을 합니다.

94. 자체 안에 영적 빛을 내포하는 영적 불은 그 별과 빛이 유출되어 가는 정도에 따라 그 영적 별과 빛은 점차 감소합니다. 단계를 따라 이루어지는 이 감소에 대해서는 아래에서 설명하겠습니다. 고대 사람들은 하나님의 머리 둘레에 불이 타는 것 같은 띠(circle)나 빛나는 빛(後光)을 두른 그림을 그려서 이것을 나타냈습니다. 이런 초상화 화법은 하나님이 사람으로 그려질 때 오늘날도 애용되는 보편적인 화법입니다.

95. 사랑이 별을 산출하고, 지혜가 빛을 산출한다는 것은 우리들의 실제 경험에서 잘 알 수 있습니다. 사람이 사랑하면 뜨거워지고, 지혜에 의해서 생각하면 그 때 그 사람은 사물들을 소위 빛 안에서 봅니다. 이 사실에서부터 사랑의 첫 발출(發出·proceeding)이 별이고 지혜의 첫 발출(發出·proceeding)이 빛이라는 것을 알 수 있습니다. 이것들이 역시 대응들이다는 것도 매우 명료합니다. 그 까닭은 별은 사랑 자체 안에서 일어나지 않고 오히려 의지 안에 있는 사랑에서

비롯됩니다. 그리고 또한 다시 몸 안에서 일어납니다. 그리고 빛은 지혜 안에서 일어나지 않고, 이해에 속한 사상 안에서, 그리고 다시 언어 안에서 일어납니다. 그러므로 사랑과 지혜는 별과 빛의 본질이고 생명입니다. 별과 빛은 발출하는 것들이고 또 그것들이 발출되기 때문에 그것들은 역시 대응들입니다.

96. 어느 누구라도 자기 마음의 생각들을 예의 관찰한다면 영적 빛이 자연적 빛과는 전혀 구분되는 것임을 알 것입니다. 왜 그런가 하면 사람이 생각하고 있는 동안 사람의 마음은 대상물을 빛 가운데서 보기 때문이며, 또 영적으로 생각하는 사람들은 진리를 보는데, 이것은 마치 대낮에 보는 것과 꼭같이 한밤중에도 봅니다. 이런 이유로 해서 빛은 이해의 속성을 나타내고, 이해는 또한 본다고 말하는 것입니다. 따라서 사람은 다른 사람이 말하는 어떤 것에 관해서 그것이 그렇다고 본다, 즉 이해한다고 단언하는 것입니다. 이해는 영적이기 때문에 자연적인 빛으로는 볼 수 없습니다. 왜냐하면 자연적인 빛은 사람 안에 본래부터 있는 것이 아니고, 오히려 자연계의 태양과 더불어 소멸되기 때문입니다. 이상에서 볼 때 명백한 사실은 이해는 육체의 눈이 즐기는 것과는 다른 빛을 향유하며, 또한 이 빛은 다른 근원에서 비롯된다는 것을 알 수 있겠습니다.

97. 어느 누구나 영계의 태양은 하나님 자신이다는 것을 필히 알고 있어야 합니다. 하나님 자신은 사람(＝인격체·人格體·a Man)입니다. 하나님의 사랑과 지혜에서 비롯되는 첫번째 발출(第一發出·the first proceeding)은 천사들 안전에 태양으로 보이는 영적 불꽃 즉 〔영적 실체〕입니다. 그러므로 주님 자신은 그 때 천사들에게 인격체로 나타나시고, 또한 주님은 자신을 사람으로 나타내십니다. 그리고 또한 어떤 때는 태양 안에, 때로는 태양 바깥에 나타내십니다.

98. 이 대응 때문에 성경말씀에서 주님이 "태양" 뿐만이 아니라 "불" 또는 "빛"으로 불려지고 있습니다. "태양"은 주님을 그의 신령사랑과 신령지혜를 모두 합쳐서 생각될 때의 표현이고, "불"는 신

령사랑에 관해서 뜻할 때의 주님이고, 그리고 "빛"은 신령지혜에 관해서 뜻할 때의 주님입니다.

제 4 장 ▌영적 볕과 빛은 태양이신 주님에게서 비롯된 발출 안에서 하나이다. 그것은 주님의 신령사랑과 신령지혜가 하나를 이루는 것과 꼭같다.

99. 제1편에서 신령사랑과 신령지혜가 주님 안에서 어떻게 하나가 되는지를 설명하였습니다. 마찬가지로 볕과 빛도 하나가 된다는 것을 설명하였습니다. 왜냐하면 그것들이 그 사랑과 그 지혜에서 발출하고, 그 발출하는 것들이 대응에 의해서 하나가 되기 때문입니다. 즉 볕이 사랑에 대응하고, 빛은 지혜에 대응하기 때문입니다. 그러므로 이미 14-16항에서 설명한 바와 같이, 신령사랑이 신령존재(神靈存在·the Divine *Esse*)이고, 신령지혜가 신령실재(神靈實在·the Divine *Existere*)입니다. 영적인 볕은 신령존재로부터 발출되는 신령존재이며, 영적인 빛은 신령실재(實在·*Existere*)로부터 발출되는 신령존재입니다. 그 합일에 의하여 신령사랑이 신령지혜에 속하고, 신령지혜가 신령사랑에 속하는 것(34-39항 참조)과 같이 영적 볕이 영적 빛에 속하고, 영적 빛이 영적 볕에 속합니다. 이러한 하나됨(合一·union)이 존재하는 까닭에 그것들이 태양이신 주님에게서 발출하는 것이므로, 볕과 빛은 하나입니다.

그렇지만 그것들이 천사들과 사람들에게 하나로서 수용되는 것이 아님은 아래의 설명에서 알 수 있을 것입니다.

100. 태양이신 주님으로부터 발출되는 볕과 빛을 높은 뜻으로 "영적 존재"라고 부르는 것인데 그 "영적 존재"라는 말을 단수(單數)로 언급하는 까닭은 그것들이 하나이기 때문입니다. 그러므로 아래 페이지에서 언급되는 "영적 존재"는 볕과 빛을 아울러 말하는 것입니

다.

이 "영적 존재"로 말미암아 그 온 세계를 영적이라고 일컫습니다. 그 세계의 모든 것들이 그 영적인 것을 통해서 그들의 근원으로부터 파생되고, 따라서 그 세계의 이름을 따라 명명됩니다.

그 별과 그 빛이 "영적 존재"라고 불리는 이유는 하나님이 영이라고 일컬어지기 때문이며, 영으로서의 하나님은 영적 발출입니다.

그래서 하나님은 당신 자신의 본질로 인하여 여호와라고 호칭됩니다. 그러나 하나님이 천계의 천사들과 교회의 사람들에게 생명과 빛을 주시는 것은 이 발출에 의해서 행하십니다. 그래서 생기와 밝음(照耀)을 주시는 것이 영호와의 영을 통해서 행해진다고 말하게 됩니다.

101. 별과 빛 즉 태양이신 주님에게서 발출한 영적인 것이 하나를 이룬다는 것은 자연계의 태양에서 발출하는 별과 빛에 의해서 설명할 수 있겠습니다. 이 별과 빛은 각기 그 태양으로부터 나오는 것 안에서 하나를 이룹니다.

그것들이 지상에서 하나가 되지 않는 까닭은 태양 때문이 아니라 그 지구에 그 이유가 있습니다. 그 지구는 축 위를 하루에 한 번씩 돌고, 일년에 한 번씩 황도(黃道) 위에 그 궤도를 만듭니다. 이것이 별과 빛이 하나가 되지 않는 듯 보이는데, 한 여름에는 빛보다 별이 더하고 한 겨울에는 별보다 빛이 더하기 때문입니다.

영계에서도 마찬가지인데, 다만 이 세상에서처럼 하루에 한 번씩, 일 년에 한 번씩 움직이는 움직임만 없을 뿐입니다. 오히려 천사들이 스스로 주님을 향해서 다소간의 방향 전환을 합니다. 주님을 향해서 덜 돌아서는 사람들은 별보다 빛을 보다 많이 받습니다.

여기에서, 천사들로 되어진 천계들이 두 왕국으로 구획이 지어지고, 그 하나가 천적 왕국이라 일컬어지고, 다른 하나가 영적 왕국이라 일컬어지는 것을 알 수 있겠습니다. 천적 천사들은 별을 더 받고, 영적 천사들은 빛을 더 받습니다. 그들이 살고 있는 땅들의 모양은 역시 별과 빛을 수용하는 것에 따라서 다양합니다. 만일 천사들의 상태 변화가 그 지구의 움직임을 대신한다면 대응은 완벽할 것입니다.

102. 그들 자신의 빛으로 보아서 그들의 태양의 별과 빛에서 비롯된 모든 영적인 사물들이 동일한 모양으로 하나가 된다고 볼지라도 만일 천사들의 정동들에서 발출하는 것으로 본다면 그것들은 하나가 되지 않는다는 것을 아래 내용에서 보게 될 것입니다.

별과 빛이 천계에서 하나가 될 때는 천사들에게는 봄철과 같습니다. 그러나 그것들이 하나가 되지 않는다면 여름철이나 겨울철 같이 될 것입니다. 즉 한대(寒帶)의 겨울 같지 않고 온대의 겨울 같을 것입니다. 동등한 분량의 사랑과 지혜를 받는 것은 천사됨의 본질입니다. 즉 사랑과 지혜의 합일(合一)을 자신 안에 받는 만큼 천사는 천계의 천사입니다. 교회인에게도 사랑과 지혜 또는 인애와 믿음이 그 사람 안에 하나가 되어 있어야 한다는 것도 마찬가지입니다.

제 5 장 영계의 태양은, 자연계의 태양이 사람들에게서 멀리 떨어져 있듯, 천사들에게서 널리 떨어져 있는 중간 고도(高度)에 보인다.

103. 이승에서 오는 대개의 사람들은 하나님이 머리 위 높은 곳에 계시는 것 같이 주님께서 천계의 천사들 사이에 계시다는 개념을 가지고 있습니다. 머리 위 높은 곳에 하나님께서 계시다는 개념을 가지는 이유는 성경말씀에서 "지극히 높으신 분"(至高存在·the Most High)이라고 일컬어지고 있으며, 또 그분이 "높은 곳"에 사신다고 말하고 있기 때문입니다. 그래서 기도하고 예배할 때에 눈과 손을 들어 올리면서도 그들은 "지극히 높으신 분"이라는 말이 "지극히 지심하신 분"(至深存在·the Inmost)이라는 뜻임을 모르고 있습니다.

그 사람들이 주님이 천계에서 천사들 사이에 있다는 개념을 가지게 되는 이유는, 그들이 다른 사람에 대해서 생각하듯이, 주님을 생각하고, 또 그들이 천사에 대해서 생각하듯 주님에 대해서 생각할 뿐, 주님께서 실제로 유일하신 하나님으로 그 어르신께서 우주를 다스리신다는 것을 모르고 있기 때문입니다. 만일 주님께서 천계에서 천사들 사이에 계신다고 한다면 그 어르신께서는 우주를 당신의 살핌 아래, 또는 보호와 통치 하에 둘 수 없을 것입니다. 그리고 또 만일 주님께서 영계에 있는 사람들을 향해서 태양처럼 빛을 발하지 아니 한다면 천사들은 결코 어떤 빛도 가질 수 없을 것입니다. 왜냐하면 천사들은 영적 존재들이고, 그러므로 영적인 빛만이 그들의 본질에 일치하기 때문입니다.

천계에 지상의 빛 보다 훨씬 월등한 빛이 있으며, 그 정도가 어떤지에 관한 아래의 설명에서 잘 이해할 수 있을 것입니다.

104. 천사들이 갖는 볕과 빛의 근원인 이 태양에 대해서 살펴보면, 그 태양은 천사들이 사는 땅 위 높은 곳 즉 중천 45도 높이에 있습니다. 그것은 마치 우리들에게서 우리 세계의 태양이 먼 것처럼 천사들에게서도 멀리 있는듯 보입니다. 영적인 태양은 항상 그 높이에, 동일한 거리에 나타나며, 결코 이 장소에서 저 곳으로 움직이지 않습니다.

그러므로 천사들이 날들과 해들, 아침에서 낮을 거쳐서 저녁이 되고 밤에 이르는 나뉘어지는 따위의 시간단위들을 가지고 있지 않으며, 봄에서 여름을 거쳐 가을이 되고 겨울이 되는 순서 따위의 시간단위 개념도 없습니다. 그들은 간단(間斷) 없는 빛과 항존하는 봄철을 자지고 있습니다. 그래서 상술한 바대로 천사들에게는 "상태들"이 시간을 대신합니다.

105. 영계의 태양이 중간 높이의 중천에 나타나 보이는 가장 중요한 이유들은 다음과 같습니다.

첫째, 이 방편에 의해서 그 태양에서 발출하는 볕과 빛이 그 도

제2편 창조의 방편들

의 중천의 평면에서 동등한 분량으로, 다시 말해서 적당하게 조절이 되기 때문입니다. 왜냐하면 만일 태양이 중천 이상 높이에 있으면 천사들이 빛보다 볕을 더 지각하게 되고, 만일 중천 보다 낮게 있으면 그들이 볕보다 빛을 더 지각하게 될 것이기 때문입니다. 태양이 천계의 중간 위에 또는 아래 있을 때에는 지상에서도 동일한 경우가 되겠습니다.

태양이 위에 있을 때에는 볕이 빛 보다 더 많게 되고, 태양이 아래 있을 때에는 빛이 볕보다 더 많게 됩니다. 왜냐하면 빛은 여름에나 겨울에나 동일하게 있게 되지만 태양의 높이에 따라서 볕은 증가하기도 하고 감소하기도 하기 때문입니다.

영계의 태양이 천사들의 천계 위 중간고도에 나타나는 둘째 이유는, 모든 천사들의 천계에는 변함없는 영속적인 봄철이 존재하기 때문이고, 그 결과에 의해서 천사들이, 지상의 봄철에 대응하는 평화의 상태 안에 있게 되기 때문입니다.

셋째 이유는 이렇게 되므로 천사들이 그들의 얼굴을 언제든지 주님을 향하게 하고, 그들의 눈으로 주님을 계속 보게 됩니다. 사실 동쪽 즉 주님께서는 천사들의 몸이 어느 방향을 향하고 있든지 문제 될 것이 없이 언제나 천사들의 전면(前面)에 계십니다. 이것이 저승 즉 영계의 확실한 모습입니다. 영계의 태양이 만일 중천 보다 높이 또는 낮게 나타난다고 하면, 특히 머리 위 꼭대기 즉 정수리에 나타난다고 한다면, 이것은 전혀 있을 수 없는 일인데, 이같은 일은 이 세계에만 있는 아주 각별한 일입니다.

106. 만일 자연계의 태양이 사람들에게서 멀리 있는 것처럼 영계의 태양이 천사들에게서 멀리 나타나지 않는다면 온 천사적 천계는 존재할 수 없었을 것이며, 그 아래 지옥과 우리들의 지구의 땅이나, 그것들 아래의 바다들 모두는 주님의 배려·보호·편재·전지전능 그리고 섭리 아래 있을 수 없을 것입니다. 이것은 비교적 우리들의 세계의 태양과 비슷해서, 지금처럼 지구로부터 멀리 떨어져 있지 않다면,

이 세상의 태양이 온누리에 있을 수도 없고 또 그 별과 빛에 의하여 온누리에 힘차게 나타날 수도 없을 것입니다. 따라서 이 세상의 태양은 영계의 태양을 돕는 대리자의 역할도 하지 못할 것입니다.

107. 두 태양이 있다는 것과, 하나는 영적이고 다른 하나는 자연적인 것이라는 것을 아는 것은 매우 중요합니다. 영적인 태양은 영계 안에 있는 사람들을 위한 것이고, 자연적인 태양은 자연계 안에 사는 사람들을 위한 것입니다. 이 지식이 없이는 창조나 사람에 관해서 즉 현재 우리가 다루고 있는 주제의 어느 면도 옳게 이해할 수 없습니다. 그러나 이것은 참된 것인데, 결과와 그 원인을 동시에 보지 못한다면 결과들은 오직 밤에 보는듯 보일 뿐입니다.

제 6 장 ▮ 영계의 태양과 천사들 사이의 거리는 천사들이 수용하는 신령사랑과 신령지혜에 일치하는 하나의 외현이다.

108. 악한 사람들이나 숙맥들에게 만연된 모든 오류들은 이미 왜곡(歪曲)되게 굳어 버린 외현들에게서 기인됩니다. 외현(外現)들이 단순한 외적인 외현으로 남아 있는 동안에는 그것들은 피상적(皮相的) 진리들에 불과합니다. 누구라도 그 왜곡된 외현에 따라서 생각하고 또 말할 수 있지만, 그러나 그런 것들을 확인할 때에 일어나는 일이지만, 그 피상적 진리들을 실질적인 진리들로 수용하게 되면, 그 때에는 이 피상적인 진리들은 오류들이 되고 미망(迷妄)이 될 뿐입니다.

예를 들어 보겠습니다. 태양이 지구 둘레를 하루에 한 번씩 돌고, 한 해에 황도를 한 번씩 회전한다는 하나의 외현에서 비롯된 오류가 있습니다. 이 오류를 맹신하지 않는 한에는 그것은 하나의 피상적 진리일 뿐입니다. 그리고 그것에 의해 생각도 하고 말도 할 수 있겠

제2편 창조의 방편들

습니다. 즉 해가 뜨고 진다, 그래서 아침과 낮, 저녁과 밤이 되게 된다, 또는 태양이 사실상 그 황도 또는 고도의 어떤 다른 계도 안에서 춘하추동이 되게 한다고 말할 수 있겠습니다. 그러나 이 외현을 사실적인 진리라고 마음을 굳힌다면 그 때에는 그 맹신자는 그 오류에서 비롯된 거짓으로 생각하고 말하게 됩니다.

이같은 잘못된 일은 자연적이고 시민법적이고 또 도덕적인 사안들의 외현들에서만 일어나는 것이 아니고 영적인 것들에게 있어서도 마찬가지입니다.

109. 주님의 신령사랑과 신령지혜의 첫 발출인 영계의 태양의 거리(距離)에 있어서도 동일합니다. 영계에 거리가 없다는 것은 진리입니다. 그러나 그 거리는 오히려 천사들이 자기들의 수준에 맞게 신령사랑과 신령지혜의 수용에 일치하는 외현입니다.

위에 설명한 내용은 영계 안의 거리가 외현들임을 보여 주는데 도움이 될 것입니다. 그래서 신령존재는 공간 안에 계시지 않고(7-9항 참조) 신령존재는 공간 안에 계시지 않지만 모든 공간을 채우신다(69-72항 참조)는 것을 설명하였습니다. 만일 공간이 없다면 거리도 없습니다. 또는 같은 것이지만, 공간이 외현들이라면 거리들 역시 외현들입니다. 왜냐하면 거리는 공간에 속한 것이기 때문입니다.

110. 영계의 태양이 천사들에게서 거리를 두고 있는듯 보이는 이유는 신령사랑과 신령지혜가 그들의 상태에 따라서 적합한 수준에서 그 볕과 빛을 받게 하기 위해서 입니다. 왜냐하면 천사는 창조되었고, 유한한 존재이기 때문에 주님을 볕과 빛의 첫번째 계도 안에서 받아들일 수 없기 때문입니다. 그것은 태양 안에 있는 것과 같기 때문입니다. 만일 그렇게 할 수 있다면 분명히 그 천사는 소멸될 것입니다. 그러므로 주님은 천사들 자신의 사랑과 지혜에 대응되는 볕과 빛의 수준에서 그들에 의하여 수용됩니다.

다음의 예증으로 그 사실을 설명할 수 있겠습니다. 가장 낮은 천계의 천사는 삼층천의 천사들에게로 올리워질 수 없습니다. 왜냐하면 만일 그 천사가 삼층천 천사들에게로 올리워 그들에게로 들어간 다면 그는 기절해 버릴 것이기 때문입니다. 그리고 그의 생명은 죽음과 씨름하는듯 보일 것입니다. 이 까닭은 그 천사가 가장 낮은 계도의 사랑과 지혜를 가지고 있으며, 그의 사랑의 별과 그의 지혜의 빛이 가장 낮은 수준에 있기 때문입니다.

그렇다면 어떤 천사가 태양에 올리워서, 불 속에 들어간다면 어떤 일이 생기겠습니까?

주님은 천사들에게 수용되는 차이에 따라서 달리 나타나듯이, 천계 또한 각각 다르게 구획이 되어 나타나 보여집니다. 삼층천이라고 불리는 최고의 천계는 이층천 위에 있는듯 보이고, 그리고 물론 이층천은 일층천 위에 있는듯 보입니다. 천계들이 따로 따로 떨어져 있는 것이 아니라 그렇게 보이는 것입니다. 사실 주님께서는 삼층천에 있는 사람들과 함께 계시는 것과 꼭 같이 최저의 천계 안의 사람들과도 함께 계십니다. 그렇다면 그 보이는 거리는 주체들인 천사 안에서 생겨지는 것이고, 주님 안에서 생겨지는 것은 아닙니다.

111. 이같은 사실은 자연적인 개념으로는 파악하기가 어려운데, 그 이유는 공간이 끼어 들고 있기 때문입니다. 그러나 공간적 개념이 끼어 들지 않은 천사들의 영적인 개념으로는 파악할 수 있습니다. 왜냐하면 천사들은 이 후자 개념 즉 영적 개념 안에 있기 때문입니다.

그렇지만 자연적 개념 즉 사랑과 지혜, 다시 말해서 신령사랑과 신령지혜이신 주님께서는 공간을 통해서 진전하실 수 없고, 이 양자 즉 사랑과 지혜를 수용하는 정도에 따라서 각 개인 안에서 그 진전이 생겨진다는 것을 파악할 수는 있습니다.

주님께서는 친히 모든 사람과 함께 계신다고 가르치십니다(마태 28:20). 그리고 주님 당신을 사랑하는 자들과 함께 거처를 같이 하신다고 가르치십니다(요한 14:23).

112. 천계와 천사들에 의하여 이 사실은 입증되기 때문에, 그것이

제2편 창조의 방편들

아주 고상한 지혜에 속하는 것이라고 생각될 것이지만, 그러나 지상의 사람들을 위해서도 동일하게 적용되는 생각입니다. 마음의 내면적인 측면으로써의 사람은 그 태양에 의하여 따스해지고, 또 빛을 받습니다. 즉 그들이 주님으로부터 사랑과 지혜를 받는 정도만큼 그 볕에 의해서 뜨거워지고 또 그 빛에 의해서 밝아집니다.

천사들과 지상의 사람들 사이의 차이는 지상의 사람들이 영적 태양 아래에만 있지 않고, 이 세상의 태양 아래에도 있는 반면에, 천사들은 영적 태양 아래에만 있다는 것입니다. 왜냐하면 지상의 사람들의 육체는 이들 양자의 태양 아래에 존재할 수 있지만 영적 존재인 천사는 양자의 태양 아래에 존재할 수 없기 때문입니다.

제 7 장 천사들은 주님 안에 있고, 주님은 천사들 안에 계신다. 왜냐하면 천사들은 수용그릇이고 주님 홀로 천계이시기 때문이다.

113. 천계가 "하나님의 거처" 또는 "하나님의 보좌"라고 불리워지기 때문에 사람들은 마치 한 왕이 자기의 왕국 안에 살고 있는 것처럼 하나님이 천계 안에 계신다고 믿습니다. 그러나 하나님 즉 주님께서는 천계 위에 있는 태양 안에 계시며, 앞 두 장들에서 제시한 바대로, 별과 빛 안에 있는 당신의 현존에 의해서 천계 안에 계십니다. 이것이 주님께서 천계 안에 계시는 존재방법이지만, 그럼에도 불구하고 주님은 그분 자신 안에 있는 것처럼 거기에 계십니다. 왜냐하면 상술한 바와 같이(108-112항 참조) 태양과 천계 사이의 거리가 거리 자체가 아니라 거리의 외현일 뿐이기 때문입니다. 즉 거리가 외현상의 거리이기 때문에 주님께서 천계 안에 계시다는 결론이 뒤따릅니다. 왜냐하면 주님은 천계의 천사들의 사랑과 지혜 안에 계시고, 그리고 주님께서 모든 천사들의 사랑과 지혜 안에 계시

며, 천사들은 천계를 이루기 때문에 주님은 온 천계 안에 계십니다.
114. 주님께서 천계 안에 계실 뿐 아니라 천계 자체이십니다. 왜냐하면 사랑과 지혜가 천사를 만들고, 이 둘은 천사들 안에 계신 주님께 속한 것이기 때문입니다. 이렇게 볼 때 주님이 천계라는 결론이 뒤따릅니다.

왜냐하면 천사들이 천사들 되게 하는 것들은 천사들에게 속한 어떤 그들의 속성들 때문이 아닙니다. 그들에게 속한 것은 지상의 사람들에게 속한 바 있는 그것들과 유사한 즉 악입니다. 천사들의 속성이 이러한 까닭은 모든 천사들이 한 번은 지상의 사람들이었기 때문입니다. 이 악한 속성 즉 고유속성이 그들의 요람(搖籃)에서부터 달라붙어 있습니다. 다만 그것이 옮기워질 뿐인데 그것이 옮기워지는 한도만큼 천사들은 사랑과 지혜 즉 주님을 자신 안에 영접하는 것입니다.

자기 자신의 이해를 조금이라도 들어올리는 사람은 누구나 주님께서 당신에 속한 바 안에서, 그리고 천사들 안에 거하실 수 있다는 것을 알 수 있습니다. 즉 주님에게 속한 것은 사랑과 지혜입니다. 천사들에게 속한 것 즉 그들의 고유속성 안에는 주님께서 결단코 들어계실 수 없습니다. 이것이 바로 악이 제거되는 한도만큼 주님께서 천사들 안에 계시고, 그들은 그만큼 천사가 됩니다.

천계의 실질적인 천사적 부분은 신령사랑과 신령지혜입니다. 이 신령존재가 천사들 안에 있을 때 "천사적"(the angelic)이라고 일컬어집니다. 이렇게 볼 때 천사들이 천사가 되는 것은 그들 자신 때문이 아니라 주님 때문이라는 것을 알 수 있겠습니다. 그러므로 천계에 대한 것도 동일한 것이 되겠습니다.

115. 그러나 결합의 본성이 어떠한 것인지를 모른다면 주님께서 어떻게 천사들 안에 계시고, 천사들이 주님 안에 있는지를 파악할 수 없습니다. 주님과 천사들의 결합이 있고, 천사들과 주님의 결합이 있어서, 그러므로 그 결합은 교호적(交互的)이고 상보적(相補的)입니

다. 천사들의 관점에 따르면 이렇습니다. 천사들은 지상의 사람들이 그러한 것과 꼭 같이 자신이 내재해 있는 사랑과 또 자기 자신에게 비롯된 지혜 이외의 다른 것은 아무것도 지각할 수 없습니다. 그러므로 그 사랑과 그 지혜는 말하자면 자기 자신 즉 자기의 고유속성입니다. 만약 천사들이 이와 같이 지각하지 않는다면, 거기에는 결합이 결코 있을 수 없을 것이고, 따라서 주님이 그들 안에 계시지 않을 것이며, 천사들 역시 주님 안에 있지 않게 될 것입니다.

주님께서 사랑과 지혜를 가지고 그들 안에 계실 때 그들은 그것들을 자신들의 것인 양 느끼지 않는다면, 주님께서 어떤 천사나 사람 안에 계시는 일이 생겨질 수 없습니다. 이 방편에 의해서 주님은 단지 받아들여질 뿐 아니라 받아들여진 후에 보존되며, 사랑을 되돌려 받게 됩니다. 그래서 이것에 의해서 천사들은 슬기로워지며, 또 슬기로움이 계속됩니다. 사실 누구가 자기가 사랑하고 배우고 획득한 것이 자기 자신의 것이라고 지각하지 않고서 주님과 이웃을 신중하게 사랑할 수 있으며 또 신중하게 슬기로울 수 있겠습니까? 만일 이런 경우가 아니라면 누구가 자기 안에 어떤 것인들 계속 유지할 수 있겠습니까? 만일 이런 경우가 아니라면 입류하는 사랑과 지혜는 그 거처를 가질 수 없을 것입니다. 왜냐하면 그것은 단지 지나가는 것일 뿐 아무런 감동을 주지 못할 것이기 때문입니다. 그렇게 된다면 천사는 천사가 아닐 것이고, 사람도 사람이 아닐 것입니다. 그 사람은 살아 있는 어떤 것이 아니라 무생물과 같은 존재일 것입니다. 그러므로 만일 어떤 결합이 있어야 한다면 거기에는 상호 교환시킬 수 있는 능력이 있어야 한다는 결론을 내릴 수 있겠습니다.

116. 그러므로 천사들이 실제로 자기 자신들의 것이 아니면서 어떻게 자기들의 것인 양 지각하고 느끼는지를 이제 설명하고자 합니다. 왜냐하면 우리가 이미 천사들이 자기들에게 속한 것 때문에 천사들이 아니고 자신들 안에 있는 주님으로부터 온 것들 때문에 천사들이라는 것을 이해했기 때문입니다.

이 문제의 내용은 이렇습니다. 즉—, 모든 천사들은 자유(自由·freedom)와 합리성(合理性·rationality)을 가지고 있는데, 그 두 특성들은 그들이 종국에는 주님으로부터 사랑과 지혜를 받아 들일 수 있는 존재가 되기 위한 것입니다.

그러나 이 자유와 합리성 중 어떤 것도 천사들 안에는 없고, 그들 안에 있는 이 둘은 주님의 것일 뿐입니다. 그럼에도 불구하고 이 두 특성들이 그들의 생명에 아주 긴밀하게 결합되어 있기 때문에, 다시 말해서 그들의 생명의 불가결한 부분이라고 부를 만큼 긴밀하게 결합되어 있기 때문에, 그들은 그들의 것이라고 생각하게 됩니다. 천사들은 이 두 특성에 의해서 생각하고 의도할 수 있으며, 또한 그들이 생각하고 의도하고 말하고 행동하는 것은 무엇이든지 그들 자신에게서 온다고 여깁니다. 이러한 사실이 그들에게 상호교환할 수 있는 능력을 주는 것이고, 또 이것에 의하여 결합은 가능합니다.

그럼에도 불구하고 천사들이 사랑과 지혜가 그들 안에 있고, 그 때문에 그것들을 자신들의 것이라고 주장하는 정도만큼 그들 안에는 천사적인 것은 아무 것도 없습니다. 그 만큼 그 때에는 주님과의 결합은 존재하지 않습니다. 그들은 실지 진리 안에 내포되어 있지 않으며, 또 진리가 천계의 빛과 하나가 되어 있기 때문에, 그 만큼 천계 안에 있을 수 없습니다. 왜냐하면 사실 이런 느낌이 그들로 하여금 자신들이 주님으로 말미암아 살고 있다는 것을 부인하게 하고, 대신 그들 자신에 의해서 산다는 것 즉 자신들이 한 신령본질을 가지고 있는 것처럼 믿고 있기 때문입니다.

천사적 또는 인간적이라고 일컫는 생명은 이 두 특징들 즉 자유와 합리성으로 구성됩니다. 이렇게 볼 때 천사들은 주님과의 결합을 위한 상호 교환 능력들을 가지고 있습니다. 그러나 그 자체의 능력 안에 보여지는 이 상호 교환 능력은 천사들에게 속해 있지 않고 주님에게 속해 있습니다. 이것이 바로, 주님의 소유들을 자기들 자신의 것인 양 자신들에게 주어진 것이라고 지각하고 느끼게 하는 상호 교환 능력을 오용한다면 천사가 될 자격을 상실하는 이유입니다.

　주님께서는 친히 결합이 상호적이라고 요한복음서(14:20-24; 15:4-6)에서 가르치시고 또 주님과 사람의 결합과 사람과 주님의 결합이 주님에게 속한 것들 안에 있으며 그것이 "주님의 말씀들"이라고 말씀하십니다(요한 15:7).

117. 아담이 자유 즉 자기 스스로 하나님을 사랑하고 또 슬기롭게 될 수 있는 선택의 자유를 가지고 있었는데, 이 선택의 자유가 그 후손들에게서 파괴되었다고 어떤 사람들은 생각합니다. 그러나 그것은 오류입니다. 인간 존재는 생명이 아니고 생명의 수용그릇입니다(4-6·54-60항 참조). 그리고 생명의 수용그릇인 어떤 누구도 자기에게 속한 것을 기본으로 해서 사랑할 수도, 또 슬기로울 수도 없습니다. 아담에게 있어서도 마찬가지입니다. 아담이 자기의 고유속성으로 슬기로워지고, 그 고유속성으로 사랑하려고 했을 때 지혜와 사랑에서 떨어져 나갔으며 또 낙원에서 쫓겨났습니다.

118. 개개의 천사들에 대해서 말한 것은 천사들로 구성된 천계에 대해서도 역시 같은 말을 할 수 있습니다. 그 까닭은 신령존재는 최대의 것들에게 있어서나 최소의 것들에게 있어서 동일하시기 때문입니다(77-82항 참조). 개별적 천사들과 천계에 대해서 한 말은 지상의 사람들과 교회에 대해서도 꼭같이 말할 수 있습니다. 그 까닭은 천계의 천사들과 교회에 속한 사람들은 결합을 통해서 하나처럼 같은 곡조에 따라서 행동하기 때문입니다. 사실, 사람의 마음을 내면적인 측면에서 보면 교회에 속한 사람들은 하나의 천사입니다. "교회에 속한 사람"이라는 말은 자신 안에 교회를 가지고 있는 사람을 뜻합니다.

제 8 장 ▌영계에서는 동(東)은 주님께서 태양으로 나타 나시는 곳이며, 다른 방위들은 이 방위로 결정 된다.

119. 영계의 태양과 그것의 본질 그리고 그 볕과 빛에 관해서, 그리고 그 결과로서 있어지는 주님의 현존에 관해서 설명하였습니다. 이제는 그 세계의 주된 지역들 즉 방위(方位)에 관해서 설명하겠습니다. 영계의 태양과 그 세계에 대해서 설명하는 이유는 하나님을, 사랑과 지혜를 설명하기 위해서 입니다. 그 근원을 근거로 해서 이 주된 내용을 설명하는 것은 하나님과 사랑 그리고 지혜를 설명하는 것은 원인들에 의해서 논하지 않고 결과들에 의해서 설명하는 것이 되겠기 때문입니다. 그럼에도 불구하고 결과를 제외하면 결과에서 비롯되는 것은 아무것도 없다는 것을 배울 수 있습니다. 만일 이 결과만을 검토한다면 어떤 원인도 밝은 빛에 드러나지 않고 오히려 원인들이 결과들을 드러낼 뿐입니다. 원인들에 의해서 결과들을 아는 것은 슬기로운 것입니다. 그러나 결과들에 의해서 원인들을 연구 검토하는 것은 거기에 오해가 끼어 들어오기 때문에 슬기롭지 않습니다. 즉 연구 검토하는 사람이 그 오해를 원인이라고 부를 수 있기 때문입니다. 그렇게 되면 지혜는 파멸됩니다.

 원인들은 선행하고 결과들은 뒤에 옵니다. 나중에 오는 것들에서는 선행하는 것들을 볼 수 없고, 오히려 선행하는 것들에게서 나중 오는 것들을 볼 수 있습니다. 이것이 바로 질서입니다. 이런 이유 때문에 여기서 먼저 영계를 다루고 있는 것입니다. 왜냐하면 영계가 모든 원인들이 존재하는 곳이기 때문입니다. 후에 다루는 자연계는 결과들이 나타나 보이는 곳입니다.

120. 자, 이제는 영계 안의 주된 방위들에 관해서 설명하고자 합니다. 물론 거기에는 자연계 안에서와 같이 방위들이 있습니다. 그러나

제2편 창조의 방편들   97

자연계의 방위들이 그 세계 자체가 그러한 것처럼 자연적인데 비하여 영계의 방위들은 그 세계 자체가 영적인 것처럼 영적인 것입니다. 그러므로 이 두 세계의 공통점은 전혀 없고, 서로는 아주 다릅니다.

각 세계에는 주요 네 방위 즉 동·서·남·북이라고 일컫는 방위들이 있습니다. 자연계 안에서는 이 방위들이 고정되어 있어서 정오의 태양이 있는 자리에 따라 결정됩니다. 즉 북은 뒤에 있고 한 쪽이 동이고 다른 한 쪽이 서입니다. 사람이 어디 서 있는가는 문제될 것이 없고 이 방위들은 한 방위의 위치에 따라서 결정됩니다. 즉 정오에 태양이 있는 위치가 각각의 방위를 결정합니다. 즉 동·서·남·북은 고정되어 있습니다.

그러나 영계에서는 다릅니다. 거기 지역들은 영계의 태양에 의해서 결정되는데, 그 태양은 틀림 없이 제자리에 나타나며, 그 태양이 나타나는 자리가 동(東)입니다. 그러므로 주요 방위들의 자리매김은 이 자연계에서처럼 남쪽에 의해서 결정되는 것이 아니라 동쪽에 의해서 결정됩니다. 서쪽 지역은 뒤에 있고 한 쪽에는 남이, 다른 한 쪽에는 북이 오게 됩니다.

그러나 이 방위들이 그 곳의 태양에 의해 정해지지 않고 그 세계에 사는 사람들로 즉 영들과 천사들로 말미암이 결정된다는 것을 이하에서 설명하겠습니다.

121. 이 방위들이 그것들의 근원 즉 태양이신 주님께서 영적인 까닭에 천사들과 영들이 살고 있는 곳들도 그 영적 방위들에 의존하기 때문에 역시 영적입니다. 그 방위들이 영적이라는 또 다른 이유는 천사들과 영들은 주님으로부터 사랑과 지혜를 받아들이는데 따라서 그들의 주거를 가지게 되기 때문입니다. 높은 수준의 사랑 안에 있는 사람들은 동쪽에 살고, 낮은 정도의 사랑 안에 있는 사람들은 서쪽에 삽니다. 보다 높은 수준의 지혜 안에 있는 사람들은 남쪽에 살고, 보다 낮은 수준의 지혜 안에 있는 사람들은 북쪽에 삽니다.

이것이 성경말씀에서 가장 높은 뜻으로 "동"이 주님을 의미하고, 이 뜻에서부터 "동"은 주님을 향한 사랑을 의미합니다. "서"는 주님을 향한 사랑이 감소되는 것을 의미하고, "남"은 빛 가운데 있는 지혜를 의미하고, "북"은 응달에 있는 지혜를 의미합니다. 이 뜻은 이야기 내용이 해당되는 사람들의 상태에 따라서 약간 변할 수도 있습니다.

122. 동이 영계 안에서 모든 주요 방위들을 결정하고 또 가장 높은 의미로 "동"이 주님을 의미하며, 또 동시에 신령사랑을 의미한다는 것을 주지하였으므로 매사의 근원이 주님이시며 또 사랑이라는 것도 알 수 있겠습니다. 또 사람이 그 사랑 안에 있지 않으면 그 만큼 주님에게서 물러나서 서쪽이나 남쪽 또는 북쪽에 살게 되며, 사랑을 받아들이는 정도에 따라서 대응되는 거리가 생겨진다는 것도 알 수 있겠습니다.

123. 태양이신 주님이 항상 동쪽에 계시기 때문에, 그리고 그들에게 있어서 예배에 속한 것들은 영적인 것들의 표징이었기 때문에 옛 사람들은 기도할 때 그들의 얼굴을 동쪽으로 향하였습니다. 그리고 그들의 모든 예배의식에서도 마찬가지였습니다. 그래서 그들의 성전을 동쪽으로 향하게 했는데 이것이 오늘날 교회가 동향(東向)하여 건축되는 이유입니다.

제 9 장 영계의 방위는 태양이신 주님에 의하지 않고, 주님을 영접하는 천사들에 의해 결정된다.

124. 천사들이 서로서로 떨어져 산다는 내용은 설명하였습니다. 어떤 이들은 동쪽에, 어떤 이들은 서쪽에, 어떤 이들은 남쪽에, 어떤 이들은 북쪽에 거주합니다. 또 동쪽에 사는 천사들은 보다 높은 사랑의 계도 안에 있고, 서쪽에 사는 천사들은 보다 낮은 사랑의 계도

에 있으며, 남쪽에 있는 천사들은 지혜의 빛 안에, 북쪽에 있는 천사들은 지혜의 응달에 있습니다. 주거지의 다양함은 비록 태양이신 주님에게서 비롯된 것 같이 나타나 보이지만 사실은 그것은 천사에게서 비롯됩니다. 주님께서는 사랑이나 지혜에 속한 크거나 작은 계도 안에 계시지 않습니다. 즉 태양이신 주님께서는 어떤 이와는 더하고 어떤 이와는 덜하는 볕이나 빛의 크고 또는 작은 계도 안에 계시지 않습니다. 왜냐하면 주님께서는 어디에서나 변함 없이 동일하시기 때문입니다. 그러나 어떤 이가 주님을 영접하는 것과 다른 이가 주님을 영접하는 것에는 계도가 있습니다. 따라서 이것이 그들로 하여금 다른 이들과 멀고 또는 가깝게 그들 자신에게 나타나 보이게 하는 것입니다. 그리고 또한 방위의 측면에서도 서로 상이하게 하는 것입니다.

앞에서 설명한 것(108-112항 참조)에 의해서, 이 내용이 사실이라는 것과 또 영계에서의 거리들은 하나의 외현들이라는 것도 밝히 알 수 있겠습니다.

125. 방위들이 천사들에 의한 사랑과 지혜의 다양한 "영접"들이기 때문에 그 외현들에게 영향을 주는 다양성에 관해서 설명하겠습니다.

앞에서 설명한 대로 주님은 천사들 안에 있고 천사들은 주님 안에 있습니다. 그러나 그것이 태양이신 주님이 천사밖에 있는듯 보이기 때문에, 주님께서는 태양으로 말미암아 천사를 보시는 외현과 천사는 태양 안에 계신 주님을 보는 것 같은 외현들이 거기에 있습니다. 이것은 거울에 비치는 형상의 외현과 꼭 같습니다.

그러므로 만일 외현에 따라서 말한다면, 주님께서는 각각의 사람을 얼굴과 얼굴을 대하여 보시고 검토하시지만 천사는 자기들 편에서는 그 같은 일을 하지 못합니다. 주님에게서 비롯된 주님사랑 안에 있는 사람들은 주님을 곧바로 정면에서 보고, 그 까닭에 정도에 따라서 동쪽이나 서쪽에 있습니다. 보다 큰 정도로 지혜 안에 있는 사람들은 주님을 오른쪽으로 약간 떨어지게 보지만, 별로 크지 않은 지혜 안에 있는 사람들은 주님을 왼쪽으로 좀 떨어지게 봅니다. 그러므로 전자는 남쪽에, 그리고 후자는 북쪽에 각각 있습니다.

이들 양자가 서로 다르게 보이는 까닭은 설명한 바와 같이 사랑과 지혜가 주님에게서 하나의 단일 실체로서 발출되어 나오지만, 천사는 그것을 하나로 받지 않기 때문입니다. 그리고 사랑 보다 넘치는 어떤 지혜가 지혜인 것처럼 보이지만 실은 그것은 지혜가 아닙니다. 그 까닭은 지혜 보다 우세한 것은 그 안에 사랑에서 비롯된 생명이 없기 때문입니다. 이렇게 볼 때 영계에서 각각 구분되는 방위들 안에 살고 있는 것 같이 보이는 천사들에 따라서 다양한 수용이 연유한다는 것을 밝히 알 수 있겠습니다.

126. 천사들이 그들 안에서 사랑을 늘게 하고 줄게 하는 것에 따라서 그들의 방위를 변경시킬 수 있다는 사실에서, 사랑과 지혜가 구분되는 그것들의 수용이 영계 안에서 한 방위를 결정한다는 것을 깨달을 수 있겠습니다. 그러므로 방위가 태양이신 주님으로부터 생겨나는 것이 아니라 그들의 수용에 따라서 천사들에게서 생겨난다는 것도 알 수 있겠습니다.

사람들이 들어 살고 있는 자연계의 방위가 어떻다고 하더라도 문제될 것이 없고, 그들의 영들에 관한 한 그들은 그들에게 적합한 방위들을 영계 안에 가지고 있습니다. 왜냐하면 이미 위에서 말한 바와 같이 영계의 방위들과 자연계의 방위들에는 아무런 공통점이 없기 때문입니다. 사람들은 그들의 육체들에 관한 한 이 세상의 방위 안에 있지만, 그들의 영들에 관한 한 영적인 방위들 안에 있습니다.

127. 사랑과 지혜가 천사나 사람 안에서 하나의 실체를 이루기 위하여 사람의 육체에 속한 것들 안에 한 쌍으로 존재합니다. 즉 눈들, 귀들, 그리고 코구멍들이 쌍을 이루고, 손들, 음부들 그리고 다리들이 짝을 이룹니다. 뇌가 두 부분으로 나누이고 심장이 두 심실들로 나누이고 폐가 두 폐엽(肺葉)으로 나누이고 또 다른 것들에게서도

그와 같이 쌍을 이룹니다.

그러므로 천사와 사람도 꼭 같이 우측과 좌측이 있으며, 그들의 모든 우측 부분들은 지혜의 근원이 되는 사랑에 관계되고, 모든 좌측 부분들은 사랑에게서 생겨나는 지혜에 관계됩니다. 말을 바꾸어 한다면 모든 우측 부분들은 진리의 근원인 선과 관계를 가지고, 모든 좌측 부분들은 선에게서 비롯되는 진리에 관계됩니다.

천사와 사람은 사랑과 지혜, 또는 선과 진리가 한 몸처럼 활동하기 위해서 이같은 쌍을 가지고 있으며, 또 주님에 관해서도 한 몸처럼 활동하기 위해서 이같은 쌍을 갖습니다. 그러나 이 점에 관해서는 아래에서 다루겠습니다.

128. 이상에서 볼 때 주님께서 제멋대로 천계를 부여하시고, 제멋대로 한 사람을 슬기롭게 하며, 또는 다른 사람보다 더 사랑한다고 생각하는 사람들은 속임수에 걸려들고, 따라서 거짓 안에 있게 된다는 것을 잘 알 수 있겠습니다. 그렇지만 진리인즉슨 주님은 모두가 슬기롭게 되고, 다른 사람과 꼭 같이 구원받기를 원하십니다. 왜냐하면 주님은 모든 사람에게 공히 모든 방편들을 제공하시기 때문입니다. 개인들이 이 방편들을 수용해서 그것들에 의해서 사는 것에 따라서 그들이 슬기롭게 되고 구원받게 하시기 때문에, 수님은 사실 누구에게 있어서나 동일하신 분이십니다. 그러나 수용그릇들인 천사들과 사람들은 동일하지 않은 수용과 생명 때문에 그들은 서로 다릅니다.

영적인 방위와 천사들이 살고 있는 주거지가 그것들에 따라서 결정된다는 내용들에서, 특히 이 다양성이 주님에게서 생겨져 나오는 것이 아니라 수용자 자신들에게서 생겨져 나온다는 이 내용을 밝히 알 수 있겠습니다.

제 10 장 ▎천사들은 그들의 얼굴을 변함없이 주님을 향해 돌리며, 따라서 그들은 우측에 남쪽을, 좌측에 북쪽을, 그들의 뒤에 서쪽을 둔다.

129. 천사들에 관해서 그리고 그들이 태양이신 주님을 향해서 돌아서는 것에 관해서 언급한 모든 내용들은, 이 세상의 사람 즉 그의 영에 관해서 생각한다면, 이해할 수 있는 것들입니다. 왜냐하면 마음에 관한 한 사람은 영이며, 만일 사람이 사랑과 지혜 안에 있다면 그 사람은 천사이기 때문입니다. 따라서 사후 즉 사람이 자연계에서 비롯된 그의 외적인 것들을 벗었을 때 그 사람은 영 즉 천사가 됩니다. 왜냐하면 천사들이 변함없이 태양이 떠오르는 동쪽을 향하여, 다시 말해서 주님을 향해서 얼굴을 향하기 때문에, 보통 주님에게서 비롯된 사랑과 지혜 안에 있는 사람에 관해서, "그가 하나님을 본다" 또는 "그가 하나님을 우러른다" 또는 "자기 앞에서 하나님을 모신다"라고 말하는데 이 말은 천사가 사는 것과 같이 그가 그렇게 산다는 것을 뜻합니다. 그런 것들이 천계에서 실지로 생기고, 또 우리 영들 안에서 생겨지는 까닭에 이 세상에서 그와 같은 말을 하는 것입니다. 누가 기도할 때에 그가 지구상의 어떤 방위를 향하고 있다고 하더라도 하나님을 향하여 그의 얼굴을 돌리지 않겠습니까?

130. 천사들이 변함없이 그들의 얼굴을 태양이신 주님에게 돌리는 이유는, 천사들이 주님 안에 있고 주님이 그들 안에 있어서, 주님께서는 그들의 정동들과 생각들을 내면적으로 인도하시며, 그들을 당신 자신을 향하여 돌려놓으시기 때문입니다. 그래서 천사들은 동쪽 즉 주님께서 태양으로 나타나시는 곳을 향하여 우러르지 않을 수 없습니다. 그러므로 천사들은 자신들이 주님을 향해 돌리는 것이 아니라, 주님께서 당신 자신에게 그들을 향해서 돌리신다는 것을 알 수 있겠습니다. 왜냐하면 천사들이 보다 깊게 주님에 관하여 생각할 때

그들은 자신들 안에 주님께서 계시는 것 이외의 다른 것을 생각하지 못하기 때문입니다. 진정한 내면적 사상은 거리를 조성하지 아니하고, 눈의 시각과 하나로 행동하는 외면적 사상이 공간을 만들 뿐입니다. 그런 이유는 내면적 사상은 그렇지 않지만 외면적 사상이 공간 안에 있기 때문입니다. 그리고 영계에 있어서와 같이 공간 안에 있지 않으면서도 공간의 외현 안에 있기 때문입니다.

그러나 이것은 하나님에 관해서 공간 개념을 가지고 생각하는 사람에 의해서는 거의 이해될 수 없습니다. 왜냐하면 하나님은 어디나 계시지만, 그럼에도 불구하고 공간 안에는 계시지 않기 때문입니다. 따라서 하나님은 천사들 안팎에 계시기 때문에 천사들은 하나님 즉 주님을 자신들 안에서나 밖에서 볼 수 있습니다. 그들이 사랑과 지혜에 의해서 생각할 때에는 자신들 안에서 뵙고, 사랑과 지혜에 관해서 생각할 때에는 자신들 밖에서 뵙습니다. 그러나 《주님의 편재, 전지 그리고 전능》이라는 책에서 이 내용은 아주 상세하게 다루겠습니다.*

사람은 누구나, 하나님께서 당신 자신을 사람들 안에 있게 하시고자 사람들 속으로 당신 자신을 부어 넣으시고, 사람 안에 계시지만, 이제는 더 이상 당신 자신 안에 계시지 않는다는 저주 받아야 할 이단사설에 빠져들지 않도록 주의해야 합니다. 왜냐하면 하나님은 사람들 안에나 밖에 즉 어디에나 존재하십니다. 사실, 하나님은 공간에 제약받지 않고 모든 공간 안에 존재하십니다(7-10·69-72항 참조). 반면에 만일 하나님이 오로지 사람들 안에만 계신다면 그분은 분할되어질 뿐 아니라 공간에 의해서 제한을 받습니다. 아니, 그렇게 되면 사람은 자신이 하나님이라는 생각까지도 하게 될 것입니다.

---

*본문에 제시된 대로 출판된 적은 없다. 다만 이 주제들이 《순정기독교》 50-70항에서 다루어지고 있다(역자 주).

이 이단사설은 아주 타기(唾棄)해야만 할 거짓이므로, 영계에서는 송장 썩는 냄새가 납니다.

131. 천사들은 자기들의 몸을 어느 방향으로 돌리더라도 자신들 앞에 태양이신 주님을 우러르도록 주님을 향해 서 있습니다. 천사들은 자기 몸을 이리 저리 돌려서 자기들 주변에 있는 잡다한 것들을 볼 수 있습니다. 그럼에도 불구하고 태양이신 주님은 어디서나 그들 면전에 나타나십니다. 이것은 매우 이상하게 느껴질 것이지만 사실이고, 진리입니다.

내가 이런 식으로 태양이신 주님을 볼 수 있는 기회가 나에게 허락되었습니다. 나는 면전에서 주님을 보았습니다. 여러 해 동안 내가 지상에서 내 얼굴을 어느 방향으로 돌리고 있든 그것과는 관계 없이 주님께서는 나에게 그렇게 뵈었습니다.

132. 태양이신 주님께서 천계의 모든 천사들 전면에 즉 동쪽에 계시기 때문에, 남쪽이 그들의 우측에 있고, 북쪽이 그들의 좌측에 있으며, 서쪽이 그들의 후면에 있는 것은 사실입니다. 그러니까 이 사실은 그들이 자신들의 몸을 어느 쪽으로 돌린다고 하더라도 마찬가지로 동일합니다. 왜냐하면 설명한 바와 같이, 영계의 모든 방위들은 동쪽을 기준으로 결정되기 때문입니다. 그러므로 눈 앞에 동쪽을 둔 사람들은 이 방위들 안에 있습니다. 즉 그들 자신들이 그 방위들을 결정합니다. 왜냐하면 설명한 것과 같이(124-128항 참조) 방위들이 태양이신 주님에게서 생겨나는 것이 아니라 주님을 수용하는 천사들에 의해서 결정되기 때문입니다.

133. 자, 천계가 천사들로 구성되어 있고, 또 천사들의 됨됨이(性稟)가 이러하니까, 온 천계가 주님을 향하고, 이 향함이라는 방편에 의해서 마치 온 천계가 하나의 사람인듯이, 사실상 주님의 안전에서는 그렇게 보이는데, 주님에 의해서 통치된다는 결론이 뒤따릅니다. 《천계와 지옥》 59-87항에서 천계가 주님의 눈 앞에서는 한 사람으로 보인다는 것을 이해할 수 있겠습니다. 이것에서도 역시 천계의

방위들은 마찬가지 입니다.

134. 천계의 방위들이 실질적으로 각 천사에게와 또 온 천계에 새겨져 있으므로, 지상의 사람들과는 달리 천사들은 어디를 여행한다고 해도 그 방위로 말미암아 자신들의 집들과 주거지를 잘 알고 있습니다. 사람들이 주거지를 자신 안에 있는 영적 방위에 의해서 알지 못하는 이유는 사람이 공간개념을 가지고 생각하기 때문입니다. 즉 영계의 방위들과는 하등의 공통점이 없는 자연계의 방위들을 기본으로 해서 생각하기 때문입니다.

그렇지만 새들이나 짐승들은 이런 종류의 지식을 생득적으로 가지고 있는데, 왜냐하면 많은 증거에 의해서 알고 있듯이, 그들은 자연스럽게 자기들의 집들과 주거지들을 알 수 있는 실질적 본능을 가지고 있기 때문입니다. 이것이 영계 안의 위치에 관한 열쇠입니다. 왜냐하면 자연계에서 생기는 모든 것들은 결과들이고, 영계에서 생기는 모든 것들은 그 결과들의 원인들이기 때문입니다. 어떤 영적인 것을 원인으로 하지 않는 자연적 현상들은 결코 생겨나지 않습니다.

제 11 장 ▌마음과 몸에 속한 천사들의 모든 내면적인 것들은 태양이신 주님을 향해 있다.

135. 천사들은 이해와 의지를 가지고 있고, 또 얼굴과 몸을 가지고 있습니다. 더 나아가서 그 이해와 의지나 얼굴과 몸에 속한 내면적인 것들을 가지고 있습니다. 이해와 의지에 속한 내면적인 것들은 그들의 내면적인 정동과 사상에 관계되는 것들이고, 얼굴의 내면적인 것들은 두뇌에 관계되는 것들이고, 몸의 내면적인 것들은 내장들에 관계되는 것들인데, 그중 가장 으뜸인 것은 심장과 폐장에 관계되는 것들입니다.

단적으로 말해서 천사들은, 개별적이든 전체적이든, 지상의 사람들이 가지고 있는 모든 것들을 가지고 있습니다. 이렇게 볼 때 천사들은 사람들입니다. 내적인 것들과 관계 없는 외적인 형체가 그들을 사람되게 할 수는 없고, 오히려 외적인 형체는 내적인 것과 같이, 아니 내적인 것들로 말미암아 사람되게 합니다. 왜냐하면 그렇지 않고서는 그들은 사람의 형상일 뿐이지, 그들 안에는 생명이 없기 때문입니다. 그 까닭은 내적으로 거기에는 생명의 형체가 결코 존재하지 않기 때문입니다.

136. 이해와 의지가 몸을 자유롭게 통제한다는 것을 잘 알고 있습니다. 왜냐하면 이해가 생각하는 것을 입이 말하고, 의지가 의도하는 것을 몸이 행하기 때문입니다. 여기서 몸은 이해와 의지에 대응되는 한 형체임을 알 수 있습니다. 형체가 이해와 의지를 서술하기 때문에, 몸의 형체는 이해와 의지의 형체에 대응한다는 것도 알 수 있습니다. 그러나 그 각각의 형체의 특성을 서술하는 것이 이 책의 목적은 아닙니다. 그 각각에게는 무수한 것들이 있으며, 각각의 무수한 것들이 서로 대응하는 까닭에 한 몸처럼 움직입니다.

이것이 마음 즉 의지와 이해가 몸을 자유자제로, 다시 말하면 몸이 스스로를 통제하는 것처럼 통제하는 이유입니다.

이렇게 볼 때 마음의 내면적인 것들은 몸의 내면적인 것들과 하나가 되어 활동하는 것이고, 또 마음의 외면적인 것들은 몸의 외면적인 것들과 하나가 되어 활동한다는 결론을 얻게 됩니다. 다음에 생명의 계도에 관해서 설명할 때 마음의 내면적인 것들과 몸의 내면적인 것들에 관해서 좀더 상세히 설명하겠습니다.

137. 마음의 내면적인 것들이 몸의 내면적인 것들과 하나가 되어 있기 때문에, 마음의 내면적인 것들이 태양이신 주님을 향할 때에 몸의 내면적인 것들 역시 주님을 향해 선다는 것을 알 수 있습니다. 그리고 몸과 마음의 외면적인 것들이 몸과 마음의 내면적인 것들에 의존되기 때문에 그 외면적인 것들도 꼭같은 일을 행합니다. 왜냐하면 외적인 것이 행하는 것은 무엇이든 그것은 내적인 것으로 말미암

아 행하는 것이고, 일반적인 모든 것은 특수적인 것에서 이끌어오기 때문입니다.

이렇게 볼 때 천사들이 태양이신 주님을 향하여 얼굴과 몸들을 돌리고 있으면, 그들의 마음과 몸들의 모든 내면적인 것들 역시 동일한 방향을 향해 있다는 것을 알 수 있습니다.

사람들이 사랑과 지혜 안에 있을 경우, 천사들이 주님을 안전에서 변함없이 뵙고 있다면 그것은 지상의 사람에게 있어서도 마찬가지입니다. 그 때에 그들은 자신들의 눈들과 얼굴로 주님을 우러르는 것뿐만 아니라 그들의 온 마음과 온 가슴 즉 의지와 이해의 모든 것들, 그리고 동시에 그들의 몸의 모든 것들까지 주님을 면전에서 우러르는 것입니다.

138. 주님을 향해 우러르는 이같은 참된 방향은 실제적인 돌림(turning)이요 또 들리움(提高·elevation)의 일종입니다. 왜냐하면 사람들은 실지로 천계의 볕과 빛 안으로 제고되는데, 이 들리움은 그들의 내면적인 것들의 열림으로 말미암아 생겨집니다. 이것들이 열릴 때 사랑과 지혜가 마음의 내면적인 것들 안으로 흘러들고, 천계의 볕과 빛이 몸의 내면적인 것들에 흘러듭니다. 이것으로 말미암아 그름에서부터 맑은 공기에로, 또는 공기에서부터 에텔 안으로 오르는 것과 같은 들어올림(上昇·uplifting)이 일어납니다. 더 나아가서 그들의 볕과 빛이 같이 하는 사랑과 지혜는 사람과 같이 하는 주님인데, 그분은 앞에서 언급한 것과 같이 사람으로 하여금 그분 자신에게 향하도록 하십니다.

그러니까 사랑과 지혜 안에 있지 않는 사람들 특히 사랑과 지혜에 반대하는 사람들에게 있어는 반대가 됩니다. 그들의 마음과 몸의 내면적인 것들은 모두 닫혀져 있습니다. 그것들이 닫혀질 때에는 외면적인 것들은 주님을 향해서 반동(反動)합니다. 왜냐하면 이것이 그들의 유전적 본성이기 때문입니다. 결과적으로 이런 부류의 사람들은 주님에게 등을 돌리는데, 그 등을 돌리는 것이 지옥을 향해서 돌아서는 것이 됩니다.

139. 주님을 향하는 이 실질적인 방향전환은 사랑과 지혜 모두에게서 비롯됩니다. 즉 사랑이나 지혜 하나만으로 생겨지는 것은 아닙니다. 사랑 혼자만으로는 실재가 없는 존재와 같은데, 그 까닭은 사랑이 지혜 안에서 그 형체를 가지기 때문입니다. 그리고 사랑 없는 지혜만은 존재 없는 실재와 같습니다. 그 까닭은 지혜가 사랑으로 말미암아 현존이 하기 때문입니다.

사랑은 사실 지혜를 떠나서 존재할 수 있습니다. 그러나 이같은 사랑은 인간 존재들의 것이지 주님의 것은 아닙니다. 지혜 역시 사랑을 떠나서 존재할 수 있습니다. 그러나 지혜는 주님에게서 오는 것이므로 그 지혜는 자체 안에 주님을 가지고 있지 않습니다. 왜냐하면 마치 거울의 빛 같아서 태양의 본질인 볕이 그 빛 안에 들어있지 않기 때문입니다.

제 12 장 ▌ 모든 영은, 그의 성품이 어떠하든, 동일한 방법으로 자신의 주도애(主導愛)를 향한다.

140. 우선 "천사"(天使·angel)와 "영"(靈·spirit)을 정의(定義)해 보겠습니다. 모든 개인들은 사후 제일 먼저 영들의 세계(the world of spirits)에 당도합니다. 거기는 천계와 지옥의 중간으로, 자신들의 시간들 즉 상태를 보내면서 자기들의 지상의 삶에 따라서 천계에, 또는 지옥으로 가도록 거기에서 준비하게 됩니다. 그 세계 안에 머물고 있는 동안에는 그들을 "영"(靈·spirit)이라고 부르고, 그 세계로부터 천계 안으로 올려진 모든 사람들을 "천사"(天使·angel)라고 칭하고, 반대로 지옥으로 던져진 사람을 "사탄" 또는 "마귀"라고 칭합니다.

이러한 영들의 세계 안에 있는 동안 천계로 가도록 준비되고 있는 영을 "천사적 영"이라 칭하고, 지옥으로 갈 준비가 되고 있는 영을 "지옥적 영"이라고 칭합니다. 이 중간적 기간 동안 천사적 영들은 천계와 결합되고, 지옥적 영은 지옥과 결합됩니다.

영들의 세계 안에 있는 모든 영들은 지상의 사람들과 가까이 있습니다. 왜냐하면 사람들은, 그들의 마음에 속한 내면적인 측면에서 볼 때, 천계와 지옥 중간에 있기 때문에 사람들은 이 영들을 통해서 자신들의 삶에 따라서 천계나 지옥과 서로 왕래하게 됩니다.

영들의 세계와 영계는 다른 두 세계임을 확실히 알아야 하겠습니다. 영들의 세계는 지금 논의한 바의 세계이고 영계는 영들의 세계와 천계 그리고 지옥을 포함하는 세계입니다.

141. 여기서는 천사들과 영들이 그들의 사랑들 때문에 자신들의 사랑들을 향하고 있다는 사실을 다루고 있으므로 사랑들에 관해서 설명하여야 하겠습니다.

온 천계는 모든 구분되는 사랑들의 차이에 따라서 많은 사회들로 나뉘어져 있으며, 지옥도 영들의 세계도 또한 그렇게 나뉘어져 있습니다. 그러나 천계는 천계적 사랑들의 차이에 따라서 많은 사회들로 나뉘어져 있고, 지옥은 지옥적 사랑들의 차이에 따라서 많은 사회들로 구분되어 있습니다. 영들의 세계는 천계적 사랑과 지옥적 사랑 양자의 구별되는 차이에 따라서 많은 사회들로 나뉘어져 있습니다.

모든 사랑에는 머리가 되는 두 사랑들이 있습니다. 머리가 되는 한 사랑은 모든 다른 천계적 사랑들이 관계되는 사랑으로, 이 사랑은 주님을 향한 주님사랑입니다. 다른 머리되는 사랑은 모든 지옥적 사랑들이 관계되는 사랑인데, 그 사랑은 자아애에서 용솟는 지배하려는 지배욕(支配欲·the love of rule)입니다. 이 두 사랑들은 서로 정반대입니다.

142. 이 두 사랑들 즉 주님사랑과 자아애에서 비롯된 남들 위에 군림하고자 하는 지배욕은 정반대입니다. 따라서 주님사랑 안에 있는 사람들은, 전 장에서 설명한 것과 같이, 태양이신 주님을 향해서 방

향을 전환하지만, 자아애의 결과로서 남들 위에 군림하고자 하는 지배욕 안에 있는 모든 사람은 자기 스스로 주님에게 등을 돌리게 된다는 결론을 얻을 수 있겠습니다.

그들이 반대 방향으로 전환하는 이유는, 주님을 향한 사랑 즉 주님사랑 안에 있는 사람들에게는 주님에 의해서 인도되는 것 보다 더 좋아하는 것이 없고, 또 주님만이 자신들을 다스리시기를 갈망하지만, 이에 반하여 자아애의 결과로서 남들 위에 군림하고자 하는 지배욕 안에 있는 사람들에게는 자신들을 인도하여 권력을 쟁취하고, 그것을 소유하는 유일한 자가 되고자 갈망하는 것 이상 아무 것도 없기 때문입니다.

"자아애의 결과로서 군림하는 자가 되고자 하는 지배욕(=사랑)"이라는 말을 사용하였는데, 그 까닭은 선용(善用·use)을 행하는 것으로 남에게 봉사하고자 하는 사랑이 있기 때문입니다. 이 선용을 실천하려는 사랑이 이웃을 향한 사랑이므로 이 이웃사랑은 영적인 사랑입니다. 그러나 실제로는 이 사랑을 군림하고자 하는 지배욕(a love of rule)이라 부를 수 없고 오히려 선용을 행하고자 하는 사랑(a love of performing duties)이라고 불러야 좋겠습니다.

143. 모든 영들이, 자신의 성품이 어떠하든, 자신들의 주도애(主導愛·支配愛·ruling love)를 향해 방향을 전환하는데, 그 이유는 그 사랑이 바로 그 사람의 생명이고(1-3항 참조), 그 생명은, 사지(四肢)·기관·내장이라고 부르는 생명의 수용그릇, 즉 전 인간을 자신과 비슷한 사랑 안에 있는, 다시 말하면 자신의 사랑이 있는 그 사회를 향하게 하기 때문입니다.

144. 자아애에서 비롯된 군림하고자 하는 지배욕(a love of rule)이 주님사랑과 정반대이므로, 군림하겠다는 지배욕 안에 있는 영들은 그들의 얼굴을 주님에게서부터 돌립니다. 그래서 그들의 눈들은 그 세계의 서쪽을 향합니다. 이것이 그들의 몸을 뒤로 향하게 하는 것이므로, 동쪽은 그들의 등 뒤에 있게 되고, 북쪽은 그들의 우측에,

그리고 남쪽은 좌측에 있게 합니다. 주님을 미워하기 때문에 동쪽이 등 뒤에 있고, 그들이 속임수와 그것에서 비롯되는 거짓들을 사랑하기 때문에 북쪽이 그들의 우측에 있게 됩니다. 그들이 지혜의 빛을 경멸하기 때문에 남쪽은 그들의 좌측에 있습니다.

그들은 이런 식으로 방향을 전환할 수 있으나, 그럼에도 불구하고 그들 주변에서 그들이 보는 모든 것들은 자신들의 사랑과 비슷하게 보이게 됩니다. 그것들은 모두 자연적이고 감각적인 근원에서 온 것들입니다. 그들 중 얼마는 자신들만이 홀로 살아 있는 사람들이라고 믿으며, 다른 사람들은 오직 상상의 허깨비들이라고 생각합니다. 그들은 광기 어린 자들이지만 어느 다른 사람들 보다 자신들이 더 슬기롭다고 과신(過信)합니다.

145. 영계에는 자연계처럼 잘 포장된 유사한 길들이 있습니다. 그것들 중의 어떤 것은 천계로 인도하고, 더러는 지옥으로 인도합니다. 그러나 지옥에로 인도하는 길들은 천계를 향해 가는 사람들에게는 보이지 않고, 천계로 인도하는 길들은 지옥으로 가는 사람들에게는 보이지 않습니다.

이와 같은 길들은 무수하게 많습니다. 왜냐하면 천계의 각 개별적인 사회로 인도하는 길들이 있고, 지옥의 각각의 사회로 인도하는 길들이 있기 때문입니다. 각 개별적인 영은 자기 자신이 사랑하는 사회를 향해서 길을 가고, 다른 길들은 그에게 보이지 않습니다. 개별적인 영은 자신의 주도애를 향해서 방향을 전환하기 때문에 그들은 그의 사회를 향해 진전합니다.

제 13 장 태양이신 주님에게서 비롯되고, 천계의 별과 빛을 생성하는 신령사랑과 신령지혜는 신령발출 즉 성령(聖靈)이시다.

146. 《주님론》(the Doctrine of the New Jerusalem concerning the Lord)에서 하나님은 인격(人格·位)과 본질에 있어서 그 어르신 안에 삼일성(三一性·三位一體·trinity)이 있는 존재라는 것과 또 이 하나님이 주님이시라고 설명한 바 있습니다. 그리고 더 나아가서 하나님의 삼일성이 아버지·아들·성령이라고 호칭되며, [창조적 신령](創造的 神靈·Creative Divine)이 비롯된 신령존재를 아버지(聖父)라, 그 신령인간을 아들(聖子)이라고, 신령발출(神靈發出)을 성령(聖靈·the Holy Spirit)이라고 부른다고 설명한 바 있습니다.

"신령발출"(神靈發出·the proceeding Divine)이라고 언급하지만 그것을 발출하는 것(proceeding)이라고 부르는지 그 이유를 아무도 모릅니다. 이것을 아무도 모르는 이유는 지금까지 주님께서 천사들에게 태양으로 나타나신다는 사실을 알지 못했고, 또 그 태양으로부터 본질적으로 신령사랑이신 별과 본질적으로 신령지혜이신 빛이 발출되는 사실을 모르고 있기 때문입니다. 사람들이 이 사실들을 모르고 있는 한 그 신령발출을 자기 멋대로 신령이라고 할 수밖에 없었습니다. 즉 신령발출이 자기 자신에 의한 하나의 신령존재가 아니라는 것을 알 수 없습니다. 결과적으로 아타나시어스 교리는 삼일성에 관해서 아버지도 한 위(位·人格)요, 아들도 다른 한 위(位·人格)고, 또 성령도 다른 한 위(位·人格)라고 선언하였습니다.

그러나 주님께서 태양으로서 나타나신다는 것을 한 번 알게 되면 성령이라고 일컬어지는 신령발출(神靈發出·the proceeding Divine)이라는 올바른 개념을 가질 수 있겠습니다. 즉 이 성령은 주님과 하나이시지만 태양으로부터 별과 빛이 발출되는 식으로 주님에게서 발출

됩니다. 이것이 역시 천사들이 사랑과 지혜 안에 들어 있는 정도만큼 신령볕과 신령빛 안에 있게 되는 이유이기도 합니다.

주님께서 앞에서 설명한 것과 같이, 당신의 신령발출을 가지고 영계 안에서 태양으로 나타나신다는 인식 없이는 "발출"이 무엇을 의미하는지 알 길이 없습니다. 예컨대 어떤 이는 아버지와 아들에게 속한 것을 단순히 교류하는 것을 의미한다고 생각할 수 있겠고, 또는 조요(照耀)와 가르침을 뜻한다고 생각할 수도 있겠습니다. 그러나 하나님은 한 분이시고, 그 어르신은 무소부재(無所不在·omnipresent)하신 분이시다는 것을 알게 되었기 때문에, 신령발출을 자기 자신에 의한 하나의 신령존재(a Divine per se)로 알고, 그 존재를 하나님이라고 부르는 것은, 그리고 그것으로 말미암아 하나님을 여럿으로 나누는 것은 밝은 이성에 맞지 않습니다.

147. 하나님께서 공간 안에 존재하지 않는다는 것과 이것이 하나님께서 무소부재하신 방법이라는 내용은 위에서 설명한 바 있습니다. 그리고 하나님은 어디서나 동일하신 분이시며, 천사들이나 사람들 안에 있는 당신의 외현적인 다양함은 그들이 하나님을 수용하는 다양함 때문이라는 것도 설명하였습니다. 지금 여기서는 태양이신 주님에게서 발출하는 신령존재가 볕과 빛 안에 계시며, 또 그 빛과 볕이 구름에 속한 수용그릇인 이 세상에서 대기(大氣)라고 부르는 보편적 수용그릇들 안에 제일 먼저 흘러들기(入流) 때문에 사람 즉 천사의 이해에 속한 내면적인 것들이 이러한 구름으로 가리워져 있는 정도에 따라서 그가 신령발출의 그릇이다는 것을 밝히 알 수 있겠습니다.

구름이라고 여기서 말한 것은 영적 구름들 즉 사상들을 의미하는데, 만일 그 사상들이 진리에서 비롯된 것이라면 신령지혜와 일치하지만, 그것이 거짓된 것에서 생겨난 것이라면 신령지혜와는 일치하지 않습니다. 그래서 영계에서는 참된 근원에서 나온 사상들은 빛나는 구름처럼 보이고, 거짓된 근원에서 나온 사상들은 검은 구름처럼 보입니다.

이상에서 볼 때 신령발출은 모든 개개인 안에서 동일한 성질을 가지고 실제로 존재하지만, 각자 자신의 다양한 수용방식에 의하여 가리워져 있다는 것을 밝히 알 수 있겠습니다.

148. 신령존재 자체가 별과 빛을 방편으로 해서 천사들과 사람들 안에 현존하시기 때문에 신령지혜에 속한 진리 안에, 신령사랑에 속한 선 안에 있는 사람들은 이것들에 의하여 감동되고, 또 정동으로 말미암아 감동되면, 정동으로 말미암아 생각하고, 또 그것들에 관해서 깊이 생각할 때 그들은 "하나님과 함께 따뜻해진다"고 일러집니다. 때로는 설교자가 열정을 가지고 말할 때처럼 지각하고 느낄 수 있을 정도로 이같은 사실은 매우 분명합니다.

이런 사람들은 하나님에 의해서 빛을 받은 사람이라고 언급합니다. 그 까닭은 주님께서 당신의 신령발출을 통해서 영적 별으로 사람의 의지를 불태울 뿐 아니라 그의 영적 빛을 가지고 사람의 이해에 빛을 비추시기 때문입니다.

149. 아래의 성경말씀에서 성령이 주님과 동일하신 분이라는 것과 진리 자체이시다는 것을 알 수 있겠는데, 그 진리 자체에서부터 사람들은 진리의 빛(照耀)을 받습니다. 즉—

그분 곧 진리의 영이 오시면, 그가 너희를 모든 진리 가운데로 인도하실 것이다. 그는 자기 마음대로 말씀하지 않으시고, 듣는 것만 일러주실 것이요, 앞으로 올 일들을 너희에게 알려주실 것이다.
(요한 16:13)
그는 나를 영광되게 하실 것이다. 그가 나의 것을 받아서, 너희에게 알려 주실 것이기 때문이다. 아버지께서 가지신 것은 다 내 것이다.
(요한 16:14, 15)
그분이 너희와 함께 계시고 또 너희 안에 계시기 때문이다.
(요한 14:17; 15:26)

내가 너희에게 한 그 말은 영이요, 생명이다.
(요한 6:63).

이 귀절들에서 주님에게서 발출되는 진리 자체를 성령이라고 부르는데, 그 이유는 그분은 빛 안에 존재하고, 또 그분은 빛을 비추시기 때문이다는 것을 알 수 있겠습니다.

150. 결과를 성령에 돌리는 조요(照耀)는 사실은 주님에게서 와서 사람 안에 내재해 있는데, 그럼에도 불구하고 그같은 일은 매체(媒體)인 영들과 천사들을 통해서 생겨집니다. 그러나 지금은 이 매체 즉 대행자의 성질을 설명할 수는 없겠습니다. 다만 천사들은 사람들처럼 주님에 의해서 빛을 받게 되어 있으므로 천사들이나 영들이 자기들의 힘으로 사람들을 조요할 수는 전혀 없다는 것만 말할 수 있겠습니다. 즉 그들도 동일한 방식으로 조요를 받고 있기 때문에 모든 조요는 오로지 주님에게서만 온다는 것을 알 수 있습니다. 천사들이나 영들이 중간 매체 즉 대행자가 된다는 이유는, 조요 안에 있는 사람은 다른 사람들 보다 주님에게서만 오는 조요를 더 받는 천사들이나 영들 가운데 자리잡기 때문입니다.

제 14 장 주님께서는 신령사랑과 신령지혜의 첫 발출인 태양을 방편으로 하여 우주와 그 삼라만상을 창조하셨다.

151. "주님"은 영원 전부터 계신 하나님 또는 여호와 즉 "아버지"나 "창조주"라고 일컬어지는 그 어르신을 의미하는데(《주님에 관한 새 예루살렘 교설》 참조) 왜냐하면 주님은 하나님과 동일하신 분이시기 때문입니다. 그래서 이하에서 창조를 설명할 때 그 어르신의 호칭을 "주님"이라고 하겠습니다.

152. 제1편에서 우주 안에 있는 모든 것들이 신령사랑과 신령지혜에 의해서 창조되었음을 장장 설명한 바 있는데(특히 52-53항 참조) 지금은 신령사랑과 신령지혜의 첫 발출인 태양에 의하여 그것이 이루어졌음을 설명하고자 합니다.

만일 사람들이 원인들에서 비롯되는 결과들을 볼 수 있고, 또 그 원인들에 의해서 결과들이 그들의 질서와 차례로 있다는 것을 알 수 있다면 태양이 창조에 속한 제일 첫째인 것을 부정할 수 없을 것입니다. 그 이유는 태양계 안의 모든 만물은 사실 그 태양 때문에 존속되고 있고 또 만물이 갖는 존재는 그 태양에서부터 나온 것이기 때문입니다. 전자는 후자를 내포하고 또 후자를 증명합니다. 왜냐하면 모든 만물은 태양의 관점 아래에 있기 때문이고, 태양은 만물이 존재하도록 결정하고, 또 그 관점 하에 두는 것은 영구적으로 그 존재를 결정하는 것이기 때문입니다. 그래서 실재(實在·subsistence)는 항구적인 존재라고 말합니다. 만일 어떤 것이 대기를 통하여 오는 태양의 입류를 완전히 제거한다면 그것은 당장 사라질 것입니다. 왜냐하면 순수하면 순수할수록 대기는 그 태양에 의하여 활동력이 주어지고, 만물을 인척관계에 두기 때문입니다.

자, 우주와 그 안에 있는 모든 것의 존속이 태양에서 비롯되기 때문에 태양이 창조의 첫째 것 즉 모든 것들의 근원임을 알 수 있겠습니다. 태양이 마치 창조하는 것처럼 언급하였지만, 이 말은 주님께서 태양을 방편으로 하여 창조하신다는 것을 뜻합니다. 왜냐하면 태양도 주님에 의해서 창조되었기 때문입니다.

153. 주님께서 모든 것을 창조하기 위해서 사용한 태양은 둘이 되겠습니다. 즉 영계의 태양과 자연계의 태양입니다. 그런데 만물은 주님에 의해서 영계의 태양을 통하여 창조되었지, 자연계의 태양을 통하여 창조되지는 않았습니다. 그 이유는 자연계의 태양은 영계의 태양 훨씬 아래 놓여 있기 때문입니다. 즉 자연계의 태양은 중간층 다시 말해서 그 위에 영계가 있고 그 아래 자연계가 있는 그 곳에 위시하

제2편 창조의 방편들

고 있습니다. 더 나아가서 말한다면 자연계의 태양은, 아래에서 설명하겠지만, 보조역으로 사용하고자 창조되었습니다.

154. 주님께서 우주와 그 안에 있는 만물을 영계의 태양을 중간 매체로 하여 창조하셨는데, 그 이유는 이 태양이 신령사랑과 신령지혜의 첫 발출이기 때문이며, 설명한 바와 같이(52-82항 참조), 모든 만물은 신령사랑과 신령지혜로 말미암아 존재하기 때문입니다.

창조된 모든 것에는 작든 크든 그 안에 세 가지 것들이 있는데, 그것은 바로 목적(目的·end)·원인(原因·cause)·결과(結果·effect)입니다. 이 세 가지를 갖지 않는 창조물은 아무것도 없습니다. 최대 즉 우주 안에도 이 셋은 다음과 같은 질서로 되어 있습니다. 모든 것의 목적은 신령사랑과 신령지혜의 첫 발출인 태양 안에 있고, 모든 것의 원인은 영계 안에 있으며, 모든 것의 결과는 자연계 안에 있습니다. 그러나 다음에는 이 셋이 첫째 것이나 마지막 것 안에 어떻게 존재하는지를 설명하겠습니다.

이 셋이 내재하지 않는 창조물이 생겨날 수 없기 때문에, 우주와 그 안의 모든 것이 모든 것의 목적이 되는 태양을 통하여 주님에 의해서 창조되었다는 결론이 뒤따릅니다.

155. 창조 자체는, 공간과 시간의 개념이 사람의 사상으로부터 제거되지 않는다면 사람은 깨달을 수 없습니다. 그러나 일단 그것들이 제거되면 창조는 깨달을 수 있습니다.

만일 그것들을 제거하거나, 될 수 있는 대로 제거된다면, 사람들은 비공간적인 또 비시간적인 개념을 가질 수 있기 때문에, 공간에 속한 최대의 것과 최소의 것 사이에 아무런 차이가 없다는 사실을 깨달을 것입니다. 그러면 독자는 우주의 창조를 우주 안에 있는 개별적인 어떤 것의 창조의 개념과 동일한 것임을 인정하지 않을 수 없겠습니다. 창조된 것들 안에 있는 다양성이 신·인에게 있는 무한한 것들에서 비롯되었다는 것과, 주님으로부터 오는 첫째 발출인 태양 안에 있는 무제한의 것들이 있다는 것, 그리고 무제한의 것들은 하

나의 형상 안에 있는 것처럼 창조된 우주 안에서 실체를 취한다는
것 등을 지각하게 될 것입니다.
 이렇게 볼 때 어떤 것과 동일한 다른 어떤 것이 존재할 수 없다는
것을 잘 알겠습니다. 자연계 안에서는 공간과 더불어, 영계에서는 공
간의 외현과 더불어 시각에 비치는 만물의 다양성은 여기에서 비롯
됩니다. 그것은 일반적인 것이나 개별적인 것에 속한 다양성이기도
합니다.
 이것들이 제1편에서 설명한 내용들입니다. 예를 들면, 거기서 신·
인 안에는 무한한 것들이 구별되는 하나라고 설명하였습니다(17-
22항 참조). 그리고 우주 안의 만물이 신령사랑과 신령지혜에 의해
서 창조되었다(51-53항 참조)는 것과 우주 안의 모든 것이 신·인
의 신령사랑과 신령지혜의 수용그릇(54-60항 참조)이다는 것, 신
령존재는 공간 안에 있지 않고(7-10항 참조), 신령존재는 공간에
제한 받지 않으면서 모든 공간을 채운다(69-72항 참조)는 것, 그
리고 신령존재는 최대의 것과 최소의 것들 안에서 동일한 존재이시
다(77-82항 참조)는 것 등을 설명하였습니다.
156. 우주의 창조와 그 안의 삼라만상의 창조가 한 공간에서부터 다
른 공간으로, 또 한 시간에서부터 다른 시간에로 이루어졌다는 것
즉 점진적으로 또는 연속적으로 지어졌다고 할 수 없고, 오히려 영
원존재와 무한존재에게서 지어졌다고 하겠습니다. 이 창조는 신간의
영원성에서는 아닙니다. 그러나 시간이 아닌 영원성에서부터 되어졌
다고 말할 수 있겠습니다. 왜냐하면 이같은 일은 시간에 속한 영원
성에서는 있을 수 없기 때문입니다. 또는 공간의 무한성에서부터가
아닌 신령존재가 그러한 것처럼 무공간적인 무한성에서부터 되어졌
습니다.
 이와 같은 내용은 자연적인 빛 가운데 있는 사상의 개념을 초월한
것인데 반하여, 그것은 영적인 빛 가운데 있는 사상의 개념을 초월
한 것은 아니라는 것을 나는 압니다. 왜냐하면 영적인 빛 안에 있는

그 개념에는 공간이나 시간적 개념은 전혀 없기 때문입니다. 그렇다고 그것들이 자연적인 빛 안에 있는 개념을 전적으로 초월한 것도 아닙니다. 왜냐하면 공간의 무한성은 불가능하다고 말하면, 누구나 그 말을 이성으로부터 확증하기 때문입니다. 이같은 일은 영원성에 대해서도 꼭같습니다. 왜냐하면 이 영원성은 시간에 속한 무한을 가리키기 때문입니다. "영원까지"(to eternity)라고 말하면 시간개념에서부터 그 말을 이해하고, 그러나 "영원 전부터"(from eternity)라고 말하면 시간개념이 제거되지 않으면 그 말을 이해하지 못합니다.

제 15 장 ▌자연계의 태양은 순수한 불이고, 따라서 죽은 것이다. 자연은, 그 태양에서 그 근원을 가져 왔기 때문에 역시 죽은 것이다.

157. 창조 자체는 자연계의 태양에 대해서는 지극히 작은 것으로는 설명할 수 없지만, 영계의 태양에 대해서는 충분히 설명할 수 있겠습니다. 왜냐하면 자연계의 태양은 전적으로 죽은 것이지만, 영계의 태양은 살아 있는 것이기 때문입니다. 그 이유는 영계의 태양은 신령사랑과 신령지혜의 첫 발출(the first proceeding)이기 때문입이다. 죽은 것은 그 자체로 말미암아서는 전혀 활동할 수 없고 다만 살아 있는 것에 의존할 뿐입니다. 따라서 창조에 속한 그 어떤 것을 생명이 없는 어떤 죽은 것의 근원으로 돌린다는 것은 기능공의 업적을 그의 손으로 움직이는 도구에게 돌리는 것과 같습니다. 자연계의 태양은 지상의 생명에 속한 모든 것들의 원천인 순수한 불이지만, 영계의 태양은 신령생명이 내재해 있는 불입니다. 자연계의 태양에 속한 불과 영계의 태양에 속한 불에 대한 천사적 개념은 이렇습니다. 즉, 영계의 태양에 속한 불 안에는 신령생명이 내재해 있지만, 자연계의 태양에 속한 불 안에는 그것이 내재해 있지 않습니다. 그러므

로 자연계의 태양의 실제적인 힘은 그 자신에게서 비롯된 것이 아니고, 영계의 태양으로부터 발출하는 살아 있는 힘(living force)에서부터 그것을 취한다는 것을 알 수 있겠습니다. 그러니까 만일 영적 태양이 생명력이 없으면 자연계의 태양은 활력(活力·vital power)을 모두 상실합니다.

이런 이유 때문에 태양숭배가 하나님 예배의 모든 형태의 가장 낮은 형태를 가리킵니다. 그렇지만 사실은 그 태양 자체가 완전히 죽은 것이기 때문에 태양숭배 역시 전적으로 죽은 것입니다. 그래서 성경말씀은 태양숭배를 "가증스러운 것"이라고 일컬었습니다.

158. 자연계의 태양이 순수한 불이며, 따라서 생명이 없는 사물(死物)이므로 그것에서 발출하는 별도 역시 사물(死物)이고, 그것에서 발출하는 빛도 사물입니다. 따라서 에텔이나 공기라고 부르는 대기나 태양의 별과 빛을 그 가슴 속에 받고 또 그것을 전달하는 대기도 역시 사물입니다. 그것들이 사물이기 때문에 대기 아래에 있는 즉 생육지(生育地·soil)라고 일컫는 지구의 모든 개별적인 것이나 전체적인 것 역시 사물(死物)입니다.

그럼에도 불구하고 개별적이든 전체적이든 지구는 영계의 태양으로부터 흘러나오고, 그 태양에서 발출된 영적인 것들로 둘러싸여 있습니다. 만일 그것들이 이것들로 둘러싸여 있지 않다면 생육지(生育地)는 생기를 얻을 수 없으며, 식물들이라고 부르는 선용의 실체들을 산출하지 못했을 것이며, 또 동물들이라고 부르는 생명의 어떤 실체도 산출하지 못했을 것이며, 인간이 시작되게 하고 또 계속해서 존속하게 하는 물질들을 공급하지 못했을 것입니다.

159. 자, 자연이 그 자연적인 태양에서부터 시작하기 때문에, 그것에서 솟아나고 존속하는 모든 것을 "자연적"(自然的·natural)이라고 말하는데, 자연에 관계되는 모든 것 역시 사물(死物)인 것은 분명합니다. 자연이 사람들과 동물들 안에서 살아 있는 것처럼 보이는 이유는 자연과 동반되게 하고 그것에게 정기를 주는 생명 때문입니다.

제2편 창조의 방편들

160. 땅에서 비롯된 자연의 가장 낮은 것들이 사물(死物)이기 때문에 영계 안에서처럼 그것은 정동과 사상들에 따라서 변하지도, 그 모습을 변화하지도 않고 오히려 불변하고 고정되어 있기 때문에, 자연 안에는 공간들과 공간적인 거리가 있습니다. 자연적인 것들은 이같이 창조가 그들 안에서 마감하도록 되어 있어서, 부동(不動)한 상태로 머물러 있습니다.
　이렇게 볼 때 공간들이 자연의 특성(特性)이라는 것, 그리고 자연 안에 있는 공간들은 영계에 있어서와 같이 생명 상태에 따라 변하는 공간의 외현(空間外現)이 아니기 때문에 그것들 역시 사물(死物)이라는 것을 잘 알 수 있겠습니다.

161. 이와 같이 고정되고 불변한 시간들도 역시 자연의 특성입니다. 왜냐하면 하루의 길이가 24시간, 일 년의 길이가 삼백 육십 오 일하고 4분지 1로 고정되어 있기 때문입니다. 이 시간의 단위들에게 다양하게 만드는 원인이 되는 빛과 어두움, 온기와 한기가 가지는 상태들 그 자체는 계속해서 일정하게 되돌아옵니다. 매일 되돌아오는 상태들은 아침·낮·저녁·밤이며, 해마다 돌아오는 것들은 봄·여름·가을·겨울입니다. 해마다 바뀌는 조건들은 날마다 바뀌는 조건들에게 계속 영향을 끼칩니다.
　그러나 이것들이 생명의 상태들이 아니기 때문에 이 모든 상태들 역시 사물입니다. 왜냐하면 영계 안에는 천사들의 지혜의 상태에 대응하는 빛과 천사들의 사랑의 상태에 대응하는 볕이 계속해서 있기 때문입니다. 그러므로 이와 같은 상태들은 살아 있는 것(活物)입니다.

162. 이상에서 볼 때 모든 것의 존재를 자연의 근원으로 돌리는 사람들의 어리석음을 잘 알 수 있겠습니다. 자연에게 호의를 가지고 모든 것을 결정하는 사람들은 자기들의 마음을 이미 자연 이상으로 올리기(提高·高揚)를 원치 않는 상태에 빠져 있습니다. 따라서 그들의 마음들은 위로는 닫혀져 있고, 아래로만 열려 있습니다. 그래서

그들은 자연 중심이고 감관 중심의 사람(sensual-natural man)이기 때문에, 그들은 영적으로는 죽은 존재입니다. 그리고 이 사람들은 세상에서 비롯된 자기들의 육체적인 감관들로 또는 그것들을 통하여 얻게 되는 사물을 기반으로 해서만 생각합니다. 그러니까 그들은 심중(心中)으로는 하나님까지도 부인합니다.

그렇게 되면 천계와의 결합이 깨지기 때문에 지옥의 결합이 뒤따라서 생겨집니다. 그러니까 남아 있는 것이라고는 생각하고 의도하는 기능 뿐입니다. 즉 합리적으로 생각하고 자유롭게 선택할 수 있는 기능 뿐입니다. 이 두 기능들은 모든 사람들에게 주님께서 주시는 것이므로 제거되지 않습니다. 마귀들과 사탄들도 다 한가지로 이 두 기능들을 가지고 있으나, 천사들은 이것들을 슬기롭게 되기 위하여 사용하고, 선한 것들을 행하기 위해서 사용하지만, 악마들은 미친짓거리를 생각하는데 사용하고, 악한 일을 행하는데 사용합니다.

제 16 장 살아 있는 태양과 죽은 태양, 이 한 쌍의 태양 없이는 창조는 불가능하다.

163. 일반적으로 우주는 대별해서 영계와 자연계의 두 세계로 분별합니다. 영계에는 천사들과 영들이 있고 자연계에는 사람들이 있습니다.

이 두 세계는 그 외적인 외현(外的 外現)으로는 매우 동일하게 보이기 때문에 누구도 그것들을 구별해서 명확하게 말할 수 없습니다. 그러나 그 내적인 외현(內的 外現)은 아주 다릅니다. 천사들과 영들이라고 부르는 사람들은 영계에 사는데, 위에서 말한 대로, 그들은 영적입니다. 영적이기 때문에 그들은 영적으로 생각하고 영적으로 말합니다. 그러나 자연계 안에 있는 사람들은 자연적이기 때문에, 자연적으로 생각하고 자연적으로 말합니다. 영적인 사상과 언어는 자연적인 사상과 언어와 서로 공통된 것은 아무것도 없습니다.
그러므로 이 세계들 즉 영계와 자연계는 전적으로 서로 분별되며, 서로 함께 있을 수는 결코 없습니다.

164. 이 두 세계가 엄연히 다르기 때문에, 모든 영적인 것들이 생겨진 영적 태양과, 모든 자연적인 것들의 근원인 자연적 태양은 필연적으로 있어야만 합니다. 전자에게서는 영적인 것들이 비롯되었고, 후자에게서는 자연적인 것들이 비롯되었습니다. 그들의 근원 안에 있는 모든 영적인 것들은 살아 있고, 그들의 근원에서 비롯된 자연적인 것들은 생명이 없는 사물인데, 이들 두 근원이 태양입니다. 따라서 뒤따르는 결론은 전자는 살아 있는 태양이고, 후자는 죽은 태양이고, 그리고 또한 이 죽은 태양 역시 살아 있는 태양을 통해서 주님에 의해 창조되었다는 것입니다.

165. 죽은 태양은, 가장 외적인 영역들 안에 있는 모든 것들이 고정되고 안정되고 불변하게 할 목적으로, 따라서 영속적이고 항구적인 존재 형체가 될 목적으로 창조되었습니다. 이것이 창조가 기초한 유일한 길입니다.
이런 것들이 안에나 위에 또 주변에 존재하고 있는 땅과 바다의 지구(tarraqueous globe)는 하나의 기초요 토대라고 하겠습니다. 왜냐하면 이것이 만물이 종결되고, 또 의지하는 마무리 작업(最終作業·the outmost work·*ultimum opus*)이기 때문입니다. 뒤에 가서 그것이 창조의 목적들인 결과들이 생성된 일종의 모체와 같다는 내용을 설명하겠습니다.

166. 만물(萬物)은 살아 있는 태양을 방편으로 해서 주님에 의하여 창조되었고, 죽은 태양을 방편으로 해서는 아무것도 창조되지 않았다는 것과 또 살아 있는 것은 자기 자신에 맞추어서 죽은 것을 배열하였고 또 창조의 목적인 선용을 위해서 그것을 형성하였다는 것도 잘 이해할 수 있습니다. 이것은 결코 그 역(逆)은 성립되지 않습니다.

합리적인 기능이 흐려진 사람이나, 생명이 무엇인지 모르는 무지한 사람은 오직 모든 것, 심지어 생명까지도 자연으로부터 온다고 생각할 수 있습니다. 그러나 자연은 어떤 목적을 위해서도 생명을 배열할 수 없습니다. 왜냐하면 본질적으로 자연은 전적으로 자동력(自動力·inert)이 없기 때문입니다. 어떤 죽은 것이 어떤 산 것을 작동하게 한다는 생각 또는 죽은 힘이 산 힘에 작동하게 한다는 생각 즉 자연적인 무엇이 영적인 것을 작동하게 한다는 생각은 전적으로 질서를 깨치는 문란(紊亂)한 짓이고, 또 그런 기반에서 생각한다는 것은 건전한 이성의 빛에 역행하는 일입니다. 죽은 어떤 것, 다시 말하면 자연적인 것이 밖으로부터 외적인 사고에 의해서 바꾸어지고 변질될 수 있는 길들이 많이 있기는 하지만 그러나 그런 것이 결코 생명을 작동하게 할 수는 없습니다. 오히려 그 반대로 생명은 죽은 것 속에 들어가 의도한 형체의 변화에 따라서 작동하게 할 수 있습니다.

영혼의 영적 운영들 안으로 흘러드는 육체적 입류의 경우도 이와 마찬가지입니다. 이같은 일은, 절대로 불가능하므로, 생겨질 수 없는 것으로 주지하여야 하겠습니다.

제 17 장 ▎창조의 목적은, 만물이 창조주에게 보답하고, 결합하기 위해 궁극적인 것 안에서 형체를 취한다.

167. 목적들에 관해서 먼저 설명할 필요가 있겠습니다. 첫째 목적, 중간 목적, 그리고 마지막 목적이라고 일컫는 세 가지 목적들에 관해서 차례로 설명하겠습니다. 이것들은 또한 목적·원인·결과라고도 합니다.

어떤 실체가 현실적으로 존재하려면 이 세 가지 것들이 동시적으로 그 안에 있어야만 합니다. 그 까닭은 첫째 목적은 중간 목적이 없이는 성립되지 않으며, 또 마지막 목적이 없이도 성립될 수 없기 때문입니다. 말을 바꾸어 한다면 목적은 원인과 결과 없이 그 자체만으로 성립될 수 없다는 것입니다. 마찬가지로 원인이 목적과 결과들 없이 자기 혼자만으로 성립될 수 없으며, 결과도 원인과 목적이 없이 자기 혼자서 성립될 수 없습니다.

만일 결과가 없는 목적 다시 말하면 결과와 분리된 목적은 실존 없는 어떤 것이다는 것, 따라서 그같은 것은 말 뿐이라는 것을 예의 관찰한다면, 이 진리는 누구나 밝히 이해할 수 있습니다. 만일 어떤 목적이 실제적인 목적이 되기 위해서 그것은 종결되어야 합니다. 그런데 그것은 목적이기 때문에, 제일 처음에 목적이라고 부른 것이 그 결과 안에 있습니다.

한 능동적이거나 효과적인 힘이 스스로 존재하는 것처럼 보이지만 실은 한 결과 안에 있는 존재에 의해서 비롯된 하나의 외관일 뿐입니다. 만일 그것이 결과로부터 분리된다면 그것은 즉시 소멸될 것입니다. 그러므로 이 세 가지 것들——목적·원인·결과——은 만일에 어떤 것이 현실적인 실체가 되려면, 모든 실체 안에 내재해 있어야 합니다.

168. 목적이 원인들 안에 전체로 들어 있고, 또 결과 안에도 그 전체로 들어 있다는 것을 필히 주지하여야 하겠습니다. 이것이 바로 목적·원인·결과를 첫째·중간·마지막 목적이라고 일컫는 이유입니다. 그러나 원인 안에 전체적으로 들어 있어야 할 목적을 위해서는 목적에서부터 비롯된 무엇인가가 목적이 들어 있을 〔원인 안에〕들어 있어야만 합니다. 그리고 결과 안에 전체적으로 들어 있어야 할 목적을 위해서는 원인을 통해서 목적에서 비롯된 무엇인가가 목적이 들어 있을 〔결과 안에〕있어야만 합니다. 왜냐하면 사실 목적은 그 자체만으로는 존재할 수 없고, 목적에서 비롯된 존재를 갖는 어떤 것 안에 있어야만 존재할 수 있기 때문입니다. 그리고 행동으로 목

적이 영원히 존재할 때까지 그 안에서 살 수 있어야 하고, 결과 안에 있어야만 합니다. 그 안에서 영원히 존재한다는 것은 결과라고 부르는 마지막 목적입니다.

169. 창조된 우주의 가장 크고 가장 작은 것들 모두 안에 이 세 가지 것들 즉 목적·원인·결과가 현존합니다. 이 세 가지 것들이 창조된 우주의 최대의 것이나 최소의 것들 안에 현존하는 까닭은 이 셋이 영원부터 계신 주님 창조주 하나님 안에 현존하기 때문입니다. 그러나 설명한 바와 같이(17-22항 참조) 주님께서 무한하시고, 또 무한존재 안에서 무한한 것들이 엄연히 구별되는 하나로 존재하기 때문에 주님 안에서 세 가지 것들은 구별되는 하나가 되고, 또한 이 세 가지 것들은 그분의 무한하신 것들 안에서 구별되는 하나입니다.

이상에서 볼 때 우주는 주님 자신의 존재로부터 창조되었다는 것, 그것은 선용의 측면에서 볼 때 주님의 형상이다는 것, 그리고 우주는 개별적인 것이나 전체적인 것들 안에 이 세 가지 것들을 가지고 있다는 것 등을 잘 알 수 있습니다.

170. 보편적 목적 즉 모든 창조된 것들에 속한 모든 목적은 창조된 우주와 창조주 사이에 영원한 결합이 있게 하려는 것입니다. 이것은 주님의 신령존재가 마치 그 자체 안에 있는듯 내재해 살고 거주할 수 있는 "종속적인 것"(subject)들이 없이는 불가능합니다. 만일 이 종속적인 것들이 주님의 집이요 주거가 되기 위해서 그것들은 자기들 스스로 하는 것처럼 주님의 사랑과 지혜의 수용그릇들이어야 합니다. 그러므로 자기들 스스로 자신들을 창조주를 향하여 들어 올려서, 그들 자신이 주님과 결합하게 될 것입니다. 이 상호 교호적인 능력이 없다면 어떤 결합도 이룰 수 없습니다. 이 종속적인 것들이, 자신들을 들어올려 신령존재와 결합할 수 있는 사람들입니다. 수삼 차 위에서 이런 유의 종속적인 사람들이 신령존재의 수용그릇을 가리킨다는 내용을 설명하였습니다.

이 결합을 통해서 주님은 당신이 창조하신 모든 피조물 안에 현존하십니다. 왜냐하면 만물은 그것의 목적으로써 사람을 위해 창조되었습니다. 따라서 모든 창조된 것들의 선용은 단계를 따라서 가장 낮은 것들에서부터 사람에게로 상승하고, 그리고 인간을 통해서 창조주 하나님 즉 근원에로 상승한다는 내용은 설명한 바와 같습니다(65-68항 참조).

171. 창조는 꾸준하게 이 마지막 목적을 향해서 이 세 가지 것들 즉 목적·원인·결과를 방편으로 해서 진전합니다. 그 까닭은 방금 설명한 바와 같이 이 셋이 창조주 주님 안에 있기 때문입니다. 더 나아가서 신령존재가 공간의 제약을 받지 않고 모든 공간 안에 계시고(69-72항 참조), 또 동시에 최대의 것이나 최소의 것들 안에 계시기 때문입니다(77-82항 참조). 이렇게 볼 때 최종적인 목적을 향한 전체적인 진행에 있어서 창조된 우주가 상대적으로 하나의 중간적 목적임을 알 수 있습니다. 왜냐하면 땅에서 비롯된 선용에 속한 형체들은 육체적으로 보면 땅에서 비롯된 사람에게 그 질서에 따라서 창조주 주님에 의해 올리워집니다. 그리고 나면 사람은 주님으로부터 사랑과 지혜를 수용하는 것에 의해서 승화되어집니다. 왜냐하면 모든 종류의 방편들은 사람들이 사랑과 지혜를 받기를 원하면, 그것을 수용하기 위해서 만들어졌기 때문입니다.

  지금까지의 설명에서 볼 때 밝히 알 수 있는 것은, 비록 지극히 개략적인 방법이기는 하지만, 창조의 목적은 모든 만물이 창조주에게 보답하고 또 결합하기 위해서 가장 궁극적인 것 안에서 형체를 갖는다는 사실입니다.

172. 이 세 가지 것들 즉 목적·원인·결과가 창조된 모든 창조물들 안에 내재해 있다는 사실은, 곧 마지막 목적이라고 부르는 모든 결과들이 창조주 주님인 제일존재로부터 부단한 연속적 계승 안에서 "참신한 목적들"(anew first ends)이 되어 끊임없이 마지막 목적 즉 사람과 주님과의 결합에까지 진전되어 간다는 사실에서 잘 알 수 있

습니다. 모든 마지막 목적들이 참신한 목적들이 된다는 것은, 무기력하고 죽은 것과 같은 것 같이 보이지만, 그것 안에 유능한 힘을 가지고 있지 않은 것은 전무(全無)하다는 것에서 알 수 있습니다. 심지어 바닷가의 모래알에서까지도 그 어떤 것을 생산하고, 완성하는 데 일조(一助)를 주는 발산물(發散物)을 가지고 있습니다.

제 3 편

창조의 구조

제3편 창조의 구조

제 1 장 | 영계에는 자연계에서와 같이 대기·물·뭍이 있는데, 전자는 영적이고 반면에 후자는 자연적이다.

173. 상술한 바 있는 《천계와 지옥》이라는 책에서 영계와 자연계는 서로 닮았고, 다만 그 차이는 영계의 모든 것들이 영적인 것에 비해서 자연계의 모든 것들은 자연적이라는 것을 설명하였습니다. 이 두 세계가 서로 유사하고, 또 양계에는 일반적인 것들인 대기·물·뭍이 있기 때문에, 그 세계의 모든 것들은 이것들을 통해서, 또 이것들로부터 무한히 다양한 그들의 형체(形體·form·existunt)를 갖습니다.
174. 에텔과 공기로 불리우는 대기의 측면에서 보면 양계에서도 공히 유사한 것들이 있는데, 영계 안에 있는 것들이 영적인 반면에 자연계 안의 것들은 자연적이라는 차이만 있습니다.

전자가 영적인 것은 그것들이 주님의 신령사랑과 신령지혜에서 비롯된 첫째발출인 그 태양으로부터 자신들의 형체를 갖추었기 때문입니다. 그리고 그들은 그 형체들 안에서 주님으로부터 사랑인 신령불을, 지혜인 신령빛을 받습니다. 또 이 둘은 천사들이 살고 있는 천계에서 내려오고, 또 큰 것이든 작은 것이든 그것들 안에 그 태양의 현존을 있게 합니다.

영적 대기는 그 태양으로부터 생겨지는 실체인 가장 작은 형체로 나뉘어집니다. 그것들이 각자 자기들의 특유한 방식으로 그 태양을 받고 있기 때문에, 그 태양의 불은 대기가 그러한 것처럼, 많은 실체들 또는 형체들로 나뉘어집니다. 말하자면 그것들에 의해서 둘러싸여집니다. 둘러감싸짐에 의해서 결과적으로 천계의 천사들의 사랑과 천계 아래 있는 영들의 사랑에 적합한 볕이 되도록 조절됩니다. 이것은 그 태양의 빛에게도 마찬가지입니다.

자연적 대기에 있어서도 영적 대기와 마찬가지입니다. 즉 자연계의 대기들도 자연계의 태양에서 비롯된 실체들 즉 가장 작은 형체들로 나뉘어집니다. 그것들 역시 자기의 특유한 방식으로 그 태양을 받고 있기 때문에 그 불을 자신들 안에 저장하고 조절해서 사람들이 살고 있는 땅에 그 볕을 가져다 줍니다. 물론 자연적 빛에 대해서도 마찬가지 입니다.

175. 영적 대기와 자연적 대기 사이의 차이는, 이 영적 대기가 그들 안에 내면적으로 신령불과 신령빛 즉 사랑과 지혜를 수용하고 있기 때문에, 신령불과 신령빛을 받는 수용그릇인 반면에 자연적 대기는 신령불과 신령빛의 수용그릇들이 아니고, 오히려 그 대기는 위에서 설명한 것과 같이, 본질적으로 사물(死物)인 자연계의 태양의 불과 빛의 수용그릇들이라는 것입니다. 그래서 그들 속에는 영계의 태양에게서 온 것은 아무 것도 없고 다만 그 태양에서 비롯된 영적 대기에 의해서 감싸여 있을 뿐입니다. 영적 대기와 자연적 대기 사이의 차이는 천사들의 지혜로부터 터득한 것입니다.

176. 이상에서 볼 때 영계에는 자연계와 꼭같이, 대기가 있다는 것은 천사들이나 영들이, 자연계의 사람들이 하는 것과 꼭같이, 숨쉬고, 말하고, 듣는다는 것에서 잘 알 수 있습니다. 그리고 호흡, 언어, 들음 등은 가장 낮은 대기인 공기에 의하여 모두 이루어지는데, 그같은 사실에서 지상의 사람들과 꼭같이 천사들이나 영들도 시각을 가지고 있다는 것을 알 수 있습니다. 그런데 그들의 시각은 공기보다 더 순수한 대기에 의해서 가능합니다. 이렇게 볼 때 천사들이나 영들도 자연계의 사람들처럼, 생각하고, 정동에 의해 움직이는데, 사상이나 정동은 보다 순수한 대기에 의하지 않고서는 모두 불가능합니다. 결과적으로 이렇게 볼 때 천사들이나 영들의 몸의 모든 부분은 내적인 것과 꼭같이 외적으로도 대기에 의하여 모두 연계되어 있는데, 외적인 것은 공기에 의하여, 내적인 것은 에텔에 의하여 연계되어 있습니다. 이들 대기를 감싸고 있는 주위의 압박이나 행동 없이는 육체에 속한 내면적인 형체나, 외면적인 형체는 명확하게 라

져 버릴 것입니다. 천사들이 영적 존재이고, 또 그들의 몸에 속한 모든 것들이 서로 전적으로 대기에 의하여 연계되고, 형체를 갖추고, 질서 정연하게 있기 때문에, 이들의 대기는 영적이다는 결론을 얻을 수 있겠습니다. 왜냐하면 그들은 주님의 신령사랑과 신령지혜에 비롯된 첫째 발출인 영적 태양에서 비롯되었기 때문입니다.

177. 이미 설명한 바 있고 또 《천계와 지옥》에서 기술하였듯이, 영계에도 자연계 안에서와 같이 물과 뭍이 있다고 설명했는데, 다만 그 양계의 차이는 영계의 물과 뭍이 영적인 것이라는 것입니다. 그것들은 또한 영적이기 때문에, 그것들은 영적 태양의 볕과 빛에 의해서 거기서 비롯된 중간매체인 대기의 도움으로 움직여지고 변화된다는 것입니다. 그것은 마치 자연계의 물과 뭍이 그것들 자신의 태양의 볕과 빛에 의해서 그것에서 비롯된 중간매체인 대기의 도움으로 움직여지고 변화하는 것과 같습니다.

178. 여기서 특별히 대기·물·뭍을 언급하는 것은, 이것들이 일반적인 것들이고, 또 개별적인 것이든 전체적인 것이든, 만물은 이것들을 통해서, 그리고 이것들로부터 무한히 다양한 형체를 취하기 때문입니다. 대기는 능동적인 힘이고, 물은 중간적 힘이며, 뭍은 피동적 힘이어서, 그것들로부터 모든 결과들은 존재합니다. 이 세 힘이 그들의 시리즈 안에 존재할 수 있는 것은 태양이신 주님에게서 발출하였고 또 그것들을 능동적이 되도록 만드는 생명 때문입니다.

제 2 장 사랑과 지혜의 계도가 있고, 따라서 볕과 빛의 계도와 대기의 계도가 있다.

179. 만일 모든 만물에 계도가 존재한다는 것을 알지 못하고, 또 그 계도가 무엇이며, 그것들의 성질이 무엇인지 모르면, 이하에서 설명될 내용을 이해할 수 없을 것입니다. 왜냐하면 창조된 모든 것 안

에, 따라서 모든 형체들 안에는 계도가 있기 때문입니다. 그래서 이 3편에서는 "천사적 지혜"에 속한 계도들에 관해서 설명하겠습니다.

세 천계들에 천사들이 있다는 사실에서 사랑과 지혜의 계도들이 있다는 것을 확인할 수 있습니다. 삼층천 천계의 천사들이, 사랑과 지혜의 측면에서 이층천 천계의 천사들을 훨씬 능가하고 있고, 또 후자 즉 이층천 천계의 천사들이 가장 낮은 일층천 천계의 천사들을 훨씬 능가하고 있기 때문에, 그들은 함께 살 수 없습니다. 사랑과 지혜의 계도가 그들을 구별하고 분리시킵니다.

이것이 가장 낮은 천계의 천사들이 보다 높은 천계들의 천사들에게 올라갈 수 없는 이유입니다. 만약 그들에게 올라가는 것이 허락된다고 해도 그들은 그 곳 천사들이나 그들 주위에 있는 것은 아무 것도 볼 수 없습니다. 그들이 그 곳 천사들을 못 보는 이유는 그 곳의 천사들의 사랑과 지혜가 보다 높은 수준에 있으므로, 그들의 모든 지각들을 초월하기 때문입니다. 왜냐하면 개별적 천사는 바로 그의 사랑과 지혜이기 때문입니다. 더 나아가서 지혜와 합일된 사랑은 그 형체로써 그 사람입니다. 왜냐하면 사랑 자체시고 지혜 자체이신 하나님께서 사람이시기 때문입니다.

나는 여러 번 가장 낮은 천계의 천사들이 셋째 천계의 천사들에게 올라가는 것을 보도록 허락된 적이 있었습니다. 그리고 그들이 거기 도착했을 때 그들이 그 천사들에게 둘러 싸여 있었음에도 불구하고 단 한 명의 누구도 못 보겠다고 불평하는 소리를 들었습니다. 후에 그들은, 보다 높은 천사들의 사랑과 지혜가 그들의 지각을 훨씬 넘어 서 있기 때문에 그 보다 높은 천사들이 보이지 않는다는 것과 사랑과 지혜가 천사를 하나의 사람처럼 보이도록 한다는 것을 깨달았습니다.

180. 천사들의 사랑과 지혜를 인간의 사랑과 지혜에 비교한다면 사랑과 지혜에 계도가 있다는 것을 보다 더 명확하게 알 수 있습니다. 천사들의 지혜를 붓과 혀로 표현할 수 없다는 것은 비교에 의해서

잘 깨달을 수 있습니다. 그리고 또 자연적인 사랑 안에 몰입해 있는 한에는 그러한 사실을 역시 납득할 수 없다는 내용도 아래서 밝히겠습니다. 그 지혜를 표현할 수 없고 납득할 수 없는 이유는 그것이 보다 높은 계도 안에 있기 때문입니다.

181. 사랑과 지혜의 계도가 있기 때문에 역시 별과 빛에도 계도가 있습니다. 여기서 별과 빛은 영적 별과 빛을 의미합니다. 그리고 천사들이 천계에서 가지고 있는 종류의 별과 빛이나, 사람이 보다 내면적인 영역 즉 사람 마음의 영역에서 가지고 있는 것과 같은 것들을 의미합니다. 왜냐하면 사람들은 천사들의 것과 같은 사랑의 별과 지혜의 빛을 가지고 있기 때문입니다.

천계 안의 경우는 이렇습니다. 천사들의 사랑의 양과 질이 그들의 별의 양과 질을 가리키고, 그들의 빛도 그들의 지혜와 비교할 때 마찬가지 입니다. 그 이유는 상술한 바와 같이 그들에게는 사랑이 별 안에 있고 지혜가 빛 안에 있기 때문입니다.

이것은 지상의 사람들에게 있어서도 매 한가지인데, 다만 천사들은 이 별을 느끼고 이 빛은 보지만, 지상의 사람은 그렇지 못한 것이 다릅니다. 이 까닭은 사람은 자연적인 별과 빛 안에 있으며, 이같은 처지에 있는 동안에는 영적 별은 사랑의 상쾌한 느낌을 통해서만 느끼고, 영적인 빛은 무엇이 참되다는 지각을 통해서만 보이기 때문입니다.

자, 자연적 별과 빛 안에 있는 한에는 사람 안에 있는 영적 별이나 빛은 알 수 없기 때문에, 그것을 알 수 있는 유일한 방편이 영계로부터 얻게 되는 경험이기 때문에, 천사들과 그들의 천계들을 두르고 있는 별과 빛을 무엇보다 먼저 설명하여야 하겠습니다. 이 방식으로만 설명하는 내용에 빛이 조요될 것이기 때문입니다.

182. 그러나 영적 별의 계도는 경험에 의해서 서술될 수 없는데, 그 까닭은 영적 별에 대응하는 사랑은 사상의 개념들 아래에 있을 수 없기 때문입니다. 그러나 영적 빛의 계도는 사실상 사상과 관계되고

또 사상의 개념 아래에 있을 수 있기 때문에 서술할 수 있습니다. 그럼에도 불구하고 빛의 계도들의 관계에서 영적 별의 계도들을 이해할 수 있는데, 왜냐하면 별과 빛의 계도들은 서로 같은 계도 안에 있기 때문입니다.

 천사들이 있는 영적 빛에 관해서 내 자신의 눈으로 그것을 보는 것이 나에게 허락되었던 적이 있습니다. 보다 높은 천계의 천사들에게는 그 빛이 너무도 찬란해서 빛나는 신설(新雪)에나 비해서 말할 수 있겠습니다. 그렇지만 그 질이 너무도 진귀해서 서술할 수는 없는 정도이고, 이 세상의 태양의 광채에 비교해서도 표현할 수 없겠습니다. 한마디로 이 빛은 지상의 한 낮의 광명을 천 배나 능가한다고 하겠습니다. 그러나 보다 낮은 천계의 천사들에게는 얼마만큼 비교에 의해서 서술될 수 있으나, 그렇다고 해도 이 세계의 그 어떤 명도(明度) 보다 높은 빛을 능가합니다.

 가장 높은 천계의 천사들의 빛에 관해서는 아무 것도 서술할 수 없겠습니다. 이유는 그들의 빛이 그들의 지혜와 동일한 것이기 때문입니다. 그리고 그들의 지혜를 사람들의 지혜에 비교할 때 표현키 어려운 것만큼 그들의 빛도 역시 그렇습니다.

 이같은 고찰들에 의해서 빛의 계도가 있다는 것을 이해할 수 있겠습니다. 지혜와 사랑이 유사한 계도에 속한 것이기 때문에 유사한 별의 계도들이 있다는 것 역시 당연합니다.

183. 대기들이 별과 빛을 받아 담는 그릇이므로 대기들의 계도도 별과 빛의 계도 만큼 많다는 이야기가 되겠습니다. 즉 사랑과 지혜의 계도들 만큼 많다는 이야기가 되겠습니다.

 나는 자주 체험한 영계에서의 경험들을 기반으로 해서 서로가 구별되는 계도들에 따라 많은 대기들이 있음을 볼 수 있었습니다. 이것에 대한 가장 으뜸되는 증거는 보다 낮은 천계의 천사들은 보다 높은 천계의 천사들이 있는 영역에서는 호흡 조차 할 수 없다는 사실입니다. 그들은 마치 공기층에서 에텔층으로 올려졌을 때의 생물들처럼, 또 물 밖으로 나와서 공기 안에 들어 올려진 물고기처럼, 숨을 쉬는데 무척 힘드는듯 보였습니다. 그리고 또 천계들 아래에 있는 영들은 마치 구름 안에 있는 자들처럼 보였습니다. 여러 종류의 대기들이 있고, 또 계도에 의해서 서로 구별되게 존재한다는 것에 관해서는 앞에서 설명한 것을 참고하십시오(176항 참조).

제 3 장 ▎계도에는 두 종류가 있는데, 하나는 수직적인 높이의 계도이고, 다른 하나는 수평적인 너비의 계도이다.

184. 계도에 관한 지식은 마치 사물들의 원인들을 열어제치고 그것들 안으로 들어가는 열쇠와 같습니다. 이 지식 없이는 원인들에 관해서 거의 아무것도 알 수 없습니다. 왜냐하면 양 세계의 객체들이나 주체들이 사람들의 눈이 볼 수 있는 것들 이상 아무것도 포함하고 있지 않는듯 아주 단순하게 보이지만, 그럼에도 불구하고 실지로는 보이는 것과 그 안에 들어 있는 것 사이의 비율은 일 대 천 또는 일 대 몇십 만이기 때문입니다.
 보이지 않는 내면적인 것들은 계도에 관한 지식을 가지지 않고서는 벗겨 낼 수 없습니다. 왜냐하면 보다 외면적인 것들이 보다 내면적인 것들에로 진전해 가고, 그 과정을 통해서 가장 내면적인 것들에까지 계도에 의해 진전합니다. 그 계도들은 연속(連續·continuous degree)적 계도들로가 아니라 한 단 한 단 구분되는 불연속(不連續·discrete degree) 계도들에 의해서 진전해 갑니다. "연속적 계도들"이란 말은 작아지고 감소되는 단계들을 의미합니다. 또는 조잡한 것에서 정교한 것, 짙은 것에서 옅은 것에로의 계도들, 아니면 점증하고 또는 증가하는 연속적인 것을 뜻하는 정교한 것에서 조잡한 것에로, 또는 옅은 것에서 짙은 것에로 변하는 계도들 즉 빛이 어두움에로 진행해가는 계도, 또는 온기가 한냉한 것에로 진행되는 계도들 같은 것을 의미합니다.

그러나 구분되는 불연속 계도들은 아주 딴판입니다. 그것들은 선래하는 것, 뒤이어지는 것, 최종에 이르는 것과 같이 목적과 원인 그리고 결과 같은 것들입니다. 이런 계도들을 구분되는 간격적 계도 또는 불연속 계도라고 부르는 이유는 선래하는 것은 그 자체로 존재하고, 뒤이어지는 것은 그 자체에 맞게 존재하며, 최종의 것은 역시 자체의 뜻대로 존재하나, 그럼에도 불구하고 그것들을 한꺼번에 취하면 단 하나의 형체를 구성하기 때문입니다.

꼭대기에서 밑바닥까지, 즉 태양에서부터 땅에 이르기까지 이런 종류의 계도들로 분리되는 에텔과 공기라고 부르는 대기들이 있습니다. 이것들은 단순한 원소(元素·simple)와 같고, 또한 원소들의 집합체, 다시 하나의 복합체라고 부르는 집합체의 집합체를 이루고 있습니다.

이러한 계도들을 불연속 계도들 또는 [분리된 계도]라고 부르는데, 이유는 이런 부류의 계도는 각각의 구분된 존재를 가지기 때문인데, 이런 계도가 "높이의 계도"(degree of height)가 뜻하는 계도입니다. 그러나 전자는 연속적 계도를 가리키는데, 그 이유는 그것들이 연속적으로 증가하기 때문입니다. 그리고 이 계도들은 "너비의 계도"(degree of breadth)가 뜻하는 계도이기도 합니다.

185. 영계나 자연계에 존재하는 모든 것들은 불연속계도와 연속계도 즉 높이의 계도와 너비의 계도에서 비롯된 공동의 존재를 갖습니다. 불연속계도로 이루어지는 차원(次元)을 "높이"라고 부르고, 연속계도로 이루어지는 차원을 "너비"라고 부릅니다. 눈의 시각과 관계되는 상대적인 위치는 이 호칭의 의미를 전혀 바꾸어 놓지 않습니다.

이 계도들의 지식이 없이는 세 천계들의 차이에 관해서, 거기에 사는 천사들의 사랑과 지혜의 구별에 대해서, 그들이 있는 별과 빛의 차이에 관해서, 그리고 그것들을 둘러싸고 또 포함하고 있는 대기들의 차이에 관해서 아무 것도 알 수 없습니다.

더 나아가서 이 계도의 지식이 인식되지 않는다면 사람들 마음의 내면적 능력들의 차이, 또는 따라서 개혁과 재생이라는 말로 이해되는 사람들의 상태에 대해서 아무것도 알지 못하고, 또 천사들이나 사람들의 몸들에 속해 있는 외면적인 능력들의 차이들에 대해서도 아무것도 알지 못하고, 그리고 영적인 것과 자연적인 것 사이의 차이와 대응에 관해서도 아무 것도 알지 못합니다. 따라서 사람들과 짐승들 사이에 있는 생명의 구별, 또는 보다 완전한 동물과 보다 덜 완전한 동물들 사이의 구별, 또 식물계의 형체들과 광물계의 형체들 사이의 구별 또한 결코 알 수 없습니다.

이상에서 볼 때 이 계도들에 대한 지식이 없는 사람들은 건전한 판단에 의한 원인들을 볼 수 없다는 것을 잘 알 수 있습니다. 이런 사람들은 다만 결과만 보거나, 또는 그 결과에서 비롯된 외견만으로 원인들을 판단합니다. 이러한 일들은 대부분 결과와 이어져 있는 귀납적 방법(歸納的 方法)으로 행해집니다. 그러나 원인들은 결과들을 연속적으로 산출하지 않고 불연속적으로 산출합니다. 왜냐하면 원인과 결과는 서로 서로 다른 것이기 때문입니다. 이 양자의 차이는 선행하는 것과 뒤따르는 것 사이의 차이나, 실질적으로 형성하는 것과 실질적으로 형성되는 것 사이의 차이와 같습니다.

186. 불연속 계도들의 성질과 특성을 파악하고, 그것들과 연속적 계도들 사이의 차이를 보다 잘 파악하기 위해서 천사들의 천계를 예로 설명하겠습니다.

천계는 세 천계로 이루어져 있으며 그것들은 불연속계도 즉 높이의 계도(=수직적 계도)들에 의해서 구획이 지어져 있습니다. 다시 말해서 한 천계가 다른 천계 아래 있다는 말입니다. 그 세 천계의 교류는 그들의 질서 안에 있는 가장 낮은 천계에까지 주님에게서 비롯되어 천계들을 통하여 흐르는 입류에 의해서만 가능할 뿐 다른 방식으로는 불가능합니다.

그러나 각각의 천계 자체는 높이의 계도들에 의해서 나뉘어지지 않고 수평적 계도(=너비의 계도)들에 의해서 이루어집니다. 중간 또는 중심에 있는 사람들은 지혜의 빛 안에 있으나 주변이나 변방에 있는 사람들은 지혜의 그늘 안에 있습니다. 즉 지혜는 빛이 응달쪽으로 기우는 것 같이 무지에로 시들어 갑니다. 그같은 감소는 연속적으로 진행됩니다.

지상의 사람들의 경우도 동일합니다. 그들의 마음에 속한 내면적인 것들은, 천사들의 천계의 수와 같은 계도들의 수 만큼 나뉘어집니다. 이들 계도들은 하나 위에 다른 하나가 있는 식입니다. 그러므로 사람들의 마음에 속한 내면적인 것들은 불연속 계도 즉 높이의 계도에 의하여 서로 나뉘어, 구획이 지어져 있습니다. 이것이, 사람들이 자신들의 지혜의 계도에 따라서 가장 낮은 계도에 있든가, 보다 높은 계도, 또는 가장 높은 계도 안에 있게 되는 이유입니다. 또한 이것은, 그들이 가장 낮은 계도에만 집착되어 있을 때 가장 높은 계도가 닫혀지게 되는 이유이며, 또한 그들이 주님으로부터 지혜를 수용하는데 따라서 가장 높은 계도가 열려지게 되는 이유이기도 합니다.

사람들 안에는, 천계 안에서와 같이, 연속적 계도 즉 너비의 계도들이 있습니다. 개인과 천계 사이에 이같은 유사성이 있는 까닭은, 개인들이 축소형의 천계들이기 때문입니다. 즉 사람들의 마음의 내면적인 측면에서 보면 그들이 주님에게서 오는 사랑과 지혜 안에 있는 정도만큼 천계의 축소판입니다. 사람의 마음에 속한 내면적인 것들에 관해서 볼 때 사람이 천계의 축소판이라는 것에 대하여는 《천계와 지옥》에서 잘 알 수 있습니다(같은 책 51-58항 참조).

187. 이상의 설명에서부터 다음과 같은 결론을 내릴 수 있겠습니다. 만일 사람들이 불연속계도 즉 수직적 계도(=높이의 계도)에 관해서 아무것도 모른다면 개혁이나 중생의 측면에서 보는 사람의 상태들에 대해서도 아무것도 모를 것이며, 그 개과천선(改過遷善)의 변

화가 주님에게서 비롯되는 사랑과 지혜를 수용하는 것에 의해서 이루어지고, 그 결과로서 그것들의 질서 안에 있는 내면적인 마음에 속한 내면적인 계도들의 열림(開放)에 관해서도 알지 못합니다. 그뿐 아니라 주님으로부터 천계들을 통해서 오는 입류나, 자신들이 창조된 섭리에 관해서도 아무것도 알지 못합니다. 만일 그들이 불연속 계도 즉 수직적 계도 대신에 연속적 또는 수평적 계도(=너비의 계도)를 바탕으로 이런 것들에 관해 고집스럽게 생각한다면, 그들이 볼 수 있는 모든 것은 결과들에 기초를 두고, 원인들에게는 기초를 두지 않는 것들일 뿐입니다. 그리고 결과들에만 기초를 둔 시각은 속임수들 위에 기초를 두고 있으므로, 계속 오류에서 오류로 떠밀려 갑니다. 이 연속적인 오류들이 귀납적 추론에 의해서 기하급수적으로 증가되기 때문에 급기야에는 괴물 같은 거짓들을 진리라고 부르게 됩니다.

188. 나는 지금까지 불연속 계도 즉 높이의 계도에 관해서는 아는 바가 없고 다만 연속적 계도 즉 너비의 계도에 관해서만 알려져 있다는 것을 알지 못하였습니다. 그럼에도 불구하고 이 양 계도에 관해서 아는 바가 없으면 원인에 관한 참된 내용에 관해서도 알 수 없습니다. 그러므로 이 계도들에 관해서 제3편에서 설명하고자 합니다. 왜냐하면 이 책의 주 내용이 원인들을 밝히고, 그것에서부터 결과들을 보게 하려는 것이기 때문입니다. 따라서 하나님·주님, 그리고 일반적으로 "영적인 것들"이라고 일컫는 신령한 것들에 관해서 교회에 속한 사람들이 빠져 있는 암흑을 소멸시키고자 합니다.

내가 말할 수 있는 것은 천사들이 이 땅 위에 편만해 있는 암흑 때문에 슬픔에 잠겨 있다는 것이고, 그들은 어디를 가나 빛을 거의 볼 수 없다고 말했으며, 사람들이 거짓들에게 사로잡혀 있으며, 그 거짓들을 확신하고, 그 결과 거짓 위에 거짓들을 덧놓고(蓄積) 있다고 말하였습니다. 이 거짓들을 확신하고 고집하기 위해서 사람들은 거짓된 전제(前提)들에 기초를 둔 논리들을 펼치었으며, 원인들에 대한 암매(暗昧)와 진리들에 대한 무지 때문에 깨칠 수 없는 사항들을 탐사하기 위해서 진실된 전제들을 위화(僞化)했다고 말하였습니다.

천사들은, 인애로부터 분리된 믿음과 그러한 믿음에 의한 득의(得義)에 깊은 비애(悲哀)를 가지고 있었으며, 또 천사들은 하나님에 대한 사람들의 개념들, 천사들이나 영들에 대한 잘못된 고집, 그리고 사랑과 지혜의 본질을 모르는 사람들의 무지에 깊은 비애를 가지고 있었습니다.

제 4 장 ▮ 높이의 계도들은 동질적이며, 목적·원인·결과처럼 연속적으로 하나가 다른 하나에서 비롯된다.

189. 너비 또는 연속적 계도들은, 빛에 대한 응달, 온기에 대한 냉기, 굳은 것에 대한 유연함, 짙은 것에 대한 엷음, 조잡한 것에 대한 정교함 따위의 점진적 변화 관계로 그 뜻을 설명할 수 있겠습니다. 이 계도들은 감각적인 경험과 시각적 관찰에서 잘 알 수 있지만 그러나 높이의 계도들 즉 불연속 계도들은 그렇지 않습니다. 이 제3편에서는 후자인 불연속 계도들에 관해서 특별히 설명하고자 합니다. 왜냐하면 이 계도들에 관해서 밝히 인식되지 않으면 원인들을 깨달을 수 없기 때문입니다.

사람들은 목적·원인·결과가 마치 먼저 있는(先在) 것과 뒤따르는 것 그리고 최종의 것처럼 순서에 따라 생성된다는 것을 필히 알아야 합니다. 그들은 목적이 원인을 낳고, 원인을 통해서 결과를 낳는다는 것과 그리고 목적이 형체를 갖는다는 것을 알아야 합니다. 그리고 이것들에 관한 다른 많은 것들도 알아야 합니다. 그럼에도 불구하고 존재하는 것에 그것들을 적용하는 것으로 그것들을 보지 않고, 단 그것들을 안다는 것은 추상만을 아는 것에 불과합니다. 그런즉 그 안다는 것은, 마음이 형이상학적(形而上學的) 사상에서 비롯된 분석적 개념 안에 있는 동안만, 오직 기억에 남아 있습니다.

이렇게 볼 때 목적·원인·결과는 불연속 계도들을 따라서 진전하지만, 이 세상에서는 이 불연속 계도들에 관해서는 안다고 하더라도 거의 별 것이 아닙니다. 왜냐하면 단순한 추상에 속한 지식은 바람에 날아다니는 기체와 같기 때문입니다. 그러나 이 추상적인 지식들을 이 세상에 존재하는 사물들에 적용한다면 그것들은 지상에서 눈으로 본 것과 같이 되고, 그것들은 기억에 남습니다.

190. 이 세상에서 눈에 보이는 모든 것 즉 "입체적"(立體的) 또는 "복합적"(複合的)이라고 부르는 모든 것은 수직적 또는 불연속 계도들로 이루어져 있습니다. 이것에 관한 이해를 돕기 위해 몇 가지 예를 들기로 하겠습니다.

인체 안에 있는 모든 근육은 미세한 섬유들로 이루어졌으며, 이 섬유들은 합쳐서 작은 다발을 만들고, 그것은 이른바 운동섬유(運動纖維)라고 하는 큰 섬유질을 만들고, 이들 운동섬유들의 큰 뭉치(group)가 이른바 근육(筋肉)이라고 부르는 복합체를 형성합니다. 이러한 현상은 시각적 관찰에 의해서 잘 알 수 있습니다. 이같은 사실은 신경조직의 경우도 마찬가지입니다. 신경조직을 보면 미세한 섬유질로 이루어진 실처럼 보이는 보다 큰 섬유들이 함께 모여져 있고, 또 이것들을 모으고 연결시켜서 신경조직이 이루어집니다.

이와 같은 식으로 결성(結成)된 것들은 조합(組合)·배합(配合)·묶음 등으로 이루어지는 신체의 기관들이나 내장 또는 기타의 것에도 통용되겠습니다. 왜냐하면 이런 것들은 계도에 따라서 매우 다양하게 결집된 섬유나 혈관의 합성체(合成體)이기 때문입니다. 이같은 사실은 식물계나 광물계의 모든 것들에게도 해당됩니다. 나무 안에는 가는 섬유들로 이루어진 삼층의 복합체가 있고, 금속과 돌맹이 안에도 많은 부분들로 이루어진 삼층의 복합체가 있습니다.

이상에서 볼 때 불연속 계도들이 무엇인지를 알 수 있겠습니다. 즉 한 사물이 다른 사물에게서 나오고, 또 그것에서부터 복합이라고 일컫는 제 삼의 것이 나온다는 것과 그리고 각각의 계도는 다른 것들과 구분된다는 것을 알 수 있습니다.

191. 이것을 기초로 해서 눈에 보이지 않는 것들에 대해서도 동일한 결론을 이끌어낼 수 있겠습니다. 왜냐하면 그런 것들도 마찬가지이기 때문입니다. 예를 들어보겠습니다. 두뇌 안에 있는 사상과 정동의 수용그릇들 또는 거처들이 되는 유기적(有機的)실체들, 대기들, 볕과 빛들, 사랑과 지혜들입니다. 왜냐하면 대기들은 볕과 빛의 수용그릇들이며, 볕과 빛은 사랑과 지혜의 수용그릇들이기 때문입니다. 결과적으로 대기들의 계도들이 있듯이 볕과 빛에도 유사한 계도들이 있고, 사랑과 지혜에도 유사한 계도들이 있습니다. 왜냐하면 같은 원리를 전자에 적용하듯이 후자에게도 적용되기 때문입니다.

192. 위에서 설명한 내용에서부터 이들 계도들은 동질적(同質的) 즉 특성이나 본성에서 모두 동질적이다는 것을 볼 수 있습니다. 미세하든, 좀 크든, 아주 크든, 근육의 모든 운동섬유는 동질적입니다. 또한 크고 작은 실(纖絲)로 배합된 나무의 섬유질 역시 동질적입니다. 이것은 각양의 돌과 금속에게도 동일합니다.

가장 단순한 것에서부터 그들의 일반적인 집합체인 두뇌에 이르기까지 사상들이나 정동들의 그릇이 되는 유기적 실체들은 모두 동질적입니다. 그리고 순수한 에텔에서부터 공기에 이르는 대기들도 모두 동질적입니다. 시리즈로 이어져 있는 볕과 빛의 계도나, 그것에 뒤이어지는 대기의 계도 역시 동질적입니다. 그러므로 사랑과 지혜의 계도 또한 동질적입니다.

동일한 성질과 본성으로 이루어지지 않은 것들은 이질적인 것이고, 동질적인 것은 동질적이 아닌 것과 조화를 이룰 수 없습니다. 그러므로 조화되지 않는 것으로는 불연속 계도를 이룰 수 없고, 오직 성질과 본성이 같고, 또 동질적인 것들로만 불연속 계도는 이루 집니다.
193. 그들의 질서 안에 있는 것들이 목적·원인·결과와 꼭같다는 것은 명백합니다. 왜냐하면 첫째 것 즉 최소의 것이 중간의 것을 통해서 그 원인을 성취하고, 나중 것을 통해서 결과를 성취하기 때문입니다.
194. 모든 계도는 자신의 고유한 덮개(外皮)에 의해서 다른 것들과 구분이 되고, 모든 계도들도 일반적인 덮개에 의해서 구분이 되어진다는 것을 밝히 알아야 합니다. 더 나아가서 일반적인 덮개 역시 자신의 질서 안에서 내면적인 것과 그리고 가장 내면적인 것들과도 교류한다는 사실도 주지하여야 하겠습니다. 이상에서 볼 때 만물에는 결합이 있고, 만장일치적인 행동이 있다는 것을 알 수 있습니다.

제 5 장 ▌첫째 계도는 뒤이어진 계도(從屬的 階度)들에 속한 모든 것 안에 있는 전체이다.

195. 이같은 이유는 주체나 사물의 계도들이 서로 조화스럽게 양립될 수 있는 동질적이기 때문입니다. 그것들이 첫째 계도로 말미암아 생겨졌기 때문에 서로 동질적입니다. 왜냐하면 그 형성이 이러하기 때문입니다. 즉, 첫째 계도가 배합하고 묶음을 만드는 것에 의해서, 즉 한마디로 부분들의 집합(集合)에 의해서 둘째 계도를 생기게 하고, 이 둘째 계도를 통해서 셋째 계도를 생기게 하기 때문입니다. 그리고 그 각자는 둘러싸고 있는 덮개(外皮)에 의해서 다른 계도들과 구분이 생겨집니다. 여기에서 첫째 계도가 종속적인 계도들을 다스리는 상위(上位)의 계도임을 알 수 있겠습니다. 또 더 나아가서 첫째 계도가 모든 종속되는 계도들 안에 있는 전체(全體)라는 것도 알 수 있겠습니다.
196. 서로 관계되는 것이 계도들의 성질이라고 하였는데, 그 뜻은

그 계도들 안에 있는 실체들의 성질을 뜻한다는 말입니다. 계도들이라는 낱말을 사용해서 표현하는 것은 추상적인 것인데, 그것은 어떤 주제 또는 동일한 계도들 안에 있는 것들에게 적용할 수 있는 보편적 설명을 뜻합니다.

197. 전장에서 열거한 모든 것들에 이 용어들을 적용할 수 있겠습니다. 즉 예를 들어서 신경들, 식물계와 광물계를 형성하고 있는 구성물들, 사람들 안의 사상과 정동들의 주체들인 유기적 실체들, 대기들, 볕과 빛, 그리고 사랑과 지혜 등등에게 모두 적용할 수 있겠습니다. 이것들 안에는 종속되는 것들을 지배하는 분명한 것 즉 홀로 최고의 권력을 가진 첫째 계도가 내재해 있습니다. 다시 말하면 각자 안에는 특이한 무엇이 사실상 들어 있기 때문에, 그것이 종속되는 것들 안에 있는 오직 하나이고, 전체입니다.

이것이 진실이다는 것은 아래의 내용에서부터 잘 알 수 있는데, 그것은, 목적은 원인의 전부이고, 그 원인을 통해서 목적은 결과의 전부라는 것, 따라서 목적·원인·결과를 첫째 목적·중간 목적·최종 목적이라고 부르는 것에서 분명히 알 수 있습니다. 이런 이유 때문에 목적·원인·결과를 첫째, 중간 그리고 마지막(最終) 목적(end)이라고 부릅니다. 한걸음 더 나아가, 원인의 원인은 영향을 입힌(caused) 사물의 원인이고, 그리고 목적을 제외하면 원인들 안에는 본질적인 것은 전무(全無)하다는 것, 그리고 활력적인 것(活力素·conatus·effort)을 제외하면 운동 안에 본질적인 것은 아무것도 없다는 것, 또한 본질적으로 실체(實體)가 되는 실체만이 유일한 실체이다는 사실에서도 분명히 알 수 있습니다.

198. 이상에서 볼 때 본질적인 실체 즉 홀로 독존(獨存)하는 실체인 신령존재가 창조된 모든 사물의 근원이 되는 실체임을 명확하게 알 수 있겠습니다. 그러므로 하나님이, 제1편에서 설명한 것과 같이, 우주 안에 있는 만물 안에 계시는 전부(the All in all things of the universe)이시다는 것인데, 그 내용을 간추리면 아래와 같습니다.

령사랑과 신령지혜가 실체요, 형체이시다는 것(40-43항 참조), 그리고 신령사랑과 신령지혜가 본질적 실체이고 또 형체라는 것, 그러므로 참존재(the Very)요, 유일존재(the Only)이시다는 것(44-46항 참조), 우주 안의 모든 것은 신령사랑과 신령지혜에 의해서 창조되었고(52-60항 참조) 그러므로 창조된 우주는 하나님의 형상이고(61-65항 참조), 주님만이 천사들이 들어 사는 천계라는 것(113-118항 참조) 등 입니다.

제 6 장 모든 완전함은 계도들에 따라서, 또 계도들과 함께 점증되고 상승한다.

199. 이상에서 계도에는 두 종류 즉 수평적(=너비)인 것과 수직적(=높이)인 계도가 있다고 설명하였습니다(184-188항 참조). 수평적인 계도들이 빛이 응달을 향해서 기우는 것 같고, 또는 지혜가 무지 쪽으로 기우는 것 같은 계도들인 반면에 수직적인 계도들은 목적·원인·결과처럼, 또는 선재(先在)하는 것과 후래(後來)하는 것 그리고 최종의 것의 관계와 유사하다는 것을 설명하였습니다.

그러므로 후자가 수직적인 계도이기 때문에 상승하고 떨어진다는 표현으로 서술하고, 반면에 전자의 계도들은 그것들이 수평적이기 때문에 증가하고 감소한다는 표현으로 서술하였습니다. 수직적 계도들은 수평적 계도들과 아주 달라서 그것과는 아무런 공통점이 없습니다. 그러니까 그것들을 분리해서 지각하지 않으면 혼돈에 빠지기 쉽습니다.

200. 모든 완전함은 계도들과 더불어 점증하고, 높아지며 계도들에 따라서 그러하다는 것은 모든 속성들은 그들의 주체를 따라가며 완전함과 불완전함은 일반적인 속성들이기 때문입니다. 왜냐하면 그것들은 생명과 힘들 그리고 형체들에 관해서 서술하기 때문입니다.

"생명의 완전성"(perfection of life)은 사랑과 지혜의 완전성입니다. 그리고 의지와 이해가 그것들의 수용그릇들이기 때문에 생명의 완전성은 의지와 이해의 완전성입니다. 결과적으로 정동들과 사상들의 완전성입니다. 더 나아가서 영적 볕이 사랑의 수용그릇이고, 영적 빛이 지혜의 수용그릇이기 때문에 이것들의 완전함은 생명의 완전성에 귀착됩니다.

"힘의 완전성"(perfection of force)은 생명에 의해서 작동되고 또 운동하게 되는 모든 것의 완전함을 가리킵니다. 그러나 그 자체 안에는 생명이 없습니다. 그 활동적인 힘의 측면에서 본다면 대기들은 이런 종류의 힘들이고, 사람에게 있어서는 내면적 또는 외면적인 유기적 실체이고, 모든 종류의 동물들에게 있어서도 그와 같은 힘입니다. 자연계의 태양으로부터 직접, 또는 간접적으로 그 활동적인 힘을 부여받은 자연계 안에 있는 모든 것들 역시 이런 부류의 힘들입니다.

"형체의 완전성"(perfection of form)과 힘들의 완전성은 하나이며 동일합니다. 왜냐하면 형체들의 성질은 힘의 성질에 의존하기 때문입니다. 다만 유일한 차이가 있다면, 형체는 실체이지만, 힘은 그것들의 활동들이다는 것입니다. 결과적으로 완전함의 계도들은 이 둘에게는 동일합니다. 동시에 힘들이 아닌 형체들은 계도에 따라서 완전합니다.

201. 너비의 계도 즉 연속적 계도에 따라서 점증(漸增) 또는 점감(漸減)하는 생명·힘·형체의 완전성은 여기서 상세히 설명하지 않겠습니다. 그 이유는 이 계도들은 세상에 친숙하게 알려져 있기 때문입니다. 그러나 높이의 계도 즉 불연속 계도에 따라서 오르고 내리는 생명·힘들·형체의 완전성에 관해서 여기서 상세히 논의하겠습니다. 그 까닭은 이 계도들이 세상에 친숙하지 못하기 때문입니다.

이들 계도들에 따라서 오르기도 하고 내리기도 하는 완전성에 관해서 자연계 안에서 눈에 보이는 사물들로부터 인식하기란 거의 어렵습니다. 그러나 영계 안에 있는 사물들로는 명확하게 인식할 수 있습니다. 자연계 안의 가견적 사물들을 깊게 보면 볼수록 보다 더 놀라운 것들을 발견하게 됩니다. 예를 들면, 눈·귀·혀와 근육·심장·폐장·간장·췌장·내장들 그리고 다른 기관들 안에, 그리고 또 씨들·열매들·꽃들 그리고 또 금속들·광물들 그리고 보석들 안에서 놀라운 많은 것들을 발견합니다.

 이것들의 내면을 들여다 보면 볼수록 이 모든 것들 안에서 놀라운 것들이 증가하고 있다는 것을 알게 됩니다. 그럼에도 불구하고 이 기초 위에서 본다면 이것들이 높이 또는 불연속 계도들에 의해서 보다 깊게, 완전하게 된다는 것은 별로 알려져 있지 않습니다. 이 계도들에 대한 무지가 이 사실을 까발리지 못하였기 때문입니다. 그러나 꼭대기에서 밑바닥까지 전 세계가 그 계도들 안에 있다는 것이 영계에서는 매우 명백하기 때문에, 이 계도에 관한 지식을 영계로부터 빌려올 수밖에 없겠습니다. 그리고 뒤이어서 이 자연계 안에 있는 이 계도의 힘과 형체의 완전성에 관한 결론도 그것에서부터 끌어올 수 있겠습니다.

202. 영계에는 수직적 계도들에 의해서 배열된 세 천계가 있습니다. 지고한 천계에는 모든 완전성에서 중간 천계의 천사들 보다 훨씬 드높은 천사들이 있습니다. 중간 천계에는 모든 완전성에서 가장 낮은 천계의 천사들 보다 우월한 천사들이 있습니다. 완전성의 계도에서 보면 가장 낮은 천계의 천사들의 계도는 중간 천계의 천사들의 문간에도 이르지 못하고, 또 중간 천계의 천사들도 지고한 천계의 천사들의 완전성에는 그 문턱에도 이르지 못하는 상태입니다. 이 사실은 아주 역리적(逆理的)으로 보이지만 실은 사실이고, 진리입니다. 그 까닭은 이 천사들은 불연속 계도들에 의하여 합쳐졌지 연속적인 계도들에 의해서 모여진 것이 아니기 때문입니다.

 나는 많은 경험들에 의해서 다음 사실들을 잘 알게 되었습니다. 즉 보다 높은 천계와 보다 낮은 천계의 천사들의 정동과 사상의 차이, 따라서 그들의 언어의 차이에 공통적인 것은 아무 것도 없다는 것입니다. 그리고 또한 그들 사이의 교류는 오로지 모든 천계들 안으로 흘러드는 주님의 직접적 입류와 또 지고한 천계를 통해서 가장 낮은 천계로 흘러드는 간접적 입류에 의해서 생겨지는 "대응들"에 의해서만 가능하다는 것입니다.

이 차이들의 성질이 이렇기 때문에 그것들은 자연적인 언어로 표현되거나 서술될 수는 없습니다. 왜냐하면 천사들의 사상들은 영적이기 때문에 자연적 개념이 될 수 없기 때문입니다. 그것들은 천사들 자신의 언어, 그들 자신의 낱말들, 그리고 그들 자신의 저술로 표현되고 서술될 수 있고, 다만 사람들의 그것들로는 불가능합니다. 이것이 사람들이 천계에서 말로 표현할 수 없는 것들을 듣고 보았다고 말하는 이유입니다.

그러나 다음의 방식으로 어느 정도 그 차이들을 이해할 수 있겠습니다. 지고한 천계 즉 삼층천의 천사들의 사상들은 목적에 관한 생각들이고, 중간 천계 즉 이층천의 천사들의 사상들은 원인에 관한 생각들이고, 가장 낮은 천계 즉 일층천의 천사들의 사상들은 결과에 관한 생각들이다는 것을 안다면 그 차이는 어느 정도 이해할 수 있겠습니다.

목적에서부터 생각하는 것과 목적에 관해서 생각하는 것의 차이를 명확하게 알아야만 합니다. 또한 원인에서부터 생각하는 것과 원인에 관해서 생각하는 것이 다르며, 또 결과를 기초로 해서 생각하는 것과 결과에 관해서 생각하는 것이 다르다는 것도 명확히 알아야 합니다. 가장 낮은 천계의 천사들은 원인과 목적에 관해서 생각하지만 지고한 천계의 천사들은 원인과 목적을 기초로 해서 생각합니다. 이 기초 위에서 생각하는 것은 보다 높은 지혜의 속한 사항이고, 그것들에 관해서 생각하는 것은 보다 낮은 지혜의 사항입니다. 목적들을 기초로 해서 생각하는 것은 지혜에 속한 사항이고, 원인을 기초로 해서 생각하는 것은 이지의 사항입니다. 그리고 결과들을 기초노 해서 생각하는 것은 지식의 사항입니다.

이상에서 볼 때 모든 완전성은 계도와 더불어, 그리고 계도에 따라서 오르고 내린다는 것을 밝히 알 수 있겠습니다.

203. 사람들의 의지와 이해에 속한 내면적인 것들은 계도 측면에서 보면 천계들과 같기 때문에(왜냐하면, 마음에 속한 내면적인 측면에서 보면 사람은 가장 작은 형체의 천계이기 때문에) 그들의 완전성 또한 그 천계들에 속한 사람들과 같습니다.

그렇지만 이 완전성들은 사람들이 이 세상에 살고 있는 동안에는 보이지 않는데, 그 이유는 사람들이 가장 낮은 계도 안에 있으므로 보다 높은 계도들은 가장 낮은 계도에서는 인식될 수 없기 때문입니다. 그러나 사후(死後)에는 그것들은 인식됩니다. 왜냐하면 그 때에는 사람들은 자신들의 사랑과 지혜에 대응하는 계도에 도달하기 때문입니다. 왜냐하면 그 때 그들은 천사들이 되고, 그들은 자신들의 자연적인 사람들로써는 말로 표현할 수 없는 것들을 생각하고 말하기 때문입니다. 그 때에는 홀수가 아닌 세곱의 비율로 마음에 속한 것들의 제고(提高)가 있기 때문입니다. 수직적 계도들은 이 후자의 비율 즉 세 배의 비율로 올려지고, 수평적 계도들은 전자 즉 한 배의 비율로 올려집니다. 이 세상에 있을 때 단순히 진리 안에 있던 사람들은 모두 제외되고, 오직 그 진리를 삶에 적용한 사람들만이 수직적 계도에 따라 올려지고, 제고됩니다.

204. 선행하는 것들이 뒤따르는 것들 보다 덜 완전한 것 같이 즉 단순한 것이 복합적인 것 보다 덜 완전한 것 같이 보입니다. 그러나 종속하는 것들을 생기게 하는 선행하는 것들, 또는 복합적인 것들을 있게 하는 단순한 것들은 그것들에 비하여 보다 더 완전합니다. 그 까닭은 선행하는 것 또는 단순한 것들은 생명이 없는 죽은 실체나 물질로 덜 덧씌워져 있어서 보다 더 적나라하기 때문입니다. 그것들은 말하자면 보다 신령하기 때문인데, 그러므로 그것들은 주님이 계신 영적 태양에 보다 가까이 있습니다.

왜냐하면 완전성 자체는 물론 주님 안에 있습니다. 그리고, 주님의 신령사랑과 신령지혜의 첫 발출인 태양 안에 있습니다. 그리고 다음에는 태양에서 비롯된 직접적인 것들 안에 있고, 이와 같이 차례로 지극히 낮은 것에까지 완전성은 내려오는데, 주님에게서 멀리 떨어져 있는 정도만큼 완전성은 덜 합니다.

만일 이런 종류의 걸출한 완전성이 선행하는 것이나 단순한 실체들 안에 존재하지 않는다면, 사람은 물론 어떤 동물도 그 씨로부터 존재할 수 없었을 것이고, 또 뒤에 생존을 계속할 수도 없었을 것입니다. 또 수목들이나 관목들의 씨앗이 자라지 못하였을 것이며, 또 열매들도 결실하지 못하였을 것입니다. 왜냐하면 선재하는 것이 선재하면 할수록, 또 단순한 것이 단순하면 할수록, 그것이 해를 입지 않도록 더욱 더 면연적입니다. 왜냐하면 그것은 보다 더 완전하기 때문입니다.

제 7 장
단계적인 질서 안에서는 첫째 계도가 지고한 계도를 구성하고, 셋째 계도가 최저의 계도를 구성한다. 그러나 동시적인 질서 안에서는 첫째 계도가 가장 내적인 계도를 구성하고, 셋째 계도가 가장 외적인 계도를 구성한다.

205. 질서에는 단계적 질서와 동시적 질서가 있습니다. 이 계도들에 속한 단계적 질서는 가장 높은 데서(정수리·腦天)에서 가장 낮은 데로, 즉 꼭대기에서 밑바닥에 이르는 질서입니다. 천사적 천계들은 이 질서 안에 있는데, 셋째 천계(三層天)는 가장 높은 것이고 둘째 천계(二層天)는 중간이고, 첫째 천계(一層天)는 가장 낮은 것인데, 이것이 바로 그들의 상호관계입니다. 천사들에 있어서의 사랑과 지혜의 상태는 이와 동일한 단계적 질서 안에 있습니다. 그리고 볕과 빛

의 상태나 영적 대기의 상태 역시 꼭같은 질서 안에 있습니다. 형체나 힘의 모든 완전성 역시 같은 질서 안에 있습니다. 높이의 계도(=수직적 계도) 즉 불연속 계도가 단계적 질서 안에 있을 때 그런 계도들은, 그것을 통해서 오르고 내릴 수 있는 삼층으로 이루어진 층계(層階·column) 즉 원추(圓錐)에 비교할 수 있겠습니다. 다시 말하면 가장 아름답고 완벽한 것들은 가장 높은 층에 있고, 중간 층에는 그것에 비하여 덜 아름답고, 덜 완벽한 것들이 있으며, 가장 낮은 층에는 보다 덜 아름답고, 완벽한 것들이 있습니다.

그렇지만 불연속 계도로 이루어진 동시적 질서는 전자와는 전혀 다른 모습을 가지고 있습니다. 단계적 질서에 속한 가장 높은 것들 즉 위에서 언급한 것과 같이, 가장 완벽하고, 가장 아름다운 것들은 가장 지심한 중앙에, 보다 덜 완벽하고, 덜 아름다운 것은 가운데 영역에, 그리고 가장 덜 완벽하고 가장 덜 아름다운 것들은 가장 변두리에 있습니다. 이것은 마치 그 세 계도들로 구성된 딱딱한 물체와 같아서, 그 중앙 또는 중심에는 가장 순수한 것이 자리잡고 있고, 덜 순수한 것들은 그 둘레에 두고, 원주를 만들고 있는 변두리 영역에는 그 영역을 이루는 것들 즉 조잡하고 조악한 것을 두는 경우와 흡사합니다. 즉 상술한 원추를 평면으로 내려 눌러서 가장 높은 층을 중심으로 만들고, 중간 층을 중간 영역으로 하고, 가장 낮은 층를 바깥 변방으로 만드는 경우와 같습니다.

206. 단계적 질서에 속한 최고의 계도가 동시적 질서의 중앙 영역 즉 내적인 영역이 되기 때문에, 성서에서 "보다 높다"라는 말은 "보다 내적"(inner)이라는 뜻이고, "보다 낮다"라는 말은 "보다 외적"(outer)이라는 뜻입니다. "상향"(上向)과 "하향"(下向)이라는 말도 "높다"와 "깊다"라는 낱말과 유사한 뜻을 가집니다.

207. 가장 외적인 것 안에는 동시적 질서 안에 있는 불연속 계도가 내재해 있습니다. 모든 근육의 운동 섬유들, 모든 신경 안에 있는 섬유들, 모든 내장이나 기관 안에 있는 섬유들과 도관(導管)들은 이와

같은 질서 안에 내재해 있습니다. 이런 것들 안에 있는 가장 내적인 것은 가장 단순한 것이고, 또한 가장 완전한 것입니다. 그리고 이런 것들 안에 있는 가장 외적인 것은 외적인 것들로 이루어진 하나의 복합체입니다.

이 계도들에 속한 동일한 질서가 모든 종자와 열매들, 모든 금속과 광물들 안에 있습니다. 전체를 이루는 그것들의 부분들도 이같은 성질을 가지고 있습니다. 가장 내적인 것, 중간적인 것, 그리고 부분들에 속한 가장 외적인 것 모두가 이들 계도 안에 있습니다. 왜냐하면 그것들은 단계적 복합체이기 때문입니다. 즉 그것들은 그들의 첫째 실체나 물질들인 단순원소들로 꾸러미로 묶여 있고, 덩어리로 뭉쳐 있기 때문입니다.

208. 요약해서 말하면 이런 종류의 계도들은 모든 가장 외적인 것 따라서 모든 결과 안에 내재해 있습니다. 왜냐하면 모든 가장 외적인 것은 선행하는 것들로 구성되어 있으며, 이 선행하는 것들은 그것들의 일차적인 것들로 구성되기 때문입니다. 또 모든 결과는 원인으로 구성되어 있고, 이 원인은 목적으로 구성되어 있습니다. 앞에서 설명하였듯이, 목적은 원인에 속한 모든 것이고, 원인은 결과에 속한 모든 것입니다. 목적은 가장 내적인 것을, 원인은 중간적인 것을, 결과는 가장 외적인 것을 만듭니다.

뒤에 설명될 내용에서 알 수 있듯이, 사람 안에서 사랑과 지혜의, 별과 빛의, 그리고 정동과 사상의 유기적 형체의 계도에 있어서도 동일합니다. 단계적 질서와 동시적 질서 안에서의 이 계도의 계열은 《성경에 관한 새 예루살렘에 관한 교설》에서 다룬 바 있습니다(같은 책 38항과 기타 참조). 거기에서 설명한 것은, 개별적인 것이든 전체적인 것이든, 모든 성경말씀(聖言) 안에는 동일한 계도가 있다는 내용입니다.

제 8 장 ┃ 가장 외적인 계도는 선행하는 계도들의 복합체 요, 그릇이며, 초석이다.

209. 이 편에서는 설명한 계도들에 관한 가르침은 영계와 자연계 안에 존재하는 각양의 것들에 의해서 설명하였습니다. 즉 천사들이 살고 있는 천계들의 계도들, 그들과 같이 하는 별과 빛의 계도들, 그리고 대기들의 계도들에 의해서 그리고 인체(人體) 안에 또 동물계나 광물계 안에 있는 다양한 것들에 의해서 설명하였습니다.

이 가르침은 그 범위가 아주 넓습니다. 그 범위는 자연적인 것들만을 포함하는 것이 아니라, 시민법적, 도덕적 그리고 영적인 것들도, 그리고 전체적이든 개별적인 것이든 모든 구체적인 것에까지 확장되겠습니다.

계도들의 가르침이 이런 종류의 사항까지 포함할 수 있도록 확대되는 데에는 두 가지 이유가 있습니다. 첫째 이유는 어떤 속성을 나타낼 수 있는 사물은 그 안에 삼일성 즉 목적과 원인 그리고 결과의 삼일성(三一性)이 있으며, 이 셋이 수직적 계도들에 의해서 서로 관계를 맺고 있다는 것입니다. 둘째 이유는 시민법적, 도덕적 그리고 영적인 것들은 실체에서 분리되어 있는 것은 하나도 없고, 오히려 그것들 자체가 실체라는 것입니다. 왜냐하면 사랑과 지혜가 추상적인 것들이 아니고, 상술한 바(40-43항 참조)와 같이 실체이고, 이와 마찬가지로 시민법적·도덕적·영적이라고 일컫는 것들도 실체들이기 때문입니다. 물론 이것들을 추상적이고 비실체적이라고 생각할 수 있으나 그럼에도 불구하고 그것들 자체에서 볼 때 그것들은 추상적인 것들이 아닙니다.

이런 뜻에서 정동과 사상, 인애와 믿음, 의지와 이해를 예로 들어 보겠습니다. 왜냐하면 이것들은 사랑과 지혜에 있어서와 마찬가지로서 그 자체에서 보면 그것들은 실체들인 주체를 떠나서는 그 존재가 불가능하고, 오히려 그것들은 주체의 상태 즉 실체들이기 때문입니다. 계속해서 그것들이 그것들의 변화들이라는 것과 또 나타내는 바 그 다양성에 대해서는 아래에서 알게 될 것입니다. 실체란 형체를 뜻하기도 합니다. 그 까닭은 어떤 실체도 형체를 취하지 않고서는 존재할 수 없기 때문입니다.

210. 사람들이, 의지와 이해에 관해서, 또 정동과 사상, 그리고 인애와 믿음에 관해서 그것들의 주체들인 실체와 무관하게 추상적으로 생각할 수 있고, 또 그런 생각을 가질 수 있기 때문에, 그것으로 말미암아 생겨질 수 있는 일은 실체들의 상태가 곧 형체라는 이런 것들에 관한 올바른 개념이 죽어 소멸되어 버린다는 것입니다. 이같은 일은 감각기관이나 운동기관을 떠난 추상적인 것이 아닌 감각작용이나 행동에서도 꼭 같습니다. 이것들에게서 추상화 된 것 또는 분리된 것들은 이성이 꾸며낸 단순한 허구 이외의 다른 것이 아닙니다. 왜냐하면 그것들은 마치 눈 없는 시각, 귀 없는 청각, 혀 없는 미각 등과 같기 때문입니다.

211. 시민법적·도덕적·영적인 모든 것들은, 자연적인 것들이 그러하듯이, 연속적 계도 뿐만 아니라 불연속 계도를 거쳐서 진전하기 때문에, 또 불연속 계도의 진전이 원인을 향해 움직이는 목적들의 진전과 같기 때문에, 또 결과를 향해 움직이는 원인들의 진전과 같기 때문에, 극외적 계도(極外的 階度·the outmost degree)는 선재(先在)하는 계도의 복합체요, 수용그릇이고, 초석이라는 제시된 특정 사항을 나는, 앞에서 설명한 것들에 의하여, 다시 말하면 사랑과 지혜에, 의지와 이해에, 정동과 사상에, 인애와 믿음에 속한 것들에 의하여 예증하고 확증하고자 합니다.

212. 극외적 계도(＝최종적 계도)가 선재하는 계도들의 복합체요, 수용그릇이며 초석이라는 것은 목적들과 원인들이 결과들을 향하는 진전과정에서 명확히 알 수 있습니다. 결과가 원인들과 목적들의 복합체요 수용그릇이며 초석이라는 사실은 조요된 이성에 의해서도 밝

히 깨달을 수 있습니다. 그러나 목적과 그것에서 비롯된 모든 것들이, 또는 원인과 그것에서 비롯된 모든 것들이 실제적으로 결과 안에 있다는 사실이나, 그리고 결과가 그것들의 완전한 복합체라는 사실 등은 그렇게 명확하지 않습니다.

이러한 사실은 본문 편에서 설명한 내용에서, 특히 하나의 사물은 다른 사물에 의해서 삼중의 시리즈로 존재한다는 것에서, 그리고 결과는 그것의 궁극적인 것 안에 있는 목적 이외의 다른 것이 아니다는 내용에서 잘 알 수 있습니다. 그리고 궁극적인 것은 복합체이기 때문에 그것은 수용그릇이고 초석이다는 결론을 얻을 수 있겠습니다.

213. 이제는 사랑과 지혜에 관해서 고찰해 보겠습니다. 사랑은 목적이고, 지혜는 그것을 위한 보조적인 원인이며, 선용은 결과입니다. 따라서 선용은 지혜와 사랑의 복합체요, 수용그릇이며 또 초석입니다. 그리고 선용은 그 복합체요 수용그릇이기 때문에, 사랑의 모든 것들과 지혜의 모든 것들은 실제로 그 안에 내재해 있습니다. 즉 선용은 그것들이 동시적으로 현존하는 곳입니다.

그렇지만 마음에 꼭 간직하여야 할 사실은, 동질적이고 조화되는 사랑과 지혜에 속한 모든 것들은, 앞에서 설명한 내용과 같이(189-194항 참조) 선용 안에 자리 잡고 있다는 것입니다.

214. 모든 정동이 사랑과 관계를 가지고, 모든 사상이 지혜와 관계를 가지고, 모든 행위가 선용과 관계를 가지기 때문에, 정동·사상·행위는 동일한 계도들의 시리즈 안에 존재합니다. 그리고 인애가 정동에 속한 사항이고, 믿음이 사상에 속한 사항이며, 선행이 행위에 속한 사항이기 때문에, 인애·믿음·선행도 동일한 시리즈 안에 역시 존재합니다. 의지와 이해 그리고 행동은, 의지가 사랑에 속한 사항이고, 동시에 정동에 속한 사항이며, 이해가 지혜에 속한 사항이고, 동시에 믿음에 속한 사항이고, 행위가 선용에 속한 사항이고 동시에 선행에 속한 사항이기 때문에, 동일한 계도들 안에 존재합니다.

이 말은, 사랑과 지혜에 속한 모든 것들이 선용 안에 현존하는 것과 꼭 같이 사상과 정동에 속한 모든 것들이 행동 안에 있고, 믿음과 인애에 속한 모든 것들이 선행 안에 있다는 뜻입니다. 그러나 이 모든 것들은 동질적이고, 따라서 서로 조화롭습니다.

215. 지금까지는 사람들이 각 시리즈 안에 있는 극외적인 것 즉 선용·행위·선행·행동이 선재하는 모든 것의 복합체이며 수용그릇이라는 사실을 알지 못하였습니다.

마치 동작 자체 안에는 아무것도 없다고 여기는 것처럼, 선용·행위·선행·행동 이런 것들 안에는 아무것도 존재하지 않는 것처럼 보입니다. 그럼에도 불구하고 모든 선재하는 것들은 실제로 이런 것들 안에 현재하며, 그 현재함이 아주 완전하기 때문에, 무엇 하나 결여(缺如)된 것은 전무(全無)합니다. 선재하는 것들은, 마치 포도주가 그 병 안에 있고, 가구들이 집 안에 있는 것과 같이, 그것들 안에 내재해 있습니다. 그것들이 보이지 않는 이유는, 그것들이 오직 겉으로만 고려되고, 또 그렇게 고려될 때에 그것들은 단순한 행동이나 운동 이외의 다른 것이 아니기 때문입니다.

그것은 마치 팔과 손들이 움직이는 때의 형편과 같아서, 천 개의 운동 섬유들이 그들의 운동들을 위하여 협동하고 있다는 것과 정동과 사상에 속한 것들이 천천의 섬유들과 대응하고, 그것에 의하여 운동 섬유들이 활동한다는 사실을 모르고 있는 것과 같습니다. 그러나 그것들이 깊숙한 속에서 활동하고 있으므로 그것들은 어떤 육체적 감각에는 드러나 보이지 않습니다.

생각을 통해서 뜻하는 것이 오지 않고서는, 몸 안에서나 몸을 통해서 아무 것도 성취할 수 없다는 것은 누구나 잘 알고 있는 주지의 사실입니다. 이와 같은 양자의 작용 때문에 개별적이든 전체적이든 뜻하는 것이나 생각한 것은 모두 그 행위 안에 내재해 있다는 사실을 의심할 수 없습니다. 그런즉 그것들은 분리될 수 없습니다. 이래서 사람들은, 어떤 사람이 행위와 행실에서 그의 의도(意圖·inten-

tion)라고 일컫는 그의 목적 즉 그의 의지에 속한 사상들을 판단합니다.
 내가 확실히 아는 것은, 천사들은 행동을 하는 한 사람의 의도와 사상을, 그 사람의 행위들과 행실에 의해서 명확하게 지각하고, 안다는 사실입니다. 삼층천의 천사들은 어떤 사람이 무슨 목적으로 그런 행동을 하였는지를 그 사람의 의지에서부터 지각하고 봅니다. 그리고 이층천의 천사들은 목적을 통해서 역사하는 원인들을 지각하고 봅니다. 이것이, 성경말씀에서 선행과 행위가 자주 기술되고 또 행실과 행위에 의해서 그 사람의 성품을 안다고 성경말씀이 기술하고 있는 이유입니다.
216. 만일 의지와 이해가, 정동과 사상이, 인애와 믿음이 하는 것과 꼭같이, 언제나 행실과 행위 안에서 스스로 옷입지 않으면, 그것들은 안개 이상의 아무것도 아니며, 사라져 버리는 신기루 이상의 것이 아니라는 것이 천사들의 지혜에 일치하는 것입니다. 그리고 또한 사람이 그것들을 행하고, 구체적으로 실천하면 그것들은 제일 먼저 그 사람 안에 영속적으로 길이 남고, 또 그의 생명의 일부가 된다는 것 역시 그들의 지혜에 일치합니다. 이유는 극외적인 것들이 그 선재하는 것들의 복합체요 수용그릇이며 또 조석이기 때문입니다.
 선행과 무관한 즉 선행과 분리된 믿음은 바로 바람에 나는 티끌이나 신기루 같고, 그리고 구체적 실천이 따르지 않는 믿음이나 인애 역시 그런 것에 불과합니다. 하나의 차이가 있다면, 믿음과 인애를 간직하고 있는 사람들은 무엇이 선이고, 그 뜻하는 것이 무엇인지를 알고 그것을 행하지만, 인애에서 분리된 믿음 안에 있는 사람들은 그렇게 행하지 않는다는 것입니다.

제 9 장 ▎수직적 계도들은 완성과 능력 가운데 극외적
　　　　　▎계도 안에 현존한다.

217. 전장에서 극외적 계도가 선재하는 계도들의 복합체요, 수용그릇이며, 초석이라고 설명하였습니다. 그러므로 이 전제에 의해서 선재하는 계도들은 그들의 극외적 계도 안에 내재해 있다고 하겠습니다. 왜냐하면 그것들은 실제로 그것들의 결과 안에 있으며, 모든 결과는 그 원인들의 완성이 되기 때문입니다.

218. 지금 이 오르고 내리는 계도들(선재하는 것과 뒤에 오는 것, 또는 수직적 또는 불연속 계도들)이 극외적 계도 안에 능력 가운데 현존한다는 것은, 전 장에서 부연설명한 감관적이고 지각적인 현상들이 확증하는 예들에 의해서 확신을 가질 수 있겠습니다. 그러나 이 시점에서 나는 죽어 있는 주체들 안에, 그리고 살아 있는 주체들 안에 있는 활력소·힘·운동(conatus·force·motion)들에 의해서 그것들을 입증하려고 합니다.

　활력소(活力素·conatus) 그것만으로는 아무 것도 행할 수 없고, 그것에 대응하는 힘을 통해서만 행동한다는 것은 주지의 사실입니다. 이 힘들을 통해서 활력소는 운동을 할 수 있습니다. 여기서 필연적 결과가 인식되는데, 활력소는 힘 안에 내재한 모든 것이다는 사실입니다. 그리고 활력소는 힘을 통해서 운동 안에 있는 모든 것이 됩니다. 운동이 활력소의 극외적 계도이므로 활력소는 이 운동을 통해서 그 자체가 가지고 있는 능력을 발휘합니다.

　활력소·힘·운동은 높이의 계도에 따르지 않고서는 달리 결합되지 않습니다. 이 결합은 연속에 의한 것이 아니라, 대응에 의한 것입니다. 왜냐하면 그런 것들은 불연속적이기 때문입니다. 그 이유는 활력소는 힘이 아니고, 역시 힘도 운동이 아니지만, 그러나 힘은 활력소에 의해서 생성되기 때문입니다. 왜냐하면 활력소가 활동적인 것을

만드는 것은 힘이기 때문이고 또 이 힘을 통해서 운동이 생성되기 때문입니다. 따라서 활력소 그 자체 만으로는 능력은 존재하지 않으며, 역시 힘 자체 만으로도 능력은 존재하지 않지만, 그러나 그것들의 산물(產物)인 운동 안에 활력소나 능력은 존재합니다. 이와 같은 설명은 이 시점에서 매우 의심스러울 것입니다. 왜냐하면 자연 안에 있는 감각적이고 지각적인 것들에 적용하는 것으로 그것을 예증하지 않았기 때문입니다. 뿐만 아니라, 활력소·힘·운동이 능력에로 진전한다는 것도 그러할 것입니다.

219. 그러나 이런 내용을 살아 있는 활력소, 살아 있는 힘, 살아 있는 운동에 적용해 보겠습니다. 살아 있는 주체들인 사람 안에 존재하는 활력소는 그의 이해에 결합되어 있는 그의 의지입니다. 사람 안에 존재하는 힘들은 그의 몸을 구성하고 있는 보다 내면적인 것들인데, 그것들 안에는 다양한 방법으로 섞어 짠 운동섬유들이 존재합니다. 사람 안에 존재하는 살아 있는 운동은 행동인데, 이것은 그 힘들을 통해서 이해에 결합된 의지에 의해서 생성됩니다.

왜냐하면 의지와 이해에 관계되는 내면적인 것들은 첫째 계도를 만들고, 몸에 관계되는 내면적인 것들은 둘째 계도를 만들고, 또 이들의 복합체인 전신(全身)에 관계되는 것들은 셋째 계도를 만들기 때문입니다.

그러므로 마음에 관계되는 내면적인 것들이 몸 안에 있는 힘들을 통하지 않고서는 무력하고, 힘들 역시 동일한 몸의 행동을 통하지 않고서는 무력하다는 것을 잘 알 수 있습니다. 이 세 계도들은 연속적 계도들이 아니고 불연속적인 계도들에 의하여 움직입니다. 그리고 불연속적 계도에 의한 움직임은 대응에 의해서 일어납니다. 마음에 속한 내면적인 것들은 육체에 속한 내면적인 것들에 대응하고, 육체에 속한 내면적인 것들은 외면적인 것들에 대응하는데, 행동은 이 외면적인 것을 통해서 일어납니다. 따라서 선재하는 두 계도들은 육체에 속한 외면적인 것들을 통해서 능력을 발휘합니다. 그것은 마치 사람 안에 내재한 활력소나 힘은, 행동이 없을 때 즉 수면상태에 있거나 휴식 상태에 있을 때에도, 그 어떤 힘을 가진 것처럼 보입니다. 그럼에도 불구하고 그런 때에도 활력소나 힘의 끝맺음은 육체의 일반적 운동기관인 심장과 폐장의 지휘를 받습니다. 그러나 심장과 폐장의 운동이 중지되면, 그 힘 역시 중지되고, 또한 힘과 더불어 활력소 역시 소멸됩니다.

220. 전체(全體)의 능력 즉 육체의 능력들은 가장 외적인 것들인 팔이나 손에서 결정되기 때문에 성경말씀에서 "팔"이나 "손"은 능력(能力·power)을 뜻하고, 특히 "오른손"(the right hand)은 보다 상급의 능력을 뜻합니다.

계도들의 능력의 진전과 뻗침이 이와 같기 때문에, 사람과 같이하고 또 그 사람에게 속한 모든 것들과 대응관계에 있는 천사들은 손을 통해서 이루어지는 단순한 어떤 행동 하나만으로도 그 사람의 이해나 의지에 관해서, 또는 그의 인애와 믿음에 관해서, 따라서 그의 마음에 속한 내적 생명이나 그것에서 비롯된 육신의 외적 생명에 관해서, 그 사람이 어떤 성품의 사람인지를 명확하게 알 수 있습니다. 나는 수차에 걸쳐 천사들이 손을 통해서 일어나는 육체의 행동에서 이와 같은 사실(事實·knowledge)을 안다는 것을 이상하게 생각하였지만, 그러나 반복되는 산 경험에 의하여 그것이 사실이라는 것을 깨닫게 되었고, 뿐만 아니라 나는 또한 성직자의 안수 때 머리에 손을 얹는 것도 바로 여기에서 비롯된 것이라는 것과 또 "손으로 만지는 것"(觸手)이 의사소통(意事疏通)을 뜻한다는 것, 그리고 이밖에도 이와 비슷한 것들을 들었습니다.

이 모든 것에서 볼 때 인애와 믿음은 선행(善行) 안에 있고, 선행을 떠난 인애와 믿음은 구름에 의해서 사라져 버리고 지워져 버리는 태양 주위의 무지개와 같다는 결론을 내리게 됩니다. 이것이 성경말씀에서 자주 "선행"과 "행함"이 언급되는 이유이며, 또 사람의 구원이 이것들에 귀착된다고 말하는 이유입니다. 더욱이 "행하는 사람"은 슬기로운 사람, "행하지 않는 사람"은 미련한 사람이라고 일컬어지는 이유이기도 합니다.

그러나 여기서 "선행들"이란 사실상 성취된 선용을 의미한다는 것을 필히 기억하여야 하겠습니다. 왜냐하면 모든 인애와 믿음은 그 선행들 안에 있으며, 그것들과 일치하기 때문입니다. 따라서 선용과 선행은 대응관계에 있다고 하겠는데, 그 이유는 대응이 영적이지만 그러나 그것은 주체들인 실체나 물체를 통해서 수행되기 때문입니다.

221. 앞에 설명된 것에 의해서 이해할 수 있는 두 비의(秘義)를 여기서 밝히고자 합니다. 첫째 비의는 성경말씀이 완성과 능력 가운데 그 문자의(文字意·the sense of the letter) 안에 있다는 것입니다. 왜냐하면 성경말씀에는 세 계도에 따른 세 뜻들이 있기 때문인데, 그 뜻은 천적인 뜻, 영적인 뜻 그리고 자연적인 뜻입니다.

이들 세 뜻은 세 높이의 계도에 따라서 성경말씀(聖言) 안에 있고 또 그들의 결합은 대응에 의하여 이루어졌기 때문에, 자연적인 뜻 또는 문자적인 뜻이라고 부르는 가장 외적인 뜻은 대응하는 내면적인 뜻의 복합체요, 수용그릇이고, 기초일 뿐만 아니라, 더욱이 성경말씀(聖言)은 그것의 완성과 능력 가운데 가장 외적인 뜻 안에 있습니다. 이 진리에 관해서는 《성서에 관한 새 예루살렘의 교리》(같은 책 27-35·36-49·50-61·62-69항 참조)에 충분하게 제시했고 또 입증하였습니다.

둘째 비의는 주님께서는 지옥을 정복하시고, 천계와 지상의 질서를 바로 세우실 권능을 취하시기 위하여, 세상에 강림하셨고, 인간성정(人間性情·the Human)을 입으셨다는 것입니다. 주님은 당신 자신의 옛 인간성정(His former Human) 위에 이 인간성정을 덧입으셨습니다.

이 세상에서 주님이 덧입으신 인간성정은 이 세상 안에 있는 사람들의 인간성정과 유사했습니다. 그럼에도 불구하고 주님의 인간성정들(Humans)은 신령하며, 따라서 천사들과 사람들의 유한한 인간성정을 무한히 초월합니다. 그리고 주님께서는 자연적 인성을 극외적인 것에 이르기까지 완전히 영광화하셨기 때문에 어떤 인간과도 다르게 당신의 전신(全身)을 가지고 부활하셨습니다.

이 인간성정을 취하시는 것에 의해서 주님은 지옥을 정복하시고, 천계의 질서를 회복시킬 신령능력(神靈全能·Divine Omnipotence)을 받으실 뿐 아니라, 지옥을 영원히 굴복시키고 인류를 구원하실 신령전능을 성취하셨습니다. 이 능력이 "주님께서 하나님의 권능과 능력의 우편에 앉았다"는 말씀이 뜻하는 내용입니다.

주님께서는 자연적 인간성정을 취하시는 것에 의해서 당신 자신인 신령진리를 극외적인 것들 안에 있게 하셨기 때문에 주님을 "성언"(聖言·the Word)이라고 일컬어졌고, 또 "말씀이 육신이 되셨다"고 일컬어지고 있습니다. 가장 외적인 것들 안에 있는 신령진리는 그 문자적인 뜻(文字意) 안에 있는 성언입니다. 주님께서는 이 대업(大業)을 모세 오경과 예언서에서 그 어르신에 관한 성경말씀의 모든 것들을 주님 스스로 성취하는 것으로 이루시었습니다.

왜냐하면 모든 개인들은 바로 자신의 선과 진리를 가리키기 때문입니다. 따라서 다른 어떤 것으로도 하나의 인간을 만들 수는 없습니다. 그러나 주님은 자연적 인간성정을 입으시는 것에 의해서 신령선 자체이시고 신령진리 자체이시며, 또는 다른 말로 해서 실제로 첫째적인 것들과 최종적인 것들 안에 있는 신령사랑 자체이고 신령지혜 자체이십니다. 주님께서 세상에 강림하셨기 때문에, 주님께서는 주님 강림 전보다 그 뒤에 보다 강한 빛과 보다 크신 광채 가운데 천사적 천계에서 태양으로 나타나십니다.

이것이 계도들의 가르침에 의해서 이해의 범주 안에 들어 올 수 있는 비의입니다. 뒤에 주님께서 세상에 강림하시기 전에 가지셨던 주님의 전능에 관해서 설명하겠습니다.

제 10 장 ▍ 최대의 것이든 최소의 것이든, 모든 창조된 피조물 안에는 이 두 계도가 존재한다.

222. 눈에 보이는 것들을 가지고, 모든 최대의 것이나 최소의 것이 불연속 계도와 연속 계도, 또는 수직적 계도와 수평적 계도를 구성하고 있다는 사실을 밝힐 수는 없겠습니다. 그 까닭은 최소의 것들은 눈에 보이지 않는 반면에, 눈에 보이는 최대의 것들은 계도들에 따라서 구분되어 있지 않은 것처럼 보이기 때문입니다. 그러므로 이 명제를 설명하기 위해서 할 수 있는 것은 오직 보편적인 것들을 사용하는 길 뿐입니다. 그리고 천사들이 보편적인 것들에서 비롯된 지혜를 가지고 있으며, 그리고 그것으로부터 개별적인 것들에 대한 지식을 소유하고 있기 때문에 이 명제에 대한 천사들의 진술(陳述·statement)들을 제시할 수 있겠습니다.

223. 이 명제에 대한 천사들의 진술들은 다음과 같습니다. 아무리 작은 것이라고 해도 두 계도들을 포함하지 않는 것은 그 어떤 것도 존재하지 않습니다. 예를 들면 아무리 작은 동물이나, 식물이나, 광물이나, 그리고 에텔이나 공기라 할지라도, 그 안에 이 두 계도를 가지고 있지 않은 것은 아무것도 없습니다. 더 나아가서 에텔과 공기가 별과 빛의 수용그릇들이기 때문에, 그리고 영적 별과 영적 빛이 사랑과 지혜의 수용그릇들이기 때문에 아무리 작은 동물이나 별과 빛이라 해도, 또 아무리 작은 사랑과 지혜라 해도, 그 안에 이 두 계도를 가지고 있지 않은 것은 아무것도 없습니다.

천사들은, 정동들에 속한 가장 작은 것이나 사상에 속한 가장 작은 것, 아니, 사상의 개념에 속한 아주 미세한 것까지도 양쪽 계도들로 되어져 있다는 것과 또 그렇게 구성되지 않은 그 어떤 미세한 것도 존재하지 않는다고 공언하였습니다. 왜냐하면 형체가 없으면, 따라서 내용도 없고, 또한 변하거나 바뀔 수 있는 상태도 없으며, 그리고 결코 존재할 수도 없기 때문입니다.

　천사들은, 영원 전부터 주님이신 창조주 하나님 안에 있는 무한한 것들은 분명하게 구분되는 하나(一體)라는 것, 그리고 주님의 무한 안에는 무한한 것들이 존재한다는 것, 그리고 무한한 것들 안에는 두 종류의 계도가 있는데, 그것은 역시 주님 안에서 분명하게 구분되는 하나(一體)라는 것 등등의 진리를 가지고 이같은 사실을 확증하였습니다. 주님 안에 있는 것들, 주님에 의해 창조된 모든 것들, 그리고 피창조물들은 주님 안에 있는 모든 것들을 반복해서 닮기 때문에, 뒤따르는 결론은, 이러한 계도 안에 있지 않는 것은 지극히 작은 것이라 할지라도 있을 수 없다는 것입니다.

　이 계도는 지극히 작은 것에서나 지극히 큰 것에서나 모두 동일합니다. 그 이유는 신령존재는 가장 큰 것 안에서나 가장 작은 것 안에서나 모두가 동일하기 때문입니다. 하나님·사람(神人·God-Man) 안에 있는 무한한 것들은 분명히 구분되는 하나(一體)다는 설명은 위에서(17-22항 참조) 읽을 수 있고, 또 신령존재가 가장 큰 것에서나 가장 작은 것 안에서나 동일하다는 것도 앞에서(77-82항 참조) 읽을 수 있습니다. 이러한 견해는 또한 155·169·171항에서 자세히 설명하였습니다.

224. 사랑이나 지혜에 속한 가장 작은 것들 또는 정동이나 사상에 속한 지극히 작은 것, 심지어 사상의 개념에 속한 지극히 작은 것들까지도 그것들 안에 이 양자의 계도가 있지 않으면, 존재할 수 없습니다. 그 이유는 사랑과 지혜는 실체이고 형체이기 때문입니다(40-43항 참조). 그리고 또한 정동과 사상에 있어서도 역시 진실입니다. 앞에서 설명한 것과 같이, 이들 계도 안에 있지 않는 것은 형체가 전혀 있을 수 없기 때문에, 이들 안에도 두 계도가 있다는 것은 분명합니다. 왜냐하면 형체 안에 있는 실체로부터 사랑과 지혜를 분리하는 것이나 정동과 사상을 분리하는 것은, 그것들이 그들의 주체를 떠나서 존재한다는 것이 불가능하기 때문에, 그것들을 섬멸

는 것이기 때문입니다. 이 까닭은 그것들은 사람이 다양하게 느끼는 그들 주체의 상태이고, 또 이 상태들은 그것들을 드러내어 보여주기 때문입니다.

225. 두 계도들이 있는 최대의 것들은 그것의 전 복합체로 본 우주요, 그것의 복합체로 본 자연계요, 그것의 전 복합체로 본 영계입니다. 그리고 그것의 복합체로 본 제국과 왕국이며, 또한 시민법적, 도덕적, 영적인 것은 그것들의 복합체 안에 있는 것들에 관계됩니다. 또 동물계와 식물계 그리고 광물계는 그 복합체 안에 있는 각각의 것들과 관계됩니다. 그리고 영계와 자연계의 대기와 그것의 별과 빛에 관계됩니다. 덜 조악(粗惡)한 것들, 즉 복합체로써의 사람이나, 복합체로써의 동물, 또는 복합체로써의 나무나 관목이나, 복합체로써의 돌이나 금속의 경우도 마찬가지입니다.

이 모든 것들의 형체는 모두가 두 계도로 이루어졌다는 면에서 보면 서로 비슷합니다. 그 이유는 삼라만상(森羅萬象)을 창조한 신령존재는 가장 큰 것이나, 가장 작은 것 안에 꼭같이 존재하기 때문입니다(77-82항 참조). 이런 것들의 개별적인 것이나 가장 특수적인 것들도 그것들이 두 가지 계도의 형체라는 관점에서 보면 모두가 보편적이고, 또 가장 보편적이라는 점에서 비슷합니다.

226. 최대의 것들과 최소의 것들은 모두 두 계도의 형체로 존재하기 때문에 이것들 사이에는 처음부터 끝까지 연결 고리가 있습니다. 왜냐하면 유사성이 실제로 이것들을 연결시키기 때문입니다. 그럼에도 불구하고 그 크기가 아무리 작다고 해도 다른 어떤 것과 꼭같은 것은 전혀 없습니다. 결과적으로 모든 개별적인 것들은 엄연히 서로 분별됩니다. 지극히 특수적인 것도 마찬가지입니다. 어떤 형체 안에나 또는 서로 상이한 형체 안에는 그 어떤 것과 동일한 것은 결코 있을 수 없습니다. 그 이유는 가장 큰 형체 안에는 동일한 계도가 있고, 또 가장 큰 것들도 가장 작은 것들로 이루어지기 때문입니다. 가장 큰 것들 안에 이와 같은 계도들이 존재한다는 관점에서, 그

리고 이들 계도에 따라서, 꼭대기(頂上)에서 밑바닥까지, 원심(圓心)에 원주(圓周)에까지, 영원히 서로 상이한 계도가 있기 때문에, 뒤따르는 결론은, 그것들의 보다 작은 것들이나 또는 지극히 작은 것들도 동일한 계도 안에 있으므로, 그 어떤 것과 동일한 것이 그것들 안에는 결코 있을 수 없다는 것입니다.

227. 이 계도들의 관점에서 보면 창조된 우주의 마무리(完成)가 가장 일반적인 부분들과 가장 개별적인 부분들(또는 최대의 것이나 최소의 것들)의 유사성(類似性·similitude)으로부터 생겨진다는 것은 천사들의 지혜에 속한 사실입니다. 왜냐하면 그것에 의하여 하나는 다른 것을 자기와 닮은 것으로 여기고, 그것과 더불어 그것은 모든 선용에 결합하고, 또 모든 목적을 결과 안에 나타낼 수 있기 때문입니다.

228. 그러나 이것은, 눈에 보이는 것에 적용하는 것으로 설명하지 않았기 때문에, 자가당착(自家撞着)인듯 보입니다. 그럼에도 불구하고 보편적인 것을 가리키는 추상적인 것은 흔히 적용한 것 보다 더 잘 이해되기도 합니다. 왜냐하면 적용된 것들은 끝없이 다양한 것이고 또 그 다양함은 불명료하기 때문입니다.

229. 어떤 사람이 주장하기를, 너무나 단순(單純·simple)해서 형체라고 할 수 없는 형체가 그 보다 작은 형체에서 실체(實體)가 생겨질 수 있고, 또 실체에서 뭉치는 과정을 거쳐 실체화(實體化)한 즉 구성되는 사물이 생기며, 종국에는 물질(物質)이라고 일컫는 실체(實體·substance)가 존재한다고 말합니다. 그러나 이와 같은 절대적인 단순한 실체는 결코 존재할 수 없습니다. 왜냐하면 형체(形體)가 없는 실체가 무엇입니까? 그것을 서술할 수 있는 것은 아무것도 없으며, 그런 서술할 수 없는, 단지 그 어떤 존재(mere being)에서부터 그 어떤 것을 만들 수 있는 뭉치는 과정 역시 결코 존재할 수 없습니다. 처음 창조된 실체 안에는 헤아릴 수 없이 많은 것들이 존재하는데, 그것들은 모두가 가장 작고(minute) 단순하다는 것은 헝 게

관해서 다루는 장에서 설명하겠습니다.

제 11 장 ▎주님 안에 있는 높이의 세 계도는 무한하고, 비창조적인 것이고, 사람 안에 있는 세 계도는 유한하고, 창조된 것이다.

230. 앞에서 설명한 바와 같이, 주님께서 사랑 자체이시고 지혜 자체이시기 때문에 주님 안에는 무한하고 지음을 입지 않은(非創造的) 높이의 세 계도들이 있습니다. 주님이 사랑 자체이시고 지혜 자체이시기 때문에 주님은 또한 선용(善用·use) 자체입니다. 왜냐하면 사랑은 그것의 목적으로 선용을 가지고, 지혜의 방편에 의해서 선용을 산출하기 때문입니다. 왜냐하면 선용을 떠나서는 사랑과 지혜가 끝도 없고 경계선도 가질 수 없습니다. 다시 말하면 그것들 자체의 터전(home)을 가지지 못합니다. 그러니까 그것들 안에 선용이 내재해 있지 않는 한에는 사랑과 지혜는 그 존재나 또는 그 형체를 취할 수 없습니다.

이 세 가지 것들이 생명의 주체들 안에서 세 수직적 계도늘을 형성합니다. 이 세 가지의 것들은 첫째 목적, 원인이라고 부르는 중간 목적, 그리고 결과라고 부르는 최종 목적과 유사합니다. 이것들에 관해서는 이미 설명한 바 있고, 또 충분히 증명한 바가 있듯이 목적, 원인, 그리고 결과가 세 수직적 계도들을 형성합니다.

231. 삼층천과 이층천의 천사들이 있는 사랑과 지혜의 계도에까지 끊임없이 오를 수 있는 마음의 제고(提高)에서 인간 존재 안에 이 세 계도들이 존재한다는 것을 이해할 수 있겠습니다. 왜냐하면 모든 천사들은 인간 존재로 태어났고, 사람의 마음에 관계되는 내면적인 것에서 보면 사람은 가장 작은 천계이기 때문입니다. 그러므로 창조에 의해서, 천계에서 그러듯이, 많은 수직적 계도들이 사람 안에 있

습니다. 그리고 또 개인적으로 사람은 하나님의 형상이고 닮은 모양입니다. 그러므로 신·인(神人·God-Man) 즉 주님 안에 그 세 계도들이 있기 때문에, 개인 안에 그 세 계도들은 새겨져 있습니다. 주님 안에 있는 이 계도들은 무한하고 비창조적이지만, 사람 안에 있는 이 계도들은 유한하고 창조된 것이 있다는 것은 제1편에서 설명한 내용에서 밝히 깨달을 수 있습니다. 다시 말하면, 주님께서는 자신 안에 있는 사랑과 지혜이시고, 사람은 주님으로부터 사랑과 지혜를 받는 그릇들이라는 사실, 그리고 무한하지 않는 것으로 주님을 형용할 수 없고, 유한하지 않는 것으로 사람을 형용할 수 없다는 내용이 바로 그것입니다.

232. 천사들은 이 세 계도들을 천계적, 영적 그리고 자연적 계도라고 부릅니다. 천사들을 위한 천적 계도는 사랑의 계도이고, 영적 계도는 지혜의 계도이고, 자연적 계도는 선용들의 계도입니다. 이 계도들을 그렇게 부르는 이유는, 천계가 두 왕국들로 나누이고, 한 왕국이 천적 왕국이라고, 또 다른 왕국을 영적 왕국이라고 부르는데, 거기에 셋째 왕국 즉 이 세상 안에 있는 사람들이 있는 곳인 자연적 왕국이 첨가되기 때문입니다. 그리고 또 천적 왕국을 형성하고 있는 천사들은 사랑 안에 있고, 영적 왕국을 형성하고 있는 천사들은 지혜 안에 있으나, 이 세상 안에 있는 사람들은 선용들 안에 있습니다. 이런 이유 때문에 세 왕국들이 결합되어 있습니다. 다음 편에서는 "선용들 안에 있는 사람들"의 존재를 어떻게 이해해야 하는가를 설명하겠다.

233. 여호와이신 영원부터 계신 주님 안에는 당신께서 이 세상에서 인간성정(人間性情·人性)을 취하시기 전에는 첫째 두 계도들이 실제로 존재했고 셋째 계도는 천사들의 경우처럼 잠세적(潛勢的)으로 존재했다는 것을 나는 천계로부터 들었습니다. 그러나 주님께서 이 세상에서 인간성정(人性)을 입으신 후에는 자연적이라고 일컬어지는 이 제삼 계도를 다른 계도들 위에 덧입으셨습니다. 그것으로 주님께

서는 이 세상의 사람과 같은 사람(Man)이 되셨습니다. 그러나 천사들이나 사람들 안에 있는 계도가 유한하고 창조된 것인데 비하여 주님 안에 있는 이 계도는 선재(先在)하는 계도와 같이 무한하고 비창조적인 것이다는 차이는 있습니다. 왜냐하면 공간에 의해서 그 자체가 매이지 않고 모든 공간을 채우셨던 신령존재(69-72항 참조)는 자연의 가장 외적인 것에 도달하도록 파고들었습니다. 그럼에도 불구하고 인간성정을 입으시기 전에는, 자연적 계도 안으로 흘러들어 오는 신령입류는 천사적 천계들을 통하여 간접적으로 흘러들지만, 인간성정을 입으신 후에는 주님으로부터 직접 흘러들었습니다. 이것이, 주님의 강림 전 세상에 있는 모든 교회들이 영적이고 천적인 것들의 표징들이었던 반면에, 그분의 강림 이후에는 그것들이 영적-자연적(spiritual-natural)이고 천적-자연적(celestial-natural)인 것이 되었고, 또 표징적인 예배가 폐지된 이유입니다. 이것이 또한 인간성정을 입으신 후에 천사적 천계의 태양(상술한 바와 같이 주님의 신령사랑과 신령지혜의 첫째 발출)이 예전 보다 더 큰 광영과 휘황함으로 불타고 있는 이유입니다. 이것이 이사야서의 다음과 같은 말씀들이 뜻하는 내용입니다.

(그 날에는)
달빛은 햇빛처럼 밝아지고,
햇빛은 일곱 배나 밝아져서
마치 일곱 날을 한데 모아 놓은 것 같이 밝아질 것이다.
(이사야 30:26)

이것은 주님께서 세상 안으로 오신 이후의 천계와 교회의 상태를 서술한 말씀입니다. 그리고 묵시록에는—.

(인자의) 얼굴은 해가 세차게 비치는 것과 같았습니다.

(묵시록 1:16)

이상의 말씀들과 비슷한 말씀들을 다른 곳에서도 읽을 수 있습니다 (예컨대 이사야 6:20; 사무엘 하 23:3, 4; 마태 17:1, 2).

주님의 강림 이전, 천사적 천계를 통한 사람에게 있었던 간접적 조요는 태양 빛의 간접적인 현상인 달빛에 비교될 수 있습니다. 왜냐하면 주님 강림 뒤에 이것은 직접적 조요가 되었기 때문입니다. 그것을 이사야서에는 "달빛은 햇빛처럼 밝아진다"고 하였습니다. 또 시편서에는—.

    그가 다스리는 동안,
    정의가 꽃을 피우게 해주시고,
    저 달이 다 닳도록
    평화가 넘치게 해주십시오.
    (시편 72:7)

라고 하였습니다. 이 말씀도 역시 주님에 관한 것입니다.

234. 영원부터 계신 주님 즉 여호와께서 이 세상에서 인간성정을 입으시는 것으로 셋째 계도를 덧입으신 이유는 사람의 성정과 같은 성정의 방편이 아니고서는 이 계도에 들어오실 수 없기 때문입니다. 즉 오직 당신의 신령성정에 의해서 수태되고, 처녀에게서 출생하시는 것에 의하지 않고서는 이 세상에 들어오실 수 없으셨기 때문이었습니다. 왜냐하면 이 방법으로 주님께서는, 다만 신령존재의 수용그릇에 불과한, 그것 자체만으로 보면 죽어 있는, 한 본성(本性·a nature)을 벗으실 수 있으셨고, 그리고 신령성정을 입으실 수 있으셨기 때문입니다. 이것이 《주님에 관한 새 예루살렘의 교설》에서 논의한 바 있는 비우심(謙卑·exinanition)의 상태와 광영화(光榮化·glorification)의 상태라 부르는 이 세상에서의 주님의 두 상태들의 뜻입니다.

235. 지금까지 수직적 계도들의 삼중적 올림(提高·the threefold ascent of the degrees of height)에 대해서 대략적으로 설명하였습니다. 그러나 앞서 말한 대로 최대의 것들과 최소의 것들 안에 공히 이 세 계도들이 존재하기 때문에 이 시점에서는 더 이상의 상세한 내용은 말할 수 없겠습니다. 오직 이것 즉 전체적이든 개별적이든 사랑의 모든 것들 안에 이와 같은 계도들이 있으며, 따라서 전체적이든 개별적이든 지혜의 모든 것들 안에도 이와 같은 계도들이 있다는 것, 그리고 그들로 말미암아 전체적이든 개별적이든 선용의 모든 것들 안에도 이것들과 같은 계도들이 있다는 것만을 말할 수 있겠습니다. 그러나 이 모든 것들이 주님 안에서는 무한하지만 천사와 사람들 안에서는 유한합니다.

그렇지만 사랑과 지혜 안에 그리고 선용 안에서 이 계도들이 어떻게 존재하는가에 대해서는 길고 긴 관찰을 통하지 않고서는 서술하거나 밝힐 수 없겠습니다.

제 12 장 이 세 수직적 계도들은 모든 사람 안에 출생 시부터 있고, 단계적으로 열려진다. 그것들이 열려지는데 따라서 그 사람은 주님 안에 있고 주님은 그 사람 안에 계신다.

236. 지금까지 사람들은 모든 개인 안에 이 세 수직적 계도들이 있다는 것을 인식하지 못했습니다. 그 까닭은 사람들이 이 계도들을 깨닫지 못했고, 이 계도들이 깨달아지지 않는 한은 사람들은 연속적 계도들 이외에는 어떤 계도들도 알 수 없기 때문입니다. 그리고 연속적 계도들이 알려지는 때에는 사람 안에 있는 사랑과 지혜는 연속적으로 증가된다고 사람들은 생각하였습니다.

그러나 모든 개인 안에는 출생 때부터 수직적 세 계도 즉 불연속 계도가 다른 것 하나 위에 또는 다른 것 안에 있다는 것과, 그리고 모든 수직적 계도 즉 불연속 계도가 단계적으로 증가하는데 따라서 너비의 계도들 즉 연속적 계도들을 가지고 있다는 것을 꼭 알아야 합니다. 왜냐하면 이 두 종류의 계도는 모두 상술한 것(222-229항 참조)과 같이 크기의 대소를 불문하고 모든 사물 안에 있기 때문입니다. 그리고 한 종류의 계도는 다른 계도 없이 생겨질 수 없기 때문입니다.

237. 이 높이의 세 계도들은, 상술한 바와 같이(232항 참조), 자연적 계도·영적 계도·천적 계도라고 호칭됩니다. 사람들은 출생하면 제일 먼저 자연적 계도에 놓여집니다. 이 계도는 그 사람 안에서 지식을 방편으로 터득한 그의 지식들이나 이해에 따라서 합리성(合理性)이라고 일컫는 이해에 속한 최고의 정점(頂點)에까지 연속적으로 성장합니다.

그럼에도 불구하고 이 방법들은 영적 계도라고 부르는 둘째 계도를 여는데 도움을 주지 않습니다. 이 영적 계도는 이웃을 향한 사랑인 선용에 속한 영적 사랑에 의해서 비록 열린다고 할지라도, 이해에 속한 것들에 일치하는 선용에 속한 사랑에 의해서 열려집니다. 이 계도 역시 연속적 계도에 의해 그 절정에 이르기까지 성장할 수 있는데, 그것은 선과 악을 아는 지식에 의해서 즉 영적 진리들을 방편으로 해서 성장합니다. 그럼에도 불구하고 이것들 자체는 천적 계도라고 일컬어지는 셋째 계도를 여는 데는 도움이 되지 않습니다. 왜냐하면 이 천적 계도는 주님사랑인 선용에 속한 천적 사랑에 의해서만 열려지기 때문입니다. 그리고 이 주님사랑은 성경말씀의 교훈들을 생활에 적용하는 것 이외의 다른 것이 아니기 때문입니다. 이것을 요약하면 악은 지옥적이고 악마적이기 때문에 악을 끊는 것이고, 선은 천계적이고 신령한 것이기 때문에 행하는 것입니다. 이와 같은 방법으로 세 계도는 사람 안에서 단계적으로 열립니다.

238. 사람들이 이 세상에 살고 있는 동안에는 자신들 안에서

도들이 열림에 관해서 아무 것도 알지 못합니다. 그 이유는 그 때에 사람은 가장 외적인 계도인 자연적 계도 안에 머물러 있기 때문에 이 계도에 따라서 생각하고, 의도하고, 말하고, 행동하기 때문입니다. 내면적인 영적 계도는 자연적 계도와 연속성에 의해 교류하지 않고, 대응들에 의해 교류합니다. 이 대응들의 방편에 의한 교류는 감각적으로는 알아차릴 수 없습니다.

 그러나 사람이 죽을 때 일어나는 것이지만, 사람들이 자연적 계도를 벗어버리면, 그들이 이 세상에 있을 때 그 사람 안에서 열려졌던 그 계도에 들어갑니다. 그 사람 안에 영적인 계도가 열려져 있었다면 그 사람은 영적 계도에 들어가고, 천적 계도가 열려져 있었다면 천적 계도로 들어갑니다. 죽은 후에 영적 계도에 들어간 사람들은 더 이상은 자연적으로 생각하고, 의도하고, 말하고, 행동하지 않고, 오히려 그들은 영적으로 그렇게 합니다. 천적 계도에 들어간 사람들은 자신들의 계도와 보조를 맞추어서 생각하고, 의도하고, 말하고, 행동합니다. 더 나아가서 세 계도들 사이의 교류는 오직 대응의 방편에 의해서만 가능하므로, 이들 계도에 관해서 보면 연속적인 것과는 아무런 공통점이 없는 사랑, 지혜 그리고 선용에 속한 계도가 존재합니다. 이상에서 볼 때 사람은, 그 자신 안에서 단계적으로 열려질 수 있는, 세 수직적 계도들을 가지고 있다는 것을 밝히 알 수 있습니다.

239. 사랑, 지혜 그리고 거기서 비롯된 선용의 세 계도들이 사람 안에 있기 때문에 사람 안에는 의지에 속하는 것과 이해에 속하는 것 그리고 그 결과로 오는 완성 또는 선용 안에서 한정되는 것, 이 세 계도들이 존재한다는 결론이 성립됩니다. 왜냐하면 의지는 사랑의 수용그릇이고, 이해는 지혜의 수용그릇이며, 결과는 그것들에서 비롯된 선용의 수용그릇이기 때문입니다. 그러므로 모든 사람들 안에는 나면서부터 가능태적(可能態的)으로, 그리고 그것들이 열렸을 때에는 현실태적(現實態的)으로 자연적, 영적, 그리고 천적인 의지와

이해가 들어 있다는 것을 알 수 있습니다. 한마디 말로 해서 의지와 이해로 구성되는 사람의 마음은 창조에 의해서 즉 나면서부터 세 계도들로 구성되었습니다. 그러므로 사람은 자연적, 영적, 천적인 마음을 가지고 있음을 알 수 있습니다. 그리고 그것에 의하여 이 세상에 살고 있는 동안에도 천사적 지혜에까지 올라갈 수 있고, 또 그것을 소유할 수 있다는 것도 알 수 있습니다. 그러나 죽어서 천사가 되기 전에는 이 지혜 안에 들어갈 수는 없으며, 또한 천사가 되면 자연적인 사람이 깨달을 수 없고 표현키 어려운 것들을 말하게 된다는 것도 알 수 있습니다.

나는 이 세상에서 보통 정도의 교육을 받은 어떤 사람을 알고 있었는데, 그가 죽은 후에 천계에서 그를 만나 이야기 한 적이 있습니다. 나는 그가 천사처럼 말했고 그가 말하는 것들이 자연적인 사람의 지각을 넘어선 것들임을 감지할 수 있었습니다. 그 까닭은 이 세상에서 그는 성경말씀의 교훈들을 자기 생활에 적용했고, 주님만을 예배했기 때문입니다. 그래서 주님께서는 그 사람을 사랑과 지혜의 셋째 계도 안에 올리셨기 때문입니다. 이와 같이 사람의 마음의 승화(昇華·高揚·elevation of the human mind)에 관해서 주지한다는 것은 매우 중요합니다. 왜냐하면 그것은 뒤에 설명할 이해에 의존되기 때문입니다.

240. 사람 안에는 주님께서 주신 두 기능들이 있어서, 사람이 동물들과 분별됩니다. 첫째 기능은 참된 것과 선한 것이 무엇인가를 이해하는 기능입니다. 이 기능을 합리성(合理性·rationality)이라고 하는데 이 기능은 사람의 이해에 속한 기능입니다. 둘째 기능은 참된 것과 선한 것을 행할 수 있는 기능으로, 이 기능을 자유라고 하는데, 이 자유는 사람의 의지에 속합니다. 합리성으로 말미암아서 사람은 원하는 것이 무엇이든——하나님을 위하는 것이건 반대하는 것이건, 또 이웃을 위하는 것이건 반대하는 것이건——그 모두를 생각할 수 있습니다. 사람은 또한 사람이 생각하는 것을 의도하고 행할 수 있

습니다. 그러나 만일 사람이 악한 것을 보고 그 형벌이 두려우면 사람은 자유 때문에 그것을 행하는 것에서 물러날 수 있습니다. 사람이 동물들과 구별된다는 것은 이 두 기능 때문입니다. 이 두 기능은 주님으로부터 받은 선물로 사람에게 속해 있고, 또 매 순간 순간 주님에 의해서 주어지고 있습니다. 이것들은 누구에게서도 제거될 수 없습니다. 왜냐하면 만일 이것들이 제거된다면 사람의 인간적인 특질(特質·man's human)이 죽어 버리는 것이 되기 때문입니다.

주님께서는 사람이 선하건 악하건 꼭같이 모든 사람 안에 있는 이 두 기능들 안에 계십니다. 그것들이 사람 안에 둔 주님의 거처(居處)입니다. 이것으로 인하여 모든 사람은 선하건 악하건 영원히 사는 것입니다. 그러나 사람 안에 있는 주님의 거처는 그 사람이 이 기능들을 사용해서 높은 계도들을 여는 정도에 따라서 보다 더 친밀합니다. 즉 그것들을 여는 것에 의해서 사람은 사랑과 지혜의 보다 높은 계도들에 들어가고 따라서 주님에게 더욱 가깝게 갈 수 있습니다.

이같은 사실은 이 계도들이 열리는 만큼 사람들이 주님 안에 있고 또 주님께서 그들 안에 계시다는 것을 이해하게 합니다.

241. 이미 세 수직적 계도들이 목적·원인·결과의 그것들과 유사하며, 사랑·지혜·선용이 이와 같은 계도를 따라 단계적으로 이어진다는 것에 주목해 왔습니다. 그러므로 이제 목적으로서의 사랑, 원인으로서의 지혜, 그리고 결과로서의 선용에 관하여 더 설명하고자 합니다.

이성과 상의하는 사람은, 만약 이성이 빛 가운에 있다면, 사람의 사랑이 모든 것 안에 있는 목적임을 알 수 있을 것입니다. 왜냐하면 사람이 어떤 것을 원하고, 그것을 결정하고 그리고 행하는 것 즉 사람이 목적으로서 다루고 있는 것은 그 사람이 사랑하는 것 바로 그것이기 때문입니다. 사람은 또한 지혜가 원인을 가리킨다는 것을 이성으로 알 수 있습니다. 왜냐하면 목적이 되는 그의 사랑 즉 그 사람은 목적에 도달하는 방편을 그의 이해 안에서 찾기 때문입니다. 그래서 사랑은 그 지혜와 상의하는데, 이런 방편들은 보조적인 원인들을 구성합니다. 따라서 선용이 결과라는 것을 알기 위한 설명은 필요가 없겠습니다.

그렇지만 한 사람의 사랑이 다른 사람의 그것과 동일하지는 않습니다. 이 말은 한 사람의 지혜가 다른 사람의 그것과 동일하지 않고, 그의 선용 또한 서로 다르다는 것을 의미합니다. 이 셋은 동일한 성질의 것이기 때문에(189-194항 참조) 사람의 지혜와 선용은 그 사람의 사랑의 특성에 의해서 결정된다는 결론을 얻게 됩니다. 여기서 지혜라는 낱말은 사람의 이해에 속하는 모든 것들을 뜻합니다.

제 13 장 │ 영적 빛은 세 계도들을 통해서 사람 안으로 입류하지만, 영적 별은 사람이 악을 죄로 알고 멀리하며, 주님만을 우러르는 정도만큼 입류한다.

242. 앞에서 별과 빛은 신령사랑과 신령지혜의 첫 발출인 천계의 태양에게서 발출된다는 것을 설명하였습니다(제2편 참조). 즉 빛은 그 지혜로부터 오고, 별은 그 사랑에서부터 비롯됩니다. 이 말은 또한 빛이 지혜의 그릇이며 별은 사랑의 그릇임을 뜻하고, 사람이 지혜 안으로 들어오는 만큼 그 신령 빛 안에 들어오고, 사랑 안에 들어오는 만큼 신령 별 안에 들어온다는 것을 뜻합니다. 더 나아가서 이 말은 빛의 세 계도들과 별의 세 계도들 또는 지혜의 세 계도들과 사랑의 세 계도들이 있다는 것과 그리고 사람이 신령사랑과 신령지혜의 수용그릇 즉 주님의 수용자가 되기 위해서 사람 안에 이 계도들이 형성된다는 것도 잘 알 수 있었습니다.

이제부터는 영적 빛은 이 세 계도들을 통해서 사람 안에 흘러 지

(人流)만 영적 볕은 사람이 악을 죄라고 여겨 그것을 끊고, 주님만을 우러르는 그 정도만큼 흘러든다는 내용을 설명하겠습니다. 다른 말로 하면, 사람은 셋째 계도에까지 줄곧 지혜를 수용할 수 있지만, 사람이 악을 죄라 여겨 그것을 끊고 주님에게 초점을 맞추지 않고는 사랑을 받을 수 없다는 것입니다. 또 다르게 말할 수도 있겠습니다. 즉 사람의 이해는 지혜 안으로 올려질 수 있으나, 사람이 악을 죄라고 여겨서 끊어버리지 않고서는 그의 의지는 사랑에까지 올려질 수 없다는 것입니다.

243. 나는 영계에서의 경험으로부터, 이해가 천계의 빛 즉 천사들의 지혜에까지 올려질 수 있다는 것과 또 사람이 악을 죄로 여겨 끊어버리고 주님에게 마음을 집중시키지 않는다면 의지가 천계적 볕 또는 천사들의 사랑에까지 올려질 수 없다는 것을 명확하게 밝힐 수 있습니다. 나는 종종 하나님이 존재하신다는 것과 주님께서 사람으로 탄생하셨다는 것만을 아는 영들, 실제로 이것 이외에는 아무 것도 모르는 영들 즉 소박한 영들을 보고 지각한 일이 있는데, 그들은 천사적 지혜에 속한 비의(秘義)를 거의 천사들처럼 충분히 이해하고 있었지만 그러나 그렇게 이해할 수 있는 것이 그들만에 한하지 않고 마귀외 패거리들도 깨닫고 있다는 것입니다.

그렇다고 해도, 그들은 남들의 말을 경청하고 있는 동안에는 이해할 수 있었지만 그러나 자신들의 생각에 빠졌을 때에는 전혀 깨닫지 못하였습니다. 왜냐하면 그들이 남들의 말을 경청하고 있는 동안에는 빛이 위로부터 들어오고 있었지만, 그들이 자기 혼자의 생각에 몰입(沒入)하는 동안에는 유일하게 들어올 수 있는 빛이란 자신들의 볕 즉 사랑에 대응하는 것을 제외하면 그 어떤 빛도 들어올 수 없었기 때문입니다. 그러므로 그들이 천사적 지혜에 속한 비의(秘義)에 귀를 기울이고 그것들을 깨달은 후에라도, 즉시 자신들의 주의주장(主義主張)에 몰입하면 그들에게 남는 것은 아무 것도 없습니다. 사실 마귀들의 패거리에 속한 자들은 자신들이 지각한 바를 구역질나는 것으로 여겨 거부하고 완전히 부인하였습니다. 왜냐하면 자신들의 사랑의 불과 그것의 빛이 기만적이기 때문에 천계적 빛이 위로부터 들어오면 그 빛을 질식시켜 버리는 암흑이 드리운다는 것이 그 이유입니다.

244. 이 세상에서도 이와 꼭같은 일이 일어납니다. 만약 아주 백치(白痴)가 아니고, 잘난체 하는 지적 교만에서 비롯된 그릇된 주의주장(主義主張)에 자신을 고착(固着)시키지 않는 사람들이, 무엇을 알고자 하는 정동 안에 있다면, 어떤 지고(至高)한 사실들에 관해서 다른 사람의 말에 귀를 기울이고, 또 그같은 내용의 글을 읽는 사람은 이런 사실을 이해하고, 그런 앎을 유지하며, 뒤에 가서는 그것들을 명확하게 확신할 수 있을 것입니다. 이러한 것은 선한 사람과 꼭같이 악한 사람도 능히 할 수 있습니다.

비록 악한 사람들이 교회에 속한 신령한 것들을 마음으로부터 부정할지라도, 그럼에도 불구하고 그들은 계속해서 그것들을 이해하고, 그것들에 관해서 다른 사람에게 역설(力說)하고 설교를 하고, 또 유식한 저술로 그것들을 입증할 수도 있습니다. 그러나 그들을 혼자만의 주의주장에 내버려두면 자신들의 지옥적인 사랑으로부터 그것들을 반대하는 궤변(詭辯)을 생각하고, 종국에는 그것들을 깡그리 부인합니다. 이상에서 볼 때 의지가 영적 볕 안에 있지 않을 경우에도 이해는 영적 빛 안에 있을 수 있다는 것을 알 수 있겠습니다.

그러므로 이해가 의지를 인도하지 못한다는 것과, 지혜가 사랑을 낳을 수 없지만 지혜는 오직 가르치고 길을 보여 준다는 것을 잘 알 수 있습니다. 즉 지혜는 사람이 어떻게 살아야 할 것을 가르치며, 사람이 가야 할 길을 보여 줍니다. 더 나아가서 의지가 이해를 인도하고, 의지와 하나가 되어서 행동하도록 이해를 관리한다는 것과 그리고 의지 안에 있는 사랑에 동의하는 이해 안에 있는 어떤 것을 그 사랑은 지혜라고 부른다는 결론을 얻게 됩니다.

따라서 의지는 이해를 떠나서 홀로는 아무 것도 할 수 없다는 것과 그렇지만 의지는 이해와 결합하여 모든 것을 행한다는 것, 그리고 더 나아가서 입류에 의해 의지는 자기 자신의 동반자로 이해를 선택한다는 것과 또 이것의 역(逆)은 있을 수 없다는 결론을 지을 수 있겠습니다.

245. 지금부터는 사람의 마음에 속한 사람 안에 있는 생명에 속한 세 계도들 안으로 흘러드는 빛의 입류(入流)의 성질에 관해서 설명하겠습니다.

볕과 빛 또는 사랑과 지혜를 받아 담는 그릇인 사람 안에 있는 형체들은, 상술한 것과 같이, 삼중 또는 상층으로 되어 있으며, 그것은 나면서부터 맑은 유리가 자연적 빛을 통과시키는 것과 같이 영적 빛을 통과시킬 수 있도록 투명합니다. 그래서 결과적으로 지혜의 측면에서 볼 때 사람은 셋째 계도에까지 계속해서 올려질 수 있습니다. 그러나 이 형체들은, 영적 볕이 그 자체를 영적 빛에 결합하지 않으면, 다시 말하면 사랑이 지혜와 결합되지 않으면, 열려지지 않습니다. 이 결합에 의해서 투명한 형체들은 그 계도에 따라서 열립니다. 다시 말하면 이것은 이 세상의 태양의 볕과 빛이 지상에 있는 식물들에게 작용하는 것과 꼭같습니다. 여름철의 휘황한 빛이 하는 것 같이, 겨울철의 빛은 씨나 나무의 아무 것에도 작용하지 못합니다. 그러나 봄철의 볕이 그 자체를 빛에 결합할 때 그 때에는 그것들에 작용을 합니다. 이 비교는 영적 빛이 자연적 빛에 대응하고 영적 볕이 자연적 볕에 대응하기 때문에 가능합니다.

246. 이 영적 볕을 얻는 유일한 길은, 악을 죄들이라고 여겨 끊어버리고, 오직 주님만을 우러르는 것입니다. 왜냐하면 사람이 악한 일들에 머물러 있는 한, 그 사람은 또한 그것들에 속한 사랑 안에 빠져 있는 것이기 때문입니다. 만약 사람이 그것들을 원하는 간망(懇望) 안에 있으면, 그리고 악한 것을 사랑하는 것과 간망하는 것은 모두 사랑들이기 때문에, 영적 사랑과 정동에 반대되는 잘못된 사랑 안에 있는 것이기 때문입니다. 전자의 사랑과 간망은 오직 악한 행위를

죄라고 피하는 것에 의해서만 떨쳐버려질 수 있습니다. 그리고 사람들은 자기 자신의 힘으로는 그 악들을 피할 수 없고, 오직 주님의 도우심으로만 그 일이 가능하기 때문에 주님만을 우러러야 합니다. 그래서 주님께 의지하는 사람들이 악들을 피할 때 악한 것들과 그 별에 속한 그들의 사랑이 그들에게서 옮겨지게 되고, 선한 것들과 그 별에 속한 사랑이 대신 그 자리에 좌정하게 됩니다. 이 말은 보다 높은 계도가 열린다는 말입니다.

왜냐하면 주님께서 위로부터 흘러들어서 그 계도를 여시고 난 후에 사랑 즉 영적 별을 지혜 즉 영적 빛에 결합시키십니다. 이 결합의 결과로서 사람들은 봄철의 나무들처럼 꽃을 피우기 시작합니다.

247. 사람들이 동물들과 구별되는 것은 영적 빛이 마음의 세 계도들 모두 안으로 흘러드는 이 입류에서 비롯됩니다. 짐승들과 대조해 보면, 동물들이 할 수 있는 것 이상으로 사람은 논리적으로 생각하고 자연적 진리나 영적 진리를 이해할 수 있습니다. 그리고 그것을 이해하는 것을 토대로 해서 사람은 그것들을 시인하고, 따라서 사람은 개혁될 수 있고 중생될 수 있습니다.

영적 빛을 받는 기능은 위에서 논한 바 있는 합리성을 의미하는데, 그 합리성이 사람에게서 제거된다면 개혁(=바로잡음·改革·reformation)의 가능성이 없어지기 때문에, 이 합리성은 주님에 의해서 모든 사람에게 주어지고 결코 제거되지 않습니다. 사람들이 생각할 수 있는 것 뿐 아니라 동물들과는 달리 사상을 기초로 해서 말할 수 있는 것은 합리성이라고 부르는 기능이 있기 때문입니다. 그리고 그 때에 자신들이 생각하는 것을 행할 수 있는 것은 위에서 논한 것처럼 자유(自由·freedom)라고 일컫는 자신들의 다른 기능 때문입니다.

이 두 기능 즉 합리성(合理性·rationality)과 자유(自由·freedom)는 위에서 설명한 바와 같이(240항 참조) 사람 본연의 것이기 때문에 여기서는 부연설명이 필요치 않겠습니다.

제 14 장 사람 안에 있는 보다 높은 영적 계도가 열리지 않는다면, 그 사람은 자연적이고 관능적인 사람이 된다.

248. 앞에서 사람의 마음에는 자연적·영적·천적이라고 일컫는 세 계도들이 있다는 것과 사람 안에서 이 세 계도들은 단계적으로 열린다는 것을 설명했으며, 그리고 자연적 계도가 제일 먼저 열리고, 그 뒤 만일 악한 행실들을 죄들이라고 피하고, 주님만 우러른다면 영적 계도가 열리고, 종국에는 천적 계도까지 열린다는 내용도 설명하였습니다.

이 계도들이 사람의 삶에 따라서 단계적으로 열려지기 때문에 보다 높은 두 계도들은 열리지 않은 채 그대로 자연적 계도 안에 즉 가장 낮은 계도에 머물게 될 수도 있다는 결론을 얻을 수 있겠습니다.

자연적인 사람과 영적인 사람 즉 외적인 사람과 내적인 사람이 있다는 것은 이 세상에서도 인식되고 있습니다. 그러나 사람들은 자연적인 사람이 어떤 보다 높은 계도의 열림에 의해서 영적인 사람이 된다는 것을 알지 못하고 있으며, 그 보다 높은 계도의 열림은 영적 생활에 의해서 결과 된다는 것 즉 신령 교훈들과 일치하는 삶이 동반되어야 한다는 것을 알지 못하고, 이 교훈들과 일치하는 생활에 실패하면 사람은 자연적인 사람으로 남는다는 것도 잘 알지 못합니다.

249. 자연적인 사람에는 세 종류가 있습니다. 첫째는 신령 교훈들에 관해서 아무 것도 모르는 사람들로 분류되고, 둘째는 그러한 교훈들이 존재한다는 것은 알지만, 그 교훈들에 의해서 살려는 생각이 없는 사람들로 분류되며, 셋째는 그 교훈들을 무시하고 거부하는 사람들로 분류됩니다.

신령 교훈들에 관하여 아무 것도 모르는 사람들 즉 첫째 범주의 사람에 관해서 말하면, 그들은 자기 스스로 그 가르침을 받을 수 없기 때문에 자연적인 사람으로 남을 수 밖에 별다른 도리가 없습니다. 모든 사람은 누구나, 직접적 계시에 의해서가 아니고, 종교로부터 그 교훈들을 알고 있는 다른 사람들에 의해 신령 교훈들에 관한 가르침을 받습니다. 이것에 관해서는《성경에 관한 새 예루살렘 교설》114-118항을 참조하십시오.

신령 교훈들이 존재하는 것은 알지만 그것들에 의해서 살 생각을 하지 않는 둘째 범주의 사람에 관해서 말한다면, 그들도 자연적인 사람으로 남아 있게 되는데, 세상적인 것과 육적인 것에만 관심을 두기 때문입니다. 죽은 후에 그들은 그들이 영적인 사람들을 위해 수행할 수 있는 선용에 따라서 의존하는 수행원들이나 하복(下僕)들이 됩니다. 왜냐하면 영적인 사람이 사부(師父)이고 주인인 반면, 자연적인 사람은 수행원이고 하복이기 때문입니다.

신령 교훈들을 멸시하고 거부하는 사람들 즉 셋째 범주의 사람에 관해서 말하면, 그들은 자연적 사람으로 남을 뿐 아니라 그들의 업신여김과 거부의 정도 만큼 관능(官能) 본위의 사람들이 됩니다. 관능 본위의 사람들은 가장 낮은 층의 자연적인 사람들의 부류들이어서 육체적인 감관들의 기만적 겉모습들 이상으로 사상을 고양할 수 없습니다. 죽은 후에 그들은 모두 지옥에 있습니다.

250. 이 세상에서 사람들이 영적인 사람이나 자연적인 사람이 무엇인지를 모르기 때문에, 많은 사람들은 단순히 자연적인 어떤 사람을 영적 사람이라고 부르고 또 그 반대로도 부릅니다. 그래서 다음 명제들에 따라서 설명을 하겠습니다.

(1) 자연인 사람과 영적인 사람의 됨됨이(性稟)는 무엇인가?

(2) 영적 계도가 열려 있는 자연적인 사람의 됨됨이(性稟).

(3) 영적 계도가 열려 있지는 않았으나, 아주 닫혀 있지 않은 자연적인 사람의 됨됨이(性稟).

(4) 영적 계도가 완전히 닫혀 있는 자연적인 사람의 됨됨이(性稟).

 (5) 마지막으로, 단순히 자연적인 사람의 생명과 동물의 생명과 차이.

251. (1) 자연적인 사람과 영적인 사람의 됨됨이(性稟)는 무엇인가?

사람은 얼굴과 신체를 지녔기 때문에 사람이 아니라, 이해와 의지를 지녔기 때문에 사람입니다. 그러므로 우리가 자연적인 사람(自然人) 또는 영적인 사람(靈人)이라고 언급할 때에는, 그 사람의 이해와 의지를 의미하는데, 그것들이 자연적인 사람과 영적인 사람으로 그 사람을 구별합니다.

이해와 의지 안에서 볼 때 자연적인 사람은 자연계와 유사하여 세상 또는 소우주(小宇宙)라고 부르고, 영적인 사람은 그 이해와 의지로 볼 때 영계와 같이 생겼으므로 영계 또는 천계라고 부릅니다. 이렇게 볼 때 그 형상에 있어서 자연계가 되는 자연적인 사람은 자연계에 속한 것들을 사랑하고, 그 형상으로 영계인 영적인 사람은 저승 또는 천계에 속한 것들을 사랑한다고 하겠습니다.

물론 영적인 사람도 자연계를 사랑하지만 오로지 주인이 어떤 좋은 일을 할 때 그의 종복을 통해서 행하기 때문에 그 종을 사랑하는 것 이상으로 사랑하지는 않습니다. 더욱이 선용에 따라서 자연적인 사람은 영적인 사람이 되는데, 그같은 경우가 바로 자연적인 사람이 영적인 것들로부터 선용에 속한 기쁨을 만끽(滿喫)할 때입니다. 이런 경우의 사람을 가리켜 영적 자연적 사람(spiritual-natural man)이라고 부릅니다. 영적인 사람은 영적 진리를 사랑합니다. 따라서 그 사람은 그것들을 깨닫고 아는 것을 사랑할 뿐만 아니라, 그것들을 행하려는 것을 사랑합니다. 이에 반하여 자연적인 사람은 영적인 진리에 관해서 말하기를 좋아하고, 또 다만 그렇게 행할 뿐입니다. 진리를 행하는 것은 곧 선용을 이루는 것을 가리킵니다. 이와 같은 종속관계(從屬關係)는 자연계와 영계의 결합에서 이루어집니다. 왜냐하면 자연계에서 보여지고, 행해지는 것은 무엇이든 그 원인이 모두 영계에서 비롯되기 때문입니다. 이렇게 볼 때 잘 이해할 수 있는 것은 영적인 사람은 자연적인 사람과 전적으로 분별되고, 또 그들 둘 사이에는 원인과 결과와 같은 교류 이외의 다른 교류가 없다는 내용입니다.

252. (2) 영적 계도가 열려 있는 자연적인 사람의 됨됨이(性稟).
지금까지 설명한 것에 부연해서 볼 수 있는 것은 이 자연적인 사람은 그 사람 안에 내재하는 영적 계도가 열려져 있을 때 완전한 사람이라는 것입니다. 왜냐하면 그 때에 그 사람은 천계의 천사들과 실제로 사귀고 있으며, 동시에 이 세상의 사람들과도 사귀고 있으므로, 이 양면으로 볼 때 그 사람은 주님의 인도하심 아래 살고 있기 때문입니다. 그 이유는 영적인 사람은 주님에게서 온 성경말씀(聖言)을 통해서 계명들을 받아서 영접하고, 자연적인 사람을 통해서 그 계명들을 지키기 때문입니다.

영적 계도가 열려 있는 자연적인 사람은 그의 영적인 사람으로 말미암아 생각한다는 것과 행동한다는 것을 알지 못합니다. 그들은 다만 자기 자신의 힘으로 그것들을 행하는듯 보여지기 때문입니다. 그러나 그들은 자기 자신의 힘으로 행하는 것이 아니라 주님으로 말미암아 행하는 것 뿐입니다.

영적 계도가 열려 있는 자연적인 사람 역시 그의 영적인 사람에 의하여 그가 천계 안에 존재한다는 것을 알지 못합니다. 그럼에도 불구하고 그의 영적인 사람이 천계의 천사들 가운데 있으며, 가끔 천사들에게 그가 보여지기도 합니다. 그러나 그 자신이 자신인 자연적인 사람으로 되돌아가기 때문에 그는 거기에 잠시 머무르다가 곧 사라져 버립니다.

영적 계도가 열려 있는 자연적인 사람은 자신들의 영적 마음이 주님에 의하여 지혜에 속한 수억만의 신비들로 채워져 있고, 수억 의 사랑의 환희로 차고 넘친다는 것을 깨닫지 못합니다. 그리고 죽은 후에 천사들이 될 때 그것들 안으로 들어간다는 것도 전혀 알지 못합니다.

자연적인 사람이 이런 사실들을 알지 못하는 이유는, 자연적인 사람과 영적인 사람 사이의 의사교류가 대응에 의해 이루어지기 때문이고, 대응에 의한 이같은 교류는 진리는 빛 안에서 이해된다는 사실에 의하여 이해 안에서 지각되고, 선용은 정동으로 말미암아 성취된다는 사실에 의하여 의지 안에서 지각되기 때문입니다.

253. (3) 영적 계도가 열려 있지는 않았으나, 아주 닫혀 있지 않은 자연적인 사람의 됨됨이(性稟).

영적 계도가 열려 있지는 않으나 그럼에도 불구하고 얼마간의 인애의 삶을 살아왔지만 순수한 진리를 채 미처 알지 못하는 사람들 안에서는 영적 계도가 전적으로 닫혀 있지는 않습니다. 그 같은 이유는 사랑과 지혜의 결합에 의해서 또는 별과 빛의 결합에 의해서, 이 계도가 열려지기 때문입니다. 영적 사랑 즉 별은 혼자서 그것을 열지 못하며 영적 지혜 즉 빛 역시 혼자서 그것을 열지 못하지만, 그러나 이 양자의 결합은 그것을 열 수 있습니다.

그러므로 순수한 진리가 지혜 또는 빛의 근원이다는 것을 알지 못하면 사랑은 이 계도를 열 힘이 없다고 하겠습니다. 사랑은 이 계도가 열려질 수 있는 가능성 안에서 그것을 유지할 뿐입니다. 다시 말하면 그것은 아주 닫혀지지 않는다는 뜻입니다. 식물에서 유사한 경우를 볼 수 있겠습니다. 즉 별만은 씨를 만들고 나무에서 싹이 트게 할 수 없으나 빛과의 결합에 의해서 그것을 이룰 수 있습니다.

모든 진리는 영적인 빛에 속한 것이고, 모든 선은 영적인 별에 속한 것이라는 것과 또 그 선이 그 진리를 방편으로 하여 영적 계도를 연다는 것을 주지하여야 하겠습니다. 왜냐하면 선은 진리에 의하여 선용을 성취하고, 그 선용은 선과 진리의 결합에서부터 그것들의 본질이 비롯되는 사랑에 속한 선이기 때문입니다.

영적 계도가 열려져 있지 않았으나 그렇다고 전적으로 닫혀져 있지 않은 사람들은 그들이 아직 자연적인 사람들이고 영적인 사람들이 아니기 때문에 그들이 죽은 뒤에는 천계의 가장 낮은 부분에 있게 되며, 거기서 때로는 어려운 시간을 가지게 됩니다. 다시 말하자면 그들은 약간 보다 높은 천계의 변두리에 있게 되는데 즉 저녁 노을 같은 어스름한 빛 안에 살게 됩니다. 왜냐하면 설명한 바와 같이 천계 안에나, 그 사회 안에서는 빛은 중심에서 주변으로 점차 소진(消盡)되어 가기 때문에 신령진리 면에서 다른 사람들에 비하여 우위에 있는 사람은 중앙에 있는 데에 반하여, 그 보다 덜 한 사람은 변방(邊方)에 거주하기 때문입니다.

종교로 말미암아 약간의 진리 안에 있는 사람들은, 하나님이 한 분 계시다는 것, 주님께서는 그들을 위하여 고난을 받으셨다는 것, 인애와 믿음은 교회의 근본이지만 믿음이 무엇이고 인애가 무엇인지를 그들이 밝히 안다는 것은 난해한 사안이라는 것 등을 잘 알고 있습니다. 그럼에도 불구하고 본질적으로 믿음이 진리이고, 진리는 각양각색이고, 인애는 주님으로 말미암아 사람이 행하는 그 사람의 천직(天職)에 속한 모든 선한 업적이라는 것, 그리고 사람들이 악한 행위를 죄라고 여겨 멀리 피할 때 주님으로 말미암아 이것을 행한다는 것 등을 알고 있습니다.

앞에서 언급한 것과 같이 목적은 원인의 모든 것이고, 결과는 원인에 의한 목적의 모든 것입니다. 목적은 인애 즉 선이고, 원인은 믿음 즉 진리입니다. 그리고 결과는 선행 즉 선용입니다.

이상에서 볼 때 명확한 것은 믿음에 속한 진리라고 부르는 진리와 결합된 정도만큼 인애로 말미암아 선행을 할 뿐이다는 것입니다. 이들 진리에 의하여 인애는 선행을 행하게 되고, 그것들을 값지게 합니다.

254. (4) 영적 계도가 완전히 닫혀 있는 자연적인 사람의 됨됨이 (性稟).

삶의 측면에서 볼 때 악 안에 있다든지, 더욱이 그 악에서 비롯된 거짓 안에 있는 사람에게는 영적 계도가 닫혀 있습니다. 이같은 것은 이질적인 것과의 약간의 접촉에도 위축되는 신경섬유의 경우와 같습니다. 그러므로 근육의 모든 운동섬유도 그렇고, 실제로 근육 자체도 그러하며, 온 육체도 역시 거칠거나 냉랭한 것에 접촉되면 위축됩니다. 이와 마찬가지로 사람 안에 있는 영적 계도의 실체나 형체 역시 악과 또 그것에서 비롯된 거짓들로부터 위축됩니다. 왜냐하면 이런 것들은 모두가 이질적인 것이기 때문입니다. 왜냐하면 천계의 형체 안에 있는 영적 계도는 선과 또 그 선에서 비롯된 진리 외에는 아무것도 용납하지 않기 때문입니다. 그리고 이런 것들은 영적 계도에 대해서 동질적이지만, 그러나 악이나 그 악에서 비롯된 거짓은 이질적이기 때문입니다.

이 계도는 이 세상에서 자기사랑에서 비롯된 지배욕 안에 몰입되어 있는 사람들 안에서는 특히 위축되고 닫혀집니다. 그 까닭은 이 사랑이 주님사랑과 정반대이기 때문입니다. 세간애로 말미암아 다른 사람의 재물을 탐하는 소유욕에 빠져 있는 사람에게도 그 계도는 닫혀지는데, 그렇게까지 심한 정도는 아닙니다. 이 사랑들이 영적 계도를 닫아 버리는 이유는 그것들이 악한 모든 것의 근원이기 때문입니다. 이 계도가 위축되고 닫혀지는 것은 마치 반대로 꼬여 있는 용수철과 유사합니다. 그같은 이유는 그 계도가 닫혀진 뒤에는 천계의 빛에 등을 돌리기 때문인데, 따라서 천계의 빛 대신에 흑암으로 바꾸어 놓기 때문입니다. 그러므로 천계의 빛 안에 있는 진리는 욕지기나는 지긋지긋한 것으로 바꾸어집니다. 이런한 사람들 안에는 영적 계도 자체가 닫혀질 뿐 아니라, 합리적이라고 말하는 자연적 계도의 보다 높은 부분까지도 닫혀지고, 급기야는 자연적 계도의 가장 낮은 부분인 감각적인 부분만 열려 있게 됩니다. 이러한 사람은 그가 생각하고 말하고, 추론하는 것이 세상에 가장 가까이에, 그리고 육체의 가장 외적 감각에 기초해서 행합니다.

악과 또 그것들의 거짓으로 말미암아 관능적이 된 자연적인 사람은 천계의 빛 안에 있는 영계에서는 코가 움푹 파인 괴물 이외의 다른 것으로 보이지 않는데, 그 이유는 코가 진리의 지각에 대응하기 때문입니다. 더욱이 그 사람은 천계적 빛의 광선을 참을 수 없습니다. 이런 부류의 사람들은 타다 남은 또는 석탄의 불꽃에서 나오는 빛과 같은 것을 그들의 굴 속에서 가지고 있을 뿐입니다. 이상에서 영적 계도가 닫혀진 사람들의 성품이 어떠한지, 또 그들이 어떤 인격의 소유자인지를 밝히 알 수 있겠습니다.

255. (5) 단순히 자연적인 사람의 생명과 동물의 생명과의 차이.

이 차이는 뒤에 특히 생명을 다룰 때 논의하기로 하겠습니다. 여기서는 단지 사람은 마음의 세 계도들, 또는 이해와 의지의 세 계도들을 가지고 있다는 것과 또 이 계도들은 단계적으로 열린다는 것, 그리고 그것들이 투명하기 때문에 사람들은 자신들의 이해의 측면에서 보면 천계적 빛 안에로 올려질 수 있고, 또 시민법적이고 도덕적인 진리들 뿐 아니라 영적 진리들을 볼 수 있다는 것, 또 자신들이 보는 많은 진리들로 말미암아 참되고 질서정연한 결론들에 도달할 수 있으며 계속해서 영원토록 자신들의 이해를 완성해 갈 수 있다는 것 등을 설명하겠습니다.

그러나 동물들은 보다 높은 두 계도들을 가지고 있지 않습니다. 그것들은 자연적 계도만을 가지고 있으며, 보다 높은 계도들과 무관한 이 자연적 계도는 시민법적, 도덕적 또는 영적 주제에 관해서 생각할 능력을 전혀 가지지 못합니다. 더 나아가서 동물들의 이 자연적 계도들은 열려질 수 없으며, 따라서 천계의 빛 안으로 올려질 수 없기 때문에 동물들은 단계적 질서 안에서 생각할 수 없고, 동시적 질서 안에서 생각할 수 있는데, 그것은 생각하는 것이 아니고 그들의 사랑에 대응하는 지식으로 말미암아 행동하는 것 뿐입니다. 그리고 그들이 분석적으로 생각하고, 보다 높은 관점에서부터 보다 낮은 사상을 볼 수 없으므로 그것들은 말을 할 수 없고 오히려 자신들의 사랑에 속한 지식에 적합한 소리들을 낼 뿐입니다. 그럼에도 불구하고 가장 낮은 자연적 감관 안에 있는 사람들은 자신들의 기억을 지식들로 채우고 또 그 기초 위에서 생각하고 말할 수 있는 능력이 그들에게 있다는 것만이 동물들과의 차이입니다. 이것은 사람이 원하기만 한다면 진리가 무엇인지를 깨달을 수 있는 능력인데 이 능력은 모든 인간존재에 주어진 능력에서 얻을 수 있는 것입니다. 이 능력이 사람과 동물이 서로 분별되게 합니다. 그럼에도 불구하고 많은 사람들은 이 능력을 오용해서 자신들을 동물들 보다 열등(劣等)하게 만들고 있습니다.

제 15 장 사람의 마음의 자연적 계도는 그 자체로는 연속적인듯 생각되지만, 보다 높은 두 계도들과의 대응에 의해서 고양될 때에는 마치 불연속적으로 보인다.

256. 이 주제는 수직적 계도에 속한 지식을 가지고 있지 않은 사람들에게는 사실상 불가해(不可解)한 것이지만, 그럼에도 불구하고 그것이 알려질 수 있는 것은 그것이 천사들의 지혜에 속한 지혜이기 때문입니다. 이에 반하여 자연적인 사람은 천사들이 하는 방식으로 이 지혜에 관해서 생각할 수 없지만, 그럼에도 불구하고 그의 이해가 천사들이 있는 빛의 계도에 올리워질 때, 그것에 의해서 그 지혜를 깨달을 수 있습니다. 왜냐하면 그 사람의 지혜는 그 범위까지 고양(高揚)될 수 있고, 또 그 고양에 따라서 빛을 받을 수 있기(照耀) 때문입니다. 그렇지만 자연적인 마음의 조요(照耀)는 불연속 계도들에 의해서 올려지지 않고 오히려 연속적 계도 안에서 증가합니다. 그 연후에 그 증가함에 따라서 보다 높은 두 계도들에 의해 그 빛의 결과로서 안으로부터 빛을 받게 됩니다. 어떻게 이런 일이 있어지는지를 이해하기 위해서는 수직적 계도들에 속한 지각이 필요합니다.

즉 하나가 다른 하나 위에 있다는 것, 그리고 제일 낮은 계도 즉 자연적 계도는 보다 높은 두 계도들을 위한 일반적인 덮개와 유사하다는 지각이 바로 그것입니다. 자연적 계도가 보다 높은 계도를 향해서 올려졌기 때문에, 보다 높은 계도는 안으로부터 외적인 자연적 계도에 작용하고 또 그것에게 빛을 비춥니다. 보다 높은 계도들로부터 오는 빛의 결과로서 안으로부터 생겨지는 조요가 생겨집니다. 그러나 이 조요는 감싸고 있고 또 둘러싸고 있는 자연적 계도에 의해서 연속적으로 수용되어, 그것이 상승함에 따라서 보다 밝고 명확하게 수용됩니다. 다시 말해서 불연속 계도들을 따라 보다 높은 계도들에게서 오는 빛의 결과로서 자연적 계도가 빛을 받게 되는데, 자연적 계도 자체 안에서는 이 조요가 연속적인 계도 위에서 일어납니다. 그러므로 사람은 이 세상에 살고 있고 또 그것을 원인으로 해서 자연적 계도 안에 있는 동안에는 천사들이 가지고 있는 것과 같은 지혜에는 올리워질 수 없지만, 천사들이 있는 빛에 이르는 보다 높은 빛까지 올리워질 수 있고, 또한 안에서부터 흘러나와 밝게 빛을 비추는 그들의 빛으로부터 빛쪼임(照耀)을 받을 수 있습니다. 그러나 나는 더 이상 명확한 것은 서술할 수 없습니다. 그리고 그것들은 다만 결과로부터 더 밝히 깨달을 수 있겠습니다. 왜냐하면 결과는, 원인에 속한 예비적 지식을 가지고 있을 때, 자기 자신 안에 있는 보다 밝은 빛 가운데서 원인들을 드러내 보여주고, 따라서 그것들을 잘 설명해 보여주기 때문입니다.

257. 결과들이란 바로 다음과 같습니다.

(1) 자연적인 마음은 천사들이 있는 천계의 빛에 올려질 수 있으며, 천사들이 영적으로 지각하는 바를 자연적으로 지각할 수 있지만, 다만 덜 충분하게 이것을 지각할 수 있다는 것. 그럼에도 불구하고 사람의 자연적인 마음은 천사적인 빛 자체 안으로는 올려질 수 없다는 것.

(2) 들어올려진 그 사람의 자연적인 마음을 방편으로 해서 람

제3편 창조의 구조   193

은 천사들과 더불어 생각하고 말할 수 있고, 그리고 그런 경우 천사들의 사상과 언어가 그 사람의 자연적인 마음 안으로 흘러들지만 그 역(逆)은 불가능하다는 것. 그래서 천사들은 자연적인 언어로 즉 그 사람 자신이 쓰는 모국어로 그 사람과 말한다는 것.

(3) 이것은 자연적인 것 안으로 흘러드는 영적인 입류(入流)에 의해서 일어나지만, 그러나 영적인 것 안으로 흐르는 자연적인 입류로는 일어나지 않는다는 것.

(4) 사람이 자연계 안에 살고 있는 동안에는 자연적인 지혜는 천사적 지혜 안으로는 올려질 수 없고 그것의 그림자(映像) 같은 것 안에만 올려질 수 있다는 것.

그 이유는 그 올려짐이 연속계도에 의해서 이루어지기 때문입니다. 즉 어두움에서부터 빛에로 가는 식으로 또는 조잡한 것에서 순수한 것에로 증가되는 것과 같이 이루어집니다. 그러나 영적 계도가 열려 있는 사람들은 그들이 죽을 때 이 지혜 안에 올리워질 수 있습니다. 그들은 자신들의 육체적 감각들을 잠재우는 것을 통해서 그 지혜 안에 올리워질 수 있는데, 그 때에는 위로부터 그들의 마음의 영적인 것들 안으로 흘러드는 입류가 있습니다.

(5) 사람의 자연적인 마음은 영적인 실체들과 자연적인 실체들로 구성되어 있다는 것. 그러나 사상은 영적 실체들에서 비롯되고 자연적 실체에서는 그렇지 않다는 것. 이 자연적인 사람이 죽을 때 자연적인 실체들은 사라져 버리지만 영적 실체들은 그렇지 않다는 것. 그러므로 죽어서 사람이 영 또는 천사가 될 때 이 세상에 있을 때 가졌던 마음이 세상에서 가지고 있던 꼭같은 형체들 안에 그대로 남는다는 것.

(6) 사후에 사라져 버린다고 말한 자연적인 마음의 자연적인 실체들은 영과 천사가 가지는 영체를 위하여 하나의 피부 같은, 담는 그릇을 형성한다는 것. 자연계에서 취한 이같은 수용그릇에 의하여 그들의 영체들은 그 존재를 유지한다는 것. 그러므로 사람으로 태어

나지 않았던 영이나 천사는 없다는 것.
 여기서 인간 존재 안에 있는 자연적인 마음의 됨됨이를 알기 위해서 천사들의 지혜의 성질이 갖는 비의를 부연할 수밖에 없겠는데, 이것에 관해서는 아래에서 더 많은 것을 설명하겠습니다.
 258. 모든 사람은 삼층천의 천사들이 살고 있는 지고(至高)한 계도에까지 줄곧 올라가 진리들을 깨달을 수 있는 기능을 가지고 태어납니다. 왜냐하면 사람의 이해는, 앞에서 설명한 것과 같이(256항 참조) 보다 높은 두 계도에까지 올라가면 그것들에 속한 지혜를 받기 때문입니다. 그러므로 사람들은 자신이 상승하는데 따라서 그 정도만큼 합리적인 존재가 되는 능력을 가지고 있습니다. 만일 그들이 제삼 계도에까지 올려지면 그들은 그 셋째 계도에서부터 합리적인 존재가 되고, 또 만일 그들이 둘째 계도에 올려지면 둘째 계도로부터 비롯되는 합리적 존재가 됩니다. 그리고 그들이 올려지지 않으면 그들은 첫째 계도 안에 있는 합리적 존재입니다. 사람이 이들 계도들로 말미암아 합리적 존재가 된다고 말하였는데 그것은 자연적 계도가 그들의 빛을 담는 일반적 수용그릇이기 때문에 이 계도들에게서 그들은 합리적 존재가 됩니다.
 사람들이 할 수 있는 그 높은 계도에 걸맞은 합리적 존재가 되지 못하는 이유는 의지에 속한 사랑은 이해에 속한 지혜와 꼭같은 방식으로 올라갈 수 없기 때문입니다. 의지에 속한 사랑은 악한 행위들을 죄라고 해서 피하는 것과 그리고 그 뒤에 주님으로 말미암아 사람이 성취하는 선용(善用)인 인애에 속한 선에 의하여 올리워집니다. 그러므로 의지에 속한 사랑이 동시에 올려지지 않으면 이해에 속한 지혜가 아무리 올라간다고 해도, 그 자신의 사랑의 정도에까지 내려갑니다. 따라서 사람의 사랑이 동시에 영적 계도 안으로 올려지지 않으면 첫째 계도 안에서만 합리적 존재일 뿐입니다.
 이상에서 밝히 이해할 수 있는 것은, 사람의 합리성은 세 계도에 속한 것처럼 보인다는 것, 즉 천적 계도에서 비롯된 합리적 존재로도 보이고, 영적 계도에서 비롯된 합리적 존재로도 보이고, 또 자연적 계도에서 비롯된 합리적 존재로도 보인다는 것과, 또 사람을 고양시키는 기능인 합리성은 그 사람이 고양되든 되지 않든 간에 사람 안에 계속 남아 있다는 것 등입니다.

259. 모든 사람은 누구나 이름하여 합리성이라는 기능을 가지고 태어난다고 설명하였습니다. 그러나 이 말의 뜻은 모든 사람의 외적인 것들이 어떤 사고로, 또는 태중에서 또는 출생 후 어떤 질병으로, 또는 머리에 입은 상처로, 또는 폭발적인 광적 사랑에 의하여 자제력을 잃는 것과 같은 것에 의하여 상처를 입지 않았다는 것을 의미합니다. 이와 같은 상처를 입은 합리성 안에 있는 사람은 고양 또는 제고될 수 없습니다. 왜냐하면 의지와 이해에 속한 생명은 이러한 사람에게 있어서는 끝을 맺을 수 있는 한계를 가지고 있지 못하고, 이미 정해진 질서에 따라서 가장 외적인 행동만을 일으킬 수 있기 때문입니다. 그 이유는 생명은 비록 그것들에서 비롯된 것이 아니라 할지라도 가장 외적인 끝맺음(終結)에 따라서 활동하기 때문입니다. 그리고 또한 어린 아이나 유아에게 합리성이 없다는 것은 아래에서 설명하겠습니다(266항 참조).

제 16 장 사람의 마음에 속한 보다 높은 계도들을 담는 그릇이고, 껍데기(被覆)인 자연적인 마음은 반충(反衝)적이다. 만일 보다 높은 계도들이 열려 있지 않으면 그것은 그 계도들에 거슬러 행동하고, 그것들이 열려 있으면 그것들에 순응하여 행동한다.

260. 앞의 장에서 자연적인 마음이 가장 외적인 계도 안에 있기 때문에 그것은 계도의 측면에서 보면 그것 위에 있는 영적인 마음과

천적인 마음을 둘러싸고 있고, 또 담고 있다는 것을 설명하였습니다. 그러나 여기서는 자연적인 마음이 보다 높은 마음 즉 내면적인 마음에 거슬러 행동(反衝)한다는 것을 설명하겠습니다. 그것이 반충적으로 행동한다는 것은 그것이 그것들을 감싸고, 포괄하고, 내포하기 때문인데, 이같은 일은 역시 반충작용(反衝作用)이 없이는 결코 일어나지 않기 때문입니다. 왜냐하면 만일 자연적인 마음이 반충작용을 하지 않는다면 닫혀져 있는 부분 즉 내면적인 것은, 마치 사람의 몸을 둘러싸고 있는 덮개(外被·covering)가 그것들에 반충작용을 하지 못한다면 인체 안에 있는 내면적인 것들 즉 내장 같은 것들이 꽉 죄어 있지 않고 느슨해져서, 밖으로 밀려나와 산산조각이 나는 것과 같기 때문입니다. 그러므로 또한 근육의 운동섬유질을 감싸고 있는 엷은 막(膜)이 그것의 활동 중에 이들 섬유의 힘에 반충작용을 하지 않는다면 그 활동은 중단될 뿐만 아니라 모든 내부조직은 느슨해져서 풀려나고 말 것입니다. 이와 같은 경우는 높이의 계도에 속한 가장 외적인 계도에도 마찬가지입니다. 따라서 이같은 원리는 보다 높은 계도에 관계되는 자연적인 마음에도 꼭같이 적용됩니다. 왜냐하면 위에서 설명한 것과 같이 사람의 마음에는 자연적·영적·천적인 세 계도가 있는데, 자연적인 마음은 가장 외적인 계도 안에 있기 때문입니다. 자연적인 마음이 영적인 마음에 거스르는 반충작용을 하는 이유는, 첫째로 자연적인 마음이 영계에 속한 실체(實體)로 구성되었을 뿐만 아니라 자연계에 속한 실체로도 구성되었기(257항 참조) 때문이고, 둘째는 자연계의 실체는 그것들의 본질상 영계의 실체에 반충작용을 하기 때문입니다. 왜냐하면 자연계의 실체는 그 자체로는 죽은 것(死物)이고, 영계의 실체에 의한 다른 것에 의하지 않고는 아무런 반충작용을 할 수 없기 때문이고, 또한 죽어 있는 실체는 그들의 저항하는 성질에 의해서 다른 것으로 말미암아 활동하는데, 즉 그들의 저항하는 성질에 의해서 반충작용을 합니다.

이상에서 볼 때, 자연적인 사람은 영적인 사람에게 반충작용을 하는, 다시 말하면 이들 사이에는 충돌(衝突·葛藤·combat)이 있다는 것입니다. "자연적인 사람과 영적인 사람"이라는 말은 "자연적인 마음과 영적인 마음"이라는 말과 같은 뜻이기도 합니다.

261. 여기에서 분명한 사실은 만일 영적인 마음이 닫혀 있다면 그의 자연적인 마음은 자기 자신의 상태를 혼란스럽게 하는 그 어떤 것이 자신에게 침입하지 않을까 하는 두려움으로 말미암아 영적인 마음에 속한 것들에 거스르는 반대작용을 계속한다는 것입니다. 영적인 마음에 흘러드는 모든 것(人流)은 천계에서 비롯된 것입니다. 왜냐하면 그것의 형체 안에 내재한 영적인 마음이 곧 하나의 천계이기 때문입니다. 반면에 자연적인 마음에 흘러드는 모든 것(人流)은 이 세상에서 비롯된 것입니다. 왜냐하면 그것의 형체 안에 내재한 자연적인 마음이 곧 하나의 이 세상이기 때문입니다. 그러므로 영적 마음이 닫혀지면 자연적 마음은 이 세상에 속한 것들을 취하고, 소유하려는 방편들로 그것에 복종하는 것들이 아니면 어떤 것이든 용납하지 않는 굳은 자세로 천계에 속한 모든 것들에 거스르는 적대행위를 자행한다는 것을 잘 알 수 있겠습니다. 그리고 언제나 천계적인 것들이 자연적인 마음에 의해서 자연적인 마음의 목적을 위하여 사용될 때에는 그 방편들이 천계적인듯 보이지만 그것들은 자연적인 것들이 되어 버립니다. 왜냐하면 목적이 실제로 그것들의 질을 좌우하기 때문입니다. 그것들은 실제로 자연적 인간의 지식들처럼 되어서 그것들 안에 생명은 전혀 없습니다. 그러나 천계적 사물들이 한몸처럼 활동하도록 자연적 마음과 결합될 수 없기 때문에 그것들은 분리되고 순전히 자연적인 사람들 안에서는 천계적 사물들이 밖으로 나와서 그 안에 있는 자연적인 것들 주변의 변두리에 머물게 됩니다. 이것이 순전히 자연적인 사람들이 내적으로는 반대되게 생각하면서도 천계에 속한 것들을 말하고, 선포하며, 또 행동으로 그것들을 모방할 수도 있다는 것입니다. 그들이 혼자 있을 때에는 후자 즉 반대의 짓거리를 자행하지만 전자 즉 남들과 함께 있을 때에는 위선(僞

善)을 행합니다. 그러나 이것에 관해서는 아래에서 더 설명하겠습니다.

262. 자연적 마음 즉 자연적인 사람이 이 세상에 속한 것들이나, 그것 자체를 최고로 사랑한다면 타고난 반충작용으로 인해서 영적인 마음 즉 영적인 사람에 속한 것들에 거스르는 반충작용을 자행합니다. 그 때에는 모든 종류의 악한 행위들 즉 간음·사기·복수·모독이나 이와 유사한 악행들에서 즐거움을 만끽합니다. 더 나아가서 자연을 우주의 창조주로 시인하고, 그 합리적 기능을 방편으로 동원해서 모든 사물을 확증합니다. 일단 그 확증이 성취되면 천계와 교회에 속한 선이나 진리를 부패시키든가, 그것들을 왜곡시켜서, 급기야에는 그것들을 멀리하고, 그것들에 등을 돌리고 종국에는 그것들을 증오합니다. 이러한 일은 그의 영 안에서 행하는 짓거리이고, 육신적으로는 재물이나 명예 따위의 상실에 대한 두려움이 사라지는 정도만큼 남들과 말할 때 일어납니다. 사람들이 이와 같이 될 때 그들의 영적인 마음은 차츰 차츰 더 꽉 닫혀지게 됩니다. 특히 거짓을 방편으로 한 악에 관한 다짐(確證)은 그것을 아주 굳게 닫아버립니다. 그러므로 악과 거짓으로 다짐한 것은 사후에도 결코 뿌리가 뽑혀질 수 없지만, 그러나 그런 것들은 이 세상에 있을 때의 회개(悔改)에 의해서만 오직 그 뿌리를 뽑을 수 있습니다.

263. 그러나 그 영적인 마음이 열리면 자연적인 마음의 상태는 완전히 다릅니다. 그 때에 자연적인 마음은 영적인 마음에 순종하도록 영적인 마음에 동의하고, 그것에 순종합니다. 왜냐하면 영적인 마음은 그 꼭대기로부터 밑바닥까지 자연적인 마음을 다스리며, 그 때 거기서 반항하는 요소들을 제거하기 때문입니다. 그리고 그것과 조화되는 작용을 하는 것들을 그것 자체에 적용시키기 때문입니다. 이것에 의하여 그렇게 심한 반발은 차츰 차츰 제거됩니다. 여기서 꼭 주지하여야 할 사실은, 우주 안에 있는 모든 것 안에는, 가장 큰 것이든 가장 작은 것이든, 또는 생명이 있는 것이든 죽은 것이든, 든

것 안에는 반드시 작용과 반충작용이 있다는 것이고, 또 그것으로 말미암아 모든 삼라만상의 평형(平衡)이 유지된다는 것입니다. 작용이 반충작용을 압도하거나, 또한 그것의 반대 경우가 일어나면 이 평형은 깨지고 맙니다. 이같은 현상은 영적인 마음이나 자연적인 마음의 경우에도 마찬가지입니다.

자연적인 마음이 본질적으로 악과 거짓인 그것에 속한 사랑과 사상의 쾌락으로 말미암아 행동할 때, 자연적인 마음에 속한 반충작용은 영적인 마음에 속한 것들을 제거하고, 또 그것들이 들어올 수 없도록 굳게 문을 닫아버립니다. 그리고 자연적인 마음은 자기의 반충작용에 일치하는 것들에서 비롯된 것들에 따라서 행동을 자행합니다. 이 결과가 바로 용수철을 거꾸로 뒤틀어 놓은 것과 같은 영적인 마음의 작용과 반충작용에 정반대되는 자연적인 마음의 작용과 반충작용입니다. 그러나 만일 영적인 마음이 열리면 그 때에는 자연적인 마음의 작용과 반충작용은 그 반대입니다. 왜냐하면 그 때에는 영적인 마음이 위로부터 또는 안으로부터 활동하며, 보다 내적인 것에서 보다 외적인 것에로 배열된 자연적인 마음 안에 있는 것들을 그것에게 종속하고, 순종하도록 모든 것들에 작용하기 때문입니다. 실제로 영적인 마음은 자연적인 마음이 가지고 있는 고유의 작용과 반충작용을 완전히 뒤바꾸어 놓습니다. 왜냐하면 출생시부터 자연적인 마음은 영적인 마음에 속한 것들에 정반대되는 처지에 있기 때문입니다. 잘 알고 있듯이 이 정반대의 기질은 유전에 의해 부모에게서 비롯된 것입니다.

이와 같은 변화의 상태를 바로잡음(改革·reformation)과 거듭남(重生·regeneration)이라고 부릅니다. 개혁 이전의 자연적인 마음의 상태는, 아래 쪽으로 꼬이고, 꾸부러진 용수철에 비할 수 있겠습니다. 그러나 반면에 개혁 후에는 위쪽으로 꼬이고, 꾸부러진 용수철에 비할 수 있겠습니다. 그러니까 개혁 전에는 사람은 지옥을 향해서 내려다 보고 있으나, 개혁 후에는 천계를 향해서 올려다 보고 있습니다.

제 17 장 ▌악의 근원은 합리성과 자유라고 일컫는 사람의 고유기능들의 오용에서 비롯된다.

264. 합리성(合理性·rationality)이라는 말은 참된 것이 무엇이고, 따라서 거짓된 것이 무엇인지를 깨닫고, 또 선한 것이 무엇이며, 따라서 악한 것이 무엇인지를 깨닫는 기능을 뜻합니다. "자유"(自由·自由意志·freedom)라는 말은 이것들을 자유롭게 생각하고, 선택하고, 의도하고, 행할 수 있는 기능을 뜻합니다. 위에서 제시한 내용들에 의해서 수삼의 결론들을 얻을 수 있겠는데, 아래에서 그것들을 위한 더 많은 설명을 제공하게 될 것입니다. 이 결론들은 다음과 같습니다. 사람은 누구나 창조로부터, 그러니까 나면서부터 이 두 기능들을 가지고 있다는 것과 또 그것들은 주님에게서 비롯되었다는 것입니다. 또 이것들은 사람에게서 제거되지 않는다는 것과 또 이것들은 외관상으로 사람은 자기 자신에서 비롯된 것처럼 생각하고, 말하고, 의도하고, 행동한다는 것입니다. 그리고 또한 주님께서는 모든 사람 안에 내재해 있는 이 기능들 안에 살고 계신다는 것과 또 그 결합의 은덕으로 사람은 영원토록 살게 된다는 것입니다. 이 기능들은 사람이 개혁되고 중생되는 방편이고, 이 기능이 없다면 사람에게 개혁이나 중생은 있을 수 없다는 것과 끝으로 그것들에 의해서 사람은 짐승과 구별된다는 것 등입니다.

265. 악의 근원이 이 두 기능들의 오용(誤用)에서 비롯된다는 사실에 관해서 다음과 같은 순서로 설명하겠습니다.

(1) 악한 사람도 선한 사람처럼 이 두 기능들을 향유한다는 것.

(2) 선한 사람이 선과 진리를 확증하기 위해서 이 두 기능들을 사용하는데 반해서 악한 사람은 악과 거짓을 확증하기 위해서 이 두

기능들을 사용한다는 것.

(3) 사람 안에 있는 확증된 악과 거짓은 그 사람의 사랑의 일부가 되고, 그러므로 그의 생명의 일부가 되어 지속된다는 것.

(4) 사랑과 생명의 일부가 된 것들은 후손에게 이어진다는 것.

(5) 선천적이든 후천적이든, 모든 악들은 자연적인 마음 안에 그 자리를 잡는다는 것.

266. (1) 악한 사람도 선한 사람처럼 이 두 기능들을 향유한다는 것.

이해의 측면에서 보면 자연적인 마음은 삼층천의 천사들이 있는 빛에까지 줄곧 올려질 수 있고, 또 진리들을 보고 그것들을 시인하고 그리고 그것들에 대해서 말할 수 있다는 내용을 앞장에서 설명했습니다. 그러므로 자연적인 마음이 올려질 수 있기 때문에 악한 사람들도 선한 사람들과 같이 합리성(合理性)이라고 일컫는 기능을 향유할 수 있다는 결론을 얻게 됩니다. 자연적인 마음이 어느 정도까지 올려질 수 있기 때문에 악한 사람들도 천계적 진리들에 관해서 생각하고 말할 수 있다는 것도 알 수 있겠습니다. 그러나 그러한 것들을 의도하고 행할 수는 있지만, 그렇지만 그들이 실제로는 그것들을 의도하고 행하지 않는다는 것은 이성과 경험에 의해서 증거(證據)됩니다.

이성은 그것을 이렇게 증거하고 있습니다. 즉 누가 자기가 생각하고 있는 바를 의도하고 행할 수 없겠는가? 만일 사람들이 의도하면서도 그것을 행하지 않는다는 것은 아마도 그것은 의도하고 행할 사랑이 없기 때문일 것입니다. 의도하고 행할 능력은 주님께서 모든 사람에게 주신 자유(自由)입니다. 그것이 가능할 때 의도하고 행할 능력이 결여되는 것은 그것에 반대되는 악에 속한 사랑에서 비롯됩니다. 그렇지만 이 사랑을 그 사람은 거부할 수 있으며, 사실상 많은 사람들이 그것을 거부합니다. 나는 영계에서 경험에 의하여 이 사실을 자주 확인할 수 있었습니다. 나는 이 세상에서 천계와 교회에 속한 진리들을 내동댕이쳤으며, 또 내적으로 마귀였던 악령들의 말들을 들은 일이 있습니다. 어릴 때부터 모든 사람에게 있는 무엇을 알고자 하는 정동이, 모든 사랑을 둘러싸고 있는 불꽃같은 광영으로 그들은 내적으로 천사였던 선한 영들이 하는 것과 꼭같이 지혜에 관한 비의(秘義·arcana)를 명확하게 지각하였습니다. 극악무도(極惡無道)한 사악한 영도 이같은 비의에 따라서 뜻할 수도 있고 또 행할 수도 있으나, 그러나 그렇게 하기를 바라지는 않는다고 공언하였습니다. 만일 그들이 악을 죄로 알고 끊기만 하면 그 비의를 뜻할 수 있을 것이라는 말을 들었을 때 그들은 말하기를 그렇게 행할 수도 있었으나 그것을 원치 않았다고 말하였습니다.

이상에서 볼 때 사악한 사람도 선한 사람과 꼭같이 자유라고 일컫는 기능을 가지고 있다는 것입니다. 누구나 자기 자신을 살펴보면 그것이 사실이라는 것도 알 수 있을 것입니다. 사람이 뜻하는 능력을 가지고 있다는 것은 그 기능을 주시는 주께서 계속적으로 그 능력을 주시기 때문입니다. 왜냐하면, 위에서 언급하였듯이, 주님께서는 모든 사람이 가지고 있는 이 두 기능 안에 사시기 때문입니다. 그러므로 이 기능, 다시 말하면 무엇을 뜻할 수 있는 능력 안에 계시기 때문입니다. 합리성이라고 일컫는 이해할 수 있는 능력의 측면에서 보면 사람의 자연적인 마음이 성숙에 도달하기까지는 사람은 이 합리성은 결코 가질 수 없습니다. 그것은 마치 익지 않은 과일의 씨 같아서 그렇게 되기 전까지는 발아(發芽)할 수도 없고 또 지면을 뚫고 나올 수도 없습니다. 또 이같은 기능은 위에서 설명된(259항 참조) 사람 안에도 있지 않습니다.

267. (2) 선한 사람이 선과 진리를 확증하기 위해서 이 두 기능들을 사용하는데 반해서 악한 사람은 악과 거짓을 확증하기 위해서 이 두 기능들을 사용한다는 것.

합리성이라고 일컬어지는 이지적 기능과 자유라고 일컫는 의지적 기능으로 말미암아 사람은 그가 원하는 것은 무엇이나 확증하는 능력을 갖습니다. 왜냐하면 자연적인 사람은 그가 바라는 어느 정도까지는 자기의 이해를 보다 높은 빛 안으로 올릴 수 있지만, 그러나 악이나 그 악에서 비롯된 거짓 안에 있는 사람은 그의 이해를 그의 자연적인 마음에 속한 보다 높은 영역 이상으로 올릴 수 없으며, 더욱이 영적인 마음의 영역에까지는 거의 불가능하기 때문입니다. 그 이유는 그 사람은 그의 자연적인 마음에 속한 사랑의 쾌락 안에 빠져 있기 때문인데, 그가 그 마음 이상으로 자기의 이해를 올렸을 때에는 그 사람의 사랑의 쾌락은 모두 소진(消盡)되기 때문입니다. 만일 보다 더 높이 올려져서 자기의 삶에 속한 쾌락이나 또는 자기 자신의 자만(自慢·self-intelligence)에 반대되는 진리를 보면, 그 사람은 이 진리를 거짓으로 위화(僞化)하고, 아니면 그것들을 경멸하여 뒷전으로 밀어내거나, 그것도 아니면 자기 자신의 삶에 속한 쾌락이나 자만심을 섬기는 수단으로 삼고자 자신의 기억 속에 그것들을 간직해 둘지도 모릅니다. 자연적인 사람이 그가 원하는 것은 무엇이든 확증할 수 있다는 것은 기독교계의 수많은 이단사설(異端邪說)이나 또는 그것의 신봉자(信奉者)들에 의해 확증되는 것들에서 잘 알 수 있습니다. 어떤 종류의 악이나 거짓을 확증할 수 있다는 것을 그 누구가 모르겠습니까? 사악한 사람 자신들에 의해서는 하나님이 존재하지 않는다, 자연이 삼라만상과 자기 자신을 창조하였다, 종교는 소박한 사람을 사슬에 매어 놓는 도구나 수단에 불과하다는 것 등을 확증하는가 하면, 인간의 영특(獰慝·human prudence)은 무엇이나 다 행할 수 있고, 신령섭리(神靈攝理·the Divine providence)는 창조된 우주 안에서 우주를 질서정연하게 유지하는 것에 불과하다는 것, 그리고 또한 마키아벨리나 그의 추종자들이 주장하는 것처럼 살인·강간·절도·복수 등도 합법적이다는 식의 궤변(詭辯)을 늘어놓습니다. 자연적인 사람은 이런 주의주장이나 이와 유사한 궤변을 확증할 수 있으며, 그들의 궤변들은 아마도 수 권의 책자를 만들고도 남을 것입니다. 이같은 이단사설(異端邪說)들이 확증되었을 때 그것들은 그들의 매력적인 빛 가운데 그 모습을 드러내 보이는 반면에 진리들은 한밤중에 도깨비불을 보는 것처럼 매우 불영명(不英明)하게 보일 뿐입니다.

한마디로 가장 거짓된 어떤 것을 취하여 가설(假說)로 삼아 보십시오. 그리고 간계(奸計)가 넘치는 사람에게 그것을 확증하려고 하여 보십시오. 그러면 그 사람은 진리의 빛이 완전히 소진(消盡)될 때까지 궤변을 늘어 놓을 것이지만 그러나 그의 확증된 주장을 옆으로 비켜 놓고, 귀하의 합리성(合理性)에 입각하여 그 가설(假說) 자체를 예의 직시하여 살피면 귀하는 보기 흉측한 그 궤변들 속에서 그것의 오류를 잘 알 수 있을 것입니다.

이상에서 볼 때 밝히 알 수 있는 것은 사람은 누구나 주님으로부터 받은 바 이들 두 기능을 오용할 수도 있고, 또 모든 종류의 악과 거짓을 옳다고 확증할 수도 있다는 것입니다. 짐승들은 이러한 일을 결코 행할 수 없습니다. 왜냐하면 짐승들은 이들 두 기능을 향유할 수 없기 때문입니다. 따라서 짐승은 그의 생명의 질서나 자연적인 사랑에 속한 모든 지식을 가지고 태어나지만 사람은 전혀 그렇지 않다는 결론을 얻을 수 있겠습니다.

268. (3) 사람 안에 있는 확증된 악과 거짓은 그 사람의 사랑의 일부가 되고, 그러므로 그의 생명의 일부가 되어 지속된다는 것.

확증한 악과 거짓은 선과 진리를 죽여버리는 것 이외의 다른 것이 아닙니다. 만약 죽지 않고 살아남는 것이 있다고 해도 그것은 그것의 찌꺼기(殘滓)일 뿐입니다. 왜냐하면 악은 선을 몰아내고 또 거부하고, 거짓 역시 진리를 거부하고, 쫓아내기 때문입니다. 이런 이유 때문에 악이나 거짓을 확증하는 짓거리는 천계의 문을 닫아버리는 행동입니다. 왜냐하면 모든 선이나 진리는 주님으로부터 천계를 통해서 흘러들기(入流) 때문에, 만약 천계가 닫히면, 사람은 악이나 거짓이 충일(充溢)하고 만연(蔓衍)한 지옥이나, 그것의 어느 사회에 있을 수밖에 없기 때문입니다. 그리고 그 사람은 그 후에도 그 옥에서부터 결코 옮겨질 수 없기 때문입니다.

　나는 한번은 수세기 전 자신들의 종교의 이단사설을 내적으로 확증, 지지한 사람들과 이야기할 수 있는 기회가 있었는데, 내가 그들에게서 볼 수 있었던 것은, 그들은 그들이 이 세상에 있을 때 그런 이단사설에 빠져 있었던 것과 꼭같은 그런 이단사설에 아직까지도 머물러 있다는 것입니다. 그 이유는 어떤 사람이 자기 스스로 확증하고, 지지한 것들은 모두가 그의 사랑이 되고 생명이 되기 때문입니다. 그것들이 그의 사랑이 되는 것은 그것들이 그 사람의 이해나 의지가 되기 때문이고, 또한 의지나 이해는 모든 사람의 생명을 이루는 것이기 때문입니다. 그것들이 그 사람의 생명의 일부가 되었을 때 그것들은 그 사람의 마음 뿐만 아니라 전 몸의 일부가 됩니다.

　이렇게 볼 때 명확한 것은 이 악이나 거짓을 자기 스스로 확증하고 지지한 사람은 정수리부터 발끝까지 그런 부류의 사람이 된다는 것입니다. 그리고 이런 성품의 사람이 되면 그 반대 상태의 성품의 사람으로 되돌아 갈 수 없기 때문에, 따라서 지옥에서부터 구출될 수 없다는 것입니다. 이상에서, 그리고 앞장의 설명 등에서 볼 때 우리는 악의 근원이 무엇인지를 명확하게 알 수 있겠습니다.

269. (4) 사랑과 생명의 일부가 된 것들은 후손에게 이어진다는 것.

　잘 알 수 있는 것은 사람은 악 가운데 태어난다는 것과 또 그의 부모로부터 유전으로 그것을 이어받는다는 것입니다. 비록 어떤 사람들은 그것이 자신들의 부모에게서 오는 것이 아니라, 인류의 조상 아담에게서부터 부모들을 통해서 오는 것이라고 믿고 있지만, 어쨌든 그것은 크게 잘못된 것입니다. 사람은 어머니 안에서 온몸(全身)으로 옷입혀진 하나의 영혼을 가지고 있는 아버지에게서 악을 물려받습니다. 왜냐하면 아버지에게서 비롯된 씨(種子)는 첫번째 생명의 수용그릇인데, 그러나 그것은 이미 아버지가 가지고 있던 그런 부류의 수용그릇입니다. 왜냐하면 씨는 그 사람의 사랑의 형체 안에 존재하며, 또 각자의 사랑은, 크든 작든, 모두가 그것 자체와 같기 때문입니다. 또한 씨 안에는 사람의 형체가 되려는 활력소(活力素·conatus)가 있는데, 그것은 계속적인 과정에 의해 그 형체에 이어지기 때문입니다. 이렇게 볼 때 유전적이라고 일컫는 악들은 아버지로부터 오고, 따라서 할아버지들과 증조 할아버지로부터 후손들에게 전가(轉嫁)된다는 것을 알 수 있겠습니다.

270. (5) 선천적인 것이든 후천적인 것이든, 모든 악들은 자연적인 마음 안에 그 자리를 잡는다는 것.

자연적인 마음이 형체 즉 형상으로 볼 때 한 세계이기 때문에 악이나 그것에서 비롯된 거짓은 자연적인 마음 안에 그 자리를 잡는데 반하여, 영적인 마음은 형체 즉 형상으로 볼 때 천계를 가리키므로, 그 천계 안에 악은 결코 침입할 수 없습니다. 그러므로 이 영적인 마음은 출생시부터 열려져 있는 것이 아니고, 열릴 수 있는 가능성을 가지고 태어납니다. 더욱이 자연적인 마음은 자연계의 실체로부터 그 형체의 일부를 취하지만, 영적인 마음은 오직 영계의 실체로부터 그것을 얻습니다. 그리고 주님께서는 사람이 사람답게 되기 위해서 이 영적인 마음을 흠이 없도록 잘 간수하여 주십니다. 왜냐하면 사람은 동물과 비슷한 존재로 태어나지만, 그러나 그 사람은 온전한 하나의 사람이 되기 때문입니다.

자연적인 마음은 그것에 속한 것들과 더불어 오른쪽으로부터 왼쪽으로 선회(旋回)하지만, 영적인 마음은 왼쪽에서부터 오른쪽으로 선회합니다. 따라서 이 둘은 서로 상반되는 방향으로 선회합니다. 이와 같은 사실은, 악이 자연적인 마음 안에 그 자리를 잡고 있고 그리고 악 자체가 영적인 마음에 거스르는 행동을 한다는 하나의 좋은 증거입니다. 더욱이 오른쪽에서 왼쪽으로의 선회는 아래로 내려가는 즉 지옥을 향하는 것이지만, 왼쪽에서 오른쪽으로의 선회는 위로 올라가는 즉 천계를 향하는 것입니다. 내가 경험으로 확신하는 것은, 악령은 그의 몸을 오른쪽에서 왼쪽으로는 선회할 수 있지만 왼쪽에서 오른쪽으로의 선회는 불가능한 반면에, 선한 영은 그의 몸을 그 _쪽에서 왼쪽으로 선회한다는 것은 지극히 어렵지만 왼쪽에서 오른쪽으로 선회한다는 것은 매우 쉽다는 사실입니다. 선회는 마음에 속한 내면적인 것들의 흐름에 뒤따릅니다.

제 18 장 악과 거짓은 선과 진리에 정반대가 된다. 그 까닭은 악과 거짓은 악마적이고 지옥적인데 반하여 선과 진리는 신령하고 천계적이기 때문이다.

271. 악과 선이 반대이고, 또 악에서 파생된 거짓과 선에서 파생된 진리가 반대라는 말을 들으면 누구나 그것이 사실임을 시인합니다. 그럼에도 불구하고 악 안에 있는 사람들은 악이 선이다는 것 이외의 것을 느끼지 못하며, 따라서 그것 이외의 것을 지각하지 못합니다. 왜냐하면 악은 그들의 감각들, 특히 시각과 청각에게 쾌락을 제공하며, 또 그것으로부터 그들의 사상은 쾌락을 만끽하고, 따라서 그들의 지각도 역시 쾌락을 즐기기 때문입니다.

정말 악과 선이 반대라고 수긍을 하면서도, 일단 악에 빠져들면 그 악에 속한 쾌락으로 말미암아 악을 선이라 부르고 또 그 반대 즉 선을 악이라 공공연하게 역설합니다. 예를 들겠습니다. 사람들이 만일 악한 것을 생각하고 행하는데 있어서 자신들의 자유를 오용(誤用)하면서, 그들은 그것을 자유라고 칭하고, 그 반대 즉 그것 자체가 본질적으로 선하기 때문에 그 선한 것을 생각하는 것을 굴레(束縛·bondage)라고 부르는데, 사실 전자가 굴레인 반면에 후자는 진정한 자유입니다. 간음 행위를 좋아하는 사람들은 간음을 행하는 것을 자유라고 부르고 그것의 금지를 굴레라고 합니다. 왜냐하면 노골적인 음란행위에서 말초신경적인 쾌락을 만끽하면서 정숙함에는 매우 불쾌하게 생각하기 때문입니다. 자아애(自我愛·love of self)에서 비롯된 지배욕(支配欲)에 빠져 있는 사람은 그 지배욕 안에서 그 밖의 다른 모든 종류의 즐거움을 초월한 삶의 쾌락을 만끽합니다. 그러므로 그들은 그 사랑에 속한 것은 무엇이든지 "선"이라고 하고 그 사랑에 배치되는 모든 것에는 "악"이라고 공언합니다. 그렇지만 이 경우는 사실과는 반대입니다. 이같은 것은 다른 경우의 악에서도 마찬가지입니다. 그러므로 사람마다 악과 선이 반대임을 인정하면서도 악에 빠져 있는 사람들은 계속 뒤바뀐 개념(倒置槪念)을 애지중지하고, 선 안에 있는 사람만이 오직 올바른 개념을 가집니다. 누구도 악 안에 있는 동안에는 선을 알 수 없지만, 선 안에 있는 사람은 누구나 악한 것이 어떤 것인지를 잘 알고 있습니다. 악은 굴속 같은 낮은 곳에 있지만 선은 산 같은 높은 곳에 있습니다.

272. 대부분의 사람들은 악의 본성(本性)이 무엇이고, 또 그것이 전적으로 선에 반대된다는 것을 모르고 있고, 그리고 그것은 매우 중요한 지식이므로 아래의 순서에 따라서 그 내용을 설명하겠습니다.

(1) 악과 그것에서 비롯된 거짓 안에 있는 자연적인 마음은 지옥의 형체이고 형상이다는 것.

(2) 지옥의 형체이고 형상인 자연적인 마음은 세 계도들을 통해서 하강한다는 것.

(3) 지옥의 형체이고 형상인 자연적인 마음에 속한 세 계도들은 천계의 형체이고 형상인 영적인 마음에 속한 세 계도와는 정반대이다는 것.

(4) 하나의 지옥인 자연적인 마음은 하나의 천계인 영적인 마음에게 전적으로 반대된다는 것.

273. (1) 악과 그것에서 비롯된 거짓 안에 있는 자연적인 마음은 지옥의 형체이고 형상이다는 것.

사람이 가지고 있는 자연적인 마음의 기질(氣質)이 그 실체적 형체로 어떤 것인지를 여기서 자세히 기술할 수는 없겠습니다. 다시 말하면 그것의 제일원리(第一原理)들 안에 있는 그 마음이 자디 고 있는 뇌 안에서의 양계(兩界)의 실체로 형성된 그것의 형체의 기질이 어떤 것인지는 서술할 수 없겠습니다. 다만 아래에서 마음과 몸의 대응을 다루는 곳에서, 그 형체의 보편적 개념을 설명하겠습니다. 여기서는 다만 지각·사상·의도·목적과 그것에 속한 것들에 의해 나타나는 상태나 그것들의 변화의 측면에서 본 그것의 형체에 관해서 설명하겠습니다. 왜냐하면 그 악과 그것에서 비롯된 거짓 안에 있는 자연적인 마음은 그런 것들의 상태와 변화의 측면에서 본다면 그것은 지옥의 형체이고 그 형상이기 때문입니다. 이런 부류의 형체는 하나의 주체로써 본다면 실체적 형체로 생각할 수 있겠습니다. 왜냐하면 눈 없이 시각이 있을 수 없고, 귀 없이 청각이 있을 수 없는 것과 꼭 같이 상태의 변화들은 그 주체의 실체적 형체 없이 생겨날 수 없기 때문입니다.

다음으로는 자연적인 마음이 내재해 있는 형체나 형상에 대해서 살펴보면 지옥을 연상할 수 있는데, 그 형체나 형상은 그 마음의 보편적인 상태를 가리키는 그 정욕과 같이 하는 지배욕(支配欲·the reigning love)은 지옥에 있는 악마와 다를 바 없다고 하겠습니다. 그리고 또 그 지배욕에서 야기되는 거짓에 속한 사상들은 악마의 패거리(一黨)와 다를 바 없습니다.

성경말씀에서 "악마"나 "그것의 패거리"는 바로 이런 것들을 뜻합니다. 더욱이 지옥에는 자아애(自我愛)에서 비롯된 지배욕이 있기 때문에, 그 지배욕을 "악마"(惡魔·devil)라고 부르고, 그 지배욕에서 생겨진 사상(思想)과 더불어 거짓에 속한 정동(情動)을 "악마의 패거리"라고 부릅니다. 이것은 지옥의 모든 사회에서도 마찬가지입니다. 다른 점이 있다면 하나의 악령 안에서도 서로 닮은 수종의 것들이 있다는 것 뿐입니다. 악과 그것에서 비롯된 거짓 안에 있는 자연적인 마음은 이와 비슷한 형체 안에 있습니다. 그러므로 이런 성품의 사람들은 죽은 후에 그들 자신들은 자기 자신과 유사한 지옥의 사회로 가고, 그런 뒤에는 개별적으로나 특수적으로나 그 사람은 그 사회와 일치된 행동을 자행합니다. 왜냐하면 그 때 그 사람의 경우는 자기 자신의 형체 즉 그 자신의 마음의 상태에 들어와 있는 것이기 때문입니다. 이와는 좀 다른 "사탄"이라고 부르는 정욕(情欲·love)이 있습니다. 이 정욕은 전자 즉 "악마"라고 부르는 지배욕에 종속되는데, 그것은 모든 간계(奸計)를 다 꾸며서 남의 재물(財物)을 빼앗으려는 소유욕(所有欲)을 가리킵니다. 교활하고 음흉한 무리가 그들의 패거리입니다. 이런 지옥에 있는 무리들을 일반적으로 사탄이라고 부르고, 전자의 지옥에 있는 무리들을 악마라고 부릅니다. 이런 부류의 무리들은 남몰래 숨어서 어떤 일을 자행하지 않기 때문에, 자신들의 명성(名聲)을 부인하지 않습니다.

이렇게 볼 때 악마와 사탄이라고 부르는 것은 전체적으로 지옥을 가리킨다는 것을 잘 알 수 있습니다. 두 지옥들이 이 두 정욕들에 따라서 넓게 나뉘어지는 이유는, 모든 천계들이 두 사랑 즉 주님사랑과 이웃사랑에 따라서 천적 왕국과 영적 왕국인 두 왕국으로 나뉘어지기 때문입니다. 즉 악마적 지옥은 천적 왕국에 정반대로 대응하고, 사탄적 지옥은 영적 왕국에 정반대로 대응합니다. 독자들은 《천계와 지옥》이라는 책에서(같은 책 20-28항 참조) 천계가 천적 왕국과 영적 왕국의 두 왕국으로 나뉘어져 있음을 읽을 수 있겠습니다. 이런 성품의 자연적 마음이 그 형체로는 지옥을 가리키는 이유는 모든 영적 모양이, 큰 것이든 작은 것이든, 이 두 형체와 꼭같기 때문입니다. 그러므로 모든 천사는, 나의 저서 《천계와 지옥》(Heavens and Hell)에서 설명한 것과 같이(같은 책 51-58항 참조), 보다 작은 형체의 천계입니다. 따라서 악마나 사탄인 영이나 사람 역시 모두가 보다 작은 형체의 지옥이라는 것도 잘 알 수 있겠습니다.

274. (2) 지옥의 형체이고 형상인 자연적인 마음은 세 계도들을 통해서 하강한다는 것.

위에서(222-229항 참조) 높이(垂直的)의 계도와 너비(水平的)

의 계도라는 두 종류의 계도들이, 가장 큰 것이든 가장 작은 것이든, 모두 안에 있다는 것을 이해하였습니다. 또한 그것의 가장 큰 것이나 가장 작은 것 안에 자연적인 마음이 있다는 것도 사실임을 알았습니다. 여기서는 높이(垂直的)의 계도들을 다루고자 합니다.

자연적인 마음은 합리성(合理性)과 자유(自由)라는 두 기능에 의하여 세 계도를 통해서 상승할 수도 있고, 하강할 수도 있는 이런 상태 안에 있습니다. 그것은 선과 진리에 의하여서는 상승하고, 악과 거짓에 의해서는 하강합니다. 그리고 그것이 오를 때에는 지옥을 향해 인도하는 낮은 계도들이 닫혀지는 반면에, 그것이 하강할 때에는 천계를 향해 인도하는 높은 계도들이 닫혀집니다. 그 까닭은 그것들이 하나의 반충작용 안에 있기 때문입니다. 높은 계도들이든 낮은 계도들이든, 이 세 계도는 갓 태어난 어린 아이 안에서는 열려지거나 닫혀지지 않습니다. 왜냐하면 그 때의 그 아이는 선과 진리에 관해서, 또 악과 거짓에 관해서 아무것도 모르는 무지(無知)의 상태이기 때문입니다. 그러나 그가 스스로 이쪽 또는 저쪽으로 오르거나 내려가면, 계도들은 이쪽이 열리기도 하고 또는 저쪽이 닫히기도 합니다. 그것들이 지옥을 향해 열려지면 의지에 속한 지배욕은 가장 높은 즉 가장 지심(至深)한 계층을 점령하고, 그 지배욕에서 비롯된 이해에 속한 거짓에 속한 사상은 두번째 즉 중간 계층을 점령합니다. 그리고 사상을 거친 사랑의 결과, 또는 이해를 통한 의지의 결과는 가장 낮은 계층을 점령합니다.

이같은 사실은 위에서 언급한 높이의 계도에서도 마찬가지입니다. 계도들은 목적·원인·결과의 순서로, 또는 첫째 목적·중간 목적·최종 목적의 순서로 배열되어 있습니다. 이 계도들의 하강(下降)은 육체를 향하며, 따라서 더 하강하게 되면 그것들은 조잡하게 되고, 종국에는 물질적 또는 관능적이 됩니다. 만일 둘째 계도를 이루기 위하여 둘째 계도에서 성경말씀에서 비롯된 진리를 받으면 이들 진리는 악에 속한 사랑인 첫째 계도에 의하여 종이나 노예로 전락합니다.
 따라서 여기서 밝히 알 수 있는 것은 성경말씀에서 비롯된 교회에 속한 진리도 악에 속한 사람과 더불어서는, 또는 자연적인 마음이 지옥의 형체로 있는 사람에게 있어서는, 수단과 방편으로써 악마를 섬기기 때문에, 그 진리는 위화되고 모독된다는 것입니다. 왜냐하면 자연적인 마음 안에 있는 악에 속한 지배욕은 위에서 설명한 것과 같이 지옥이고, 악마이기 때문입니다.

275. (3) 지옥의 형체이고 형상인 자연적인 마음에 속한 세 계도들은 천계의 형체이고 형상인 영적인 마음에 속한 계도들과는 정반대이다는 것.

 앞에서 사람의 마음에는 자연적·영적·천적이라고 일컫는 세 계도가 있다는 것과 이들 세 계도가 이루는 사람의 마음은 천계를 우러르고, 또 스스로 그 방향으로 향한다는 것을 설명하였습니다. 이상에서 볼 때 지옥을 향하고, 또 스스로 그 방향으로 향하는 자연적인 마음도 꼭같이 세 계도로 이루어졌으며 그 각각의 계도는 천계를 가리키는 그 마음의 계도에 정반대가 된다는 것도 알 수 있겠습니다. 이러한 내용이 사실이라는 것은 영계에서 내가 본 것들에 의해 나로서는 분명합니다. 즉 세 천계들은 세 수직적 계도들에 따라서 엄연히 구획되어 있다는 것, 세 지옥들도 세 수직적 계도들 즉 깊음의 세 계도들에 따라서 엄연히 구획되어 있다는 것입니다. 더 나아가서 지옥들은, 개별적으로나 특수적으로나, 천계와 정반대라는 것, 다시 말하면 가장 깊은 지옥은 가장 높은 천계와 반대되고, 중간 지옥은 중간 천계와 반대이고, 가장 위의 지옥은 가장 낮은 천계와 반대가 된다는 것입니다.

 지옥의 형체로 있는 자연적인 마음도 동일한 형체를 하고 있습니다. 왜냐하면 영적인 형체들은 그것들이 작든 크든 그 자체와 꼭같기 때문입니다. 천계들과 지옥들이 이와 같이 서로 정반대가 되는 이유는, 그들의 사랑들이 서로 정반대이기 때문입니다. 천계에서 주님사랑과 그 결과로 오는 이웃사랑이 가장 내적인 계도를 만들고 있는 반면에, 자아와 세상을 사랑하는 사랑은 지옥에서 가장 내적인 계도를 만들고 있고, 또 천계적 사랑들에서 파생되는 지혜와 이지는 천계에서 중간 계도를 만드는 반면에, 자아애와 세간애인 이 지옥적인 정욕들에게서 파생되는 미련함과 광기는 지옥에서 중간 계도를 형성합니다. 천계에서는, 지식으로써 기억에 남아 있든, 육신의 행동으로 옮겨졌든 여타의 두 계도에서 비롯된 결과들은, 가장 낮은 계도를 이루며, 또한 지옥에서도 지식이나 행동으로 남아 있는 여타의 두 계도에서 비롯된 결과들 역시 가장 외적인 계도를 형성합니다. 천계의 선과 진리가 지옥에서 서로 상반되는 악과 거짓으로 어떻게 뒤바뀌는지는 나는 경험으로 밝히 알 수 있습니다. 내가 들은 바 경험에 의하면, 어떤 경우 신령진리가 천계로부터 지옥으로 흘러들게 되면, 계도에 따른 내려감(下降)에 따라서 거짓의 것으로 점차 바뀌게 되어, 마침내 가장 낮은 지옥에 이르러서는 그 진리와는 정반대가 되는 거짓으로 바뀌게 된다는 것입니다.

여기서 밝히 알 수 있는 사실은 모든 선과 진리 면에서 보면 지옥은 그 계도에 따라서 천계에 정반대가 된다는 것입니다. 다시 말하면 모든 선과 진리는 역행하는 길로 바뀌어진 형체에 흘리드는 입류에 의하여 악과 거짓으로 변절된다는 것입니다. 왜냐하면, 잘 알고 있듯이 모든 흘러듦(入流)은 수용그릇이나 그것들의 상태에 따른 지각이요, 인식이기 때문입니다. 또다른 아래의 경험이 나로 하여금 정반대가 되는 이같은 뒤바뀜(倒置)이 어떤 것인지를 명확하게 해주었습니다. 나는 허락하심을 받아 천계들에 반대되는 지옥들을 보게 되었습니다. 거기에 있는 사람들은 모두가 물구나무 선듯 거꾸로 보였습니다. 모두들 머리는 땅 아래로, 발은 공중으로 향해 있었습니다. 그러나 그럼에도 불구하고 그들 스스로는 발을 땅에 짚고 똑바로 서 있는 것으로 안다고 일러졌습니다. 예컨대 적도(赤道)를 중심한 남반구(南半球)와 북반구의 관계라고 하겠습니다. 이와 같은 실제 경험에 의한 확신에서 볼 때 형체와 형상에서 지옥인 자연적인 마음의 세 계도는 형체와 형상에서 천계인 영적인 마음의 세 계도와는 정반대라는 것을 알 수 있겠습니다.

276. (4) 하나의 지옥인 자연적인 마음은 하나의 천계인 영적인 마음에 전적으로 반대된다는 것.

사랑들이 정반대가 될 때, 지각에 속한 모든 것들 역시 서로 반대입니다. 왜냐하면 사람의 생명 자체를 형성하고 있는 것 즉 사랑으로부터 흘러 나오는 모든 것들은, 샘에서 홀로 나오는 시내와 같은 식으로, 흐르기 때문입니다. 이 원천에서 나오지 아니한 것은 원천에서 나온 것과는 자연적인 마음 안에서 서로 분리됩니다. 사람의 지배욕에서 비롯된 것은 무엇이나 사람의 중심에 자리를 잡지만 여타의 것들은 밖으로 밀려나기 마련입니다. 만약 후자가 성경말씀에서 비롯된 교회에 속한 진리들이라면 그것들은 그 중심에서부터 멀리 변방으로 쫓겨나고, 종국에는 근절(根絶)되거나 말살(抹殺)되고 말 것입니다. 그 때 그 사람 즉 자연적인 마음은 선을 악으로 깨달을 것이고, 또 진리를 거짓으로 여길 것이며, 또한 그 반대의 것으로도 깨닫고 이해할 것입니다. 이것이 바로 그러한 사람이 배신을 지혜라고, 광적인 것을 총명이라고, 교활한 것을 사려분별(思慮分別)한 것으로, 악한 간계(奸計)를 독창적 기지(奇智)로 믿는 이유입니다. 더욱이 이런 사람들은 교회나 예배에 속한 신령한 것이나 천계적인 것에는 아무런 관심도 없고, 또 그런 것들을 무가치한 것으로 만들어 버리지만, 그 반면에 육신적이고 세속적인 것들은 가장 크고 값진 것으로 여깁니다. 따라서 그런 사람들은 그의 생명 상태를 거꾸로 뒤집는데, 마치 머리를 발바닥으로, 그리고 그것으로 걸으며 또는 발바닥에 속한 것을 머리가 되게 합니다. 그러므로 생명이 있는 산 것을 생명이 없는 죽은 송장으로 만듭니다. 그러므로 마음이 천계라면 살아 있다고 말하고, 마음이 지옥이면 죽은 송장이라고 말합니다.

제 19 장 ▌자연적인 마음의 세 계도에 속한 모든 것들은 육체적 행동으로 말미암아 행위들 안에 내포된다.

277. 지금 제3편에서 다루고 있는 계도들에 속한 지식이 다음의 비의(秘義)들을 열어 보여줍니다. 즉, 사람의 마음 즉 사람의 의지와 이해에 속한 것들은, 씨나 열매 또는 달걀 안에서처럼 보이게 또는 보이지 않게 그 속에 내재해 있는 것과 같이, 그 사람의 언행이나 행위 안에 내재해 있습니다. 자신들에 의한 언행이나 행위는 그것들이 스스로 움직이는 것처럼 외적으로 나타나 보이지만, 그들의 내적인 것들 안에서는 헤아릴 수 없이 많은 것들이 그런 작용을 일으키는 것입니다. 온 몸의 운동섬유에 일어나는 일시적인 힘이나, 또는 이런 힘들을 부축이고 또 자제하는 마음에 속한 모든 것들은 위에서 설명하였듯이, 그것들은 모두가 세 계도에 속한 것입니다. 그리고 마음에 속한 것들은 모두가 이것들 안에 있기 때문에 그러한 모든 것들은 의지에 속한 것 즉 첫째 계도를 형성하는 그 사람의 사랑에 속한 모든 정동을 가리킵니다. 그리고 이해에 속한 모든 것들은, 즉 둘째 계도를 형성하는 지각에서 비롯된 모든 사상을 가리킵니다. 그리고 기억에 속한 모든 것들 즉 기억에서 비롯된 언어에 가장 근접한 사상에 속한 개념들은 셋째 계도를 형성합니다. 움직이기로 결정한 모든 것들에서부터 언행이나 행위는 비롯되는 것입니다. 그러나 그런 일에 있어서도 외적인 겉모양으로 보이는 것 안에는, 사실 그것들을 실제적으로 움직이게 한 것이기는 하지만, 눈으로는 볼 수 없는 선재(先在)하는 것이 들어 있습니다. 이들 극외적인 것은 선재하는 것들의 복합체요, 그릇이요, 초석이다는 것은 앞에서 (209-216항 참조) 설명하였고, 높이의 계도들 역시 그것의 가장 외적인 것 안에 충만하다는 것도 설명하였습니다(217-221항 참조).

278. 눈에 보이는 육체적 언행이나 행위는 마치 겉모양으로는 씨·열매·알처럼, 또는 껍데기 속에 있는 밤이나 아몬드처럼 단순하고

(simple) 한결같은(uniform) 것으로 보이지만, 그럼에도 불구하고 그것들은 그것을 존재하게 하는 선재(先在)하는 모든 것들을 자신들 안에 내포하고 있습니다. 그 이유는 모든 극외적인 것들은 선재하는 것에서 비롯된 들씌워진 겉껍데기이고, 또한 선재하는 것으로 말미암아 엄연히 내용을 드러내 보여주기 때문입니다. 그러므로 각각의 계도는 여타의 계도와 분별하는 외피(外皮)에 둘러싸여 있습니다. 이 말은 첫째 계도의 것들은 둘째 계도에 의해서 지각되지 않으며, 또 둘째 계도의 것들은 셋째 계도에 의해서 지각되지 않는다는 뜻입니다. 예를 들면 마음의 첫째 계도인 의지에 속한 사랑은 주어진 주제에 대한 사고를 즐겨하는 것을 통해서만 마음의 둘째 계도인 이해의 지혜 안에서 지각됩니다. 앞에서 설명한 것처럼 의지에 속한 사랑인 첫째 계도는 알고자 하고 증명하고자 하는 즐거움을 제외하고서는 셋째 계도인 기억에 속한 지식 안에서는 지각되지 않습니다. 이렇게 볼 때 모든 행동 즉 육체적인 언행이나 행위는, 비록 외모로는 매우 단순하게, 다시 말하면 단순한 사물처럼 보이지만, 이런 모든 것들을 내포하고 있다는 결론을 얻을 수 있겠습니다.

279. 이 내용은 다음의 사실들로 입증됩니다. 즉 사람과 함께 하는 천사들은 행동 안에 있는 마음의 요소들을 상세하게 지각하고, 영적 천사들은 그 행동 안에 있는 이해에서 비롯된 것들을 일일히 지각하고, 천적 천사들은 그 안에 있는 의지에서 비롯된 것들을 일일히 지각합니다. 이것은 일견 믿을 수 없는 것이라고 생각하겠지만 참된 것입니다. 그럼에도 불구하고 주지하여야 할 사실은, 어떤 주제에 대해서 심사숙고 하거나 늘 마음에 간직하고 있는 것들은 심중(心中)에 있지만, 그렇지 않은 것들은 모두가 그것에 대한 유사성(類似性)에 따라서 가깝게 또는 멀리 둔다는 사실입니다. 천사들이 공언하는 바에 따르면, 한 사람의 성품은 지극히 작은 그의 행위에서도 지각된다는 것입니다. 그러나 그의 사랑의 유사성에서 보면, 정동이나 그것에서 비롯된 사상의 끝맺음(終結)에 따라서 그 사람의 행위는 매

우 다양다기하다는 것입니다. 한마디로, 천사 앞에서의 영적인 사람의 언행이나 행위는 잘 익은 열매와 같이 맛있고 아름답고, 또 그 열매를 먹으면 감미로운 맛과 영양분을 주는 것과 같습니다. 천사들이 사람의 언행이나 행위에 관해서 이와 같은 지각을 갖는다는 것은 앞에서 설명하였습니다(220항 참조).

280. 사람의 언어에 관해서도 동일한 말을 할 수 있겠습니다. 그의 언어의 음조(音調·tone)에서 천사들은 그 사람의 사랑을 알고, 그들의 음절(音節·articulation)에서 그의 지혜를 알고, 낱말들의 의미에서 그의 지식을 각각 지각합니다.

낱말은 그 자체의 음조·음절·의미를 담고 있는 복합체로 이 세 성질들이 각 낱말 안에 들어 있다고 천사들은 말합니다. 삼층천의 천사들이 어떤 발언자가 연속적으로 말하는 그 낱말들에서부터 그 사람의 영의 일반적 상태나 어떤 특수한 상태들을 지각한다고 나에게 일러주었습니다. 《성서에 관한 새 예루살렘의 교설》(the Doctrine of the New Jerusalem concerning the Sacred Scripture)에서 성경말씀의 개개의 낱말들 안에 신령지혜에 속한 어떤 영적인 것과 또 신령사랑에 속한 어떤 천적인 것이 들어 있다는 것과 성경말씀이 지상의 사람들에 의해서 존경스럽게 읽어질 때 천사들은 이 사실들을 지각한다는 사실을 충분히 입증한 바 있습니다.

281. 그러므로 이 사실로부터 다음과 같은 결론을 내릴 수 있겠습니다. 즉 자연적인 마음이 세 계도를 따라서 지옥으로 하강하는 사람의 언행과 행위 안에는 그의 모든 악과 그 악에서 비롯된 모든 거짓이 내재해 있다는 것, 그리고 자연적 마음이 천계로 올리워지는 사람의 언행과 행위 안에는 그의 모든 선과 진리가 내재해 있다는 것, 이러한 것들은 모두 그 사람이 하는 지극히 작은 단순한 한마디 말이나 행위에서 천사들은 지각한다는 것 등입니다. 이상에서 볼 때 성경말씀에서 "사람은 그 사람의 행위에 따라서 심판받을 것이다" 또는 "그의 말대로 갚아준다"는 말씀의 뜻을 잘 알 수 있겠습니다.

제 4 편

창조의 방법

제 1 장 영원 전부터 계신 여호와이신 주님께서 무(無)에서가 아니라 당신 자신으로부터 우주와 삼라만상을 창조하셨다.

282. 우주의 창조자이신 한 분 하나님이 계시다는 것은 널리 세상에 알려져 있고 내적인 지각으로 말미암아 모든 현자(賢者)에 의해서 시인되고 있습니다. 그분 홀로 존재이시기 때문에 "있다"(to be)는 동사에 의해서 창조주 하나님이 "여호와"라고 칭해진다는 것은 성경말씀에 의해서 알 수 있습니다. 《주님에 관한 새 예루살렘의 교설》(the Doctrine of the New Jerusalem concerning the Lord)에서 성경말씀의 많은 인용귀절을 가지고 이미 영원부터 주님이 그 여호와시라는 것을 입증한 바 있습니다. 여호와께서 사람들을 지옥으로부터 구해 내시기 위하여 인간성정(人間性情·a Human)을 입으셨기 때문에 여호와는 영원부터 계신 주님이라고 칭해집니다. 그 때에 그분께서는 자신을 주님이라고 부르도록 제자들에게 명령하셨습니다. 그러므로 다음에 의해서 입증되는 바와 같이 구약의 여호와가 신약성서에서 주님이라고 호칭되고 있습니다.

> 너희는 마음을 다하고 뜻을 다하고 힘을 다하여, 주 너희의 하나님을 사랑하여라.
> (신명기 6:5)

그리고 신약성서에서도—.

> 네 마음을 다하고 네 목숨을 다하고, 네 뜻을 다하여, 주 너의 하나님을 사랑하여라.
> (마태 22:37)

복음서들에는 구약성서의 다른 인용들도 동일하게 게재되어 있습니다.

283. 밝은 이성에 의해 생각하는 사람은 누구나 우주가 무(無·nothing)에서부터 창조되지 않았다는 것을 알 것입니다. 그 까닭은 무(無·nothing)라는 것에서는 무밖에 창조될 수 없다는 것을 알겠기 때문입니다. "무"는 정말 무이며 "무로부터 무엇이 만들어진다"는 것은 자가당착(自家撞着)입니다. 자가당착은 어떤 것이든 신령지혜로부터 오는 진리의 빛에 반대가 됩니다. 그리고 신령지혜로부터 오지 않는 것은 어떤 것이든 신령전능(神靈全能·Divine Omnipotence)으로부터도 오지 않습니다. 밝은 이성에 의해 생각하는 사람은 누구나 모든 것이 그 자체가 본질적인 실체(實體·Substance)인 한 실체로 말미암아 창조되었다는 것을 알 것입니다. 왜냐하면 존재하는 모든 것이 형체를 갖추게 되는 그것이 바로 존재 자체(存在自體·Esse itself)이기 때문입니다. 그리고 주님만이 본질적 실체이고 따라서 본질적 존재이시기 때문에 창조된 것들의 모든 형성(形成·formation)은 오직 이 근원에서만 비롯되었다는 것을 분명히 알 수 있습니다.

수많은 사람이 이런 사실을 밝히 알고 있는데 그 이유는 밝은 이성이 그들로 하여금 이 사실을 깨닫게 하기 때문입니다. 그럼에도 불구하고 그들은 아직도 그것에 대한 확신을 가지지 못하는데, 그 이유는, 하나님에게서 비롯되었기 때문에 창조된 우주가 하나님이시다고 그들이 생각하지나 않을까 하는 두려움 때문에, 또는 자연은 스스로 존재한다, 따라서 자연에 속한 지심(至深)한 것이 하나님이시다는 생각을 하지나 않을까 하는 두려움 때문입니다. 이런 이유 때문에 많은 사람들이 만물의 형성 자체가 오직 하나님에게서 비롯되었고, 또 그의 존재(存在·Esse)에서 나온 것임을 알고 있으면서도, 이 주제에 대한 그들의 처음 생각 이상으로 더 진전하지 못하는 것은 그들의 이해가 후에 풀 수 없는 난제 즉 소위 '골디언 매듭'(Gordian knot)에 걸려들지 않기 위해서 입니다. 이러한 난제를 해결한다는 것은 거의 불가능합니다. 왜냐하면 하나님과 우주 창조에 관해서 그들이 자연의 특성인 시간과 공간의 개념을 가지고 생각하고 있기 때문입니다. 그리고 자연으로부터는 어느 누구도 하나님이나 우주창조에 관한 바른 지각을 가질 수 없습니다. 그러나 내면적인 빛 안에 있는 이해를 가지고 있는 사람은, 하나님은 시간과 공간 개념 안에는 계시지 않기 때문에, 자연이나 하나님에게서 비롯된 우주창조에 관해서 올바른 지각을 가질 수 있습니다. 신령존재가 공간 안에 계시지 않는다는 것은 7-10항을, 신령존재는 공간을 떠나서 우주의 공간을 꽉 채운다는 것은 69-72항을, 신령존재가 시간을 떠나 있으면서도 모든 시간 안에 계시다는 것은 73-76항을 참조하십시오. 뒤이어지는 것은 비록 하나님이 우주를 창조하시고, 또 그것의 모든 것들이 그분에게서 나왔다는 것과, 그럼에도 불구하고 지음을 입은 우주 안에는 하나님이신 것은 아무것도 없다는 것을 이해할 것입니다. 그 밖에도 이에 관한 문제들이 적절한 빛 가운데 있게 될 것입니다.

284. 하나님에 관해서 언급한 이 책의 제1편에서, 그분 자신이 신령사랑과 신령지혜이며, 그분의 존재는 생명이고, 또 그분이 유일존재이신 실체요, 형체이시다는 것을 다루었습니다. 그리고 제2편에서는 영적 태양과 그 세계, 자연적 태양과 그 세계, 그리고 이 두 태양들을 방편으로 하여 그 우주와 그것에 속한 삼라만상을 하나님께서 창조하셨다는 것을 다루었습니다. 지금 이 넷째 편에서는 하나님에게서 비롯된 우주창조에 관해서 다루고자 합니다. 이 모든 주제들을 다루는 이유는 천사들이 이 세상을 보았을 때 아무것도 안 보이고, 다만 흑암 뿐이며, 사람들 사이에 하나님·천계·자연의 창조에 대한 지식이 없다고 그들이 주님에게 불평을 했기 때문입니다. 왜냐하면 그들의 지혜는 바로 그 지식 위에 의존하기 때문입니다.

제 2 장 ▌영원 전부터 계신 주님 즉 여호와께서 사람이
　　　　▌아니었다면, 그분은 우주와 그 만물을 창조하
　　　　▌실 수 없으셨다.

285. 하나님이 사람이시다는 개념에 대해서 자연적이고 관능적인 개념을 가지고 있는 사람들은 하나님이 우주와 그 만물을 창조하셨다는 것을 이해할 수 없습니다. 왜냐하면 그들은 "하나님이 어떻게 우주의 이 곳에서 저 곳으로 옮기면서 만물들을 창조하실 수 있었겠는가?" 하고 스스로 생각하고, 또 "당신이 계신 곳에서 어떻게 말씀을 하실 수 있었으며, 말씀하신 대로 만물들이 어떻게 창조될 수 있을까?" 하고 생각하기 때문입니다. 이러한 생각은 신·인(神·人·God-Man)이라는 하나님의 개념을 지상의 사람에 관한 개념과 같은 생각을 가진 사람에게, 그리고 자연과 그 자연의 특성인 시간과 공간개념으로 하나님을 생각하는 사람에게 일어납니다. 그러나 신·인인 하나님에 관해서 지상에 있는 사람들을 기초로 해서, 자연을 기초로 해서, 공간과 시간의 개념을 기초로 해서 생각하지 않는 사람들은 하나님이 사람이 아니었다면 우주가 창조될 수 없었다는 것을 밝히 지각할 수 있습니다. 그러나 생각을 사람으로써의 하나님이신 천사적 개념에로 옮기고, 공간개념을 가능한 한 완전히 지워버린다면, 사상적으로 진리에 접근하게 될 것입니다. 사실 몇몇 학자들은 공간 안에 있지 않는 존재라는 영들이나 천사들의 개념을 가지고 있습니다. 왜냐하면 그들은 공간을 떠난 영적 존재의 개념을 가지고 있기 때문입니다. 그 이유는 영적 존재는 사상과 같아서, 사람 안에 있지만 사람은 그 사상에 의해서 아주 먼 곳이라 할지라도 어느 곳이든지 갈 수 있기 때문입니다. 이러한 사실은 몸에 관한 측면으로 본다면 사람인 영들이나 천사들의 상태를 가리킵니다. 그들의 사상이 있는 곳이면 어떤 곳을 불문하고 그들이 나타나 보입니다. 왜냐하면

영계에서 공간과 거리는 외현(外現)일 뿐이고, 또 그들의 정동에서 비롯된 사상과 한몸을 이루기 때문에 그들의 사상이 있는 곳에서는 어디서나 그들이 나타나 보이기 때문입니다.

이상에서 볼 때 영계 위의 아주 높이 태양으로 보이는 하나님은 공간에 속한 외현에 결코 속한 것이 아니고, 하나님을 공간개념으로 생각해서도 안 된다는 결론을 얻을 수 있겠습니다. 그러므로 그분이 무(無)에서가 아니라 그분 자신에게서 우주를 창조하였다는 것이고, 또 그분의 몸(His Human Body) 을 작다, 크다 즉 어떤 존재의 신장 따위로 상상할 수 없다는 것입니다. 왜냐하면 이런 것들은 공간과 관계되기 때문입니다. 따라서 처음 것이나 나중 것 안에서, 또는 가장 큰 것이나 작은 것 안에서도 그분은 동일합니다. 더욱이 그 인성(人性·Human)은 공간을 떠난 창조된 모든 것들 안에 있는 지심한 존재(至深存在·the Inmost)이십니다. 신령존재가 가장 큰 것이나 가장 작은 것 안에 존재한다는 것(77-82항 참조), 공간을 떠난 신령존재가 공간 안에 충만하다는 것(69-72) 등은 앞에서 설명하였습니다. 그 이유는 신령존재는 공간 안에 존재하지 않기 때문에, 자연에 속한 지심한 것처럼 그것은 연속적 존재(連續的 存在·nec est continuum)는 아닙니다.

286. 총명한 사람들은, 하나님께서 사람이 아니고서는 우주와 그것 안에 있는 만물을 창조하실 수 없으셨다는 것을 이것으로부터 명확하게 이해할 수 있을 것입니다. 그 까닭은 하나님 안에 사랑과 지혜가 있고, 자비와 친절함이 있고, 선과 진리가 있음을 스스로 부정할 수 없기 때문인데, 이것들이 모두 하나님께로부터 오기 때문이고, 이 사실을 부정할 수 없기 때문에, 그들은 하나님께서 한 사람이시다는 것 역시 부정할 수 없기 때문입니다. 이 특질들 중 어느 하나도 사람을 떠나서는 생겨질 수 없기 때문입니다. 왜냐하면 인간존재가 그것들의 주체이기 때문이며 이것들을 그들의 주체로부터 분리시키는 것 즉 주체인 사람에게서 이것들을 사상(捨象)하는 것은 그 특질들

이 존재하지 않는다고 말하는 것과 같기 때문입니다.

지혜에 관해서 생각해 봅시다. 만약 그것을 사람 밖에 둔다고 생각해 보십시오. 그것이 과연 무엇이겠습니까? 여러분은 그것을 에텔이나 불꽃 같은 것으로 생각할 수 있습니까? 물론 그렇게 생각할 수 없을 것입니다. 혹시 그것이 이런 것들 안에 있는 어떤 것으로 생각하지 않는다면 이에 대한 어떠한 생각도 할 수 없을 것입니다. 또한 혹시 이런 것들 안에 있다는 생각이 든다면 그것은 사람이 가지고 있는 것과 같은 부류의 형체 안에 있는 지혜이어야만 할 것이고, 또 전적으로 사람의 형체 안에 있어야만 합니다. 만약 지혜가 그 형체 안에 있다면 하나도 부족한 것이 없는 그같은 존재이어야만 합니다. 한마디로 지혜의 형체는 사람입니다. 또 사람이 지혜의 형체이기 때문에 그 사람 역시 사랑·자비·친절·선·진리 등의 형체입니다. 왜냐하면 이런 것들은 지혜와 한 몸(一體)을 이루기 때문입니다. 사랑과 지혜가 한 형체 안에 있는 것을 제외하면 그런 일이 불가능하다는 것은 앞에서(40-43항 참조) 설명하였습니다.

287. 사랑과 지혜가 사람이다는 것은, 천계의 천사들이 주님에게서 비롯된 사랑과 지혜 안에 있는 정도 만큼 아름다운 사람이다는 사실에서 더욱 명백합니다. 하나님의 형체와 모양으로 창조되었다(창세기 1:26)는 아담에 관한 기록에서도 잘 알 수 있습니다. 왜냐하면 사랑과 지혜의 형체로 만들어졌기 때문입니다. 지상의 모든 사람은 몸의 측면에서 보면 인간의 형체로 태어납니다. 이런 이유 때문에 그의 영혼이라고 부르는 그의 영이 바로 한 사람을 가리킵니다. 이것이 바로 사람을 가리킨다는 것인데, 왜냐하면 그것은 주님에게서 비롯된 사랑과 지혜의 수용그릇이기 때문입니다. 더욱이 영 즉 사람의 영혼이 그것들을 수용하는 정도만큼 그것을 둘러싸고 있는 물질적인 몸이 죽은 뒤에 사람이 됩니다. 따라서 이것들을 수용하지 않는 정도만큼 괴물이 되는데, 그 놈은 수용하는 능력으로부터 인간적인 것들을 끌어들이기 때문입니다.

288. 하나님이 한 사람(a Man)이시기 때문에 온 천사적 천계는 총체적으로 단 한 사람으로 보이며, 또한 그 천계는 사람의 사지(四肢)·내장·조직에 따라서 구역과 영역으로 구분됩니다. 따라서 뇌의 모든 것과 안면의 모든 것과 인체의 내장의 모든 것에 속한 영역을 이루는 천계의 수많은 사회들이 존재하며, 이런 영역의 사회들은 서로 서로 엄연히 분별되는데, 그것은 마치 사람 안에 있는 여러 기관들이 서로 분별되는 것과 같습니다. 더욱이 천사들은 그들이 사람의 어느 영역에 있는지도 잘 압니다. 온 천계가 이런 형상 안에 있는 것은 하나님이 사람이시기 때문입니다.

하나님도 역시 천계입니다. 그 이유는 천계를 형성하는 천사들은 주님에게서 비롯된 사랑과 지혜를 담는 수용그릇이요, 또 그 그릇은 역시 형상들이기 때문입니다. 천계가 사람에게 속한 모든 것들의 형체 안에 존재한다는 것은 《천계비의》*(天界秘義)의 각 장 끝부분에서 읽을 수 있습니다.

289. 이상의 모든 내용이, 사람 이외의 그 어떤 존재로 하나님을 생각하는 사람의 관념이나, 또는 신령존재가 사람으로(as a Man) 하나님 안에 있지 않다고 여기는 사람의 관념이 얼마나 속빈 강정인지를 잘 보여주고 있습니다. 사람에게서 사상(捨象)된 이런 것들은 추론(推論)이 꾸며낸 구성물에 불과하기 때문입니다. 하나님이 진정한 사람이고, 모든 사람은 그분에게서 비롯된 사랑과 지혜의 그릇에 따라서 하나의 사람이다는 것은 앞에서(11-13항) 이미 설명하였습니다. 이 진리를 여기서 거듭 다짐하는 것은, 아래에 이어지는 하나님은 사람이시기 때문에 우주를 창조하셨다는 것을 깨닫게 하여 주기 때문입니다.

---

* 이 책은 저자가 창세기와 출애굽기를 영해(靈解)한 것으로, 현재까지 〈도서출판 예수인〉에서는 아담교회·노아교회(1·2권)·표징적 교회(1·2권)로 총 5권을 출판하였고, 계속 출판할 계획이다(역자 주).

제 3 장 ▎영원 전부터 계신 주님 즉 여호와께서 자신으로부터 영계의 태양을 내셨고, 그것에 의해서 우주와 그 만물을 창조하셨다.

289. 영계의 태양에 관해서 이 책 제2편에서 다루었고 또 아래의 명제들을 거기서 입증하였습니다. 즉, 신령사랑과 신령지혜가 영계에서는 태양으로 나타나 보인다는 것(83-88항 참조), 영적 별과 영적 빛이 그 태양으로부터 나온다는 것(89-92항 참조), 그 태양은 하나님이 아니라 신·인(神人)의 신령사랑과 신령지혜로부터의 발출이며, 그 발출이 그 태양으로부터의 별과 빛에 있어서도 동일한 것을 뜻한다는 것(93-98항 참조), 영적 태양은 중천에 자리잡고 있으나, 물질적 세계의 태양이 사람들로부터 멀리 있는 것처럼 천사들로부터 멀리 떨어져 있다는 것(103-107항 참조), 영계에서는 주님께서 태양으로 나타나시는 곳이 동쪽이고, 다른 중요 방위들은 이것에 의존한다는 것(119-123·124-128항 참조), 천사들은 태양이신 주님을 향하여 계속 얼굴을 돌리고 있다는 것(129-134·135-139항 참조), 주님은 그 태양을 방편으로 하여 우주와 그 안의 모든 것을 창조하셨으니 그 태양은 신령사랑과 신령지혜의 첫 발출이다는 것(151-156항 참조), 자연계의 태양은 불 이외의 아무것도 아니며, 그 까닭에 그 태양에다 근원을 가지는 자연은 무생명(死物)이다는 것, 더 나아가서 자연계의 태양은 창조의 작품이 그 안에 포장되고 마무리지어질 수 있도록 창조되었다는 것(157-162항 참조), 생명 있는 태양과 생명 없는 태양의 이 한 쌍의 태양들이 없이는 창조가 있어질 수 없다는 것(163-166항 참조) 등입니다.

291. 제2편에서 제시한 또다른 명제는 영적 태양이 주님이 아니고, 그것은 주님의 신령사랑과 신령지혜에서 비롯된 한 발출이라는 것입니다. 그것이 발출(發出·Proceeding)이라고 일컬어지는 이유는 본질

적 실체와 형체인 신령사랑과 신령지혜로부터 온 것이기 때문이며, 그것을 통해서 신령존재가 유출하기 때문입니다. 그러나 사람의 이성은, 원인에서부터 어떤 사물을 관찰하고, 따라서 그것이 어떻게 그렇게 되었는지에 관한 지각을 갖지 않으면 선뜻 동의하지 않으려는 특성을 지녔기 때문에, 그러므로 현재의 경우인 영계의 태양이 주님이 아니고, 주님에게서 나온 하나의 발출(發出)이라는 이 명제에 대해서 부연 설명을 하여야만 하겠습니다.

이것에 관해서는 아주 자주 천사들과 대화를 나누었습니다. 그들은 다음과 같이 말하였습니다. 즉 그들은 자신들의 영적인 빛으로 그것에 관한 명확한 개념을 가지고 있지만, 그러나 두 종류의 빛의 차이 즉 사람이 있는 자연적인 빛과 천사들이 있는 영적인 빛의 차이와 또 이에서 비롯된 사상적 차이 때문에 이 세상 사람에게는 쉽게 설명할 수 없다는 것입니다. 또 천사들은, 그러나 이 문제는 모든 천사를 에워싸고 있고, 또 그것으로 그들이 남에게 멀리 있다 또는 가깝게 있다고 알리는 정동과 사상의 영기(靈氣·後光·sphere)와 비슷하다고 말하였습니다. 그러나 그들은 또한 에워싸고 있는 영기는 천사 자신의 것이 아니고, 천사의 몸에 속한 갖가지 모든 것에서 나오며, 또 거기서 유출된 실체들은 물줄기 같이 계속 흘러나오며, 흘러나온 것은 그를 에워싼다고 말하였습니다. 그를 에워싼 실체들은 그 사람의 생명의 두 운동의 근원 즉 심장과 폐장에 의하여 끊임없이 움직여지기 때문에 대기 안에서도 꼭같은 활동들을 일으키고, 그것에 의해서 다른 사람에게 천사의 현존(現存·presence)에 대한 깨달음을 일으킨다고 말하였습니다. 그러므로 그렇다고 말은 하지만, 정동이 천사 안에 있는 마음의 형체의 단순한 상태이기 때문에, 그에게서 계속 나오고 있는 것은 정동이나 사상에 속한 별개의 영기가 아니라 하였습니다. 그들은 또 모든 천사 주위에는 영기가 있는데, 그 이유는 주님 주위에도 그같은 영기가 있기 때문이고, 또한 주님 주위의 영기는 주님에게서 온 것이고, 또한 그 영기가 그들의 태양 즉 영계의 태양이기 때문이라고 말하였습니다.

292. 나는, 모든 천사나 영들의 주위에 이런 영기가 두루 에워싸고 있다는 것과 그리고 한 사회 안에 있는 여러 사람 주위에도 일반적인 영기가 있다는 지각을 자주 받을 수 있었습니다. 나는 여러 모양으로 이것을 볼 수 있었는데, 천계의 어떤 경우에는 엷은 불꽃으로, 지옥의 어떤 경우에는 어두컴컴한 불꽃으로, 천계의 어떤 경우에는 엷고 해맑은 구름으로, 지옥의 어떤 경우에는 틱틱하고 검은 구름으로 보였습니다. 그리고 어떤 경우에는 여러 질의 향기나 악취로 그 영기가 지각되기도 하였습니다. 이런 경험에서 볼 때 내가 확신할 수 있는 것은, 하나의 영기는 그들의 몸에서부터 떠난 실체들로 구성되고, 또 그 영기는 지옥에 있는 사람이나, 천계에 있는 사람 주위를 에워싸고 있다는 것입니다.

293. 이런 경험을 통해서, 나는 영기가 천사들과 영들에게서만 흘러나오지 않고 영계에서 보여지는 각가지의 것들 즉 나무·그것의 열매·관목(灌木)·꽃·풀 등은 물론 토양이나 그것의 알맹이 하나에서까지 흘러나온다는 것을 확신할 수 있었습니다. 그러므로, 생명이 있는 것이든 죽은 것이든, 모든 것들은 그 자체 안에 있는 것과 유사한 어떤 것들로 둘러싸여 있고, 또 그것은 계속해서 그 개체에서 유출된다는 보편적 법칙의 특징을 지니고 있습니다. 또한 많은 학자들의 연구에 의하면 우리의 자연계에서도 이와 유사한 것이 있다는 것을 알고 있습니다. 즉 자연계에 있는 사람은 물론 모든 동물·나무와 그 열매·관목·꽃 심지어 금속이나 광석에서도 이와 같은 활력적인 파장(a wave of effluvia)이 유출된다는 것입니다. 자연계는 이것을 영계에서 얻고, 영계는 이것을 신령존재로부터 얻습니다.

294. 영계의 태양을 구성하고 있는 요소들이 주님으로부터 비롯되지만, 주님은 아니기 때문에, 그것들은 본질적 생명은 아니고, 그 생명이 결여된 것입니다. 그것은 마치 천사나 사람에게서 흘러나온(流出) 것이, 그리고 그를 에워싸고 있는 영기가 그 천사나 사람이 아

니고, 또 그에게서 비롯되었지만 그의 생명이 없는 것과 꼭 같습니다. 이들 영기는 그것들이 화합하는 것 이외의 다른 것으로는 천사나 사람과 어떤 면에서나 하나가 될 수 없습니다. 이것이 그러하다는 것은 이 영기가 그것들의 생명의 형체가 있던 그들의 몸의 형체로부터 나온 것이기 때문입니다. 이것은 영적 관념을 가지고 있는 천사들은 말로는 표현할 수 있고 사상적으로 이해할 수 있지만, 그러나 자연적 관념을 가지고 있는 사람은 이해할 수도, 표현할 수도 없는 하나의 비의(秘義·arcanum)입니다. 왜냐하면 수천의 영적 관념은 자연적 관념과 하나가 되지만, 하나의 자연적 관념은 사람에 의하여 그 어떤 영적 관념으로 해결할 수 없고, 많은 관념으로는 더더욱 해결될 수 없기 때문입니다. 그 이유는 제3편에서 설명한 것과 같이 이들 관념들은 높이의 계도에 따라서 서로 차이가 있기 때문입니다.

295. 천사들의 사상과 사람들의 사상 사이에 이와 같은 큰 차이가 있다는 사실을 나는 경험에서 잘 알 수 있었습니다. 즉 천사들에게, 어떤 주제에 관해서 영적으로 생각한 뒤에, 그들이 생각한 것이 무엇인지를 나에게 말하라고 일러졌습니다. 그들은 그렇게 하였습니다. 그러나 그들이 나에게 말하려고 하였으나 할 수 없었을 뿐만 아니라, 그들은 생각한 것들을 몇마디 말로는 도저히 표현할 수 없다고 말하였습니다. 이와 같은 일은 그들의 영적 언어에서나 영적 저술에서도 꼭 같은데, 거기에는 이 세상의 자연적 언어와 같은 영적 언어는 단 한마디도 없으며, 또한 글자 하나하나에 완전한 뜻을 내포하고 있는 것을 제외한다면 자연적인 저술과 같은 영적 저술 역시 하나도 있지 않았습니다. 그럼에도 불구하고 경이로운 것은, 자연적인 사람들이 자연적인 상태에서 하는 것과 꼭같이, 그들은 영적인 상태에서 생각하고, 말하고, 글을 쓰는 것처럼 그들 자신에게 보인다고 말하였습니다. 그렇지만 그 때에도 역시 닮은 것(類似)은 하나도 없었습니다. 이렇게 볼 때 명확한 것은 자연적인 것과 영적인 것은

높이의 계도에 따라서 서로 다르다는 것과 그리고 그들은 오직 대응
(對應)에 의해서 서로 의사소통을 한다는 사실입니다.

제 4 장 ▎ 주님 안에는 주님을 가리키는 세 가지 것들 즉
신령사랑·신령지혜·신령선용이 있는데, 이 셋
은 영계의 태양으로부터 별으로는 신령사랑이,
빛으로는 신령지혜가, 그것들을 담는 대기로는
신령선용이 현현(顯現)된다.

296. 주님의 신령사랑으로부터 발출되는 별과 주님의 신령지혜로부터 발출되는 빛, 다시 말하면 영계의 태양으로부터 별과 빛이 발출된다는 것은 앞에서 설명한 내용(89−92·99−102항 참조)에서 알 수 있겠습니다. 여기서 우리는 그 태양으로부터 오는 셋째 발출인 대기는 그 별과 그 빛의 그릇이며, 이 발출은 선용(善用·use)이라고 부르는 것으로 주님의 신성에서 비롯된다는 것을 설명하겠습니다.

297. 어떤 조요(照耀)를 받아서 생각하는 사람은 누구나 사랑은 목적으로 선용을 가지고 있으며, 또 그것을 지향한다는 것과 이 선용은 지혜에 의하여 현실화된다는 것을 알 수 있습니다. 왜냐하면 사랑은 매개체인 지혜에 의하지 않으면 자체로는 선용을 현실화하지 못하기 때문입니다. 사실 사랑받는 무엇이 없다면 사랑이 무엇입니까? 사랑받는 그 무엇이 바로 선용입니다. 따라서 선용이 사랑받는 것이며, 지혜의 방편으로 현실화되는 것이기 때문에 선용이 사랑과 지혜의 그릇이라는 결론을 얻을 수 있겠습니다. 앞에서 이미(209−216항과 다른 곳에서) 이 셋 즉 사랑·지혜·선용이 수직적 계도들에 따라서 순서대로 뒤따른다는 것과 또 가장 극외적 계도는 선재(先在)하는 계도의 복합체요, 그릇이고, 초석이 된다는 것을 설명하였습니다. 그러므로 신령사랑·신령지혜·신령선용, 이들 셋은 주님 안

에 있고 또 본질에 있어서 주님이시다는 것을 밝히 알 수 있겠습니다.

298. 사람을 외면적으로나 내면적으로 살펴보면 사람이 모든 선용의 한 형체라는 것과 또 창조된 우주 안에 있는 모든 선용들은 사람 안에 내재해 있는 그 모든 선용에 대응된다는 것 등을 아래와 같이 설명하고자 합니다. 그러나 여기서는 사람이신 하나님(God as a Man)이 모든 선용들의 본질적 형체라는 것과 창조된 우주 안에 있는 모든 선용은 이 형체에서 그들의 근원을 갖는다는 것과 따라서 창조된 우주는 선용의 관점에서 보면 하나님의 형상이다는 것을 밝히 알게 하기 위해서 여기의 설명은 꼭 필요하겠습니다.

선용이라고 칭하는 모든 것들은 신·인(神·人·God-Man) 곧 주님에게서 비롯된 것으로 창조에 의한 질서정연한 것이지만 사람의 고유속성(固有屬性·man's own)에서 비롯된 것은 선용이라고 하지 않습니다. 왜냐하면 사람의 고유속성은 지옥이고, 거기에서 비롯된 것은 모두가 질서에 어긋나기 때문입니다.

299. 이들 셋 즉 사랑·지혜·선용이 주님 안에 있고, 주님이시기 때문에, 그리고 주님께서는 무소부재(無所不在·omnipresent)이셔서 어디에나 계시기 때문에, 그리고 주님께서는 본질적 존재이시고, 또 그분 자신의 태양 안에 계시기 때문에, 어느 천사나 어느 사람에게 그분 자신을 나타내실 수 없습니다. 그러므로 주님께서는 사람이나 천사가 받아들일 수 있는 매개체를 가지고 주님 자신을 나타내셨는데, 즉 볕으로는 사랑을, 빛으로는 지혜를, 대기(大氣)로는 선용을 각각 나타내셨습니다. 대기를 방편으로 해서 선용으로서의 당신 자신을 나타내시는 이유는 선용이 사랑과 지혜의 그릇이 되는 것과 같이 대기가 볕과 빛의 그릇이기 때문입니다. 왜냐하면 사실상 신령태양으로부터 발출하는 빛과 볕은 무(無) 즉 진공(眞空·vacuum) 안에서는 아무것도 나타내실 수 없고, 주체가 되는 그릇으로 나와야만 하기 때문입니다. 이 그릇을 대기라고 부르며, 이것은 또한 태양을 에워싸

고 있으며, 그 태양을 자신 품 안에 품고 있으며, 또한 천사가 있는 천계에 그것을 올리는가 하면, 사람들이 있는 이 세상에 그것을 옮겨서, 어디에서나 주님의 현존(現存·the Lord's presence)을 성취하십니다.

300. 자연계 안에서와 같이 영계 안에도 대기가 있으며, 자연계의 대기가 자연적인 반면에 영계의 대기는 영적이라는 것은 이미 설명하였습니다(173-183항 참조). 이제는 영적 태양을 직접 에워싸고 있는 영적 대기의 근원에서 볼 때, 그 대기에 속한 모든 것은 본질적으로 그 태양과 동일의 성질이라는 것을 알 수 있습니다. 천사들은 공간을 떠난 그들의 영적 관념을 가지고, 이것이 진리임을 아래와 같이 증명하였습니다. 즉 만물이 유일무이(唯一無二)한 실체인 영계의 태양에서 비롯된다는 것입니다. 그리고 신령존재는 공간 안에 있지 않으면서도 가장 큰 것이나 가장 작은 것 안에 계시기 때문에 신·인(神·人)에게서 제일 먼저 발출된 그 태양에 있어서도 동일한 내용이 되겠습니다. 더욱이 그 태양인 유일무이한 실체는 대기를 방편으로 하여 연속적 계도 즉 너비의 계도에 따라서, 그리고 동시에 불연속적 계도 즉 높이의 계도에 따라서, 지음받은 우주 안에 있는 삼라만상의 다양성을 드러내 보여줍니다.

사람의 개념에서부터 공간개념을 제거해 버리지 않으면 이 같은 내용은 이해할 길이 전혀 없으며, 또한 만일 공간개념이 제거되지 않는다면 외현(外現)은 오류를 낳을 것이라고 천사들은 공언하였습니다. 그러나 하나님을 모든 것의 근원이신 본질적 존재(存在·esse)라고 생각하고 있는 한에는 그같은 오류는 그 사람 안에 들어올 수 없습니다.

301. 더욱이 공간을 떠난 천사들의 개념에서 볼 때 창조된 우주 안에는 신·인(神·人) 즉 주님 외에는 살아 있는 존재는 아무것도 없으며, 주님에게서 비롯된 생명이 아니고서는 아무것도 움직일 수 없고, 또 주님으로부터 오는 태양에 의하지 않고서는 아무것도 존재할 수

없다는 것을 명확하게 알 수 있습니다. 그러므로 우리가 하나님 안에서 살고, 움직이고 우리의 존재를 가지게 된다는 것은 만고의 진리입니다.

제 5 장 영계와 자연계에 세 계도로 있는 대기들은 가장 외적인 것 안에서는 지상에 있는 실체와 물질에서 종결된다.

302. 제3편에서(173－176항 참조) 영계와 자연계 안에는 세 종류의 대기가 존재한다는 것과 그것은 수직적 계도들에 따라서 서로 구분되며, 그것은 보다 낮은 것들을 향한 진전 과정에서 너비(水平)의 계도에 따라서 그 활동성(活動性·activity)이 점차 줄어든다는 것 등을 설명하였습니다. 그리고 이 대기들은 보다 낮은 저급의 것들을 향한 진전과정에서 그 활동성이 점차 줄어들기 때문에, 뒤이어지는 사실은, 그것들은 계속해서 압축되고, 점차 자동력(自動力)을 잃어, 종국에는 가장 외적인 것 안에서는 더 이상 대기라고 할 수 없을 정도로 압축되고 자동력을 잃은 실체로 남지만, 자연계에서는 물질(物質·matters)이라고 부르는 지상에 있는 것들과 고정되어 버린다는 것을 잘 알 수 있습니다. 실체와 물질의 근원이 이와 같기 때문에 얻을 수 있는 결론은, 첫째는 이런 실체와 물질은 세 계도에 속한다는 것이고, 둘째는 그것들을 에워싸고 있는 대기에 의하여 상호 연결(相互連結·mutual connection) 관계를 유지한다는 것이고, 셋째는 그것들은 그들의 형체 안에 있는 모든 선용을 생산하는데 매우 적합하다는 것 등입니다.

303. 제일존재(第一存在)로부터 가장 외적인 것에 이르기까지 계속적인 중간 매체(中間媒體·mediation)가 있다는 것과, 선재(先在·prior)하는 것에서부터 현존하는 자체에 이르지 않는다면 어떤 것도

그 형체를 취할 수 없다는 것과 그러므로 종국에는 모든 것이 제일 존재(第一存在·the First)로부터 비롯되지 않고서는 모든 것이 불가능하다는 것을 심사숙고하는 사람이면 누구나 지구들(earths) 안에 있는 실체와 물질이 태양에 의해서 대기를 거쳐 생성되었다는 것을 기꺼이 시인(是認)할 것입니다.

제일존재(第一存在·the First)가 영계의 태양이고, 그 태양의 제일 존재가 신·인(神·人·God-Man) 즉 주님이십니다. 따라서 대기가 실체와 물체에 선재(先在)하는 것이고, 그것에 의하여 영계의 태양은 가장 외적인 것들 안에서 자기 자체를 드러내 보이며, 또 선재하는 것들은 가장 외적인 것에 이르기까지 그 활동성에서나 확장(擴張)에서 점차 줄어든다는 이런 여러 측면에서 볼 때 얻어지는 결론은, 그것들의 활동성이나 확장성이 가장 외적인 것들 안에서 종결되면 선재하는 것들은 실체가 되고, 땅에 있는 물질이 되고, 또 그것들이 나온 대기로 말미암아 선용을 낳는 노력과 활력소를 그것들 안에 내포한다는 것입니다. 우주와 그 안에 있는 삼라만상의 창조를 제일존재로부터 연속적인 중간매체에 의한 것으로 입증하지 않는 사람들은 가설(假說)을 꾀하고, 그것들의 원인에서부터 동떨어지게 하고, 결별시킵니다. 그리고 그것들을 사물에 대한 내면적 지각을 갖춘 마음으로 살피면 그것들은 온전한 건물로 보이지 않고 한낱 쓰레기 더미로 보일 뿐입니다.

304. 창조된 우주 안에 있는 만물의 보편적 근원에서 볼 때 그것 안에 있는 모든 특수적인 것도 마찬가지로 동일한 질서를 갖습니다. 그 질서 안에서 이것들 역시 상대적인 수면상태에 있는 가장 외적인 것에 이르기까지 모두가 그것들의 처음 것에서 나온다는 것이며, 또한 거기에서 종결되고, 항존(恒存)한다는 것입니다. 따라서 사람의 육체 안에 있는 섬유질도 그것들이 종국에 골격근(骨格筋)의 건(腱)에 이르기까지 모두가 그들의 첫 형체에서 나온다는 것입니다. 또 혈관으로써의 섬유질 역시 연골(軟骨)이나 뼈가 되기까지 모두가 그

들의 첫 형체에서 비롯됩니다. 이와 같이 그것들은 전적으로 이것들에 의존하고 항존합니다.

사람에게 있는 섬유질이나 혈관의 이같은 진전과정 때문에, 감정·사상·정동의 상태의 진전과정에도 이와 비슷한 진전과정이 있습니다. 이것들은 빛 안에 있는 처음 것들에서부터 그늘 안에 있는 가장 외적인 것에 이르기까지 진전합니다. 다시 말하면 볕 안에 있는 그들의 처음 것들에서부터 볕 안에 있지 않은 냉랭한 것에 이르기까지 진전합니다.

이와 같은 진전과정은 사랑과 그것에 속한 모든 것 또는 지혜와 그것에 속한 모든 것의 진전과정에서도 마찬가지입니다. 한마디로 창조된 우주 안에 있는 삼라만상은 이와 같은 진전과정을 가지고 있습니다. 이같은 사실은 앞에서 설명한(222-229항 참조) 바와 같이, 모든 창조물에는, 가장 큰 것이든 가장 작은 것이든, 두 종류의 계도가 있다는 것과 같은 내용이 되겠습니다. 지극히 작은 모든 것들 안에까지 두 종류의 계도가 있다는 것은 천사가 가지고 있는 영적 개념에 따르면, 영적 태양이, 모든 삼라만상이 그것에서 비롯된 유일무이한 실체이기 때문입니다(300항 참조).

제 6 장 ▎이 세상을 구성하고 있는 실체와 물질 안에는 본질적으로 신령존재에 속한 것은 전무(全無)하지만, 그럼에도 불구하고 그것들은 신령존재로부터 비롯되었다.

305. 전 장에서 논의한 땅의 근원에서 볼 때, 땅의 실체들과 물질들 안에는 본질적으로 신령존재에 속한 것은 아무것도 없고, 그것들은 본질적으로 신령한 모든 것이 결여되어 있는 것들만 있다고 결론지을 수 있겠습니다. 왜냐하면 설명한 바와 같이, 그것들은 볕이 냉기

가 되고, 빛이 암흑이 되고, 활동이 비활동이 되는 대기의 끝맺음과 마감의 상태이기 때문입니다. 그럼에도 불구하고 영적 태양의 실체로 말미암은 연속에 의해서, 상술한 것처럼(291-298항 참조) 신·인(神·人) 즉 주님을 둘러싸고 있는 영기(靈氣)인 신령존재에서 비롯된 실체 안에 있었던 것들을 그들에게 끌고 왔습니다. 중간매체인 대기를 통한 계속되는 태양에서 비롯된 영기로 말미암아 만물(萬物·land)을 형성하고 있는 실체나 물질들은 생겨졌습니다.

306. 자연적 개념에서 비롯된 말들로는 중간매체인 대기를 통한 영적 태양에서 비롯된 만물의 근원을 서술할 수는 없습니다. 그러나 영적인 개념들로는, 그것들이 비공간적인 개념인 까닭에, 그것을 서술할 수 있겠습니다. 이런 이유로 해서, 자연적인 언어로는 어떤 표현도 할 수 없습니다. 그리고 영적 사상·언어·저술이 자연적 사상·언어·저술과 완전히 다르다는 것과 또 그것들에게는 공통적인 것은 아무것도 없고, 그것들은 상호 대응에 의하여 교류한다는 것 등은 이미 앞에서 설명하였습니다(295항 참조). 그러므로 지구의 삼라만상의 근원을 어느 정도라도 자연스럽게 깨달았으면 그것으로 족하겠습니다.

제 7 장 ▎창조의 목적들인 모든 선용들은 형체들 안에 있으며, 그것은 지상의 삼라만상의 실체와 물질에서 그 형체를 취한다.

307. 지금까지 논의해온 태양·대기·만물들은 목적을 위한 수단일 뿐입니다. 창조의 목적들은 태양으로서의 주님에 의해서 대기를 통해 지상의 만물에서 생성된 그런 것들입니다. 그리고 이 목적들을 선용이라고 부릅니다. 범위를 넓혀서 보면 이것들은 식물계와 동물계에 속한 모든 것들을 가리키고, 종국에는 인류에 속한 것과 그리

고 이 인류에서 비롯된 천사적 천계에 속한 것들을 가리킵니다. 이 것들을 선용(善用·use)이라고 부르는데, 그 이유는 그것들이 신령사 랑과 신령지혜의 수용그릇이고, 또한 그것들은 그것들이 비롯된 창 조주 하나님을 우러르고, 또 그것에 의하여 그분을 그분의 위대하신 작품(His great work)에 결합시키기 때문입니다. 그리고 이 결합에 의하여 그것들은 그분에게서 생성되는 것과 꼭같이 그것들은 그분으 로 말미암아 소멸되지 않고 존재할 수 있었습니다. 그것들이, 그것들 이 비롯된 창조주 하나님을 우러르고, 그것들에 의해 그분을 그분의 작품에 결합한다고 언급하였지만, 이 말은 다만 외현(外現)에 따른 표현일 뿐입니다. 이같은 표현은, 창조주 하나님께서 그들로 하여금, 말하자면 그들 스스로 하는 것과 같이, 주님을 우러르고 결합하게 한다는 것을 뜻합니다. 그러면 어떻게 그들이 주님을 우러르고, 또 그것에 의하여 결합하는지에 관해서 설명하고자 합니다.

앞에서 이 내용 중 어떤 것들은 설명을 하였는데, 예컨대 신령사 랑과 신령지혜는 그것들로 말미암아 창조된 다른 것들 안에 필연적 으로 존재(存在·being)와 형체(形體·form)를 갖는다는 것(37-51 항 참조), 그리고 창조된 우주의 삼라만상은 신령사랑과 신령지혜의 수용그릇이라는 것(55-60항 참조), 창조된 만물에 속한 선용은 계 도에 의해서 사람에게까지 올리워지고, 다시 사람을 통해서 그들이 비롯된 창조주 하나님에게 올리워진다는 것(65-68항 참조) 등입니 다.

308. 창조주 하나님으로부터 무(無)가 창조될 수 없으며, 그러므로 선용을 제외하면 아무것도 창조할 수 없다는 것과 또 선용이란 곧 남을 위하는 것이고, 비록 자기 자신을 위한 것이라 하더라도 역시 남을 위한 선용의 상태에서 자기 자신을 위하는 것이다는 것에서 깊 이 심사숙고 한다면 창조의 목적이 선용이라는 것을 그 누가 명백하 게 모르겠습니까? 이렇게 생각하는 사람이라면 누구나 깨닫고, 이해 할 수 있는 것은 진정한 선용은 사람에게서는 나올 수 없고, 모든

것에서 비롯되는 선용은 그 모든 것이 비롯된 존재(存在·the Being) 즉 주님에게서 비롯되어, 사람 안에 있어야만 한다는 사실입니다.
309. 그러나 여기서는 선용의 형체들을 다루고 있기 때문에 아래의 순서에 따라서 그 주제들을 설명하고자 합니다. 즉—.
 (1) 만물(萬物·lands)에는 형체 안에 있는 선용 즉 선용의 형체를 생산하는 활력소(活力素·a conatus)가 있다는 것.
 (2) 모든 선용의 형체 안에는 우주 창조의 이미지(形象·image)가 있다는 것.
 (3) 모든 선용의 형체 안에는 사람의 이미지가 있다는 것.
 (4) 모든 선용의 형체 안에는 무한존재(無限存在·the Infinite)와 영원존재(永遠存在·the Eternal)의 이미지가 있다는 것.
등입니다.
310. (1) 만물(萬物·lands)에는 형체 안에 있는 선용 즉 선용의 형체를 생산하는 활력소(活力素)가 있다는 것.
 만물에 이같은 활력소가 있다는 것은 그것들의 근원에서 명백한데, 그 이유는 앞에서 설명하였듯이(305·306항 참조), 만물을 구성하는 실체와 물질은 영적 태양에서 비롯된 선용으로 발산된 대기의 끝맺음과 마감이기 때문입니다. 만물을 구성하는 실체나 물질이 그 근원에서 비롯되기 때문에, 그리고 그것들의 집합체들도 주위를 에워싸고 있는 대기의 압력(壓力·pressure)에 의하여 서로 연결되어 있기 때문에, 여기서 얻을 수 있는 결론은, 만물은 선용의 형체를 생산하는 항구적인 활력소에서 비롯된다는 것입니다. 만물로 하여금 생성의 가능성을 만드는 참된 특성과 항상 일치하는 대기의 극외적인 것인 그들의 근원에서부터 만물은 비롯됩니다. 이와 같은 활력소와 특성이 만물 안에 있다고 언급하였지만, 그러나 그 말은 활력소와 특성이 만물 안에 있든 또는 만물에서 발산된 대기 안에 있든 관계 없이 만물을 구성하는 실체와 물질 안에 있다는 것을 뜻합니다.
 대기가 이런 것들로 꽉 차 있다는 것은 잘 알려져 있습니다. 만물

제4편 창조의 방법　　　　　　　　　　241

의 실체나 물질 안에 이와 같은 활력소나 특성이 내재해 있다는 사실은 모든 종류의 씨앗(種子)이 볕에 의해서 가장 깊은 곳에 있는 핵심(核心·the inmost core)까지 개방시키고, 또 영적 근원 이외의 다른 근원을 가질 수 없는 불가사의의 실체(不可思議實體·subtile substance)가 수정(受精)되게 하고, 이것으로 인하여 그것들이 자신들을 선용에 결합하는 능력을 가질 수 있고, 그것에서부터 그들의 번식의 원리들이 비롯된다는 사실들에서 명백히 알 수 있습니다. 그런 뒤에 자연적 근원으로 말미암아서 물질과의 결합을 통해 그것들은 그것들이 빛에 보내지고, 따라서 싹이 트고, 성장하게 하기 위해서 태(胎)에서와 같이 그것들을 옮기고 또 선용의 형체를 생성할 수 있게 됩니다. 이 활력소는 그 뒤에는 땅에서부터 뿌리를 거쳐 가장 외적인 것에까지, 그리고 가장 외적인 것에서부터 선용 자체가 그것의 근원 안에 있는 처음의 것들에까지 계속적으로 진전합니다. 이와 같이 선용은 형체로 바뀝니다. 이 형체는, 처음 것에서부터 가장 외적인 것에로, 그리고 가장 외적인 것에서부터 처음의 것에로의 진전과정을 통해서, 그것들의 혼(魂)과 같은 선용에서부터 형체에 속한 모든 것이 어떤 선용이 되도록 하게 합니다. 선용을 혼과 같다고 언급한 것은 그것의 형체가 몸과 같기 때문입니다. 그러므로 얻어지는 결론은 내면적인 활력소 즉 모든 종류의 동물들이 식물을 통해서 영양분을 공급받기 때문에 식물의 성장을 통해서 동물계를 위한 선용을 생성하는 활력소가 있다는 것입니다. 여기서 한 걸음 더 나아가면, 이런 모든 것들 안에는 인류에게 선용을 주는 가장 내적인 활력소가 있다는 것입니다. 이상에서 볼 때 얻어지는 결론은 이렇습니다. 즉─.

　(1) 앞에서 자주 설명한 것과 같이 극외적인 것이 존재하여, 그것 안에는 그들의 질서에 따라서 동시적으로 모든 선재(先在)하는 것들이 내재해 있다는 것.

　(2) 모든 만물은, 큰 것이든 작은 것이든, 그것 안에는 두 종류의

계도가 내재해 있다는 것(222-229항 참조). 그러므로 이 활력소에도 두 계도가 있다는 것.

(3) 주님께서는 모든 선용을 극외적인 것에서 생성하시기 때문에 극외적인 것 안에는 선용의 활력소가 내재해야만 한다는 것.

등입니다.

311. 그럼에도 불구하고 이들 가운데 살아 있는 활력소는 아무것도 없습니다. 왜냐하면 그것들은 모두가 극외적인 힘에 속한 활력소들이기 때문입니다. 그 힘 안에는 자신들이 비롯된 생명으로부터 이미 주어진 수단들을 통해서 종국에는 그들의 근원으로 되돌아가려고 애쓰는 일종의 힘들이 내재해 있습니다. 대기도 극외적인 것 안에서 이런 부류의 힘들이 되며, 또 이 힘들에 의하여 만물 안에 있는 실체나 물질들은 형체로 틀(mould)이 짜여지고 또 안과 밖의 형체 안에서 모두 계속 유지됩니다. 그러나 이 주제는 너무나 커서 여기서 자세히 설명한다는 것은 지면이 허락되지 않겠습니다.

312. 그것들이 아직 새롭고, 단순한 상태에 있는 동안 지상의 물질에서 비롯된 첫번째의 산물(産物)은 씨의 탄생이었습니다. 그것 안에 있는 첫번째 활력소는 다른 어떤 것이 될 수 없었습니다.

313. (2) 모든 선용의 형체 안에는 우주 창조의 이미지(image)가 있다는 것.

선용의 형체에는 세 종류가 있습니다. 즉 광물계가 가지고 있는 선용의 형체들과, 식물계가 가지고 있는 선용의 형체들과, 동물계가 가지고 있는 선용의 형체들이 바로 그것입니다. 그러나 광물계의 선용의 형체들은 눈에 보이지 않기 때문에 그 형체를 기술할 수는 없겠습니다.

그 첫째 형체들은 만물들이 만들어진 매우 세분된 실체와 물질들이고, 그 둘째 형체들은 이것들의 집합체로 무한한 다양성에 속한 것들이고, 그 셋째 형체들은 먼지가 되어버린 식물들에서, 또는 동물들의 잔재(殘滓)에서, 그리고 만상에 보태어지고 그것의 토양을 만드는 이런 것들에서 끊임없이 증발하고 발산하는 것에서 비롯됩니다. 세 계도로 있는 광물계의 이같은 형체들은, 선용이 창조적인 목적으로 형체 안에 있는 선용을 낳는 대기나 그것들의 별과 빛을 통해서 태양에 의하여 활동적인 것이 되는 이런 현상에서 창조의 이미지를 드러내 보여줍니다. 창조의 이 이미지는, 앞에서 본 바와 같이 (310항 참조), 그들의 활력소 안에 깊이 숨겨져 있습니다.

314. 식물계의 선용의 형체 안에 있는 창조의 이미지는 그 선용들이 그것들의 처음 것들에서부터 가장 극외적인 것에 비롯된다는, 또는 극외적인 것에서부터 처음 것들에 비롯된다는 이같은 현상에서 드러내 보여줍니다. 그것들의 처음 것들은 종자이고, 그것들의 극외적인 것은 껍질로 옷입혀진 줄기(肉莖)입니다. 줄기의 외피(外皮)인 껍데기에 의하여 그것들은, 앞에서 언급한 것과 같이, 그들의 처음 것들인 종자에 소용이 됩니다. 겹겹의 껍질로 옷입혀진 줄기들은 모든 선용의 창조와 모양새가 비롯된 만물로 옷입혀진 지구를 표징합니다. 식물이 표피(表皮)와 내피(內皮)의 옷입혀짐을 거쳐서 줄기는 위로 기어오르고, 뿌리는 땅 속 깊이 뿌리를 내리는 이 작용으로 줄기와 가지는 서로 계속 이어지며, 이것으로 열매의 시초가 생겨지고, 마찬가지로 그 열매를 통해서 종자가 형성된다는 것은 많은 사람에게 잘 알려져 있습니다.

창조의 이미지는 처음 것에서 극외적인 것으로, 극외적인 것에서 처음 것으로의 변천하는 선용의 형성 과정 안에서 선용의 형체를 잘 드러내 보여줍니다. 그리고 모든 선용을 가리키는 열매와 종자의 생성 목적이 내재해 있는 일련의 전 과정 안에서도 선용의 형체를 또한 드러내 보여줍니다.

위에서 설명한 내용에서 보면, 우주의 창조 과정은 태양으로 둘러싸인 주님을 가리키는 제일존재(第一存在·the First)에서부터 만상을 가리키는 극외적인 것에 이르는 과정이고, 이 극외적인 것들에서부터 선용을 통해서 주님이신 제일존재에 이르는 과정이고, 또한 전

창조의 목적이 선용이다는 결론을 지을 수 있겠습니다.

315. 창조의 이미지에 대해서 주지하여야 할 사실은, 이 자연계의 별·빛·대기는 그 어떤 것에도 기여하는 바가 없다는 것입니다. 오직 저 영계에 있는 태양의 별·빛·대기만이 이같은 일을 할 수 있어서, 그것들은 자연계에 있는 만물에게 창조의 이미지를 부여하고, 또 그것들에게 식물계에 있는 선용의 형체를 옷입혀 주는데 기여합니다. 자연계의 별·빛·대기는 단순히 종자의 눈을 트게(發芽)하고, 더 많은 종자를 생산하게 하고, 그것들이 변함 없도록 고정하는 물질을 가지고 옷입히는 일 등을 수행할 뿐입니다. 이와 같은 일은 그것들이 생성된 자연계의 태양에서 비롯된 그 어떤 힘으로는 이루어질 수 없지만 그러나 영계의 태양에서 비롯된 힘에 의해서 이루어지는데, 이 영계의 태양의 힘에 의하여 자연계의 태양의 힘은 이같은 임무를 계속해서 수행할 수 있는 것입니다. 자연적인 힘이 창조의 이미지를 구축하는데 아무런 일도 수행하지 못합니다. 왜냐하면 창조의 이미지는 영적인 것이기 때문입니다. 그러나 이 이미지가 자연계에서 선용을 밝히 드러내고, 선용을 성취하기 위해서, 그리고 고정되고 영속되기 위해서는 그것이 실현되어야 합니다. 즉 그것은 자연계의 물질로 채워져야 합니다.

316. 동물계의 선용의 형체 안에도 유사한 창조의 이미지가 있는데, 극외적인 동물의 몸 안에서 그것은 태와 난자 안에 형성된 종자에 의하여 실현되고, 그 몸체가 완숙해지면 새로운 종자를 생산합니다. 이와 같은 진전과정은 식물계의 선용의 형체의 진전과정과 너무나 유사합니다. 즉 종자는 시작이고, 태와 난자는 터전과 같고, 출산 전의 상태는 식물이 뿌리를 내리는 동안의 땅 속에 있는 종자의 상태와 같고, 출산 후 어미가 새끼를 낳을 수 있는 상태까지는 식물이 열매를 결실할 때까지의 식물의 성장과 꼭 같습니다. 이상의 식물과 동물의 대비에서 보면, 동물의 형체 안에는 식물의 형체 안에서와 꼭같이 창조의 이미지가 있다는 것과, 또 거기에는 처음 것에서 극

외적인 것에, 극외적인 것에서 처음 것에 이르는 진전과정 역시 있다는 것 등의 결론을 얻을 수 있겠습니다. 이와 유사한 창조의 이미지는 사람 안에 있는 모든 개별적인 각각의 것들 안에도 존재합니다. 왜냐하면 지혜를 통해서 선용이 되는 사랑의 진전과정이 있기 때문입니다. 즉 이해를 통해서 행동이 되는 의지의 진전과정, 또는 믿음을 통해서 한 삶(行爲)이 되는 인애의 진전과정이 있기 때문입니다.

의지와 이해, 또는 인애와 믿음은, 그것은 근원에서 보면 처음 것이고, 행동과 삶(行爲)은 극외적인 종결입니다. 이같은 현상에서 볼 때 선용의 향유(享有)에 의하여, 앞에서 설명한 것과 같이 처음 것들 즉 의지와 이해 또는 인애와 믿음에의 회귀(回歸)가 이루어진다는 것을 잘 알 수 있겠습니다. 선용의 향유에 의해서 그 회귀가 이루어진다는 것은, 어떤 사랑에서 비롯된 행동과 행위에서 만끽하는 기쁨에서 잘 입증되고, 또한 그같은 행동이나 행위가 그것들을 야기시켰고, 또 그것에 의하여 결합이 이루어진 사랑에 속한 처음 것에로 되돌아간다는 현상에서 그 회귀가 입증되기도 합니다. 행동이나 행위의 기쁨은 이른바 선용의 향유라고 하는 것입니다. 처음 것에서 결말의 극외적인 것에, 또는 극외적인 것에서 처음의 것에 이르는 진전과정은 사람 안에 있는 정동이나 사상에 속한 가장 순수한 조직기관의 형체 안에서 잘 드러나 보여주고 있습니다. 사람의 두뇌 안에는 석회질(石灰質·cineritious substance)이라고 부르는 별 모양의 형체들이 있는데, 이것들에서부터 목으로 해서 척수(脊髓)를 통해 전신으로 퍼져나가는 섬유질이 생겨나옵니다. 인체의 가장 외적인 것에, 또는 그 외적인 것에서부터 처음 것에로 되돌아가는(回歸) 일련의 진전과정이 있습니다. 처음 것에로 회귀하는 섬유의 되돌아감(回歸)은 혈관을 통해서 이루어집니다. 형체의 상태 또는 실체의 상태에 속한 변화나 다양함이라고 할 수 있는 정동이나 사상의 진전과정도 이와 같습니다. 왜냐하면 이들 형체나 실체에서 비롯된 섬유질은 상대적으로 별과 빛의 수용그릇인 영적 태양에서 비롯된 대기와 같고, 반면에 육체적인 행동들은 대기에 의하여 땅에서 생성된 것들, 곧 자신들이 생겨난 근원으로 되돌아가려는 선용의 기쁨(享有)과 같기 때문입니다. 그러나 이런 것들의 진전과정은 창조의 이미지가 들어 있는 진전과정 안에 있다는 사실은 이해에 의하여 거의 이해되지 않습니다. 그 이유는 행동 안에 작용하는 수천 수억의 활동능력은 단 하나로 나타나 보이기 때문이고, 또한 선용의 기쁨은 사상 안에서 하나의 관념으로는 나타나지 않고 오히려 확실한 지각이 없이 하나의 감동으로 나타나기 때문입니다. 이같은 내용들에 관해서는 이미 앞에서 자세히 설명하였지만 간추리면 아래의 내용이 되겠습니다. 즉 창조된 만물의 선용은 높이의 계도에 의하여 사람에게 올리워지고, 또 사람을 통해서 그것들이 비롯된 창조주 하나님에게 올리워진다는 것(65-68항 참조), 창조의 목적은 가장 외적인 것에서 형체를 취하고, 그 목적은 모든 만물이 창조주에 되돌아가고, 결합하기 위한 것(167-172항 참조)이라는 것입니다. 그러나 이러한 내용들은 계속되는 심장과 폐장의 대응과 더불어 의지와 이해의 대응을 다룰 제5편의 매우 명료한 밝음 안에서 잘 보여질 것입니다.

317. (3) 모든 선용의 형체 안에는 사람의 이미지가 있다는 것.

이 내용은 이미 설명하였습니다(61-64항 참조). 처음 것에서 극외적인 것에 이르고, 극외적인 것에서 처음 것에로 되돌아가는 모든 선용들이 사람의 모든 것들과 관계를 가지고, 또 그것들이 그것들과 대응의 관계를 가지고 있다는 것과, 따라서 사람은 선용의 관점에서 보면 우주이고 반대로 우주는 사람이다는 내용은 다음 장에서 다루겠습니다.

318. (4) 모든 선용의 형체 안에는 무한존재(無限存在·the Infinite)와 영원존재(永遠存在·the Eternal)의 이미지가 있다는 것.

모든 선용의 형체 안에는 무한존재(無限存在·the Infinite)의 이미지가 있다는 사실은 전 세상에 속한 모든 공간들을, 그리고 어디 세계에 속한 공간까지 영원히 꽉 채우는 그것들의 활력소나 힘에서 명백히 알 수 있습니다. 왜냐하면 단 한 알의 종자가 그것들 자신의 공간을 꽉 채우는 나무·관목·농작물을 생산하고, 또 각종의 나무·관목·농작물은 종자를 생산하는데, 어떤 경우 그것들은 수천 수만을 생산하고, 또 그것이 땅에 뿌려져서 싹이 나고 성장하면서 자신의 온 공간을 꽉 채우기 때문입니다. 만약 이 각종의 종자에서 수많은 것이 발출되고, 거듭거듭 확대 재생산된다면 해가 거급하는 동안 온 세계를 가득 채우고도 남을 것입니다. 만약 이러한 확대 재생산이 계속 지속된다면 많은 세계는 그것으로 가득 채워질 것이고, 이것은 끝없이 이어질 것이기도 합니다. 한 알의 종자에서 수천의 종자가 생산된다고 가정하고, 그것이 열 배, 백 배, 수천 배로 번식된다면 아마도 여러분은 그 사실을 능히 이해할 것입니다.

여기에 바로 영원존재의 이미지가 이 형체들 안에 내재해 있습니다. 씨는 해를 거듭하면서 번식할 것이고 또한 그 번식은 종식되지 않을 것입니다. 또한 그것들이 세상 창조에서부터 지금까지 종식되지 않고 이어져 왔고 앞으로도 영원히 종식되지 않을 것입니다. 이 같은 두 가지 사실은 우주의 만물이 무한존재이시고 영원존재이신 하나님에 의하여 창조되었다는 것을 입증하고, 또 그 증거를 여실히 보여주고 있습니다. 뿐만 아니라, 무한존재나 영원존재의 이같은 이미지 외에도 다양성으로 보여주는 무한존재나 영원존재에 속한 또 다른 이미지도 있습니다. 그 다양성은, 창조된 우주 안에 있는 실체나 상태 또는 사물은 대기에 있어서나, 만물에 있어서, 이것들이 생성된 형체에 있어서나, 어느 것과 꼭같은, 또는 매우 유사한 것은 아무것도 없다는 것입니다. 따라서 우주를 꽉 채우고 있는 만물 가운데 어느 하나도 꼭같은 것은 영원히 생겨질 수 없습니다. 이같은 사실은 사람이 다양하면서도 꼭같지 않은 얼굴에서 잘 알 수 있겠습니다. 즉 온 세상을 통털어 보아도 서로가 꼭같은 얼굴을 찾아볼 수 없고, 또 영원히 그런 얼굴은 있지 않을 것입니다. 따라서 얼굴이 마음의

한 모습이기 때문에 꼭 닮은 마음도 영원히 존재하지 않을 것입니다.

제 8 장 ▌ 선용의 관점에서 보면 우주 안의 만물은 사람의 이미지를 나타내고, 이 사실은 하나님이 사람이시다는 것을 증거한다.

319. 옛 사람들은 사람이 소우주 즉 복합체로써 우주를 나타내기 때문에 사람을 소우주라고 불렀습니다. 그러나 오늘날에는 옛 사람들이 사람을 이런 식으로 지칭한 그 이유를 아는 사람은 아무도 없습니다. 왜냐하면 사람은 동물계와 식물계에서 자양분과 그의 육신적인 생명을 얻는다는 것 이외의 것이나, 그것의 볕에 의해서는 생활조건을 유지하고, 그 빛에 의해서는 사물을 보고, 그 대기에 의해서는 듣고, 숨쉰다는 것 이외에는 사람에게서 우주나 소유주에 속한 그 어떤 것도 찾아볼 수 없기 때문입니다. 그렇지만 우주와 그것의 만물이 소우주인 것처럼 이러한 것들이 사람으로 하여금 소우주가 되게 하지는 않습니다. 고대 사람이 사람을 소우주 또는 작은 우주라고 일컬은 것은 태고 사람들이 가지고 있었던 대응의 지식에서 비롯된 진리 때문이고, 또 천계의 천사들과의 교류 때문입니다.

320. 그러나 선용의 관점에서 보면 지음받은 우주가 사람의 이미지이기 때문에 사람의 소우주(小宇宙·microcosm) 또는 작은 우주라는 진리는, 영계에서 보는 바와 같은 우주의 관념에서 볼 때, 지상에 있는 그 누구의 사상이나 또 그 사상에서 비롯된 그 어떤 지식에 들어갈 수 없습니다. 그러므로 영계에 있는 천사들이나, 또는 영계에 있는 어떤 사물을 볼 수 있도록 허락을 받은 이 세상의 어떤 사람에 의해서 그 진리는 확증될 수 있습니다. 이같은 허락이 나에게 주어졌기 때문에, 내가 거기서 본 사실에서부터 이 비의(秘義)를 밝히고자 합니다.

제4편 창조의 방법   249

321. 주지하여야 할 사실은 영계(靈界)가 겉모양으로 보면 이 자연계(自然界)와 꼭 같다는 것입니다. 영계에는 자연계에 있는 것과 꼭 같은 땅·산·언덕·골짜기·평야·들·호수·강·샘 따위가 보입니다. 그리고 광물계에 속한 모든 것들도 보입니다. 또 공원·유원지·숲·산림, 또 거기에서 열매와 씨를 맺는 수종의 나무와 관목, 또는 초목·화초·야채·잡초 등도 볼 수 있습니다. 즉 식물계에 속한 모든 것들을 볼 수 있습니다. 또 그 세계에서는 모든 종류의 짐승·새·물고기와 또 동물계에 속한 다른 모든 것들도 볼 수 있습니다. 거기에 있는 사람은 천사나 영입니다. 이러한 내용을 먼저 언급하는 것은 영계의 삼라만상은 자연계의 삼라만상과 꼭같다는 것과, 차이가 있다면 영계에 있는 것들은 자연계에 있는 것처럼 고정되어 있지 않고, 또 한 곳에 머물러 있지 않다는 사실을 알게 하기 위해서 입니다. 왜냐하면 영계에는 영적인 것들을 제외하면 자연적인 것은 아무것도 없기 때문입니다.

322. 영계의 우주가 사람의 이미지를 표징한다는 사실은, 앞에서 설명한(321항 참조) 모든 것들이 살아 있는 것처럼 보이고, 또 천사나 천사적 사회들 주위에서 그것들이 그들에 의하여 마치 생성되고 창조되는 것처럼 어떤 형체를 취한다는 내용에서 명백히 이해할 수 있으며, 또한 그런 것들이 그들 주위에서 사라져 없어지지 않고, 항구적으로 존속하고 있다는 내용에서도 잘 알 수 있습니다. 그것들이 마치 천사들에 의하여 생성되고, 창조되는 것처럼 보이는 것은 천사가 어디론가 가버리거나, 그 사회가 다른 곳으로 옮기워지면, 그것들이 보이지 않는다는 사실에서 잘 알 수 있고, 또한 다른 천사들이 그들이 있던 곳에 이르면 그들 주위에 있던 모든 것들이 일시에 바뀐다는 사실에서도 잘 알 수 있습니다. 즉 공원에 있는 나무와 열매들, 꽃밭에 있는 꽃이나 씨들, 들판에 있는 채소나 잡초들, 또한 모든 종류의 짐승이나 새들이 변한다는 사실에서 잘 알 수 있습니다. 이러한 것들이 형체를 취하고, 마찬가지로 변하는 이유는 이런 모든

것들이 천사들의 정동이나, 그것에서 비롯된 사상에 따라서 형체를 취하기 때문입니다. 왜냐하면 그것들은 서로 대응하는 실체이기 때문입니다. 또 서로 대응하는 것들은 대응하는 것과 하나를 이루기 때문에 그것들은 그것을 표징하는 하나의 이미지입니다. 이 이미지 자체는 선용의 관점에서는 보여지지만, 형체의 관점에서는 전혀 보여지지 않습니다. 나는, 천사들의 눈이 주님에 의해서 열려지고 그것들의 선용의 대응에 의해서 사물들을 볼 때에, 천사들이 그것들 안에서 자신들을 인식하고 알게 된다는 것을 깨달을 수 있도록 허락을 받은 적이 있습니다.

323. 그러므로 천사의 정동이나 사상에 대응하는 그들 주위에 있는 모든 것들이, 들판이나 동·식물들이 있는, 하나의 우주를 표징한다는 것과 또 이런 것들이 천사의 표징적 이미지를 형성한다는 내용에서부터 고대인들이 사람을 소유주라고 지칭한 그 이유를 밝히 알 수 있겠습니다.

324. 이러한 내용은 《천계비의》와 《천계와 지옥》이라는 책에서 증시하였는데, 거기에서 증시한 내용은, 창조된 우주 안에는 사람 안에 있는 그 어떤 것과 대응되지 않는 것은 아무것도 존재하지 않으며, 또한 그의 정동이나 사상 뿐만 아니라 그의 신체적 조직기관이나 내장들에 대응되지 않는 것도 전무(全無)하다는 것 등이었습니다. 그렇지만 이러한 것은 실체의 관점이 아니라 선용의 관점에서 대응됩니다. 이런 이유로 해서 성경말씀에서 교회나 교회에 속한 사람을 언급할 때 매우 자주 나무들이 등장하였는데, 즉 "감람나무" "포도나무" "백향목" 등의 나무로, 또는 "정원" "숲" "산림"이나 "땅의 짐승" 또는 "공중의 새"나 "바다의 물고기" 등이 바로 그런 것들입니다. 이런 것들이 거기서 거론된 것은, 그것들이 대응하고 또 이 대응에 의하여, 위에서 설명한 것과 같이, 하나를 이루기 때문입니다. 그러므로 성경말씀에서 사람들이 이런 낱말을 읽을 때, 천사들은 이것들의 객관적 대상물은 깨닫지 못하지만 상태의 측면에서 교회나

교회에 속한 사람들을 그 대신에 지각합니다.

325. 우주에 있는 만물이 사람의 이미지와 관계되기 때문에, 아담의 지혜와 총명(the wisdom and intelligence of Adam)은 "에덴동산"(the garden of Eden)으로 기술되었으며, 또 거기에 등장하는 모든 종류의 나무들·강들·보석들·금이나, 그가 이름지어 준 모든 종류의 짐승들은 아담 안에 있는 여러 종류의 성품들을 뜻하고, 또한 사람이라고 부르는 것들을 형성합니다. 앗수르에 관해서 언급할 때, 그들에 의하여서는 총명의 측면으로써의 교회를 뜻하고(에스겔 31:3-9), 두로에 관해서 언급할 때는 그들은 선과 진리에 속한 지식으로써의 교회를 뜻하였습니다(에스겔 28:12, 13).

326. 이상에서 밝히 알 수 있는 사실은, 선용의 측면에서 볼 때 우주의 삼라만상은 한 이미지로써의 사람과 관계를 갖는다는 것과, 또 하나님이 사람(God is a Man)이시다는 것을 증거한다는 것 등입니다. 왜냐하면 앞에서 설명한 모든 것들은 천사적인 사람 주변에서 형체를 취한 것이며, 또한 천사에서가 아니라 천사를 통한 주님에 의해서 형체를 취한 것이기 때문입니다. 그 이유는 그것들은 주님의 신령사랑과 신령지혜의 그릇인 천사에게 흘러드는 주님의 신령사랑과 신령지혜의 입류로 말미암아 그들의 형체를 취하기 때문입니다. 천사들의 안전에서 이 모든 것들도 역시 우주의 창조와 같이 보여지기 때문입니다.

이상에서 볼 때 그들은 하나님이 사람이시다(God is a Man)는 것과 또 지음받은 우주는 그 선용의 측면에서 하나님의 이미지이다(an image of God)는 것을 잘 알 수 있습니다.

제 9 장 ▎주님에 의해 창조된 만물은 선용이다. 그것들은, 그것들이 사람과 관계를 갖는다는, 그리고 사람을 통해서 그것들이 비롯된 주님에게 되돌아간다는, 그리고 질서와 계도의 측면에서 선용이다.

327. 이러한 내용에 관해서는 이미 앞에서 설명하였습니다. 즉, 선용을 제외하면 창조주 하나님에게서 취하여진 형체는 아무것도 없다는 것(308항), 창조된 만물의 선용은 계도에 따라서 극외적인 것에서부터 사람에게 올리워지고, 또 사람을 통해서 그것들이 비롯된 창조주 하나님에게 올리워진다는 것(65-68항 참조), 창조의 목적은 가장 외적인 것 안에서 형체를 취하는 것이고, 이같은 목적은 만물이 창조주 하나님에게 돌아가는 것(歸依·回歸·return)이고, 거기에 결합(結合·conjunction)이 있다는 것(167-172항 참조), 만물은 그것들이 창조주를 우러르는 정도만큼 선용을 가리킨다는 것(307항 참조), 신령존재는 그것 자체에 의하여 창조된 다른 피조물 안에서 필연적으로 존재(存在·being)와 형체(形體·form)를 갖는다는 것(47-51항 참조), 우주의 삼라만상은 선용에 일치하는 그릇이고, 이것은 계도들에 따라서 일치한다는 것(58항 참조), 선용의 측면에서 우주는 하나님의 이미지를 가리킨다는 것(59항 참조)과 기타 여러 내용들이었습니다.

이상에서 볼 때 이러한 내용은 만고(萬古)의 진리입니다. 즉 주님에 의한 피창조물은 모두가 선용이고, 그것들은 그것들이 사람과 관계를 갖는다는 측면에서 그리고 사람을 통해서 그것들이 비롯된 주님에게 올리워진다는 측면에서, 그리고 그 질서와 계도의 측면에서 선용이다는 것은 불변의 진리입니다. 그리고 이 선용에 관해서 자세하게 설명해야 할 내용만 남아 있습니다.

328. 선용과 관계짓는 사람은 단지 개인적인 사람만을 의미하지 않고, 또한 사람들의 집단들과, 국가·왕국 같은 작고 큰 사회나 온 세상과 같은 최대의 사회까지도 의미합니다. 왜냐하면 이것들의 각각은 하나의 사람을 가리키기 때문입니다. 천계들 안에서도 동일합니다. 주님의 안전에서는 온 천사적 천계가 단 하나의 사람입니다. 역시 천계의 각 사회도 마찬가지입니다. 이렇게 볼 때 천사가 사람이라는 것도 잘 알 수 있습니다. 이러한 내용은 나의 저서《천계와 지옥》(Heavens and Hell)에서 잘 읽을 수 있습니다(같은 책 68-103항 참조). 사람이 이런 내용을 뜻한다는 것은 아래에서 밝히 알 수 있겠습니다.

329. 우주의 창조의 목적을 고찰하는 것에 의해서 선용이 무엇인지를 밝히 알 수 있습니다. 우주의 창조의 목적은 한 천사적 천계의 형성을 가리킵니다. 한 천사적 천계가 목적이기 때문에 사람 즉 인류가 목적입니다. 왜냐하면 천계가 그것에서 비롯되었기 때문입니다. 그러므로 모든 창조된 것들이 중간 목적들이고, 그것들은 그것들 안에서 인간에게 관계되고, 또 인간을 통해서 주님에게 관계가 되는 질서와 계도의 측면에서 선용들입니다.

330. 창조의 목적이 인류에게서 비롯되는 천사적 천계이며, 따라서 인류 자체이기 때문에 다른 모든 창조된 것들은 중간 목적들입니다. 이것들은 주님과의 결합의 측면에서 볼 때 사람과 관계를 가지기 때문에, 이것들은 사람 안에 있는 세 국면 즉 사람의 몸과 합리성과 영적인 것들에 자신들을 맡깁니다. 왜냐하면 사람은 영적 존재가 아니고서는 주님과 결합될 수 없으며, 합리적인 존재가 아니고서는 영적인 존재에 결합될 수 없고, 그의 몸이 건전한 상태 안에 있지 않고서는 합리적 존재가 될 수 없기 때문입니다. 이것은 마치 집과 유사해서, 몸은 초석과 같고, 합리성은 집 안의 가구들과 같고, 영적인 것은 그 집 안에 있는 것과 같고, 주님과의 결합은 그 집 안에서 사는 것과 같습니다.

이상에서 볼 때 질서·계도와 그리고 창조의 중간 목적인 선용의 측면에서 사람과 관계를 갖는 선용은
(1) 사람의 몸을 유지하기 위해서
(2) 사람의 합리성을 완성하기 위해서
(3) 주님에게서부터 영적인 것을 수용하기 위해서
라는 것을 잘 알 수 있겠습니다.
331. 사람의 몸을 유지하기 위한 선용.

이 선용은 의식주(衣·食·住), 소창(蘇唱·recreation)과 즐거움, 그리고 이것의 상태의 유지와 보호에 관계됩니다. 육체의 양육을 위한 선용은 식물계에 속한 모든 것들인데, 예컨대 과실들·포도들·씨들·콩들 그리고 나물들과, 동물계의 모든 먹을 수 있는 것들인 수송아지·암소·송아지·사슴·양·염소·그 새끼들 그리고 어린 양과 그것들이 주는 젖 따위입니다. 그리고는 새들과 많은 종류의 물고기들이 있습니다. 육체적인 옷을 위해서 유용한 선용들은, 역시 주거를 위해서 유용한 것들처럼, 동·식물 양계에 속한 많은 것들이 있으며, 이것들 역시 소창·쾌락·보호와 상태의 보존을 위한 선용들입니다. 이런 것들은 아주 친숙하기 때문에 일일이 열거하지 않겠습니다. 그것을 기술하려면 공연히 많은 지면을 할애하여야 하겠기 때문입니다. 물론 사람에게 쓸모가 없는 것들도 많이 있습니다. 그러나 이런 불필요한 것들도 선용을 피괴하지 않고 오직 유용한 것들을 생존하게 합니다. 또한 선용의 오용(誤用)도 때로는 가능한데, 그러나 그 오용이 선용을 파괴하지는 않지만, 그러나 그것은 마치 진리의 위화(僞化)가 진리를 위화하는 사람과 같이 하는 것을 제외하면 진리를 파괴하지 않는다는 것과 같을 뿐입니다.

332. 사람의 합리성을 완성하기 위한 선용.

이러한 것들은 앞에서 이미 그 주제에 관해서 설명을 한 것들이며, 이러한 것들은 또한 자연적, 경제적, 시민법적, 도덕적인 일들을 포함한 학문이나 과학이라고 일컬어지는 것들로, 이런 것들은 부모

제4편 창조의 방법   255

나 스승에게서, 서적이나 다른 사람들과의 교제에서, 또는 이런 주제에 관한 스스로의 연구에서부터 배워 터득하는 것들입니다. 이러한 것들은 그것들이 보다 높은 계도 안에 있는 선용인 것만큼 사람의 합리성을 완벽하게 합니다. 그리고 그것들은 그것들이 삶에 적용하는 정도만큼 영속적입니다. 지면은 이들 선용에 관한 조목조목의 열거를 허용하지 않는데, 그 이유는 그것들의 수도 많고, 또 공통적인 선에 관계되는 수종으로 다양다기(多樣多岐)하기 때문입니다.

333. 주님으로부터 영적인 것을 수용하기 위한 선용.

이러한 것들은 종교와 그 종교에서 비롯된 예배에 속한 모든 것들을 가리킵니다. 따라서 하나님에 관한 시인(是認)과 지식을, 그리고 선과 진리에 관한 지식과 시인, 그리고 영원한 생명에 관한 시인과 지식을 가르치는 모든 것들인데, 그런 것들은 다른 배움에서와 마찬가지로, 부모·스승·다른 사람과의 교제·서적 등등에서 터득하며, 특히 그와 같이 배워 터득한 것을 실제 삶에 적용하는 것에 의해서 터득합니다. 기독교계에서는 성경말씀에서 비롯된 교리나 가르침에서, 또는 주님에게서 비롯된 말씀(聖言)을 통해서 터득됩니다. 이들 선용들을 그 범주를 넓혀서 기술한다면, 육체의 선용과 꼭같은 제목으로 기술할 수 있겠는데, 그것들은 의·식·주요, 또한 소창과 즐거움이고, 생활여건의 보존이라고 하겠습니다. 만약 이런 것들을 사람의 영혼에 적용한다면 식(食)의 선용인 영양섭취는 사랑에 속한 선에, 의(衣)의 선용인 옷은 지혜에 속한 진리에, 주(住)의 선용인 주거는 천계에, 소창과 즐거움은 삶의 지복(至福)이나 천계적 기쁨에, 삶의 보호는 사악한 죄악으로부터 안전에, 생활여건의 보존은 영생에, 각각 적용된다고 하겠습니다. 이러한 모든 것들은, 오직 사람은 주님의 선을 위해 부름받은 종이나 집사(執事)일 뿐이라는 신앙과 또 육신이 필요로 하는 것은 모두 주님에게서 비롯된다는 신앙을 시인하는 것에 따라서 주님에 의하여 주어지는 것들입니다.

334. 이런 모든 것들은 사람으로 하여금 즐기고, 소비하라고 주어진

다는 것과 또 그것들은 무상(無償)으로 주어진다는 소견은, 지상에 있는 사람과 꼭같이, 몸과 합리성과 영적인 것을 가지고 있는 천계에 있는 천사들의 상태에서 명백히 알 수 있습니다. 그들은, 매일 같이 무상으로 음식이 주어지기 때문에 자유스럽게 양육되고, 또 의복 역시 무상으로 주어지기 때문에 그들은 자유스럽게 옷을 입으며, 또 그들의 주거 역시 무상인데, 그것은 가옥이 무상으로 주어지기 때문입니다. 그들은 이런 것들을 위해서 수고도 노력도 하지 않습니다. 다만 그들이 합리적이고, 영적이기만 하면 그들은 그런 상태의 향유와 보호와 보존을 받을 수 있습니다. 다만 천사와 여기의 사람과의 차이가 있다면, 천사들은, 그들의 사랑과 지혜에 따라서 그런 것들이 창조되었기 때문에, 그런 것들은 모두가 주님에게서부터 비롯된다는 것을 깨닫고 있지만(322항에서 설명한 것 참조), 사람들은 그들의 수확이 일년에 한번씩 돌아오고, 또한 그들의 사랑과 지혜의 상태에 일치하지 않고 오히려 그들의 수고와 애씀에 일치한다는 사실 때문에 천사들이 깨닫고 있는 것을 깨닫지 못합니다.

335. 이런 것들을 선용이라고 일컫는 것은 사람을 통해서 주님과 관계를 가지기 때문입니다. 그뿐만 아니라, 사람은 주님의 목적 때문에 사람에서부터 선용이 비롯된다고 말해서는 안되고, 오히려 사람의 목적 때문에 주님에게서 선용이 비롯된다고 말해야만 합니다. 그러므로 주님에게서 모든 선용은 무한한 것이지만, 그러나 사람에게 있어서는 주님에게서 비롯된 선용을 제외하면 결코 선용은 전무(全無)합니다. 왜냐하면 사람은 그 자신으로부터 아무런 선을 행할 수 없지만 오직 주님으로 말미암아 선용이라고 부르는 선을 사람은 행할 수 있기 때문입니다.

영적 사랑의 본질은 다른 사람에게 선을 행하는 것이지, 결코 다른 사람을 목적하지 않고 자기 자신만을 위한 선은 진정한 선이 아닙니다. 무한하면 할수록 이것이 신령사랑의 본질입니다. 그것은 마치 자녀를 사랑하는 부모의 사랑과 같아서, 부모는 자녀에게 사랑으로 말미암아 선을 행하고, 또한 자신의 목적이 아니라 자녀의 목적에서 선을 행합니다. 이런 선행은 자녀를 위한 어머니의 희생적인 사랑에 잘 나타납니다.

　주님은 경배를 받고, 예배를 받아야 하고, 또 영광을 받으셔야 하기 때문에 주님 자신의 목적 때문에 경배와 예배와 영광을 받으시는 것으로 생각하지만, 그러나 주님께서는 사람들을 위해서, 경배·예배·영광을 좋아하시는 것입니다. 그 이유는 사람이 주님을 경배하고, 예배하며 또 그분에게 영광 돌리는 일을 통해서 사람은 신령존재가 입류하시고 지각될 수 있는 상태에 들어갈 수 있기 때문입니다. 그리고 그런 일을 통해서 사람은 자기의 고유속성(固有屬性·his own)을 벗어버릴 수 있고, 주님의 입류와 영접(迎接)을 훼방하는 것을 제거할 수 있기 때문입니다. 왜냐하면 사람의 고유속성인 자아애(自我愛)는 사람을 목석(木石)으로 만들 뿐만 아니라 마음을 굳게 닫아버리기 때문입니다. 이러한 심령이 바뀌고 변하는 것은, 사람에게서는 악 이외에는 아무것도 비롯되지 않지만 주님에게서는 선 이외에는 아무것도 비롯되지 않는다는, 믿음에 의하여 이루어집니다. 이러한 내적인 시인 즉 믿음에서부터 마음의 온유와 겸비(謙卑)가 있어지게 되는데, 이 마음의 온유와 겸비에서 경배와 예배가 우러나오게 됩니다.

　이상에서 볼 때, 귀결되는 결론은 주님께서 사람을 통해서 주님 자신을 위해 성취하신 선용을 사람이 사랑에서 비롯된 선을 행하기 위한 것이다는 사실입니다. 왜냐하면 이것이 바로 주님의 사랑이고, 그것의 영접이 주님의 사랑에 속한 기쁨이기 때문입니다. 그러므로 주님께서는 단순히 주님을 예배하는 사람과 같이 하신다는 것을 믿게 해서는 절대로 안됩니다. 주님은 주님의 계명을 준행하는 사람 즉 선용을 이루는 사람과 같이 하시며, 이런 사람과는 자신의 거처를 같이 하지만, 전자와 같은 사람 즉 단순히 주님을 예배하는 사람과는 같이 하시지 않습니다(47-49항의 설명 참조).

제 10 장 | 악한 쏨쏨이(惡用)는 주님에 의해서 창조되지 않았고, 전적으로 지옥에서 비롯되었다.

336. 구체적 행동으로 성취한 모든 선한 것들을 선용이라고 부릅니다. 그리고 구체적 행동으로 성취한 모든 악한 것들도 선용*이라 부르는데, 전자를 선용이라고 부르는 반면에 후자는 악용 즉 악한 쏨쏨이(evil use)라고 부릅니다. 자, 그러므로 모든 선한 것들은 오직 주님에게서 오고, 모든 사악한 것들은 지옥에서 비롯되기 때문에, 얻어지는 결론은, 선용을 제외하면 주님에 의해 창조된 것은 아무것도 없고, 모든 사악한 쏨쏨이(惡用)는 지옥에서 생겨졌다는 것입니다. 특별히 이 장에서 다루어지는 선용은, 모든 종류의 동물이나 식물처럼, 지상에서 보여지는 것을 가리킵니다. 사람에게 유용한 이 양계(兩界)의 모든 것들은 주님에게서 비롯되었지만 사람에게 해가 되는 것들은 모두가 지옥에서 비롯되었습니다. 주님에게서 비롯된 선용은 사람의 합리성을 완전하게 하는 모든 것들과, 또한 사람으로 하여금 주님에게서 비롯된 영적인 것을 수용하게 하는 모든 것들을 뜻합니다. 그러나 악한 쏨쏨이(惡用·evil use)는 사람의 합리성을 파괴하고, 사람으로 하여금 영적 존재가 될 수 없게 하는 모든 것을 뜻합니다. 사람에게 해를 끼치는 모든 것들을 악한 쏨쏨이(惡用)라고 부르는 것은 그것들이 악을 행하는 것으로 악한 사람에게 보탬이 되고, 또한 그것들은 앙심이나 원한 따위에 동화(同化)하는데 봉사하고, 배상(賠償)이나 변상 따위에도 쓸모가 있기 때문입니다.

"선용"(善用·use)이라는 낱말은 이와 같이 두 가지 의미로 쓰여지

＊독자의 혼동을 막기 위하여 evil use이라는 낱말을 "악한 쏨쏨이" 또는 "악용"(惡用)이라고 번역한다(역자 주).

는데, 그것은 마치 사랑이 좋은 뜻으로 또는 나쁜 뜻으로 쓰여질 때와 같습니다. 더욱이 그 사랑이 무엇을 행할 때 그 행한 모든 것을 선용이라고 부릅니다.

337. 이제 선용은 주님에게서 오고, 악한 씀씀이(惡用)는 지옥에서부터 온다는 내용을 다음 순서에 따라서 설명하겠습니다.

　(1) 악한 씀씀이(惡用)가 지상에서는 무엇을 뜻하는가?

　(2) 모든 악용들은 지옥에 있고, 모든 선용들은 천계에 있다는 것.

　(3) 영계로부터는 자연계 안으로 흐르는 계속적인 입류가 있다는 것.

　(4) 지옥에서 비롯된 입류작용에 의해 이루어진 악용을 가리키는 모든 것들은 그것에 대응하는 것들이 지옥에 존재한다는 것.

　(5) 이같은 일은 상위(上位)에 있는 것에서 분리된 가장 낮은 영적인 것에 의하여 이루어진다는 것.

　(6) 입류에 의한 작용이 일어나는 것에는 식물과 동물의 두 형체가 있다는 것.

　(7) 이들 두 형체들은 자기 자신의 종족들을 번식할 능력과 방편을 가지고 있다는 것.

338. (1) 악한 씀씀이(惡用)가 지상에서는 무엇을 뜻하는가?

　지상의 악한 씀씀이(惡用)는 식물계와 동물계 그리고 광물계에 있는 모든 유해한 것들을 가리킵니다. 이들의 세계에 있는 모든 유해한 것들을 일일이 열거할 필요는 없겠습니다. 왜냐하면 그렇게 열거한다는 것은 단순히 이름들을 열거하는 것이 되고, 또 이것들이 뿜어내는 유해성의 결과를 지적하는 것 없이 단순히 이름을 나열한다는 것 역시 이 책을 쓰는 목적에서 본다면 별 도움이 되지 않겠기 때문입니다. 이해를 돕는 뜻에서 몇 가지 예를 들어 보겠습니다. 즉, 동물계의 경우, 거기에는 독 있는 뱀·전갈·악어·큰 뱀·뿔달린 올빼미·소리지르는 올빼미·쥐·메뚜기·두꺼비·거미가 있는가 하면, 파리

· 빈둥벌· 좀벌레· 이· 진드기가 있는데, 한마디로 풀· 잎· 열매· 씨· 음식물 등을 파괴하거나 변질시키며, 사람이나 동물에게 해가 되는 생물들입니다. 식물계의 경우는 모든 유해하고, 독성이 있고, 살인적 기체를 내뿜는 채소류와 콩과 식물류와 이와 유사한 성질의 관목들이 되겠고, 광물계의 경우는 모든 유독성의 토양이 되겠습니다.

이상의 몇몇 예들에서 볼 때 지상의 악한 쓸쓸이가 무엇을 가리키는지 잘 알 수 있겠습니다. 왜냐하면 악한 쓸쓸이는 선용에 정반대가 되는 모든 것들을 가리키기 때문입니다(이것에 관해서는 336항 참조).

339. (2) 모든 악용들은 지옥에 있고, 모든 선용들은 천계에 있다는 것.

모든 지상의 악용들이 주님에게서 오지 않고, 오직 지옥으로부터 온다는 것을 알기에 앞서 먼저 천계와 지옥에 대해서 몇 마디 부연할 필요가 있겠습니다. 이같은 지식이 없으면 창조 때에 이 두 종류의 선용들을 지으셨으며, 그것들을 자연에게 귀속시키고, 그것들의 근원을 자연계의 태양의 탓으로 돌리면서, 사람들이 주님께서 악용을 선용들과 함께 책임지셔야 한다고 생각할 수 있을런지 모르기 때문입니다. 자연계에서 어떤 형체를 갖추는 것도 그 원인 즉 그 근원이 영계에서 비롯되지 않는 것은 하나도 없다는 것과 또 선용은 주님에게서, 악용은 악마 즉 지옥에서 비롯된다는 것을 알지 못하면 사람은 이 두 과오에서부터 벗어나지 못할 것입니다. 여기서 영계는 "천계와 지옥"을 뜻합니다.

천계에서는, 앞에서 설명한 대로(336항 참조) 모든 선용들을 눈으로 볼 수 있습니다. 반대로 지옥에서는, 앞에서 말한 것과 같이, 모든 악용들 역시 눈으로 볼 수 있습니다(338항 참조). 모든 종류의 사나운 야생동물들 즉 뱀· 전갈· 도마뱀· 악어· 호랑이· 여우· 도야지· 뿔난 부엉이· 밤 올빼미· 소리지르는 부엉이· 박쥐· 들쥐· 개구리· 메뚜기· 거미· 독 있는 곤충과 같은 것들이 되겠습니다. 또 독당근· 백부

자가 있고, 모든 종류의 독초와 독성이 있는 토양이 되겠습니다. 요약해서, 사람들에게 유해하고 죽음에 이르게 하는 모든 것이 되겠습니다. 지옥 안에 있는 이런 유의 것들은 지상에서 보이는 것과 꼭같은 모양으로 보입니다. 그럼에도 불구하고 그것들은 지옥 안에서 볼 수 있는 것이라고 말합니다. 그러나 그것들은 지상에 존재하는 식으로는 존재하지 않습니다. 왜냐하면 거기 사는 사람들의 악한 사랑들로부터 쏟아져 나오는 강한 욕정들에 대응되기 때문입니다. 이 악한 사랑의 욕정들은 위와 같은 모양들로 다른 사람에게 그 자체들을 드러내 보여주기 때문입니다. 이런 유의 것들이 지옥 안에 존재하기 때문에 지옥들은 사체들, 분료, 오줌 그리고 부패물들에서 내뿜는 악취로 가득 차 있습니다. 거기에 있는 악마적인 영들은, 짐승들이 그 악취를 맡고 즐기는 것처럼, 그 악취에 도취해 있습니다.

이상에서 볼 때 밝히 알 수 있는 것은 자연계에 존재하는 이런 유의 것들은 주님에게서부터 그들의 근원이 비롯되지도 않았고 처음부터 창조된 것도 아니고, 또한 자연계의 태양에서부터 자연을 거쳐 생성된 것이 아니라, 모두가 지옥에서부터 비롯된 것이라는 사실입니다. 그런 것들이 자연계의 태양을 거쳐 자연에서부터 생성되지 않았다는 것은 아주 명백한데, 그 이유는 영적인 것은 자연적인 것에 흘러들지만, 그 반대는 불가능하기 때문입니다. 또한 그런 것들이 주님에게서 비롯되지 않았다는 것도 명백한데, 그 이유는 지옥이 주님에게서 비롯되지 않았기 때문입니다. 그러므로 지옥에는 그 곳에 거주하는 악인에게 대응하지 않은 것은 아무것도 없습니다. 이것으로 지옥에 있는 것은 주님에게서 비롯된 것은 아무것도 없다는 사실도 잘 알 수 있겠습니다.

340. (3) 영계로부터는 자연계 안으로 흐르는 계속적인 입류가 있다는 것.

선재하는 것과 그 뒤에 이어지는 것이 서로 분별된다는 것처럼, 또는 원인과 그 결과와의 차이가 서로 다른 것처럼, 자연계와 전혀 다른 영계(靈界·spiritual world)가 있다는 것을 알지 못하는 사람은 누구나 이 입류(入流·influx)에 대한 지식을 전혀 가질 수 없습니다. 이것이 바로 식물이나 동물의 근원에 관해서 저술하는 사람들이 그 근원을 자연(自然·nature)에 돌릴 수밖에 없는 이유입니다. 만약 그 근원을 하나님에게 돌린다고 해도, 그들이 가지고 있는 뜻은 역시 하나님은 태초에 자연 안에 이런 것들을 생성할 수 있는 힘을 자연 안에 활착시켰다는 것인데, 이같은 생각은 자연 안에는 그 어떤 힘도 활착될 수 없다는 것을 모르고 저지르는 착오입니다. 왜냐하면 자연 그 자체는 생명이 없는 죽은 것이고, 또한 도구가 하는 역할 이상의 그 어떤 일을 생성하는데 아무런 도움을 주지 못하기 때문입니다. 예를 들어 보겠습니다. 기계가 하는 일에서 보면 도구가 계속적으로 움직이는 것 이외의 다른 것을 할 수 없는 것 같이 그저 움직이는 일 뿐입니다. 주님이 계신 태양으로부터 그 근원이 비롯되는 것이나, 동물이나 식물의 형체를 생성하고, 그것 안에 놀라운 것들을 보여주며, 또한 그것들이 고정되고 지탱하기 위해서 땅으로부터 온 물질을 가지고 형체를 구성하여 채우는 자연의 극외적인 것에 그 태양으로부터 발출하는 것 등은 모두가 영적입니다.

그러나 영계가 존재하는 것, 영적인 것은 주님이 그 안에 계시고 또 주님에게서 비롯된 영적 태양에서 비롯된다는 것, 영적인 것은, 마치 살아 있는 것이 죽은 것을 움직이게 하듯이, 자연이 움직일 수 있도록 추진력을 가한다는 것, 영계 안에는 자연계 안에 있는 것과 같은 것들이 존재한다는 것 등을 이제는 우리가 잘 알 수 있기 때문에, 또한 우리가 밝히 이해할 수 있는 사실은, 동물이나 식물도 주님으로부터 그 세계를 통해서 자신들의 실재(實在)를 갖는다는 것과 또한 그 세계를 통해서 그것들은 영구적인 실재를 가질 수 있다는 것 등입니다.

이와 같이 영계로부터 자연계에 흘러드는 끊임 없는 입류가 있습니다. 이러한 내용에 대해서는 다음 장에서 충분히 확증하겠습니다.

지상의 유해한 것들은 지옥에서 비롯된 입류로 말미암아 생성된 것인데, 그것은 악 자체가 지옥에서부터 사람에게 흘러드는 허용의 법칙(許容法則·the law of permission)에 의한 것입니다. 이 법칙은 《신령섭리에 관한 천사적 지혜》(the Angelic Wisdom concerning the Divine Providence)라는 제하의 책에서 설명하였습니다.

341. (4) 지옥에서 비롯된 입류작용에 의해 이루어진 악용을 가리키는 모든 것들은 그것에 대응하는 것들이 지옥에 존재한다는 것.

악한 씀씀이(惡用)에 대응하는 것들, 즉 유독한 식물이나 유해한 짐승에 대응하는 것들은 시체들·부패물·배설물·분뇨 또는 고약한 냄새가 나고, 오줌 같은 것들입니다. 따라서 이러한 것들이 있는 곳에, 앞에서 설명한 것과 같은, 독초나 극미동물(極微動物)들이 나오고, 열대지방에서는 뱀·도마뱀·악어·전갈·쥐 같은 보다 큰 동물들이 나옵니다. 늪·물이 고여 있는 못·똥냄새나 악취가 풍기는 수렁에는 이런 부류의 동물들이 수 없이 있다는 것은 누구나 다 아는 바입니다. 유해한 곤충이 구름처럼 대기를 가득 채우고, 독충은 떼를 지어 땅을 기어다니면서, 잎은 물론 그 뿌리까지 깡그리 먹어 치운다는 것도 다들 알고 있습니다.

나는 한번 나의 정원에서 이런 일을 경험했습니다. 반 야드 넓이의 뜰에 가득한 먼지가 극히 작은 곤충으로 변하였습니다. 나는 막대기로 그것들을 휘저었더니, 그것들은 모두 구름처럼 날아 올랐습니다.

시체나 구역질나는 부패한 것들이 유해하고 쓸모없는 미물에 일치하고, 이 둘이 동질의 것이다는 것 등은 단순한 관찰을 통해서도 쉽게 알 수 있을 뿐만 아니라, 악취가 나고, 그 냄새와 같은 것들이 지옥에 있으며, 또 그런 것들이 거기에 있는 원인에서 본다면 더 명료하게 이해할 수 있겠습니다. 그러므로 지옥은 그 성질에 따라서 이름이 지어졌는데, 어떤 것은 시체지옥이라고 부르고, 어떤 것은 똥지옥, 어떤 것은 오줌지옥 등등이라고 불렀습니다. 그러나 이런 모든 지옥들은 틈새로 악취가 새어나오지 않게 모두 뚜껑이 씌워져 있는데, 왜냐하면 거기에 조그마한 틈새라도 있으면 악마가 들어오고, 또 그 악취는, 유독한 것이 실신케 하는 것과 같이, 토하게 하고 두통을 일으키기 때문입니다. 바로 그 먼지가 그런 성질을 가지고 있기 때문에, 그 먼지를 "저주받은 먼지"라고 부릅니다. 이상에서 볼 때 명확한 것은 고약한 악취가 나는 곳에는 유독한 곤충이 있다는 사실입니다. 그 이유는 이 둘이 서로 대응하기 때문입니다.

342. 이런 유의 것들이 공기나 빗물 또는 땅에서 스며나오는 물에 의해서 이동된 알에서 부화되어 생기는지, 또는 그것들이 땅에서 나오는 독기나 악취 자체에서 생겨나는 것인지 그것은 의문의 대상입니다. 앞에서 설명한 유해한 극미동물들이나 곤충은 어떤 장소에 옮겨진 알에서, 또는 창조 이래 땅속 어딘가 숨겨져 있던 알에서 부화된다고 하는 주장은 연구관찰에서 보면 꼭맞는 것은 아닙니다. 왜냐하면 벌레들은 작은 씨앗에서, 핵과(核果)의 속살이나 나무나 돌 사이에서, 심지어 나무 잎에서 나오며, 또는 식물 속이나 식물 곁에는 그것들에게 알맞는 기생충이나 유충(幼虫)이 있기 때문입니다. 날으는 곤충의 경우를 보아도, 집이나 들판 또는 수풀 속에서 보이는데, 이런 것들은 사실 눈으로 보아서 그것이라고 생각할 수 없는 알에서부터 여름철이 되면 기승을 부리는 것도 있습니다. 또 초원이나 잔디를 먹어치우는 것들이 있는가 하면, 어떤 무더운 지역에서는 하늘 가득히 날으며 해를 끼치는 것들도 있습니다. 그 밖에도 더러 물 속에서 헤엄을 치는 것이 있는가 하면, 눈에는 잘 보이지 않지만 더러운 물 위를 나는 놈도 있고, 포도주를 식초로 변질시키는 것들, 공기로 하여금 전염병을 옮기게 한 것도 있습니다.

이와 같은 연구 관찰에서 얻은 사실들은 식물이나 땅, 숲지에서 발산하는 냄새·악취·수증기 따위가 이러한 미물들에게 시작을 제공한다고 주장하는 사람들을 돕고 있습니다. 그런 미물들이 일단 태어나면, 그 뒤 그것들이 알이나 그 새끼에 의해 번식한다는 사실은 그

제4편 창조의 방법

들의 아버지 선대(先代·their immediate generation)를 반박하지는 못합니다. 왜냐하면 모든 생물은 자체의 미세한 내장과 더불어 종자를 잇는 기관과, 번식하는 수단을 가지고 있기 때문입니다(347항 참조). 이와 같은 현상에다 지금까지 알려지지 않았던 이와 비슷한 것들이 지옥에 있다는 사실을 첨언합니다.

343. 지옥이 사람들과 멀리 떨어져 있지 않고, 사람들 주변에 있으며, 심지어는 악한 사람들 안에 있기 때문에 땅들 위에 있는 것들과 결속되어 있다는 사실에서, 앞서 말한 지옥들이 땅에 속한 것들과 교류를 가지고 있을 뿐만 아니라, 지상의 유사한 현상들과 어떤 유대를 가지고 있다는 결론을 내릴 수 있겠습니다. 왜냐하면 사람은, 그의 정동이나 정욕 또는 여기서 파생된 사상의 측면에서, 또 선용이든 악용이든, 이런 것들에서 비롯된 그의 행위의 측면에서 보면, 천계의 천사 가운데, 아니면 지옥의 악령 가운데, 존재하기 때문입니다. 그리고 지상에 있는 것은 모두가 천계나 지옥에 있기 때문에, 여건이 맞기만 하면 거기에서 비롯된 입류가 이러한 것들에 직접적으로 흘러든다는 결론을 얻을 수 있겠습니다. 사실, 영계, 즉 천계이든 지옥이든 간에, 거기에 있는 것들은 정동 아니면 정욕(情欲·lust)에 대응하는 것들입니다. 왜냐하면 그것들은 이 대응에 따라서 그 정체를 취하기 때문입니다. 그러므로 본질적으로 영적인 정동이나 정욕이 지상에 있는 동질의 것이나 대응하는 것을 만나면, 영혼을 이루는 영적인 것과 몸을 이루는 물질적인 것 이 양자를 드러냅니다. 더욱이 모든 영적인 것 안에는 육체를 감싸는 활력소(活力素·conatus)가 있습니다. 지옥은 사람들 주변에 있고, 그러므로 땅에 인접해 있습니다. 그 이유는 영계는 공간(空間) 안에 있지 않고 정동이나 정욕에 대응하는 것이 있는 그 곳에 있기 때문입니다.

344. 나는 한 번 영국왕실협회(the English Royal Society)의 총재였던 한스 슬로안 경(卿)과 말틴 폴케 경(卿)이 영계에서 씨와 알의 존재에 관해서, 그리고 지상에서 그것들로부터 생성되는 것에 관해

서, 서로 이야기하는 것을 들은 적이 있습니다. 전자는 모든 것을 자연(自然)에게 돌렸는데, 자연은 창조 이래 자연의 태양을 방편으로 하여 이와 같은 결과를 생성할 수 있는 능력과 힘을 가지고 있다고 주장하였습니다. 그러나 후자는 이와 같은 힘은 창조주 하나님께서 끊임없이 자연 안에 있게 하신 것이라고 주장하였습니다. 이 논쟁을 해결하기 위하여 아름다운 새 한 마리가 한스 슬로안 경에 나타났습니다. 그에게 지상에 있는 새와 조금이라도 색다른 점이 있는지를 살펴보라고 하였습니다. 그는 그 새를 자기 손으로 쥐고서 이러 저리 살펴본 다음에, 아무런 차이가 없다고 말하였습니다. 그는 어떤 천사의 정동이 한 마리의 새로써 그 천사 밖에 나타났다는 것 이외에 아무것도 아니라는 것을 확실히 알았습니다. 그리고 그 정동이 사라지면 새 역시 사라진다는 것도 알았습니다. 그리고 그런 일이 실제 일어났습니다.

이 경험에 의해서 한스 슬로안 경은 자연은 식물이나 동물의 생성에 그 어떤 것도 보탬이 되지 못한다는 것과 그것들은 오직 영계로부터 자연계에 흘러드는 입류에 의하여 생성된다는 사실을 확신하게 되었습니다. 그의 말에 의하면, 만일 그 새가 지극히 작은 부위에 이르기까지 땅에서부터 대응하는 물질을 가지고 채우고, 고정시킬 수만 있다면 땅 위의 새와 같이 오래 지속하는 새가 될 것이라는 것과 또 지옥으로부터 얻어서 채우고 고정시켜서도 같을 것이라고 하였습니다. 여기에 부연하기를, 영계에 관해서 지금 알고 있는 것을 전에 알았다면 자연은 하나님에게서 비롯되는 영적인 것을 돕고, 또 자연 안으로 끊임없이 흘러드는 것들을 고정시키는 일 이외에 자연에 돌릴 것은 아무것도 없다고 하였습니다.

345. (5) 이같은 일은 상위(上位)에 있는 영적인 것에서 분리된 가장 낮은 영적인 것에 의하여 이루어진다는 것.

제3편에서 우리는 다음의 몇 가지에 관해서 설명한 바 있습니다. 즉, 영적인 것은 영적 태양에서부터 천적·영적·자연적 계도라고 하

는 세 계도를 통해서 자연에 속한 가장 외적인 것에 흘러든다는 것과, 이 세 계도는 창조 이래 사람 안에, 따라서 출생부터 사람 안에 있다는 것과, 그것들은 사람의 생명 상태에 따라서 열린다는 것과, 만약 가장 높고, 가장 지심(至深)한 천적인 계도가 열리면 사람은 천적이 되고, 만약 중간적인 영적인 계도가 열리면 사람은 영적이 되지만, 만약 가장 낮고, 가장 외적인 자연적인 계도만 열리면 그 사람은 자연적이 된다는 것과, 만약 사람이 오직 자연적이 되면 그 사람은 관능적이고 세속적인 것만을 좋아한다는 것과, 그 사람이 이런 것들을 좋아하고 사랑하면 그 정도만큼 천적인 것이나 영적인 것을 사랑하지 않으며, 또한 하나님을 우러르지 않으며, 그 정도만큼 그 사람은 사악하게 된다는 것 등입니다.

이상에서 밝히 알 수 있는 것은 가장 낮은 영적인 것 즉 영적-자연적(靈的-自然的·the spiritual-natural)인 것은 높은 계도들에서 분리될 수 있으며, 또한 지옥이 이루어졌기 때문에 이런 사람에게서는 떠나 버린다는 것입니다. 이 가장 낮은 영적인 것은 그것 스스로 높은 계도에서 떠날 수 있으며, 따라서 지옥을 숭상하게 되는데, 이런 일은 오직 사람에게서만 일어나고 짐승이나 토양에서는 일어날 수 없습니다.

여기에서 얻어지는 결론은, 위에서 설명한 악한 씀씀이(惡用)는 상위(上位)에 있는 영적인 것에서부터 분리된 가장 낮은 영적인 것에 의하여 지상에서 이루어지는데, 이러한 일은 지옥에 있는 사람들의 경우도 마찬가지라는 것입니다. 땅 위에 있는 유해한 것들은 사람 안에서, 따라서 지옥으로부터 그 근원을 갖는다는 것은, 성경말씀에 기술된 바와 같이, 가나안 땅의 상태에 의하여 잘 설명되고 있습니다. 이 말씀에는, 이스라엘 자손들이 계명에 순종하여 살면 땅은 많은 소출을 내고, 양 떼나 소 떼도 많이 얻을 수 있었지만 그러나 그들이 계명에 순종해서 살지 않으면 땅은 불모(不毛)가 되는데, 이것을 가리켜 저주받았다고 하였습니다. 추수 대신에 땅은 찔레와 가

시덤불을 내었고, 양 떼나 소 떼는 새끼를 낳지 못하고, 야생짐승이 들끓었습니다. 꼭같은 내용을 이집트에 만연했던 메뚜기·개구리·이 등에 미루어 알 수 있겠습니다.

346. (6) 입류에 의한 작용이 일어나는 것에는 식물과 동물의 두 형체가 있다는 것.

땅에서 비롯된 보편적인 두 형체가 있다는 것은 동물계 식물계라고 부르는 두 왕국에서부터, 그리고 각각의 그 왕국은 공통적인 많은 것을 소유하고 있다는 것에서 잘 알 수 있습니다. 따라서 동물계에 속한 주체들은 두뇌와 심장과 폐장에 의하여 움직여지는 감관조직이나 운동조직과 여타의 기관이나 내장을 가지고 있습니다. 그러므로 식물계의 주체들은 땅속으로 뿌리를 뻗고, 줄기·가지·잎·꽃·열매·씨 등을 냅니다. 동물계와 식물계를 그들의 형체의 생성의 관점에서 본다면, 양계(兩界)는 주님이 계신 천계의 태양에서 나온 영적 입류와 작용에서부터 그것들의 근원이 유래한 것이지, 자연계의 태양에서 나온 자연에 속한 입류나 작용에서 이루어진 것이 아니라는 것입니다. 앞에서 언급한 바와 같이, 그것들의 고정화(固定化) 이외에 아무것도 유래되지 않는다는 것을 알 수 있겠습니다. 모든 동물은, 그것이 큰 것이든 작은 것이든, 자연적인 것이라고 부르는 것은 가장 외적인 계도 안에 있는 영적인 것에서 비롯된 그들의 근원에서부터 유래되었습니다. 그러나 오직 사람만이 천적·영적·자연적이라고 부르는 세 계도에서 비롯됩니다. 높이의 계도 즉 불연속 계도가, 마치 빛이 어두움으로 바뀌고, 그것의 완전에서부터 불완전으로 계속해서 점감(漸減)하는 것 같이, 역시 동물의 경우도 그렇습니다. 따라서 동물에는 완전한 것, 덜 완전한 것, 불완전한 것 등이 있습니다. 완전한 동물로는 코끼리·낙타·말·노새·황소·양·염소나 소 떼나 양 떼에 속한 것들이 있습니다. 덜 완전한 동물은 조류(鳥類)들이고, 불완전한 동물은 물고기나 갑각류에 속한 것들입니다. 이런 것들은 가장 낮은 계도에 있는 것, 말하자면 어둠에 있는 것 같지만

이에 반하여 전자는 빛 안에 있는 것 같습니다. 따라서 동물들은 자연적이라고 부르는 가장 낮은 영적 계도에 의해서 살기 때문에, 그것들은 땅만 쳐다보고, 또 먹이가 있는 곳이나, 종족의 번식을 위한 종족만을 찾을 뿐입니다. 이런 것들의 성품은 자연적인 정동이나 식욕 뿐입니다.

식물계의 주체도 역시 마찬가지로 완전한 것, 덜 완전한 것, 불완전한 것이 있습니다. 완전한 것은 과일나무(果樹)이고, 불완전한 것은 포도나무와 관목이고, 불완전한 것은 잡초들입니다. 그러나 식물은 영적인 것에서부터 선용을 얻지만, 반면에 동물은, 위에서 설명한 것과 같이, 영적인 것에서부터 정동과 식욕이 되는 것을 얻습니다.

347. (7) 이들 두 형체들은 자기 자신의 종족들을 번식할 능력과 방편을 가지고 있다는 것.

앞에서 설명한 바와 같이(313－318항 참조), 식물계나 동물계에 속한 이 땅의 모든 산물(産物)에는 창조의 이미지와 사람의 이미지와 그리고 무한존재와 영원존재의 이미지가 있습니다. 그리고 무한존재나 영원존재의 이미지는 무한하고 영원한 번식을 위한 모든 이런 것들이 가지고 있는 능력에서 밝히 드러납니다. 그러므로 그것들은 모두가 번식의 방편을 역시 가지고 있습니다. 동물계의 주체들은 씨를 거쳐, 알 또는 태 안에서 또는 알을 낳는 방편으로, 그리고 식물계의 주체들은 씨를 통해서 땅 속에서 그 방편을 가지고 있습니다. 이상에서 볼 때 비록 불완전한 동물이나 식물, 또는 유해한 동물이나 식물은 지옥에서 나온 직접적인 입류를 통해서 생겨지기는 하지만, 그렇게 생겨진 뒤에는 간접적으로 씨나 알 또는 접목에 의하여 그것들은 번식합니다. 그러므로 직접적인 전자가 간접적인 후자를 무효로 하지는 않습니다.

348. 선용이든 악용이든 모든 쏨쏨이는 영적인 근원, 따라서 주님이 계신 태양에서 비롯된다는 것은 이 경험에 의해 충분히 실증되겠습니다. 내가 들은 바는, 선과 진리는 주님에 의하여 천계를 거쳐 지옥

에까지 보내지며, 가장 낮고 깊은 계도(the lowest deep degree)에 의해 수용된 동일한 선과 진리는 거기서 선과 진리에 정반대가 되는 악과 거짓으로 뒤바뀐다는 것이었습니다. 이같은 일이 일어나는 이유는 수용주체가 입류되는 모든 것들을 자신의 고유 형체에 맞도록 바꾸어 버리기 때문입니다. 그런 일은 마치 태양의 해맑은 빛이 내면적으로 그 빛을 질식시키거나 소멸시키는, 또는 물이 고여 있는 늪이나 똥더미, 또는 시체가 태양의 볕에 의해 악취로 변질시키는 그 같은 형체를 가지고 있는 객체의 실체들 안에서는 보기 흉한 색깔이나 검은색으로 뒤바뀌는 것과 유사합니다.

　이상에서 볼 때 밝히 알 수 있는 것은, 비록 악한 씀씀이라고 할지라도 영적인 태양에서 비롯되었다는 것과, 또 선용이라고 해도 지옥에서는 악용으로 변질된다는 사실입니다. 그러므로 주님께서는 선용을 제외하고서는 그 어떤 것도 창조하시지도 않았고 창조하지도 않지만, 지옥이 모든 악한 씀씀이를 만들어낸다는 사실을 밝히 이해할 수 있겠습니다.

제 11 장　창조된 우주의 만물은, 자연이 아무것도 창조하지 않았고, 창조하지 못하지만, 신령존재 자체가 영계를 거쳐서 만물을 창조하셨고, 창조하신다는 것을 증거한다.

349. 단순히 겉모양(外現)만을 보고서 주장하는 사람들 대부분은 태양은 볕과 빛으로 평야·들판·정원·숲에서 보이는 모든 것들을 만들어낸다고 말하며, 또한 태양은 그 볕으로는 알에서부터 유충(幼蟲)을 부화시키고, 또 땅 위의 짐승이나 공중의 새들이 새끼를 낳게 하고, 심지어 태양은 사람에게 생명까지 제공한다고 역설합니다. 오직 겉모양만 보고서 주장하는 사람들은 자연에게 이런 것들이 있게 된

공로를 돌리지는 않지만, 이런 식으로 말할 수는 있을 것입니다. 왜냐하면 그들은 이 문제의 내용에 대해서 깊이 생각하지 않기 때문입니다. 태양에 관해서 단순히 해가 뜨고, 지고, 날자나 연한을 있게 하고, 또는 해가 이 높이에서 저 높이로 움직이는 것처럼 말하는 사람도 있는데 이런 부류의 사람은 단순히 겉모양을 보고 말하고, 또 그렇게 행동하지만, 이같은 결과를 태양의 공로로 돌리지는 않습니다. 왜냐하면 그들은 태양의 부동(不動·fixity)이나 지구의 회전(回轉)에 관해서 전혀 생각을 하지 않기 때문입니다. 그러나 해가 볕과 빛을 방편으로 해서 지상에 보이는 만물을 지어낸다는 관념을 스스로 다짐을 한 사람들은, 만물은 물론 심지어 우주창조까지도 자연에게 돌리는 자연주의자가 되고, 나중에는 무신론자(無神論者)가 되어 버립니다. 그들은 아마도 하나님은 자연을 창조했으며, 또 이런 것들을 만들어 내는 능력을 자연에게 부여하였다고 말을 하겠지만, 그러나 그들이 이런 말을 하는 것은 그들의 명성이 실추(失墜)될 것이 두려워서 그렇게 말하는 것 뿐입니다. 따라서 그들이 말하는 창조주 하나님은 자연(自然)을 뜻하는 것이고, 또 그들 중 어떤 사람은 자연의 가장 내적인 것을 뜻하는 것입니다. 그러므로 교회가 가르치는 신령한 것들을 그들은 무가치한 것으로 여깁니다.

350. 눈에 보이는 지상의 것들의 공을 자연의 탓으로 돌리는 사람 중에서 용서해 주어야 할 사람들이 있습니다. 두 가지 이유 때문입니다. 그 첫째 이유는 그들은 주님이 계시는 영계의 태양에 관해서 무지(無知)하고, 또 그것에서 비롯되는 입류에 관해서, 영계나 그 세계의 상태에 관해서, 또 영계가 사람과 같이 있다는 것에 관해서 전혀 아는 바가 없으며, 그러므로 그들은 영적인 것은 보다 순수한 자연적인 것이다는 이외의 다른 생각을 가지고 있지 않으며, 따라서 천사들은 에델이나 별 세계에 있으며, 악마는 사람의 악이고, 만약 실제로 악마가 존재한다면 공중이나 무저갱(無底坑·abyss)에 있을 것이라고 생각하고, 사후 사람의 영혼은 땅 속 어디엔가, 아니면 최

후심판의 날까지 어딘지 모르지만 분명하지 않은 곳에 있을 것이라고 생각하고, 그밖의 다른 것들도 영계와 그 세계의 태양에 관해서 무지한데서 비롯된 환상으로 추론한 것밖에는 아무것도 모르는 따위의 무지와 오류 때문입니다.

그들이 용서받아야 할 두번째 이유는, 선한 것 뿐만 아니라 악한 것들도 존재하는 지상에서 눈에 보이는 만물을 신령존재께서 어떻게 창조하실 수 있는지를 그들이 전혀 이해하지 못하고 있기 때문입니다. 그리고 또한 그들은 그들이 악한 것들을 하나님의 탓으로 돌리지나 않을까, 또는 하나님에 관해서 물질적인 개념을 고수하지나 않을까, 또는 하나님을 자연과 하나로 여기지나 않을까, 따라서 정사(正邪)를 혼동하지나 않을까 하는 이런 개념을 자기들 스스로 확증하는 것을 걱정하고 있다는 것입니다.

이와 같은 두 가지 이유 때문에 자연은 창조에 의해 그 자신 안에 주어진 능력으로 가시적인 세계를 생성한다고 믿고 있는 사람들은 용서를 받을 수 있습니다. 그러나 자기 스스로 자연의 편이 되어 그것에만 이익이 되는 그런 식으로 마음을 단단히 굳힌 자연주의자들은 용서받을 수 없습니다. 왜냐하면 그들도 역시 신령존재의 편에서 자기들의 마음을 굳힐 수도 있었기 때문입니다. 사실 무지(無知)는 용서받을 수 있지만, 그러나 스스로 마음 속으로 다짐한 거짓은 결코 지워지거나 옮겨지지 않습니다. 왜냐하면 이런 부류의 거짓은 악, 따라서 지옥과 응집(凝集)하기 때문입니다. 그러므로 신령존재를 자연으로부터 분리시킬 정도로 자연의 편에서 마음을 단단히 굳힌 이런 사람들은 죄가 대수롭지 않은 것으로 생각합니다. 왜냐하면 모든 죄는 신령존재와 상반(相反)되는 것이고, 또 이와 같이 그들은 서로 분리시켰고, 따라서 신령존재를 부인하기 때문입니다. 영적으로 죄가 아무것도 아니라고 생각하는 사람들이 죽어서 영인의 상태에 있으면 그 때 그들은 지옥에 얽매인 노예로 있었기 때문에 그들 자신을 지배하였던 정욕(情欲)과 일치하는 사악에로 돌진합니다.

351. 자연의 구석구석에까지 신령존재께서 역사(役事)하신다는 것을 믿는 사람들은, 자연의 편에서 마음을 굳히는 자연주의자들이 다짐하는 것 이상으로, 아니 매우 충족하게, 신령존재의 편에서 마음을 다짐할 수 있는 사실들을 자연계 안에서 너무나 많이 볼 수 있습니다. 왜냐하면 신령존재의 편에서 마음을 다짐하는 사람들은 식물계나 동물계의 번식에서 보여주는 놀라운 일들에 깊이 관찰할 수 있기 때문입니다.

먼저 식물계의 번식에서 봅시다. 땅에 뿌려진 지극히 작은 종자(種子)에서 어떻게 뿌리가 나오고, 또 그 뿌리에 의해서 줄기·가지·잎·꽃이 어떻게 나오고, 또 계속해서 어떻게 열매를 맺으며, 종국에 새로운 종자를 내는지를 볼 수 있습니다. 그같은 사실은 한 알의 종자가 계속 이어지는 순서에 따라서 성장하고, 그 성장에 의해서 새로운 종자 자체를 맺는 것을 아는 것과 꼭 같습니다. 밝은 이성(理性)을 가진 사람이면 단순히 불덩이인 태양이 이와 같은 경륜(經綸·knowledge)을 가질 수 있다고 생각할 수 있는지, 아니면 그 태양이 볕과 빛으로 이런 결과를 맺을 수 있는 능력을 부여할 수 있다고 생각할 수 있는지, 그것도 아니면 그 태양이 식물계의 이같은 놀라운 사실들을 펼쳐 보일 수 있고 또 선용에 대해서 그렇게 심사숙고할 수 있다고 생각할 수 있습니까? 이와 같은 사실을 직시하고 깊이 관찰할 수 있는 높은 이성을 가진 사람이면 누구나 그런 것들이 무한한 판단력을 가지신 그분, 즉 하나님에게서 비롯된다는 것 이외의 다른 존재는 전혀 생각할 수 없을 것입니다. 신령존재를 시인하는 사람들은 누구나 이같은 사실을 이해할 수도, 생각할 수도 있지만, 그러나 신령존재를 시인하지 않는 사람은 이같은 사실을 이해할 수도, 생각할 수도 없습니다. 왜냐하면 그들은 그렇게 이해하고, 생각하기를 원치 않기 때문입니다. 따라서 그들은 그들의 합리성을, "당신들은 태양이 그 볕과 빛으로 이같은 일을 성취하는 것을 이해할 수 있습니까? 당신이 보지 못하는 것은 무엇이 있습니까? 그것은 어떤 것입니까?"라는 말을 짓거리면서, 육신적인 감관이나 그들의 미망(迷妄·illusion)에 어울리는 세상적인 빛(lumen)에서 비롯된 모든 개념을 이끌어온 관능적 감관 속에 쳐넣고 맙니다.

　신령존재의 편에 동의하고, 자신을 다짐한 사람들은 동물계의 번식에서 펼쳐지는 경이로운 사실들을 잘 관찰할 수 있습니다. 여기서는 단순히 알(卵)을 예로 설명하겠습니다. 어떻게 병아리가 부화할 때까지 필요로 하는 모든 것을, 그리고 어미와 꼭같은 새가 되고, 날개를 가지고 날 수 있는 어미가 되기까지 성장하는데 필요한 모든 것을 알 속의 시초 즉 씨앗에 있는지를 생각해 봅시다. 만약 어느 누구나 살아 있는 실체를 관찰한다면, 아주 큰 생물에서와 꼭같이, 또 눈으로 볼 수 있는 생물에서와 꼭같이, 눈에 잘 보이지 않는 미물에서도 감관기관 즉 시각·청각·후각·미각·촉각의 기관이 있고, 그것들이 걷고, 기고, 날기 위한 근육들인 운동기관과 뇌에 의해 움직이는 심장과 폐장, 그리고 주위에 내장 등이 있다는 것을 보면서 깊이 생각하는 사람을 놀라게 하는 경이로운 이런 것들로 충만합니다. 심지어 가장 흔해 빠진 곤충까지도 이같은 기관을 향유한다는 것을 몇몇 학자들이 저술한 해부학에서, 특히 스왐메르담(Swammerdam)이 저술한 《자연질서에 관하여》(Biblia Naturae)라는 책에서 잘 읽을 수 있습니다. 모든 것을 자연의 원인으로 돌리는 사람들은 이런 모든 것들은 볼 수 있지만, 그러나 그들은 그것들이 존재한다는 것을 단순히 깨닫고, 또 자연이 그것을 만들어냈다고 주장을 합니다. 그들이 이렇게 주장하는 이유는 그들은 이미 자신들의 마음을 신령존재에 관한 깊은 생각에서부터 아주 멀리 옮겨 놓았기 때문이고, 이렇게 마음을 옮겨 놓은 사람들은 그들이 자연 안에서 이같은 놀라운 사실들 목도(目睹)하였을 때에는 합리적으로 생각하는 것이 불가능하다고 여기는데, 영적으로 생각하는 것에는 오죽하겠습니까. 그렇지만 그들은 능히 감관적으로, 또는 물질적으로는 생각할 수 있습니다. 그때 그들은 자연을 오직 자연으로만 생각하지 그 이상으로는 생각하지 않는데, 그것은 마치 지옥에 있는 사람들이 하는 것과 꼭같습니다. 그들이 금수(禽獸)와 차이가 있다면 합리적으로 생각하는 능력을 가지고 있다는 것, 다시 말하면 이해할 수 있는 능력을 가졌다는 것인데, 그러므로 그들은 그들이 좋다고 선택한 것 이외의 것에 관해서는 달리 생각하지 않는다는 것 뿐입니다.

352. 자연에서 경이로운 것을 보고 있으면서도 신령존재에 관해 스스로 생각하기를 기피하는 사람들, 그리고 그것으로 말미암아 감관적인 사람이 되어버린 그들은, 수많은 작은 곤충이 하나의 희미한 반점(斑點)으로 보일만큼 그들의 시각은 아주 조잡(粗雜)하지만, 그럼에도 불구하고 이런 미물도 무엇을 감지하고 또 움직일 수 있는 조직체이고, 따라서 섬유질과 혈관도 갖추었고, 아주 작기는 하지만 심장·폐장의 혈관·내장·두뇌를 갖추고 있는 것에 관해서 깊이 생각하지 않습니다. 그리고 또한 이들 기관들은 자연에 있는 가장 순수한 실체와 서로 따로따로 움직이는 가장 섬세한 부분부분들로 생명에 속한 어떤 것에 대응하는 엷은 막으로 된 조직체로 입혀져 있습니다. 시각이 이처럼 조잡하게 되었을 때 헤아릴 수 없이 많은 개별적인 것들로 이루어진 수많은 생명체가 하나의 반점으로 그 시각에는 보일 뿐입니다. 그럼에도 불구하고 감관적인 사람이 되어버린 사람들은 모든 사물을 그 시각으로 생각하고 판단하게 되었습니다. 이같은 사실은 그들의 마음이 얼마나 우둔한지, 그러므로 영적인 것에 관해서 그들이 얼마나 흑암에 빠져있는지를 잘 보여주고 있습니다.

353. 어느 누구나 원하면 자연에서 볼 수 있는 만물에 의해 신령존재의 편에서 자신을 확증할 수 있고, 또 생명의 측면에서 하나님을 생각하는 사람도 그와 같이 확증할 수 있습니다. 공중의 새를 관찰할 때 그것들이 어떻게 자신의 먹이를 알고 또 그것이 어디에 있는지를 아는지, 또 어떻게 소리나 시각을 가지고 그것이 이로운 것인지 아니면 해로운 것인지를 식별하는지, 또 자기와 다른 부류들 가운데서 어떤 것이 자기 편이고, 어떤 것이 적인지를 알기 때문입니

다. 또 그것들이 어떻게 배우자를 알며, 또 서로 짝짓기나 멋진 둥지를 트는 일이나, 거기에 알을 낳고, 얼마동안 그것을 품고 있으면 새끼가 나올 것을 어떻게 알고 있으며, 또 새끼가 자기들 스스로 먹이를 얻을 때까지 자기 새끼를 가장 사랑스럽게 아끼고, 새끼들을 자기 날개 아래 품고, 먹이를 날아다가 먹이고, 그것들을 키우는 일을 어떻게 아는지, 또 이런 일을 충실히 해서, 자기 종족을 계속해서 이어가는 것을 어떻게 아는지를 보는 것입니다. 영계를 거쳐 자연계에 흘러드는 신령입류(神靈入流·the Divine influx)에 관해서 심사숙고하려는 사람은 누구나 이런 것들에서 이런 입류를 알 수 있는데, 만약 그가 하려고만 한다면 마음에서부터 이런 지식은 빛의 광선을 통해서 태양으로부터 생물들 속에 들어갈 수 없다는 것을 능히 말할 수 있습니다. 왜냐하면 자연의 본질이나 근원이 되는 태양은 단순한 불덩어리이며, 따라서 태양의 광선은 생명이 없는 전적으로 죽은 것이기 때문입니다. 그러므로 그 사람은 그같은 것은 자연의 극외적인 것에 흘러드는 신령지혜에 속한 입류에서 비롯된다는 결론을 얻을 수 있을 것입니다.

354. 어느 누구나 자연 안에 보이는 경이로운 것들로부터 신령존재의 편에서 자신을 확증할 수 있지 않겠습니까? 자, 그 한 예를 나비의 성장에서 보겠습니다. 나비의 애벌레는 어떤 자극으로 말미암아 그들의 육생적(陸生的) 상태를 천계의 상태로 변화하기를 갈망하고 동경하여, 이 목적을 이루기 위해 그것들은 구석진 곳으로 기어들어가서, 마치 다시 태어나기 위해서 태 안에 들어가듯이 자신들을 고치 속에 넣고, 그들은 그 고치 속에서 모충(毛蟲)이나 번데기가 되었다가 종국에는 나비로 변합니다. 이같은 자연적 변형작용을 하는 동안 각기 그 종류대로 아름다운 날개를 달고, 그들의 천계에 오르듯 공중을 훨훨 날아 오르며, 거기서 그것들은 흥겹게 노닐고, 짝짓기를 하고, 알을 낳고, 자기 종족을 위해 후손을 준비하고, 꽃에서 달콤한 먹이를 가져다가 새끼를 기르는 일련의 놀라운 일들을 봅니

다. 자연 안에 일어나는 놀라운 일들을 보고서 하나님의 편에서 자기 자신을 확증한 사람이 애벌레와 같은 상태에서 사람의 세상적 상태를, 또 나비의 상태에서 천계적 상태의 이미지를 보지 못하겠습니까! 자연의 편에서 자신을 확증한 사람도 꼭같은 현상을 보지만, 그러나 그들은 마음 속에서 사람의 천계적 상태를 거부하기 때문에 그들은 그 변형현상을 단순한 자연적 본능에 지나지 않는다고 주장합니다.

355. 벌들에 관해서 다음과 같은 것들에 주의를 기울이면, 누구나 자연 안에 있는 가시적인 것들로부터 신령존재의 편에서 자기 자신을 확증할 수 있습니다. 즉 벌들은 기화요초(奇花樂草)에서 밀납과 꿀을 채취하는 방법을 알고, 작은 집 같은 칸막이 집(cell)을 짓는 방법을 알고, 또 그 작은 집을 들고 나는 길을 갖춘 도시 형태로 배치하는 방법을 알며, 또 그것들은 자신들의 거처를 위해서는 밀납을, 먹이를 위해서는 꿀을 채취하기 위해 아주 멀리 떨어져 있는 꽃이나 초목의 냄새를 맡아 날아가고, 이것들을 채취한 뒤에는 그들의 집으로 곧장 되돌아 날아오는 것을 압니다. 그것으로 다가오는 겨울을 위해 양식과 거처를 장만하는데, 그것들은 마치 그것들을 예견하고, 그같은 지식을 가지고 있는듯이 합니다. 그들은 또한 여왕으로 한 암펄을 그들 가운데서 뽑아 세워서 그에게서 자손을 번식하게 합니다. 그들은 또 그 여왕을 위해 자기들 집보다는 좋은 주위에 문지기를 배치한 궁전을 짓고 두루 살핍니다. 새끼를 낳을 때가 임박하면 경호를 받으며, 이 방 저 방을 다니면서 알을 낳고, 수행자들은 공기의 접촉을 막기 위해 위를 덮어 버립니다. 여기에서 새로운 새끼가 그들을 위해 탄생합니다. 이 새끼들이 어미가 한 일을 충분히 할 수 있을만큼 성장하면 그 둥지에서부터 분가를 시킵니다. 분가된 벌떼는 먼저 한데 집결을 하여 떼를 이루어 완전무결하게 자신들을 보호하고, 자신들의 집을 위해서 날아갑니다. 더욱이 가을이 되면 쓸모없는 수펄들은 쫓겨나는데, 그것들은 그들이 애쓰지도 않은 먹이를

소모하는 것을 막고, 또 둥지로 다시 날아오지 못하게 그들의 날개는 잘리워집니다. 그밖에도 이루 말할 수 없을 정도로 기이한 것이 많습니다.

　이상에서 볼 때 벌은, 인류에 대한 그것들의 선용 때문에, 영계로부터 받는 입류로 말미암아 지상의 사람들과 같은, 또는 천계의 천사들과 같은, 하나의 정부 형태를 가지고 있다는 것을 밝히 알 수 있습니다. 손상되지 않은 이성을 가진 사람이면 누구나 벌들의 이같은 일련의 행동이 자연계에서 저절로 비롯되지 않았다는 것을 모르겠습니까! 자연이 생겨나온 그 태양이 천계의 정부형태와 비슷하고, 또 견줄 수 있는 정부형태와 함께 그 무엇을 가질 수 있습니까!

　이같은 사실이나, 야수들의 이와 비슷한 것들에서부터 자연을 예찬(禮讚)하고 숭배하는 사람들은 자연의 편에서 자신을 확증하지만, 이에 반하여 하나님을 예찬하고 숭배하는 사람들은 꼭같은 것을 보면서도 신령존재의 편에서 자신을 확증합니다. 왜냐하면 영적인 사람은 그런 일 가운데서 영적인 것을 보지만, 자연적인 사람은 자연적인 것을 보기 때문입니다. 즉 각자의 성품에 따라서 어떤 사물을 보기 때문입니다. 나 자신에게 있어서는 이같은 사실들이, 영적인 것에서 자연적인 것으로 흘러드는 입류, 즉 자연계에 흘러드는 영계의 입류, 또는 주님의 신령지혜에서 비롯된 입류에 의해, 증명되었습니다. 더욱이 신령존재의 지혜로부터 흘러나온 입류가 천계를 통해서 주어지지 않는다면 여러분은 그 어떤 정부형태나 시민법, 도덕적 덕행, 영적 진리에 관해서 분석적으로 생각할 수 있는지를 숙고해 보십시오. 나로 말하면 할 수도, 했을 수도 없습니다. 왜냐하면 나는 19년 동안 계속해서 지각적으로, 또 감관적으로 그 입류를 관찰하였기 때문에 지금은 눈으로 확인한 사람(an eye-witness)으로써 자신있게 말하는 것입니다.

356. 어떤 자연적인 것이 어떤 목적으로서 선용을 가질 수 있으며, 그 선용들을 시리즈나 형체에 따라서 질서정연하게 배열할 수 있겠

제4편 창조의 방법

습니까? 오직 슬기로운 사람을 제외하면 그 누구도 그렇게 할 수 없으며, 따라서 지혜가 무한하신 하나님만이 그렇게 하실 수 있을 뿐입니다. 그 밖에 누구가 또는 무엇이 먹이와 의복을 사람들에게 주기 위하여 모든 것들을 준비할 수 있겠습니까? 즉 땅의 열매들과 동물들에게서 먹이를 준비하고, 또 동일한 근원들로부터 의복을 준비해 줄 수 있겠습니까? 누에 같은 미물이 명주를 내서 우리들 즉 여자들과 남자들, 여왕들과 왕들로부터 남녀 하복들에 이르기까지 영광스럽게 옷 입힐 수 있다는 것이 얼마나 놀라운 일입니까! 또 벌이라는 미물이 성전이나 궁정들에 화려함을 더해주는 불빛을 위해서 밀랍을 준비한다는 것이 이 또한 얼마나 놀라운 일입니까! 이 현상들이나 많은 다른 형상들은 주님 홀로 영계를 통하여 자연 안에 생겨지는 모든 것을 통제하고 계시다는 것을 아주 명료하게 증거합니다.

357. 나는 보이는 현상들을 기초로 해서 마음을 굳히고, 급기야에는 무신론자가 된 사람들을 영계에서 보았는데, 그 사실을 여기에 꼭 부연해야 하겠습니다. 영적 빛으로 보면 그들의 이해는 아래로는 열려진듯 보이지만 위를 향해서는 닫혀져 있었습니다. 그 까닭은 그들의 생각은 땅을 향하여 아래로는 초점을 맞출 수 있으나 천계를 향하여 위로는 초점을 맞출 수 없기 때문입니다. 이해의 맨 아래인 그들의 감관 위에는 휘장 같은 것이 가려져 있는 것이 보였습니다. 그 중 어떤 것은 지옥 불의 섬광이 있었지만, 어떤 것은 숯 같이 검고, 또 어떤 것은 송장 같이 검푸르게 보였습니다. 그러므로 누구나 자연의 편에서 확증한 실상이 무엇인지를 밝히 알아야 하고, 또 신령존재의 편에서 자기 자신을 확증해야만 합니다. 신령존재의 편에서 마음을 다짐하는데 재료의 모자람은 결코 없을 것입니다.

제 5 편

창조의 목적

제 1 장

사람 안에는 주님에 의해 창조되고 형성된 의지와 이해라고 부르는 주님을 받는 수용그릇들과 거처들이 있다. 의지는 신령사랑을 받고 이해는 신령지혜를 받는다.

358. 지금까지는 영원 전부터 주님이신 창조주 하나님의 신령사랑과 신령지혜, 그리고 우주의 창조에 관하여 설명하였습니다. 이제는 사람의 창조에 관해서 설명하고자 합니다. 우리는 "하나님의 형상을 따라서 하나님의 모양대로 창조되었다"(창세기 1:26)는 귀절을 읽습니다. 이 귀절에서 "하나님의 형상"은 그분의 신령지혜를 의미하고 "하나님의 모양"은 그분의 신령사랑을 의미합니다. 지혜가 사랑의 형상 이외의 아무것도 아니기 때문에 사랑은 실제로 지혜 안에서 자체를 보이고 인식될 수 있도록 드러냅니다. 그리고 그 형상으로 자체를 보이고 인식하기 때문에 지혜는 사랑의 형상입니다. 더 나아가서 사랑이 생명의 존재(存在·*esse*)이고 지혜는 거기에서 비롯된 생명의 실재(實在·顯現·*existere*)입니다. 하나님의 형상과 모양은 명확하게 천사들에게 나타나 보여집니다. 왜냐하면 사랑은 실제로 그들의 얼굴들 안에서 번쩍이고, 지혜는 그들의 아름다움 안에서 빛을 내기 때문입니다. 곧 아름다움은 그들의 사랑에 속한 하나의 형체입니다. 나는 이것을 보았고 그래서 잘 압니다.

359. 하나님이 사람 안에 계시고, 그의 생명이 지심한 것에서부터 비롯되지 않았다면, 사람은 하나님의 형상이 될 수 없고, 하나님의 모양도 될 수 없습니다. 하나님이 사람 안에 계시고, 그분의 지심한 것에서 사람의 생명이 비롯되었다는 내용은 앞에서 설명한 바 있는 내용(4-6항 참조), 즉 오직 하나님만이 생명이시다는 것과 사람이나 천사는 그분에게서 비롯된 생명을 받는 수용그릇이다는 사실에서 입류됩니다. 더욱이 하나님이 사람 안에 계신다, 하나님은 그 사람으

로 자신의 거처를 만드신다는 것은 주님말씀에서 잘 알 수 있습니다. 이런 이유 때문에 설교자들은 입버릇처럼, 사람은 하나님을 영접할 수 있도록 준비를 해야만 한다든지, 사람이 주님의 거처(居處)가 되기 위해서 주님은 사람 속에 들어오실 수 있어야 하고 또 심중에 있을 수 있어야 한다고 말합니다. 경건한 사람도 그의 기도 가운데, 그와 꼭 같은 말을 하고, 또 어떤 사람은 보다 더 공개적으로 성령에 관해서 말하는데, 성령은 사람이 거룩한 열정 안에 있으면, 사람에게 임한다고 믿으며, 또 그 열정으로 말미암아 사람은 생각도, 말도, 설교도 한다고 믿고 있습니다. 성령(聖靈·the Holy Spirit)이 주님이시고, 그분 자신에 의하여 또하나의 인격을 가리키는 하나님이 아니다는 것을 《주님에 관한 새 예루살렘의 교설》(the Doctrine of the New Jerusalem concerning the Lord)이라는 책자(같은 책 51-53항 참조)에서 잘 읽을 수 있습니다. 왜냐하면 주님께서 친히 말씀하셨기 때문입니다. 즉—.

> 그 날에 내가 내 아버지 안에 있고, 너희가 내 안에 있고, 또 내가 너희 안에 있음을 알게 될 것이다.
> (요한 14:20; 15:4, 5; 17:23).

360. 그러므로 주님이 신령사랑이시고 신령지혜이시기 때문에, 그리고 이 둘은 본질적으로 그분 자신이시기 때문에, 주님께서 사람 안에 거하시고, 또 사람에게 생명을 주시기 위해서 필연적으로 주님은 그분 자신을 위한 수용그릇과 거처를 사람 안에 창조하셔야 했고, 또 지으셔야만 했습니다. 하나는 사랑을 위하고, 다른 하나는 지혜를 위한 것입니다. 사람 안에 있는 수용그릇이나 거처를 의지와 이해라고 부르는데, 사랑을 받는 수용그릇이나 거처를 의지라고 부르고, 지혜를 담는 수용그릇이나 거처를 이해라고 일컫습니다. 이들 둘이 사람 안에 있는 주님이다는 것과, 이들 둘에서부터 사람은 그의 생명

의 모든 것을 받는다는 것은 아래에서 잘 알 수 있겠습니다.

361. 모든 사람은 의지와 이해라는 두 기능을 가지고 있다는 것과 또 이 둘은 사랑과 지혜가 서로 엄연히 분별되는 것처럼 서로 상이하다는 것을 이 세상에서는 어떤 때는 알고 어떤 경우는 알지 못합니다. 그같은 사실은 일반적인 지각에서는 잘 알 수 있지만, 그러나 사상이나 심지어 저술하는 사람들의 생각에서는 그렇지가 않습니다. 왜냐하면 사람이 가지고 있는 의지와 이해의 두 기능이 엄연히 다르다는 것을 일반적인 지각에서부터 누구가 모르겠습니까?

"이 사람이 뜻하는 것은 좋으나 별로 명쾌하게 이해되지 못한다는지, 그 사람의 이해는 좋지만 그의 의지는 그렇지 않다든지, 또는 나는 의지나 이해 양면이 모두 좋은 사람을 좋아하지만 그러나 이해는 좋은데, 의지가 나쁜 사람을 좋아하지 않는다"는 식의 말을 들을 때, 또는 자신이 그렇게 다른 사람에게 말할 때, 모든 사람은 이같은 사실을 깨달을 수 있습니다. 그러면서도 사람은 의지와 이해를 동시에 생각할 때에는 그것을 둘로 나누어 분별하지 못하고 오히려 그것을 뒤섞어 혼동합니다. 왜냐하면 그 때 그의 사상은 육체적인 시각과 더불어 작용하기 때문입니다. 책을 저술하는 어떤 사람의 경우는, 의지와 이해가 서로 분별되는 것이다는 사실을 깨닫지 못합니다. 왜냐하면 그 때 그의 사상은 감관, 다시 말하면 인간의 고유속성(人間固有屬性·man's own)과 더불어 작동하기 때문입니다.

이렇게 볼 때 어떤 사람은 생각과 말은 옳게 하면서도 글은 옳게 쓰지 못한다는 것을 알 수 있겠습니다. 이같은 경우는 여자들에게서 대체로 공통적입니다. 이같은 현상은 그밖의 많은 경우에도 꼭 같습니다. 일반적인 지각으로 선한 삶을 산 사람은 구원받지만, 악한 삶을 산 사람은 구원받지 못한다는 것을 누구가 모르겠습니까? 또 선한 삶을 산 사람은 누구나 천사의 사회에 들어가고, 거기서 이 세상 사람과 꼭같이 보고, 듣고, 말한다는 것을 누구가 모르겠습니까? 또 정의 때문에 바른 것을 행하고, 옳은 것이기 때문에 옳은 것을 행하는 사람이 양심(良心)을 가지고 있다는 것을 누가 모르겠습니까? 그러나 만약 사람이 일반적인 지각을 잃어버리고, 이런 것들을 사상에 예속(隸屬)시켜버린다면 그 사람은 양심이 무엇인지, 또 영혼이 사람과 꼭같이 보고, 듣고 말할 수 있다는 것을, 선한 삶은 단순히 가난한 사람에게 무엇을 주는 것 이외의 또 다른 것이 있다는 사실 등을 전혀 알지 못합니다. 만약 누군가가 이런 사상에 입각해서 이런 것들에 관해서 글을 쓴다면 그 사람은 단순히 눈에 보이는 외모나 미망(迷妄) 또는 실체가 전혀 없는 울리는 꽹과리 소리 같은 것으로 입증하였을 것입니다.

이런 이유 때문에 많은 것을 생각한다는 수많은 학자들이나, 특히 많은 저술을 한다는 식자들은 자신들의 일반적인 지각을 약화시키고, 또 애매모호하게 할 뿐만 아니라, 아예 그것을 말살시키기까지 합니다. 그런 반면에 단순하고 순박한 사람은, 자기 스스로 영특(英特)하다고 자만하는 사람에 비하여, 선이 무엇이고 진리가 무엇인지를 보다 더 명료하게 이해합니다.

이 일반적 지각은 천계에서 온 입류에 의해 비롯되고, 사상이나 심지어 시각에까지 영향을 미치지만, 반면에 일반적인 지각에서 분리된 사상은 단순한 시각이나 인간고유속성에서 비롯된 망상(妄想)에 몰입(沒入)할 뿐입니다. 여러분들은 이것이 사실이라는 것을 쉽게 관찰할 수 있을 것입니다. 여러분이 일반적인 지각을 가지고 있는 사람에게 어떤 진리를 말해 보십시오. 그 사람은 그것을 잘 이해할 것입니다. 또 그 사람에게, 사람은 하나님 안에서, 또 하나님으로 말미암아 존재하고, 살고, 움직인다는 것을 말해 보십시오. 그 사람은 그것을 그냥 수긍할 것입니다. 또 그 사람에 하나님께서는 사랑과 지혜 안에서 사람과 같이 사신다고 말해 보십시오. 그 사람은 역시 그 사실도 인정할 것입니다. 또 그 사람에게 하나님은 사랑 자체시고, 지혜 자체시다는 것을 말해 보십시오. 그 사람은 역시 옳다고 할 것입니다. 또 그에게 양심이 무엇인지를 물으면 그는 대답할 것입니다. 그러나 만약 일반적인 지각이 아니고 눈에 보이는 시각에 입각해서 이 세상에서 터득한 어떤 개념이나 원칙에서부터 어떤 사상을 고집하는 유식한 사람에게 위와 꼭같은 내용을 말한다면, 그 사람은 그것을 전혀 깨닫지도, 이해하지도, 수긍도, 인정도 하지 않을 것입니다. 그러면 어느 누구가 더 슬기로운 사람인지 생각해 보십시오.

제 2 장 ▌사랑과 지혜의 수용그릇인 의지와 이해는 전체적으로나 부분적으로나 뇌 안에 있고, 거기에서 비롯된 것은 전체적으로나 부분적으로나 몸 안에 있다.

362. 이 명제는 아래의 순서에 따라서 설명하겠습니다.
 (1) 사랑과 지혜, 그리고 여기서 비롯된 의지와 이해는 한 사람의 생명 자체를 이룬다는 것.
 (2) 제일원리 안에 있는 사람의 생명은 뇌 안에 있고, 파생적인 것 안에 있는 사람의 생명은 몸 안에 있다는 것.
 (3) 제일원리 안에 있는 생명이 이러하면, 전체나 각 부분 안에 있는 생명도 그러하다는 것.
 (4) 제일원리에 의해 생명은 모든 부분에서 비롯된 전체 안에 있고, 또 전체에서 비롯된 모든 부분 안에 있다는 것.
 (5) 사랑이 이러하면, 지혜도 그러하고, 또한 사람도 그러하다는 것.

363. (1) 사랑과 지혜, 그리고 여기서 비롯된 의지와 이해는 한 사람의 생명 자체를 이룬다는 것.
 대부분의 사람들은 거의가 생명이 무엇인지를 알지 못합니다. 생명에 관해서 생각한다면 그것은 마치 떠돌아다니는 어떤 것처럼 보여서 사실 생명에 관한 명확한 개념은 거의가 불가능한 것처럼 보입니다. 그와 같이 생각하는 것은 하나님만이 오직 생명이시다는 것과 그분의 생명은 신령사랑과 신령지혜이시다는 것을 알지 못하기 때문입니다. 이렇게 볼 때, 얻을 수 있는 결론은, 사람 안에 있는 생명은 사랑과 지혜 이외의 다른 것이 아니다는 것이고, 또 사람 안에 있는 생명은 그것들을 수용하는 계도 안에 있다는 것입니다.

볕과 빛이 태양에서 비롯된다는 것과 또 우주의 만물은 그것의 수용그릇으로, 그 만물은 그들이 그것을 수용하는 계도 안에서 따뜻하기도 하고, 밝기도 한다는 것은 누구나 다 잘 알고 있는 사실입니다. 그러므로 주님이 계신 태양에서 비롯된 볕과 빛이 바로 그런 일을 행합니다. 그리고 거기에서 비롯된 볕은 사랑이고, 또 그 빛은 지혜라는 것도 잘 압니다(제2부 참조).

그러므로 생명은 태양이신 주님에게서 비롯된 이들 둘로 말미암아 존재합니다. 주님에게서 비롯된 사랑과 지혜가 생명이시다는 것은 이같은 사실에서 잘 알 수 있는데, 즉 사랑이 사람에게서 감퇴하면 사람은 생명력이 없어지는 것 같이 점점 굼뜨게 되고, 또 그에게서 지혜가 감소하면 그 사람은 점점 얼간이 같이 된다는 사실에서 잘 알 수 있습니다.

다른 여타의 이름들로 불리는 사랑에 관계되는 수많은 것들이 있는데, 왜냐하면 그것들은 정동·욕망·식욕과 그것들의 기쁨·향유 같은 데서 파생된 것들이기 때문입니다. 또한 지혜에 관계되는 것도 수없이 많이 있는데, 그런 부류는 지각·심사숙고·회상·사상·목적에 대한 의도 따위 입니다. 그런가 하면 사랑과 지혜 이 양자에 관계되는 것도 여럿 있는데, 그것들은 동의·결론·행동에 대한 결단 따위가 있으며, 이 밖에도 여럿이 되겠습니다. 사실 이런 것들에 속한 것들은 모두가 양자에 관계를 갖지만, 그러나 그것들이 둘 가운데 어느 한쪽에 더 기울고, 가까운가로 구분됩니다.

이 둘에서부터 궁극적인 감관들 즉 그것들의 향유와 기쁨과 더불어 시각·청각·후각·미각·촉각의 감관이 이 둘에서 파생됩니다. 눈이 본다는 것은 외현(外現·appearence)에 따른 것 뿐이고, 사실은 눈을 통해서 보는 것은 이해입니다. 결과적으로 본다는 것(seeing)은 이해에 관한 서술입니다. 귀로 듣는다는 것 역시 외현일 뿐이고, 사실은 귀를 통해서 듣는 것은 이해입니다. 따라서 들음(hearing)은 이해에 관계되는 주의(注意)나 마음 씀씀이(heed)에 관한 서술입니다.

코가 냄새를 맡고, 혀가 맛을 본다는 것도 모두가 외현일 뿐이고 사실은 그것의 지각의 덕으로 냄새를 맡고 맛을 보는 것은 이해입니다. 그러므로 냄새를 맡고, 맛을 보는 것은 지각에 관한 서술입니다. 그 밖의 다른 것도 이와 같습니다.

이것들의 근원은 역시 사랑과 지혜입니다. 이렇게 볼 때 이 둘 즉 사랑과 지혜가 사람의 생명을 이룬다는 사실을 밝히 알 수 있겠습니다.

364. 이해가 지혜의 수용그릇이라는 것은 누구나 알고 있지만, 그러나 의지가 사랑의 수용그릇이다는 것은 거의가 모릅니다. 그 이유는 의지는 자체로는 전혀 행동을 하지 못하고 다만 이해를 통해서만 행동을 하기 때문입니다. 그리고 또한 의지에 속한 사랑은, 처음에는 정동으로 바뀌면서, 이해에 속한 지혜를 지나가기 때문입니다. 그리고 정동은 생각하고 말하고 행동하는 것에 있는 예견하지 않았던 어떤 즐거움에 의하지 않고서는 지각되지도, 또 인지되지도 않기 때문입니다. 명확한 사실은 사랑은 의지 때문에 존재한다는 것인데, 그 이유는 누구나 그가 사랑하는 것을 뜻하고, 또 사랑하지 않는 것은 뜻하지 않기 때문입니다.

365. (2) 제일원리 안에 있는 사람의 생명은 뇌 안에 있고, 파생적인 것 안에 있는 사람의 생명은 몸 안에 있다는 것.

제일원리 안에 있다는 말은 처음 것들 안에 있다는 뜻이고, 파생된 것 안에 있다는 말은 처음 것에서 생성되거나 이루어진 것 안에 있다는 뜻입니다. 제일원리 안에 있는 생명은 의지와 이해를 뜻합니다. 이 양자 즉 의지와 이해가 뇌 안에서는 그들의 제일원리 안에 있는 것을 가리키고, 몸 안에서는 파생적인 것 안에 있는 것들을 가리킵니다. 제일원리 즉 생명에 속한 첫째 것들은 두뇌 안에 있다는 것은 다음의 사실에서 명확합니다. 즉—,

(1) 느끼는 것에서 : 사람이 마음을 집중시켜서 생각할 때, 사람은 그것이 그의 뇌 안에 있다고 지각하기 때문입니다. 그 사람은 눈의 시각에서처럼 이마로 끌어올려 집중하고, 그 안에 있는 심적 진전과정을 지각합니다. 특히 이마 양쪽, 그리고 약간 위에서 지각합니다.

(2) 태 중에서 사람의 형체구성에서 : 태 중에서 뇌 즉 머리가 먼저 발달하고, 한동안 몸에 비하여 발달한다는 것에서 입니다.

(3) 거기서 머리는 위로 향해 있고 몸은 아래에 있는데, 그것은 낮은 것에 작용하는 높은 것을 위한 질서에 일치하지만 그 반대는 아니기 때문입니다.

(4) 자궁 안에서 뇌가 상처를 입거나, 또는 부상이나 질병에 의해 상처를 입거나, 과용하게 되면 사색능력은 약화되고 때로는 마음의 성품까지 일그러진다는 것입니다.

(5) 태 중에서 언어와 꼭같이 보편적인 감각인 촉각과 더불어 시각·청각·후각·미각인 신체에 속한 모든 외적 감각은 얼굴이라고 일컫는 머리의 앞 부분에 자리하고 있고, 또한 섬유를 통해서 직접적으로 뇌와 의사소통을 하고, 그것으로 말미암아 그것들의 감각적이고, 실제적인 삶을 이끌어갑니다.

(6) 여기서 알 수 있는 것은, 사랑에 속한 정동은 이미지화해서 얼굴에 나타내 보이고, 지혜에 속한 사상은 영롱하게 반짝이는 눈에 비쳐진다는 것입니다.

(7) 해부학은 모든 섬유는 뇌로부터 목을 거쳐 신체에로 내려가지만, 몸에서부터 목을 거쳐 뇌에 이르는 것은 아무것도 없다는 것

을 밝히 가르치고 있습니다. 또 섬유가 제일원리 또는 첫째 것 안에 있으면, 그곳에 있는 생명은 제일원리 또는 첫째 것 안에 있다는 것입니다. 섬유가 그것의 근원으로 가지고 있는 그 근원을 생명이 가지고 있다는 것을 누구가 감히 부인하겠습니까?

(8) 일반적인 지각을 가지고 있는 사람에게 그의 사상이 어디에 있으며, 또 어디서 생각하는지를 물어보시오. 그 사람은 머리에 있다고 대답할 것입니다. 그런 뒤에 영혼이 있는 자리가 어떤 내분비샘(內分泌腺)이나 심장 또는 다른 부위에 있다고 여기는 사람에게 간청하여, 그 사람에게 거기서 비롯된 정동이나 사상이 첫째 것 안에 있다는 그 곳이 어디인지, 혹시 뇌 안에 있지 않은지를 물어보십시오. 그들은 '아니오'라고 대답하든가, 아니면 모른다고 대답할 것입니다. 이같은 무지의 원인에 관해서는 앞에서 설명하였습니다(361항 참조).

366. (3) 제일원리 안에 있는 생명이 이러하면, 전체나 각 부분 안에 있는 생명도 그러하다는 것.

이 사실을 깨닫기 위해서 제일원리가 뇌의 어디에 있는지, 그리고 어떻게 그것들이 파생하는지를 지금부터 설명하겠습니다. 해부학은 뇌의 어디에 이 제일원리가 있는지를 보여주고 있습니다. 해부학이 가르치는 바는, 뇌가 두 개가 있다는 것입니다. 이것들은 머리에서부터 척주(脊柱·등골뼈·spinal column)까지 계속된다는 것이고, 또 그것은 외피질체(外皮質體·cortical substance)와 골수질체(骨髓質體·medullary substance)라고 부르는 두 실체로 구성되었다는 것이고, 또 그 외피질체는 수많은 내분비샘의 형체로, 그리고 골수질체는 수많은 섬유 모양의 형체로 구성되었다는 것입니다. 이들 작은 내분비샘이 가는 섬유(fibril)의 머리이기 때문에 그것들은 또한 그들의 제일원리가 됩니다. 왜냐하면 이것들에서부터 섬유질이 시작되고, 그 다음에 거기에서부터 나와서 자신들을 묶어서 관속(管束)이 되고, 점차적으로 신경이 되기 때문입니다. 형성된 이 관속(管束) 즉 신경은 얼굴의 신경기관이나 신체의 운동기관에 내려가 그것들을 형성합니다. 해부학 분야에서 훈련된 사람에게 자문을 구해 보십시오. 여러분은 위의 사실에 대한 확신을 얻을 것입니다. 외피질체나 또는 내분비샘질체는 대뇌(大腦·cerebrum)의 표면이나 줄무늬체(corpora striata)의 표면을 구성하는데, 여기에서 장방형 골수체(長方型 骨髓體·medulla oblongata)가 생성됩니다. 그것은 또한 소뇌(小腦·cerebellum)의 중간부위와 척주의 골수를 형성합니다. 그러나 골수체나 가는 섬유질체는 어디서나 외피질체에서 시작되고 생성되고, 또 거기에서부터 신경이 생성되는데, 여기서부터 신체의 모든 것들이 생성됩니다. 이 사실이 참이라는 것은 해부학에 의해 입증되었습니다. 해부학의 연구에서 또는 해부학에 조예가 깊은 사람들의 증거에서부터 이런 사실들을 터득한 사람들은 생명의 제일원리는 섬유의 시초와 같은 장소에 있다는 것과 또 섬유는 스스로는 나갈 수 없지만 그러나 오직 제일원리에서부터만 나갈 수 있다는 것 등을 알 수 있습니다. 이들 제일원리 즉 작은 내분비샘으로 보이는 시초가 되는 것들은 거의가 헤아릴 수 없습니다. 그들의 거대한 숫자는 우주의 별들에 비교할 수 있겠습니다. 그것들에서 비롯된 섬유질체의 숫자도 별들에서 나오는 광선의 숫자나 땅에 비춰지는 그것들의 볕이나 빛에 비교될 수 있겠습니다. 작은 내분비샘의 숫자도 천계에 있는 천사의 사회의 숫자에 비교될 수 있겠는데 그 사회의 수다함은 헤아릴 수 없는데, 내가 들은 바로는 그 사회도 역시 그 샘과 같은 질서 안에 있다는 것이고, 이들 작은 샘에서 비롯된 섬유질의 수다함 역시 천사적 사회들에서 내려오는 광선과 꼭같이 영적 진리와 선에 비교될 수 있다는 것입니다.

이상에서 볼 때 사람은 우주와 같고, 또 가장 작은 형체의 천계와 같다는 것을 알 수 있겠습니다(앞에서 이 내용에 관해서는 자주 언급하였다).

지금까지의 설명에서 밝히 알 수 있는 사실은 제일원리 안에 있는 생명이 이러하다는 것은 파생적인 것 안에 있는 생명도 그러하다는 것입니다. 역시 뇌 안에 있는 첫째 것 안에 있는 생명이 이러하다는 것은 몸 안에 있는 거기에서 비롯된 것 안에 있는 생명도 그러하다는 것입니다.

367. (4) 제일원리에 의해 생명은 모든 부분에서 비롯된 전체 안에 있고, 또 전체에서 비롯된 모든 부분 안에 있다는 것.

이것은, 두뇌와 신체가 합쳐진 전체가 근본적으로 뇌 안에 있는 제일원리에서 나온 섬유 이외의 다른 것으로 이루어진 것이 아니기 때문입니다. 그것은, 위에서 설명한 내용에서 밝히 알 수 있는 것과 같이(366항 참조), 다른 근원을 가지고 있지 않습니다. 따라서 전체는 모든 부분에서부터 이루어졌으며, 또한 이들 제일원리에 의하여 생명은 전체에서 비롯된 모든 부분 안에 있습니다. 왜냐하면 전체는 그것의 임무나 필요를 각 부분에 분배하여, 그것에 의하여 전체 안에 부분이 존재하도록 만들기 때문입니다. 한마디로 전체는 여러 부분으로부터 존재하고, 부분은 전체로 말미암아 영속적으로 존재합니다. 여기에 상호적인 친교와 또 그것에 의한 결합이 있다는 것은 신체에 있는 수많은 것들에서 잘 알 수 있습니다. 왜냐하면 거기에는 정부·국가·제국 안에 있는 것처럼 꼭 같은 질서가 널리 존재해 있기 때문입니다. 단체도 역시 그것의 부분인 개별적인 것에서부터 그 존재를 가지고, 그리고 부분적인 것 즉 개별적인 것 또한 그 단체로부터 연속적인 존재를 갖습니다. 사람 안에 있는 대부분의 형체를 가지고 있는 모든 것의 경우도 이와 꼭 같습니다.

368. (5) 사랑이 이러하면, 지혜도 그러하고, 또한 사람도 그러하다는 것.

왜냐하면 사랑과 지혜가 이러하면 의지와 이해 역시 그러합니다. 그 이유는 앞에서 설명한 바와 같이 의지가 사랑의 수용그릇이고, 이해가 지혜의 수용그릇이기 때문입니다. 그리고 이들 두 기능은 그 사람을 형성하고, 그 사람의 인격을 만들기 때문입니다. 사랑은 각양각색(各樣各色)이고, 또 각양각색이기 때문에 그것의 다양다기(多樣多岐)함은 끝간데가 없습니다. 이와 같은 사실은 지상의 인류나 천계에 있는 인류에게서부터 잘 알 수 있습니다. 거기에는 차이가 없이 서로가 꼭같은 사람도, 천사도 결코 존재하지 않습니다. 사랑이 바로 뚜렷하게 개성을 가지게 하는 것입니다. 왜냐하면 모든 사람은 바로 그의 사랑이기 때문입니다. 이같은 현상은 지혜도 뚜렷하게 개성을 가지게 한다고 생각할 수 있겠지만, 그러나 지혜는 사랑에서 비롯되고, 또 지혜는 사랑에 속한 형체이고, 사랑이 생명의 본질이고, 지혜는 그 본질에서 비롯된 생명의 실재(實在·顯現)일 뿐입니다.

　이 세상에서는 이해가 그 사람을 만든다고 믿고 있지만, 그러나 이렇게 생각하는 것은, 앞에서 설명한 것과 같이, 이해가 천계의 빛에까지 제고될 수 있고, 또 이해가 사람에게 슬기로운 외모를 제공한다고 생각하기 때문입니다. 그럼에도 불구하고 올라가는 이해 자체까지도, 다시 말하면 사랑에 속하지 않은 이해는 비록 겉보기에는 사람의 것처럼 보이고, 또 그러므로 사람의 성품을 결정하는 것처럼 보이지만 그것은 단순히 겉보기(外現·appearance)일 뿐이라고 말할 수 있겠습니다. 왜냐하면 이해가 그만큼 상승하려는 것은 사실은 알려고 하고, 또 슬기롭게 되려고 하는 사랑에서 비롯되지만, 그러나 동시에 그 사람이 알고, 또 그 안에서 슬기롭게 된 것을 삶에 직접 적용하려는 사랑에서 비롯된 것이 아니기 때문입니다. 그러므로 이 세상에는 이해는 시간의 경과와 더불어 점차 사라지고, 아니면 양초의 촛농처럼, 변두리에 지나지 않는 기억에 속한 것들의 변방으로 내밀려납니다. 그러므로 사후 이해는, 그 영 자체인 사랑에 일치하는 것을 제외하면 남아 있는 것이 전혀 없는 것처럼, 모두 다 분리되고 맙니다. 이와 같이 사랑만이 사람의 생명을 이루기 때문에, 즉 그 사람 자신을 형성하기 때문에, 천계의 모든 사회들이나, 그 사회 안에 있는 모든 천사들은 사랑에 속한 정동에 따라서 자기가 있을 곳이 주어지지만, 반면에 사랑에서 이탈한 이해에 속한 것에 일치하여 자기 있을 곳이 배치된 사회나 또는 그 사회의 천사는 결코 있지 않습니다. 마찬가지로 지옥과 그 지옥의 사회 역시 그러합니다. 다만 거기서는 천계적 사랑에 정반대되는 사랑에 일치할 뿐입니다.

이상에서 볼 때 밝히 알 수 있는 사실은 사랑의 질이 지혜의 성품을 정하고, 또 그 사랑이 그 사람의 성품을 결정한다는 것입니다.

369. 사람의 됨됨이(性稟)가 그의 주도애(主導愛·reigning love)와 같다는 것은 사실은 그의 마음이나 성격의 측면에서 볼 때 그러하지, 그의 신체적 측면에서 볼 때는 아닙니다. 따라서 성격이나 신체 모두가 그렇다는 것은 아닙니다. 그러나 내가 영계에서 체험한 수많은 경험에 의해 밝히 아는 사실은 사람은 정수리에서 발끝까지, 즉 머리에 있는 제일원리의 것들에서부터 신체에 있는 극외적인 것에 이르기까지, 모든 것은 바로 그 사랑의 됨됨이에 의해 결정된다는 것입니다. 왜냐하면 영계에 있는 모든 것은 바로 그것들에 속한 사랑의 형체이기 때문입니다. 즉 천사들이 천계적 사랑의 형체들이고, 악마들이 지옥적인 사랑의 형체들입니다. 악마는 얼굴이나 몸매가 볼품이 없지만, 천사들은 얼굴이나 몸매는 매우 아름답습니다. 더욱이 그들의 사랑이 공격을 받으면 그들의 얼굴은 변하고, 또한 심한 공격을 받으면 그들 전체가 사라져버립니다.

이것이 그 세계의 특성이고, 또한 그들의 몸이 그들의 마음과 하나이기 때문에 위와 같은 일은 자주 일어납니다. 그 이유는, 위에서 설명한 내용에서 잘 알 수 있는데, 그것은 신체에 속한 모든 것은 파생적인 것이라는 것, 즉 사랑과 지혜의 수용그릇인 제일원리에서 비롯된 섬유에 의하여 모두가 한데 연결된 것들이기 때문입니다. 아무리 이들 제일원리가 그렇다고 해도, 그것들의 파생적인 것은 결코 다를 수가 없습니다. 그러므로 제일원리가 가는 곳에서는 어디서나 파생적인 것이 그 뒤를 따르지, 이탈할 수는 없습니다. 이런 이유로 해서 자기의 마음을 주님에게 우러르는 사람은 전적으로 주님만을 우러릅니다. 그리고 자기 마음을 지옥에 내동이친 사람은 전적으로 거기에다 내동이칩니다. 그러므로 그 사람의 생명에 속한 사랑에 대한 확증에서 볼 때 사람은 누구나 천계 아니면 지옥에 이른다는 것은 사필규정입니다.

하나님이 사람이시기(God is a Man) 때문에 사람의 마음이 그 사람 자신이다는 것, 그리고 신체는 느끼고 행동하는 마음의 외적인 것이다는 것, 따라서 몸과 마음은 둘이 아니고 하나라는 것 등은 모두가 천사의 지혜에 속한 내용입니다.

370. 지금까지는, 사람의 구조 측면에서 볼 때 사람의 사지·조직·내장 등의 그 형체는 뇌 안에 있는 그들의 제일원리에서 생성된 섬유질에서 비롯되었지만, 그러나 이것들은 지상의 실체나 물질 따위의 방편에 의해 대기나 에텔에 내재해 있는 토양(earths)에서부터 고정되었다는 내용을 살펴 보았습니다. 이같은 것은 모두가 혈액의 방편으로 이루어집니다. 결론적으로 말하면 신체의 모든 부분이 그들의 형체대로 유지되고 또 그들의 기능면에서 영구히 수행하기 위해서 사람은 먹거리에 의해 보양(保養)되어야 하고 또 계속적으로 새로와 져야 할 것이 요구됩니다.

제 3 장 심장과 의지의 대응이 있고, 폐장과 이해의 대응이 있다.

371. 이 내용은 다음의 순서에 의해서 설명하겠습니다.

(1) 마음에 속한 모든 것들은 의지와 이해에 관계되어 있고, 몸에 속한 모든 것들은 심장과 폐장에 관계되어 있다는 것.

(2) 의지와 이해는 심장과 폐장에 대응하고, 따라서 마음에 속한 모든 것들은 몸에 속한 모든 것들에 대응한다는 것.

(3) 의지는 심장에 대응한다는 것.

(4) 이해는 폐장에 대응한다는 것.

(5) 이 대응에 의하여 의지와 이해에, 따라서 사랑과 지혜에 관계되는 수많은 비의(秘義·*arcana*)를 열어 보일 수 있다는 것.

  (6) 사람의 마음은 그 사람의 영이고, 영은 곧 그 사람이며, 몸은 외적인 것으로, 그것에 의해 마음 즉 영은 이 세상에서 느끼고 행동한다는 것.

  (7) 사람의 영과 몸의 결합은 그의 심장과 폐장이 의지와 이해의 대응에서 비롯되고, 그것의 분리는 이같은 대응이 없는 것에서 비롯된다는 것.

372. (1) 마음에 속한 모든 것들은 의지와 이해에 관계되어 있고, 몸에 속한 모든 것들은 심장과 폐장에 관계되어 있다는 것.

  사람의 마음이라는 말은, 사람을 감동시키는 것들과 그가 생각한 것들, 따라서 사람의 정동이나 사상에 속한 모든 것들의 복합적인 것 안에 있는 의지와 이해 이외의 다른 것을 뜻하지 않습니다. 사람을 감동시키는 것은 그의 의지에 속한 것들이고, 그 사람이 생각한 모든 것은 그의 이해에 속한 것들입니다. 사람의 사상에 속한 모든 것들이 그의 이해에 속한 것들을 가리킨다는 것은 사람이 이해로 말미암아 생각한다는 사실에서 잘 알 수 있지만, 그러나 사람의 정동에 속한 모든 것들이 그의 의지에 속한 것을 가리킨다는 사실은 그렇게 잘 알려져 있지 않습니다. 이것을 잘 알지 못하는 것은 사람이 무엇을 생각할 때 그 사람은 정동에 대해서는 주의를 하지 않고, 오히려 그가 생각하고 있는 어떤 사실에만 예의 주시하기 때문입니다. 그것은 마치 어떤 사람이 말하는 것을 들었을 경우 그 사람은 그 음성의 음조(音調·tone)에는 전혀 주의하지 않고 오직 그 언어(言語·language)에만 예의 주시하는 것과 같습니다.

  그렇지만 정동은, 음성의 음조가 언어에 관계되는 것과 같이, 사상에 관계됩니다. 따라서 한 사람이 말하는 정동은 그 음조에 의해서 잘 알 수 있고, 그의 사상은 그 언어에서 잘 알 수 있습니다. 모든 정동이 사랑에 속한 것이고, 또 위에서 설명한 것과 같이, 의지가 사랑의 수용그릇이기 때문에, 정동은 의지에 속한 것입니다. 정동이 의지에 속한다는 사실을 알지 못하는 사람은 이해와 더불어 정동을 혼동합니다. 왜냐하면 그 사람은 사상과 더불어 그것이 하나라고 장담하지만, 그럼에도 불구하고 그것들은 하나처럼 행동만 할 뿐 결코 하나(一體)는 아닙니다. 그것들이 혼동된다는 것은 "나는 생각한 것을 행한다"는 말을 "나는 그것을 행하기를 원한다"는 식으로 말하는 일반적인 표현에서 잘 알 수 있습니다. 그러나 그것들이 두 개의 서로 다른 객체라는 것은 "나는 이 문제에 관해서 생각하기를 원한다"는 표현에서 명백히 알 수 있습니다. 어떤 사람이 그 사실에 관해서 깊이 생각한다면, 의지에 속한 정동은, 앞에서 설명한 것과 같이, 언어 안에 음조(音調)가 있는 것처럼, 이해의 사상 안에 있다는 것에서도 잘 알 수 있습니다. 신체의 모든 부분이 심장과 폐장에 관계된다는 것은 주지의 사실입니다. 그러나 거기에는 의지와 심장의 대응, 그리고 이해와 폐장의 대응이 있다는 것은 잘 모르고 있습니다. 그러므로 아래의 설명에서 다루겠습니다.

373. 의지와 이해가 사랑과 지혜의 수용그릇이기 때문에, 이 두 기능은 유기적 실체 즉 가장 순수한 실체(實體)들로 구성된 실체입니다. 왜냐하면 이런 것들은 그릇이 되어야만 하는 것들이기 때문입니다. 그들의 조직이 눈에 띄는 것이 아니라는 데에는 아무런 이의가 없습니다. 그것은 시각의 한계를 훨씬 초월해 있고, 심지어 현미경으로 본다고 해도 이같은 사실은 점점 증대할 뿐입니다. 눈으로 보기에는 너무나 작아서 보이지 않을 정도의 작은 곤충들이라고 해도 그것들은, 그럼에도 불구하고, 감각기관과 운동기관을 가지고 있습니다. 왜냐하면 그것들은 느끼고, 길 수 있고, 또 어떤 놈은 날 수도 있기 때문입니다. 그런 미물들이 뇌·심장·폐관·내장을 가지고 있다는 것을 예리한 관찰자들은 현미경을 써서 그들의 해부학에 의해 그 사실을 밝히고 있습니다. 미세한 곤충은 보이지 않고, 심지어 그들의 내장 역시 그러하다는 것 때문에, 그리고 그것들이 그것들 안에 있

는 단 하나의 입자까지도 유기적으로 조직된 것이다는 것을 부인하지 못하기 때문에, 의지와 이해라고 일컫는 사랑과 지혜의 두 수용그릇이 유기적 형체가 아니라고 어떻게 말할 수 있겠습니까? 어떻게 주님에게서 비롯된 생명을 가리키는 사랑과 지혜가 주체가 아니고, 또 실제적 존재가 아닌 주체에 작용할 수 있겠습니까? 유기적 실체 없이는, 어떻게 사상이 본래부터 존재할 수 있으며, 본래부터 전무한 것 안에 있는 사상으로 말미암아 어떻게 말할 수 있겠습니까? 그것은 바로 사상이 잉태되어 나온 곳이고, 또 모든 부분에서까지 완전하게 유기적으로 구성된 두뇌가 아니겠습니까? 유기적 실체 자체는 결핍된 눈(naked eye)에까지도 보이는 것들 안에 있습니다. 그리고 그들의 제일원리 안에 있는 의지와 이해의 수용그릇들도 작은 내분비샘으로 지각되는 외피질체 안에서 잘 보여집니다(366항 참조). 바라건대 진공의 개념에서 이런 것들을 생각한다고 하지는 마십시오. 진공은 아무것도 없는(全無) 것이고, 없는(全無)에서는 아무것도 생겨질 수 없고, 또 없는 것(全無)에서는 아무것도 아닌 것만 나올 뿐입니다(82항 진공개념 참조).

374. (2) 의지와 이해는 심장과 폐장에 대응하고, 따라서 마음에 속한 모든 것들은 몸에 속한 모든 것들에 대응한다는 것.

이 내용은 새로운 사실입니다. 지금까지 이 내용은 알려지지 않았는데, 그 이유는 영적인 것이 무엇인지, 그리고 그것이 자연적인 것과 어떻게 다른지를 몰랐었기 때문입니다. 그러므로 또한 대응이 무엇인지 몰랐기 때문입니다. 왜냐하면 영적인 것과 자연적인 것 사이에는 대응이 있으며, 또 그 대응에 의해서 그것들은 결합되어 있기 때문입니다. 영적인 것이 무엇인지, 영적인 것과 자연적인 것의 대응이 무엇인지, 그러므로 대응이 무엇인지에 관해서 지금까지 전혀 지식이 없었다고 말하지만, 그럼에도 불구하고 이런 것들은 알 수 있었습니다. 정동이나 사상이 영적이다는 것이나, 그러므로 정동이나 사상에 속한 모든 것들이 영적이다는 것을 누가 모르겠습니까? 행동이나 언어가 자연적이고, 따라서 행동이나 언어에 속한 모든 것들이 자연적이다는 것을 누구가 모르겠습니까? 영적인 것인 정동과 사상이 사람으로 하여금 행동을 하게 하고, 말을 하게 한다는 것을 누구가 모르겠습니까?

이렇게 볼 때 영적인 것과 자연적인 것 사이에 있는 대응이 무엇인지를 누구가 깨닫지 못하겠습니까? 사상은 혀(舌)로 하여금 말을 하게 하고, 정동은 사상과 더불어 몸으로 하여금 행동하게 하고 있지 않습니까? 여기에는 엄연히 구분되는 두 가지가 있습니다. 즉―, 나는 생각은 할 수 있지만 말은 하지 않을 수 있고, 또 나는 의도할 수는 있지만 행동하지 않을 수 있다는 것입니다. 또 우리의 몸은 생각하지도, 의도하지도 않지만, 그러나 사상은 언어에, 의도는 행동에 스며든다는 사실도 알 수 있습니다. 정동이 안면에서 비쳐나오고, 거기서 자체의 타입을 드러내 보여주지 않습니까? 이같은 사실은 누구나 다 잘 압니다. 정동은 그것 자체로만 생각한다면 영적이고, 안색(顏色)의 변화는 표현이라고 부르는 자연적인 것이 아니겠습니까?

이렇게 볼 때, 어느 누구가 대응이 존재한다는 것과, 더 나아가 마음에 속한 모든 것과 신체에 속한 모든 것 사이에는 대응이 있다는 결론을 못 내리겠습니까? 그리고 마음에 속한 모든 것은 정동이나 사상에 관계되고, 또 마찬가지로 그것은 의지와 이해에 관계되고, 신체에 속한 모든 것들은 심장이나 폐장에 관계되기 때문에 거기에 심장과 의지에 대응이 있고, 폐장과 이해에 대응이 있다는 결론을 누구가 못 짓겠습니까?

이러한 것들은 잘 알 수 있는 것인데도 부지(不知)의 사실로 치부(置簿)하였습니다. 왜냐하면 사람의 성품이 자연적인 것을 제외하고서는 어떤 것을 시인하려는 뜻이 전혀 없을 만큼 외적인 것이 되어 버렸기 때문입니다. 이와 같이 되어 버린 그 사람의 외적인 것은 그 사람의 사랑의 쾌락이 되었고, 또 이것으로 말미암아 그의 이해의 쾌락이 되어 버렸습니다. 결과적으로 그 사람은 자연적인 것에서 분리된 어떤 영적인 것에 대해서 그의 사상을 자연적인 것 이상으로 제고(提高)하려는 데 별로 특별한 맛을 가지지 못하게 되었습니다. 그러므로 자연적 사랑이나 그것의 기쁨에서부터 그 사람은 영적인 것을 한낱 보다 순수한 자연적인 것으로, 그리고 대응에 관해서도 계속적으로 흘러드는 어떤 것으로만 생각할 수밖에 없었습니다. 아니, 지극히 자연적인 사람은 자연적인 것을 떠나서는 아무것도 생각할 수 없었으며, 그에게 있어서는 자연적인 것 이외에는 아무것도 무가치한 것이었습니다.

이러한 내용이 지금까지 알려지지 않았고, 또 알지 못한 또다른 이유는, 종교에 관한 모든 것, 즉 영적이라고 부르는 모든 것은 전 기독교계의 독선적 교의(獨善的 敎義·dogma)에 의하여 사람들의 시야에서 완전히 사라졌기 때문이고, 또한 몇몇 종교회의(宗敎會議)나 소위 지도자들이 공언한 신학적인 문제 즉 영적인 것은, [그들이 주장하고 있는 것처럼] 그런 것들은 모두가 이해를 초월한 것이기 때문에, 맹목적(盲目的)으로 믿어야 한다는 것 때문입니다. 그러므로 어떤 사람들은, 마치 사람의 시각으로는 보이지 않는 대기 위에 있는 에텔 속을 날아다니는 한 마리의 새와 같은 것이 영적인 것이라고 여겼습니다. 그러면서도 영적인 것은 낙원에 있는 새와 같아서, 눈으로 볼 수 있게 날며, 심지어는 그 아름다운 날개쭉지로 눈동자를 만지기까지 한다고 하면서, 그래서 그것 보기를 갈망합니다. 여기서 눈의 시작(sight of the eye)이란 이지적 통찰력(通察力·vision)을 가리킵니다.

375. 의지와 심장, 이해와 폐장의 대응은 추상적(抽象的) 즉 단순한 추론(推論)에 의해서는 증명할 수 없지만 다만 결과(結果)에 의해서 입증할 수 있습니다. 그것은 마치 합리적으로는 볼 수 있지만 그럼에도 불구하고 결과에 의하지 않고는 명료하게 볼 수 없는 어떤 사물의 원인의 경우와 꼭 같습니다. 왜냐하면 원인은 결과 안에 존재하고, 또 결과에 의해서 자기자신을 드러내 보여주고, 따라서 원인이

이와 같이 가시적인 것이 될 때까지 마음은 그것들에 관해서 전혀 확신하지 않기 때문입니다.

　아래의 설명에서는 이 대응의 결과에 대해서 기술하고자 합니다. 그러나 어느 누구나 영혼에 관한 가설(假說)로 말미암아 오염된 대응의 개념에 빠지지 않기를 바라는데, 그러기 위해서, 앞 장에서 설명한 아래의 명제들을 먼저 면밀히 숙독하시기를 바랍니다. 즉 사랑과 지혜 그리고 거기서 비롯된 의지와 이해가 사람의 진정한 생명이다는 것(363·364항 참조), 또 사람의 생명은 제일원리로는 뇌 안에 있고, 파생적으로는 몸 안에 있다는 것(365항 참조), 제일원리 안에 있는 생명이 이러하다면, 그 생명은 전체나 부분에서도 그러하다는 것(366항 참조), 그리고 이들 제일원리에 의해 생명은 모든 부분에서부터 이루어진 전체 안에, 전체에서 이루어진 모든 부분 안에 존재한다는 것(367항 참조), 사랑이 이러하고, 또 지혜가 이러하며, 따라서 사람이 이러하다는 것(368항 참조) 등입니다.

376. 심장과 폐장이 의지와 이해에 대응한다는 내용에 관해서 내가 천사들 가운데서 천계에서 본 바인 확실한 증거를 여기서 소개하고자 합니다. 어떤 말로도 표현할 수 없을 정도의 나선형의 놀라운 내류(內流·flowing)에 의하여 천사들은 그 안에 내면적 구조물이 다 갖추어진 심장과 꼭같은 것과, 폐장과 꼭같은 것을 형성하였습니다. 이렇게 해서 그들은 천계의 내류와 같이 그 안에 흘러들어갔습니다. 왜냐하면 주님에게서 비롯된 사랑과 지혜의 내류(內流)로 말미암아 천계는 이와 같은 형체 안에 입류하려고 애쓰기 때문입니다. 따라서 그것들은 심장과 폐장의 결합을 뜻하고, 또한 동시에 의지에 속한 사랑과 이해에 속한 지혜와의 대응을 표징합니다. 이 대응이나 합일(合一·union)을 그들은 천계적 혼인(天界的 婚姻·the heavenly marriage)이라고 부르며 또한 그들은 몸 전체 안에, 수많은 기관 안에, 또한 조직이나 내장 안에 그것이 내재해 있다고 말합니다. 그리고 또한 심장이나 폐장에 속한 것들 안에도 꼭같이 내재해 있다고 말하

며, 또한 심장이나 폐장이 서로 작용이나 반충작용을 하지 않는 곳에서는 자의적(自意的) 원리에서 비롯된 생명의 어떠한 운동도 있을 수 없고, 이지적 원리에서 비롯된 생명의 느낌도 있을 수 없다고 말하였습니다.

377. 그러므로 아래에서는 심장과 폐장이 의지와 이해에 대응한다는 것을 설명하겠고, 또 신체의 모든 부위, 즉 몸 전체에 있는 손과 발, 감각기관, 내장의 모든 대응도 바로 이 대응 위에 기초하고 있으므로, 그리고 지금까지 알려지지 않은 영적인 것과 자연적인 것의 대응에 관해서 설명하고자 합니다. 그럼에도 불구하고, 이같은 대응에 관해서는 나의 두 저서에서 상세히 다루고 있는데, 그 하나는 《천계와 지옥》(天界와 地獄·Heaven and Hell)에서이고, 다른 하나는 창세기와 출애굽기에 대한 말씀(聖言)의 영해(靈解)인 《천계비의》(天界秘義·the Arcana Caelestia)입니다. 나는 여기서는 대응에 관해서 그 두 책에서 설명한 것을 간략하게 소개하고자 합니다.

《천계와 지옥》에서는 아래의 내용이 다루어졌습니다. 천계의 모든 것과 사람에 속한 모든 것의 대응(87-102항 참조), 천계의 모든 것과 지상의 모든 것과의 대응(103-115항 참조)이 되겠습니다.

그리고 창세기와 출애굽기의 영해인 《천계비의》에서는 아래의 내용이 되겠습니다. 즉, 마음에 속한 정동과 그것의 표현인 얼굴과의 대응(1568·2988·2989·3631·4796·4797·4800·5165·5168·5695·9306항 참조), 이지적인 것이나 임의적인 것과 몸짓이나 행동인 신체와의 대응(2988·3632·4215항 참조), 일반적인 감관들의 대응(4318-4330항 참조), 눈과 눈의 시각의 대응(4403-4420항 참조), 코와 후각의 대응(4624-4634항 참조), 귀와 청각의 대응(4652-4660항 참조), 혀와 미각의 대응(4791-4805항 참조), 손·팔·어깨·발들의 대응(4931-4953항 참조), 음부나 생식기관의 대응(5050-5062항 참조), 신체의 내장들 특히 위·가슴 내분비샘·유미(乳糜)의 수용그릇과 유즙(乳汁) 도관이나 장간막(腸間膜)의 대응

(5171-5180·5181항 참조), 지라(脾臟)의 대응(9698항 참조), 복막·신장·방광의 대응(5377-5385항 참조), 간·간장·방광·췌장의 도관의 대응(5183-5185항 참조), 창자들의 대응(5392-5395·5379항 참조), 뼈의 대응(5560-5564항 참조), 피부의 대응(5552-5559항 참조), 사람과 천계와의 대응(911·1900·1982·2996-2998·3264-3649·3741-3745·3884·4051·4279·4403·4524·4525·6013·6057·9279·9632항 참조), 자연계 안에, 또 그것의 세 왕국(=동·식·광물계)에 속하는 모든 것들이 영계 안에서 보이는 것들에의 대응(1632·1831·1881·2758·2990-2993·2997-3003·3213-3227·3483·3624-3649·4044·4053·4116·4366·4939·5116·5377·5428·5477·8211·9280항 참조), 또 천계에서 보이는 모든 것들의 대응(1521·1532·1619-1625·1807·1808·1971·1974·1977·1980·1981·2299·2601·3213-3226·3349·3350·3475-3485·3748·9481·9570·9576·9577항 참조) 등이 되겠습니다. 성경 말씀의 문자적인 뜻과 영적인 뜻의 대응은《천계비의》전권에서 다루고 있고, 이 주제에 관한 것들은《성경에 관한 새 예루살렘의 교설》(the Doctrine of the New Jerusalem concerning the Sacred Scripture)에서 읽을 수 있겠습니다(같은 책 5-65항 참조).

378. (3) 의지는 심장에 대응한다는 것.

이 내용은, 위에서 설명한 것과 같이(375항 참조), 의지를 그것의 결과에서 심사숙고하는 것과 같이 자체적인 것으로는 아주 명료하게 이해할 수는 없습니다. 자체에 의해서 그것은 이렇게 이해할 수 있겠습니다. 즉 사랑에 속한 모든 정동은 심장의 고동의 변화를 일으킨다는 것에서 이해할 수 있는데, 그같은 사실은 심장과 더불어 동시에 작동하는 동맥의 박동(搏動)에서 잘 알 수 있습니다. 사랑에 속한 정동에 따른 심장의 변화나 고동(鼓動)은 헤아릴 수가 없습니다. 손가락으로 느낄 수 있는 것은, 그 고동이 느리고 빠르고, 높고 낮고, 약하고 강하고, 규칙적이고 불규칙적이라는 것 등등일 뿐입니다. 따라서 거기에는 기쁠 때나 슬플 때, 마음이 평온할 때나 격정이 일 때, 두려움이 있을 때와 없을 때, 열병으로 체온이 높을 때와 낮을 때, 기타 등등의 경우가 서로 차이가 있습니다.

심장의 수축과 확장이라는 두 운동작용은 각 사람의 사랑에 속한 정동에 따라서 변하고 달라지기 때문에 수많은 고대 사람들이나 그 뒤의 몇몇 현대 저술가들은 정동을 심장의 몫으로 여겼고, 또 심장을 그것들의 주거지로 생각하였습니다.

여기에서부터 돌부처 같은 심장, 참새 같은 심장, 즐거운 마음(＝심장), 슬픈 마음(＝심장), 부드러운 마음, 굳은 마음, 강한 심장, 나약한 심장, 온전한 심장, 상처입은 심장, 고기덩이 심장, 돌 같은 심장과 같이 표현하는 일반적인 언어가 생겨지기도 하였습니다. 마찬가지로 조잡한, 또는 부드럽고 상냥하다는 표현도 있게 되었습니다. 그 밖에도 어떤 것에 마음을 준다, 일편단심, 새로운 마음, 마음에 담는다, 마음에 새긴다, 마음에 이르지 못한다, 사람의 심장을 굳게 한다, 마음의 벗이라는 말이 생기기도 하였습니다. 또는 마음이 맞는다, 안 맞는다, 미치광이(*vecordia*) 같은 마음 따위의 말이 생겼는가 하면, 사랑과 그것의 정동을 표현하는 이와 유사한 낱말도 생겨졌습니다. 성경말씀에도 이와 비슷한 표현들이 있는데, 그 이유는 성경말씀(聖글·the Word)이 대응으로 쓰여졌기 때문입니다.

사람이 사랑 또는 의지라고 말할 때 그것은 같은 뜻입니다. 왜냐하면 앞에서 설명한 것과 같이 의지가 사랑을 담는 그릇이기 때문입니다.

379. 사람이나 모든 생물에는 생동하는 볕(vital heat)이 있다는 것은 누구나 잘 알고 있지만, 그러나 그것의 근원은 잘 모릅니다. 대부분의 사람은 그저 단순한 억측에서 그것을 말하는데, 즉 영적인 것과 자연적인 것의 대응을 알지 못하는 사람들 중에서 어떤 이는 자연계의 태양에, 또 어떤 이는 부분적인 것들의 활동에, 어떤 이는 생명 자체에다 그 근원을 돌렸습니다. 그러나 그들이 생명이 무엇인지

를 전혀 알지 못하기 때문에 그들은 아무런 뜻이 없는 빈말(호름)에 만족하고 있습니다. 그러나 사랑과 또 그것의 정동이 심장과 그것의 파생적인 것들에 대응한다는 것을 아는 사람은 그 생동적인 볕의 근원이 사랑이다는 것을 압니다. 왜냐하면 사랑은 주님이 계신 영적 태양에서부터 볕으로 나오고, 더욱이 천사들은 볕으로 느끼기 때문입니다. 본질적으로 사랑인 이 영적인 볕은 대응에 의하여 심장과 또 그것의 혈액에 흘러드는(入流) 것을 가리키고, 그것은 그것에게 볕을 나누어 주고, 동시에 그것으로 하여금 생기 있게 합니다. 사람은 그의 사랑에 따라서, 그리고 그것의 계도에 따라, 말하자면 불에 타는 것 같이 뜨거워져서 빠릿빠릿하게 활동적이기도 하고, 또 그것의 감소에 따라서 냉랭하게 되어, 굼뜨게 된다는 것을 잘 알고 있습니다. 왜냐하면 그같은 사실은 자신이 직접 느끼기도 하고, 다른 사람의 경우도 볼 수 있기 때문입니다. 즉 몸 전체를 통해서 볕에 의해 느껴지고, 또 얼굴이 화끈거리는 것에서 볼 수 있습니다. 이에 반하여 사랑의 멸절(滅絶)은 몸에 있는 냉기에 의해 느껴지고, 얼굴에 있는 생기 없는 창백함으로 보여집니다.

 사랑이 사람의 생명이기 때문에, 심장은 그의 생명의 처음이고 또 나중입니다. 또 사랑이 사람의 생명이기 때문에 영혼은 피를 방편으로 해서 실체에 있는 그것의 생명을 잘 돌보고 있습니다. 그래서 성경말씀에서 피를 영혼이라고 불렀습니다(창세기 9:4; 레위기 17:14). 다양한 영혼의 뜻은 뒤에 설명하겠습니다.

380. 피의 붉은색은 심장과 그것의 피가 사랑과 그것의 정동에의 대응에서 비롯된 것입니다. 왜냐하면 영계에는 모든 종류의 색깔(色彩)이 있는데, 그 중에서 흰색(白色)과 붉은색(紅色)은 기본적인 것을 가리키고, 나머지 색은 이것들에서 파생된 다양한 것들을 가리키기 때문입니다. 그리고 그것들의 반대에서부터는 거므스레한 불빛이나 검은색이 비롯되기 때문입니다. 거기에서 붉은색은 사랑에 대응하고, 흰색은 지혜에 대응합니다. 붉은색이 사랑에 대응하는 까닭은

그것이 영적 태양의 불꽃에서 발원하였기 때문이고, 흰색이 지혜에 대응하는 까닭은 그 태양의 빛에서 발원하였기 때문입니다. 심장이 사랑에 대응하기 때문에 피는 필연적으로 붉은색일 수밖에 없고, 또 그 근원을 드러내 보일 수밖에 없습니다. 이런 이유로 해서, 주님사랑이 모든 것들을 통치하는 천계에서는 그 빛은 불꽃 같은 색채를 띠우고, 거기의 천사들은 심홍색(深紅色)의 옷을 입습니다. 그리고 지혜가 통치하는 천계에서는 그 빛은 흰색이고, 거기의 천사들은 흰색의 세마포 옷을 입습니다.

381. 천계가 두 왕국으로 나뉘어져 있는데, 그 하나는 천적(天的·celestial) 왕국이라고 부르고, 다른 하나는 영적 왕국이라고 칭합니다. 천적 왕국에서는 주님사랑이 모든 것을 통치하고, 영적 왕국에서는 그 사랑에서 비롯된 지혜가 통치합니다. 사랑이 통치하는 나라를 심장의 나라(cardiac kingdom)라고 하고, 지혜가 통치하는 나라를 폐장의 나라(pulmonic kingdom)라고 부릅니다. 주지하여야 할 사실은 천사적 천계가 총체적으로 볼 때는 단 한 사람으로 나타나 보이고, 또한 주님 안전(眼前)에서도 단 한 사람으로 보인다는 것입니다. 따라서 심장이 한 왕국을 이루고, 폐장이 또한 한 왕국을 이룹니다. 왜냐하면 온 천계에는 일반적인 심장의 운동과 폐장의 운동이 있고, 각 천사에게는 거기에서 비롯된 개별적인 운동이 있기 때문입니다. 일반적인 심장의 운동이나 폐장의 운동은 오직 주님에게서만 비롯되는데, 그 이유는 사랑이나 지혜가 오직 그 어르신에게서만 비롯되기 때문입니다. 왜냐하면 이 두 가지 운동은 주님이 계시고, 또 주님에게서 비롯된 태양 안에 있기 때문이고, 그것으로 말미암아 천사적 천계나 우주 안에 그 운동은 존재하기 때문입니다.

공간개념을 떨쳐버리십시오. 그리고 무소부재(無所不在)의 존재를 생각하십시오. 그러면 그것이 옳다는 것을 확신할 것입니다. 천계가 천적 왕국과 영적 왕국으로 나뉘어져 있다는 것은《천계와 지옥》에서(같은 책 20-28항 참조), 그리고 온 천사적 천계가 총체적으로 단 한 사람처럼 보인다는 것도 같은 책에서(59-67항 참조) 읽을 수 있겠습니다.
382. (4) 이해는 폐장에 대응한다는 것.
　이러한 내용은 심장이 의지에의 대응이라고 설명한 것에서 얻는 결과입니다. 왜냐하면 의지와 이해라는 두 기능은 영적인 사람 안에서 즉 사람의 마음 안에서 통치하고, 심장과 폐장이라는 두 기관은 자연적인 사람 즉 육체 안에서 다스리기 때문입니다. 또한 앞에서 설명한 것과 같이, 마음에 속한 모든 것들과 육체에 속한 모든 것들과의 대응이 있는데, 여기에서는 의지가 심장에 대응하듯이, 이해가 폐장에 대응한다는 결론이 나옵니다. 더욱이, 이해가 폐장에 대응한다는 것은 자신의 사상이나 언어의 양면에서부터 스스로 관찰할 수 있습니다.
　(1) 사상으로부터의 입증 : 폐장의 호흡의 협력이나 일치 없이는 그 누구도 무엇을 생각할 수 없습니다. 그러므로 사람이 차분하게 생각하면 숨도 차분하게 쉬지만, 만약 그가 생각을 깊이 하면 숨 또한 깊게 쉽니다. 그가 숨을 들이마시고 또 내쉬면, 폐장은 느리거나 빠르게, 진지하게, 짧잖게, 또는 의도적으로 팽창과 수축작용을 하는데, 이와 같은 모든 작용은 그의 사상에 따라서 일어납니다. 따라서 사랑에서 비롯된 정동의 입류(入流)에 따라서 일어납니다. 아니, 만약 사람이 전적으로 숨을 쉬지 않으면 그의 영 안에서의 호흡에 의한 것을 제외하면 아무것도 생각할 수 없는데, 그것은 명확하게 지각되는 것은 아닙니다.
　(2) 언어로부터의 입증 : 폐장의 도움 없이는 아무리 작은 목소리라 할지라도 입에서 나올 수 없기 때문에,――왜냐하면 음절이 되어 낱말이 되게 하는 것은 모두 폐장에서부터 기관과 후두개연골(喉頭蓋軟骨)을 거쳐 나오기 때문에,――그러므로 바람통인 폐장의 팽창과 통로의 엷임에 따라서 소리는 크게 내게 되고, 또 그것들의 수축에 따라서 소리는 작아지고, 만약 통로가 완전히 닫히면 언어는

소멸되고, 사상 역시 그것과 같이 소멸됩니다.

383. 이해가 폐장에 대응하고, 또 거기에서 비롯된 사상이 폐장의 호흡에 대응하기 때문에 성경말씀에서 "영혼"(靈魂·soul)이나, "영"(靈·spirit)은 이해를 뜻합니다. 예를 들면—.

네 마음(=heart)을 다하고, 네 목숨 (=soul)을 다하고, 네 뜻을 다하여, 주 너의 하나님을 사랑하여라.
(마태 22:37)
(하나님께서) 너희에게 새로운 마음(=a new heart)을 주고 너희 속에 새로운 영(=a new spirit)을 넣어 주며…….
(에스겔 36:26; 시편 51:10)

이 말씀에서 "마음"(heart)이 의지에 속한 사랑을 뜻한다는 것은 위에서 이미 설명하였습니다. 그러므로 "영혼"이나 "영"은 이해에 속한 지혜를 뜻합니다. 성령(聖靈·the Holy Spirit)이라고 일컫는 하나님의 영(the spirit of God)은 신령지혜를 뜻하고, 따라서 사람의 빛인 신령진리를 뜻한다는 것은 《주님에 관한 새 예루살렘의 교설》(the Doctrine of the New Jerusalem concerning the Lord)에서 (같은 책 50·51항 참조) 잘 알 수 있습니다. 그러므로—.

(주님께서) 그들에게로 숨을 내뿜으시고 말씀하셨다. "성령을 받아라."
(요한 20:22)

꼭같은 이유로 언급하기를—.

그의 코에 생명의 기운을 불어넣으시니, 사람이 생명체(生命體·生靈·a living soul)가 되었다.
(창세기 2:7)

또 예언자에게 말씀하시기를—.

> 사람아, 너는 생기(=바람 또는 영)에게 대언하여라. 생기에게 대언하여 이렇게 일러라. "나 주 하나님이 너에게 말한다. 너 생기야, 사방에서 불어와서 이 살해당한 사람들에게 불어서 그들이 살아나게 하여라."
> (에스겔 37:9)

그 외의 귀절에서도 마찬가지인데, 그러므로 주님이 "코의 기운" 또는 "생명의 숨"이라고 불리웠습니다. 호흡은 코를 통해서 일어나기 때문에, 코는 곧 지각을 뜻합니다. 그래서 이지적인 사람은 후각이 예민한 사람이라고 말하고, 지성이 모자라는 우둔한 사람은 후각이 무딘 사람이라고 합니다. 꼭같은 이유로 해서 히브리어에서나 다른 나라의 말에서 영(靈·spirit)과 바람(風·wind)은 동일한 단어로 쓰여졌습니다. 왜냐하면 "영"(spirit)이라는 낱말은 숨을 쉰다는 뜻의 낱말에서 비롯되었기 때문입니다. 그러므로 사람이 죽었을 때, 숨(*anima*)을 거두었다고 말합니다. 꼭같은 이유 때문에 사람들은 영을 바람이라고, 또는 폐장에서 나오는 숨 같은 기체로 생각하였고, 또한 영혼까지도 같은 성질의 것이라고 생각했습니다.

이상에서 볼 때 밝히 알 수 있는 것은, "마음(heart)과 목숨(soul)을 다 하여 하나님을 사랑하라"는 말씀이 모든 사랑과 모든 이해를 다 하여 그 어르신을 사랑하라는 것을 뜻하고, "새로운 마음(a new heart)과 새로운 영(a new spirit)을 준다"는 말씀은 새로운 의지와 새로운 이해를 준다는 것을 뜻한다는 내용입니다. "영"이 이해이기 때문에 브살렐에게 이렇게 언급되었습니다. 즉—.

> 그에게 하나님의 영을 채워 주어, 지혜와 총명과 지식과 온갖 기술을 갖추게 하겠다.
> (출애굽 31:3)

또 여호수아에 관해서는―.

여호수아에게 지혜의 영이 넘쳤다.
(신명기 34:9)

느부갓네살 임금이 다니엘에 관해서 말하기를―.

그대에게는 신들의 영이 있고, 명철과 총명과 탁월한 지혜가 있다고 들었소.
(다니엘 5:11, 12, 14)

또 이사야서에는―.

마음이 혼미하던 사람이 총명해지고,
거스르던 사람이 교훈을 받을 것이다.
(이사야 29:24)

384. 마음에 속한 모든 것들이 의지와 이해에 관계를 가지고, 또 육세에 속한 모든 것들이 심상과 폐장에 관계를 가지기 때문에, 머리에는 두 개의 두뇌가 있는데, 이것들은 의지와 이해가 서로 분명한 것처럼, 서로 엄연히 분별됩니다. 특히 작은골(小腦)은 의지에 속한 기관이고, 큰골(大腦)은 이해에 속한 기관입니다. 마찬가지로 신체의 심장과 폐장도 신체의 남은 부위와 엄연히 구분됩니다. 이들은 횡격막(橫膈膜)으로 분리 구분되고, 늑막이라고 부르는 그것들의 덮개로 감싸져 있는데, 가슴이라는 신체의 부위를 구성합니다. 팔다리·기관·내장이라고 부르는 신체의 다른 부위에도 둘로 한데 묶인 묶음이 있는데, 이것들은 따라서 쌍을 이루고 있습니다. 예를 들면 팔·손·음부·발·눈·코 등입니다. 신체 내부에 있는 것으로는 신장·요

관(尿管)·고환이 되겠고, 쌍으로 있지 않은 내장은 오른쪽과 왼쪽으로 나뉘어 있습니다. 더욱이 두뇌 자체는 두개의 반구체(半球體)로 나뉘어 있고, 또 심장도 두 개의 심실(心室)로, 폐장도 두 개의 폐엽(肺葉)으로 나뉘어지고, 또 오른쪽에 있는 이런 것들은 진리에 속한 선에 관계되고, 왼쪽의 것들은 선에 속한 진리와 관계를 같습니다. 또한 마찬가지로 오른쪽은 지혜에 속한 진리가 비롯된 사랑에 속한 선과 관계를 가지고, 왼쪽은 사랑의 선에서 비롯된 지혜에 속한 진리와 관계를 가집니다. 선과 진리의 결합은 상호적이기 때문에, 그 결합에 의해서 둘은 말하자면 하나(一體)가 됩니다. 그러므로 사람 안에 있는 쌍쌍은 기능이나 운동 또는 감관 면에서 함께 합세해서 움직이는 것입니다.

385. (5) 이 대응에 의하여 의지와 이해에, 따라서 사랑과 지혜에 관계되는 수많은 비의(秘義·arcana)를 열어 보일 수 있다는 것.

이 세상에서는 의지가 무엇인지, 즉 사랑이 무엇인지를 거의 모르고 있습니다. 이런 이유 때문에 비록 사람은 자기 스스로 총명이나 사상을 구사(驅使)할 수 있는 것 같이 보이지만, 사람은 자기 스스로 사랑할 수도 없고 사랑에서부터 뜻할 수도 없습니다. 그것은 마치 비록 자신이 스스로 폐장으로 하여금 호흡할 수 있는 것 같지만 자기 스스로 심장으로 하여금 작동하게 할 수 없다는 것과 같습니다.

이 세상에는 의지가 무엇인지, 즉 사랑이 무엇인지 잘 모르지만, 그러나 심장이나 폐장이 무엇인지를 알기 때문에——왜냐하면 이것들은 시각의 대상이고, 또 이것들은 해부학자에 의해서 진찰도 될 수 있고, 또 관찰되어 기술된데 반하여, 의지나 이해는 시각의 대상도 아니고, 전자와 같이 진찰이나 관찰도 불가능하기 때문이다——그러므로 이것들이 대응한다는 것과 또 대응에 의해 하나처럼 행동한다는 것을 알게 되면, 그 이외의 방법으로는 까발겨질 수 없는 의지와 이해에 관계되는 수많은 비의(秘義)가 백일하에 드러나게 됩니다. 예를 든다면, 의지와 이해와의 결합에 관계되는 것, 이해와 의지와의 상호적 결합에 관계되는 것들이 있고, 또한 사랑과 지혜의 결합에 관계되는 것, 지혜와 사랑의 상호적 결합에 관계되는 것들이 있고, 또한 사랑의 파생적인 것이 정동에 들어가는 것과 그것들에 관계되는 것, 정동의 연합에 관계되는 것, 지각이나 사상에의 입류에 관계되는 것, 그리고 마지막으로는 대응에 따라서 신체적 행동이나 감관에 흘러드는 입류에 관계되는 것 등입니다. 이런 것들이나 그밖의 다른 많은 비의들도 심장과 폐장의 결합에 의하여, 심장에서 폐장으로 흘러드는 피의 흐름에 의하여, 그리고 상호적으로 폐장에서 부터 심장으로의 입류에 의해, 또 거기서 비롯된 동맥을 통해서 신체의 팔다리·기관·내장에의 입류에 의하여 밝히 알 수 있고, 또 예증될 수 있습니다.

386. (6) 사람의 마음은 그 사람의 영(靈)이고, 영은 곧 그 사람이며, 몸은 외적인 것으로, 그것에 의해 마음 즉 영은 이 세상에서 느끼고 행동한다는 것.

사람의 마음이 곧 그의 영이다는 것, 그 영이 곧 그 사람이다는 것 등은, 영을 바람 같은 것으로 생각하거나, 또는 영혼을 폐장의 호흡에서 나오는 숨결이나, 공기 같은 것으로 생각하는 사람들의 신앙에는 거의 들어갈 수 없습니다. 왜냐하면 그들은, 그것이 영이라면 영이 어떻게 사람이 될 수 있는가? 또 그것이 영혼이라면 영혼이 어떻게 사람이 될 수 있는가? 라고 주장하기 때문입니다. 그들은, 하나님을 영이라고 부르기 때문에 하나님에 관해서도 같은 식으로 생각합니다. 영이나 영혼의 이같은 개념은 어떤 나라의 말에서 영과 바람이 동일한 단어라는 사실에서 야기되기도 하고, 또 사람이 죽었을 때 숨이 걷히어졌다, 영이 떠나갔다고 말하는 것에서 야기되기도 합니다. 또한 질식이나 졸도 후에 영 또는 폐장의 숨결이 되돌아왔을 때 생명이 돌아왔다고 말하는 사실에서도 그 같은 개념은 야기됩니다.

이같은 경우 숨결이나 공기 이외는 아무것도 지각되지 않기 때문에 눈이나, 육적인 감관에서부터 사람들은 사후 사람이나, 영이나, 영혼은 사람이 아니다고 결론을 짓습니다. 영이나 영혼에 관한 이같은 관능적인 결론에서부터 여러 가지 가설(假說)이 야기되었습니다. 그리하여 사람은 사후 최후심판의 날까지는 사람이 될 수 없다는 신념이 생겨났고, 또 《최후심판에 관한 후속편》*(the Continuation concerning the Last Judgement)에서(같은 책 32-38항 참조) 설명한 것과 같이, 사후 사람의 영은 어딘가에서 다시 육체와 재결합하기 위해서 기다리고 있다는 신앙도 나오게 되었습니다. 사람의 마음이 그의 영이기 때문에 역시 영들인 천사들도 마음이라고 불렀습니다.

387. 사람의 마음이 그의 영이고, 그 영이 그 사람이다는 것은 사람의 마음이 사람의 의지와 이해에 속한 모든 것들을 뜻하기 때문입니다. 또 그것들은 제일원리로는 뇌 안에 있고, 파생적으로는 신체 안에 있기 때문입니다. 그러므로 그것들의 형체에서 보면 그것들은 사람에 속한 모든 것들입니다. 이러하기 때문에 의지와 이해인 사람의 마음은 육체와 그리고 그것에 속한 모든 것들을 자기 마음대로 좌지우지(左之右之·impel)합니다.

몸은 마음이 생각하고 의도하는 것은 무엇이나 행하지 않습니까? 마음은 귀로 하여금 듣도록, 눈이 보도록, 혀와 입술이 말하도록 선동도 하고, 지시도 하고 또 움직이지 않습니까? 또 마음은 손이나 손가락이 자기가 좋아하는 것을 행하도록, 그리고 발로는 그가 원하는 곳은 어디든 걸어가도록 부려먹지 않습니까? 그렇다면 육체는 마음에 복종하는 것 이외의 다른 무엇입니까? 만약 마음이 육체 안에 있는 파생적인 것들 속에 있지 않다면 몸은 이런 일을 할 수 있겠습니까? 마음이 그렇게 의도하기 때문에 육신은 단순히 복종해서 행동하는 것이라고 생각하는 것은 이치에 맞는 것입니까? 이같은 경우를

---

*《최후심판과 말세》의 제하로 번역 출판되었다(역자 주).

보면, 두 존재 즉 하나는 위에 다른 하나는 아래에, 또는 하나는 명령하는, 다른 하나는 복종하는 두 객체가 필연적으로 존재한다는 것입니다. 그러나 이같은 것은 결코 이성에 맞지 않기 때문에, 뒤따르는 결론은, 사람의 생명은 제일원리로는 뇌 안에 있고 파생적으로는 몸 안에 있다는 것이고(365항 참조), 그리고 제일원리 안에 있는 생명이 이러하기 때문에 그 생명은 역시 전체에서나 또는 모든 부분에서도 그러하다는 것(366항 참조), 또한 이 제일원리에 의하여 생명은 부분에서 이루어진 전체 안에, 또 전체에서 이루어진 모든 부분 안에 존재한다는 것입니다.

마음에 속한 모든 것들이 의지와 이해에 관계된다는 것, 그리고 의지와 이해가 주님에게서 비롯된 사랑과 지혜의 수용그릇이라는 것, 또한 이들 두 기능이 사람의 생명을 이룬다는 내용은 앞서의 설명에서 밝히 증명되었습니다.

388. 지금까지 설명한 것에서 밝히 알 수 있는 것은 사람의 마음이 그 사람 자신이라는 것입니다. 왜냐하면 사람의 형체의 주된 구조, 다시 말하면 개별적인 것이나 또는 그것에 비롯된 모든 것들로써의 인간 형체의 주된 구조는, 앞에서 설명한 것과 같이, 계속적으로 뇌에서 비롯되는 제일원리에서부터 신경을 통해서 이루어지기 때문입니다. 사람이 사후 들어가는 것도 바로 이 형체입니다. 그 때의 사람을 영(靈) 또는 천사라고 부르는데, 그 사람은 모든 면에서 완전한 한 사람입니다. 그러나 그 사람은 영적인 사람일 뿐입니다. 이 세상에서 보태지고, 덧붙여진 물질적 형체는 그 자체로는 완전한 인간의 형체가 아니고, 다만 영적인 형체의 덕분에 인간형체일 뿐입니다. 거기에 보태지고 덧붙여지는 것은 사람으로 하여금 자연계에서 선용을 성취하기 위해서, 그리고 자연계의 보다 순수한 신체에서 영적인 것들을 담는 수용그릇을 그 자신에게 끌어들이기 위해서, 따라서 계속적이고 영속적인 생명을 유지 보존하기 위해서 입니다. 사람의 마음이, 일반적으로만이 아니라 개별적으로도, 인간형체를 향한 영구적

인 활력소 안에 있다는 것은 천사적 지혜에 속한 진리입니다. 그 이유는 하나님이 완전한 사람(a Man)이기 때문입니다.

389. 사람이 진정한 사람이 되기 위해서는 머리에도, 신체에도 결여된 부분이 결코 있어서는 안 되고, 완전한 사람으로 존재하여야 합니다. 그 이유는 인간 형체 안에 들어가지 아니하고 완전한 사람을 이루는 것은 아무것도 없기 때문입니다. 왜냐하면 그것은 사랑의 형체이고 또 지혜의 형체이기 때문입니다. 이것은 그 자체에서 생각하면, 신령한 것이기 때문입니다. 그 안에는 사랑과 지혜에 속한 모든 끝맺음이 있고, 그 신·인(神·人) 안에 있는 것은 무한하지만 그러나 그분의 형상 즉 사람·천사·영 안에 있는 것은 유한합니다. 만약 사람 안에 존재하는 부분이 결여되었으면, 거기에는 그것에 대응하는 사랑과 지혜에서 비롯된 어떤 끝맺음에 속한 결여가 있을 수 있습니다. 그것에 의해서 주님께서는 사람에게 있어서 극외적인 것 안에 있고 처음인 것들로 말미암아 존재하실 수 있고, 창조된 세상에서 선용을 섭리하시는 그분의 신령지혜를 통해서 그분의 신령사랑으로 말미암아 존재할 수 있습니다.

390. (7) 사람의 영과 몸의 결합은 그의 심장과 폐장이 의지와 이해의 대응에서 비롯되고, 그것의 분리는 이같은 대응이 없는 것에서 비롯된다는 것.

사람의 마음은 의지와 이해를 뜻하는 그의 영(靈)이다는 것과 그 영이 바로 사람이다는 것은 아직까지 알지 못하였기 때문에, 그리고 사람의 영도 그 사람의 신체와 꼭같이 고동과 호흡을 한다는 것을 모르고 있었기 때문에, 사람 안에 있는 영의 고동과 호흡이 그 사람의 신체의 고동과 호흡 안에 흘러든다는 것이나, 또 고동과 호흡을 일으킨다는 것을 전혀 알 수 없었습니다.

따라서 사람의 영은 그의 육신과 꼭같이 고동과 호흡을 향유하기 때문에, 거기서 뒤따르는 결론은, 사람의 영이 향유하는 고동과 호흡은 그의 신체에 속한 고동과 호흡에 대응하는 것과 꼭같은 대응이 있다는 것입니다. 왜냐하면 앞에서 언급한 바와 같이, 그의 마음이 곧 그의 영이기 때문입니다. 따라서 동작하는 두 쌍이 대응을 멈추면, 서로 분리가 일어나는데, 그것이 바로 죽음입니다.

　이 분리 즉 죽음은, 어떤 질병이나 사고로 말미암아 신체가 그의 영과 결합하는 동작을 할 수 없는 그같은 상태에 이른 뒤에 나타납니다. 왜냐하면 그렇게 될 때 대응은 소멸되고, 역시 그것과의 결합도 소멸되기 때문입니다. 그렇지만 호흡만 중단되었을 때는 그렇지가 않습니다. 그러나 심장의 고동이 중단되었을 때는 죽음 즉 분리가 있습니다. 왜냐하면 심장이 멈추지 않고 동작하는 한 그것의 생기발랄한 별인 생명은 계속 남아 있고, 생명을 유지 보존하기 때문입니다. 이같은 사실은 졸도(卒倒)나 질식(窒息)의 경우에서, 또는 태 안에 있는 태아의 생명의 상태에서 잘 알 수 있습니다. 한마디로, 사람의 육체적 생명은 그의 영의 고동과 호흡에 대응하는 육신의 고동과 호흡의 대응에 의존한다는 것입니다. 그 대응이 멈추면 육체적 생명 역시 멈춥니다. 그리고 그의 영은 그에게서 떠나, 영계에서 그의 삶을 계속 이어갑니다. 이것은 자연계에서의 그의 삶과 아주 유사해서 그 사람은 자신이 죽었다는 것을 알지 못합니다. 사람은 일반적으로 육체의 사망 후 2일이 지난 뒤에 영계에 들어갑니다. 왜냐하면 죽은지 이틀 지난 사람과 대화를 가져기 때문입니다.

391. 영(靈)도 지상의 사람이 하는 것과 꼭같은 고동이나 호흡을 갖는다는 사실은 영들이나 천사들과 대화할 수 있는 특전(特典)이 주어졌을 때 그들에 의해 오직 입증될 수 있습니다.

　이 특전이 나에게 허락되었습니다. 그 문제에 관해서 질문을 하였을 때, 그들은 세상에 있을 때 세상에 있는 그들과 꼭같은 사람이다는 것과, 또 육신을 벗었을 때는 비록 영적인 몸이기는 하지만 그들도 이 세상 사람들이 하는 것과 꼭같이 가슴 속의 심장의 고동을 느끼고, 발목에서는 동맥이 뛰는 것을 느낀다고 선언하였습니다. 나는 그 문제에 관해서 수많은 질문을 하였고, 천사들은 꼭같은 대답을 주었습니다. 사람의 영이 그의 몸 안에서 호흡을 한다는 사실이 개인적인 체험에 의하여 나로 하여금 그것을 배우게 하기 위해 주어진 은총입니다.

한번은 천사에게 내 호흡을 조절하고, 수시로 그것을 느리게 하고, 나중에는 오직 내 영의 호흡만 남을 때까지 호흡을 거두어가게 하는 것이 허락되었습니다. 그 때 나는 그것을 지각할 수 있었습니다. 죽음의 상태를 배우게 하기 위해서 이와 비슷한 경험도 주어졌습니다(그 체험 내용은 《천계와 지옥》 449항에 기록되었다). 나는 수차에 걸쳐 오직 나의 영에 속한 호흡의 상태에 들고는 하였는데 그 때에 나는 천계의 일반적인 호흡에 일치하는 상태에 있다는 것을 감각적으로 인지하였습니다. 역시 나는 수차에 걸쳐 육체를 떠난 영으로 천사들의 상태 안에서 천계에 있는 그들에게 올리워진 적이 있는데, 나는 이 세상에서와 꼭같은 호흡을 하면서 천사들과 대화를 했습니다. 이같은 경험이나 또는 다른 개인적 확신에서 볼 때 나에게 명확한 사실은, 사람의 영은 육신을 입고 있을 때만이 아니라 육신을 벗은 뒤에도 호흡을 한다는 것이고, 또 그 영의 호흡은 사람에게는 지각되지 않을 만큼 아주 고요하다는 것이고, 또한 그것은 원인이 결과에 흘러드는 것과 같이, 또는 사상이 폐장 속에, 그리고 그 폐장을 통해서 언어에 들어가듯, 명백한 육신의 호흡 속에 흘러든다는 것 등입니다.

이상에서 볼 때 확실한 사실은 역시 사람 안에서의 영과 육의 결합은 양자 안에서 심장과 폐장의 운동에 속한 대응에 의한다는 것입니다.

392. 심장과 폐장의 이들 두 운동작용은, 일반적으로나 개별적으로나, 전 천사적 천계(全天使的 天界)가 생명에 속한 이들 두 운동작용 안에 있다는 사실에서, 그리고 주님이 계신 태양 안에서부터 주님께서 그것들을 일으키시기 때문에 전 천사적 천계가 이 두 운동 안에 있다는 사실에서, 그것의 근원과 불변의 주장을 얻을 수 있습니다.

왜냐하면 이 두 운동작용은 주님에게서 비롯된 그 태양에 의해 지속되기 때문입니다. 천계의 만물이나 지상의 만물은, 처음 것에서부터 가장 외적인 것을 연결하는 하나의 사슬과 같은 형체의 덕분으로 형성된 하나의 연결 측면에서 보면, 그 태양을 통해서 주님에게 의존되었기 때문에, 그리고 또한 사랑과 지혜의 생명은 주님에게서 오고, 우주의 모든 힘 역시 생명에서 비롯되기 때문에, 그들의 근원이 이런 성질이다는 것은 아주 명백한 사실입니다. 이 운동작용의 다양성이 사랑과 지혜의 수용에 일치한다는 것은 아래의 내용과 같습니다.

393. 아래에서는 이들 운동작용의 대응에 관해서 자세하게 설명하겠습니다. 그 내용은, 천계와 더불어 호흡하는 사람 안에 있는 그 대응의 성질은 어떤 것인지, 지옥과 더불어 호흡하는 사람 안에 있는 그 대응의 성질은 어떤 것인지, 지옥과 더불어 생각은 하면서, 천계와 더불어 말하는 사람 즉 위선자, 아첨꾼, 사기꾼이나 이와 유사한 사람 안에 있는 그 대응의 성질은 어떤 것인지에 관해서 부연하겠습니다.

제 4 장 심장과 의지의 대응에서부터, 폐장과 이해의 대응에서부터, 의지와 이해에 관해서, 즉 사랑과 지혜에 관해서, 그러므로 사람의 영혼에 관해서 알 수 있는 것은 모두 알 수 있다.

394. 학계의 많은 사람들은 영혼에 관한 질문 때문에 탈진(脫盡) 상태에 빠져 있습니다. 그럼에도 불구하고 그들은 영계에 관해서 무지(無知)하기 때문에, 즉 사후의 사람의 상태에 관해서 전혀 아는 바가 없기 때문에, 영혼의 특질에 관해서가 아니라 오직 육체에서의 그것의 활동작용에 대해서만 많은 학설을 세울 뿐입니다. 영혼의 특질에 관해서 그들은 에텔 가운데 있는 가장 순수한 어떤 것이다는

이외에는 아무런 개념을 가질 수 없으며, 또한 영혼을 담고 있는 형체에 관해서도 에텔과 유사한 것이다는 이외의 다른 개념을 가질 수 없습니다. 그러나 영혼이 영적이다는 사실을 알고 있는 사람들은 그 문제에 관해서 공개적으로 말할 배짱이 없었습니다. 왜냐하면 자연적인 어떤 것을 영혼에 귀속(歸屬)시킬까 두려웠기 때문입니다. 영혼에 관한 이같은 개념 때문에, 그리고 그럼에도 불구하고 영혼이 육체에 작용하고, 또 영혼이 육체의 감관이나 운동에 관계되는 모든 일들을 육체 속에서 일으키고 있다는 것을 알고 있기 때문에, 그들은 앞에서 말한 것과 같이, 육체에 대한 영혼의 작용에 관한 질문으로 인하여 탈진상태에 빠져 있습니다. 어떤 사람은 그것이 입류(入流)에 의하여 이루어진 것이라고 생각하였고, 어떤 사람은 조화(調和)에 의해서 이루어진 것이라고 주장하였습니다. 그러나 이같은 연구가 사실적인 진리를 찾으려고 열망하는 마음이 묵인할 수 있는 것은 아무것도 찾아낼 수 없었기 때문에, 천사와 말할 수 있는 기회가 내게 주어졌고, 또 그들의 지혜에 의하여 그 주제에 관해서 명쾌한 답을 얻을 수 있었습니다. 그 내용들은 아래와 같습니다.

즉—. 사후에도 살아 있는 사람의 영혼은 그의 영(靈)이고 또한 완전한 형체를 하고 있는 하나의 사람입니다. 이같은 형체의 영은 의지와 이해이고, 또 이것들의 영혼은 주님에게서 비롯된 사랑과 지혜입니다. 그리고 이 사랑과 지혜는, 오직 주님에게서만 비롯되는 사람의 생명을 이루는 바로 그것입니다. 그럼에도 불구하고 주님을 영접하고자 하는 사람의 수용 목적 때문에 주님께서는 생명이 사람의 것인양 보여주실 뿐입니다. 그러나 사람이 생명을 자기 자신의 것이라고 주장할 수 없게 하기 위해서, 그러므로 주님을 영접하게 하기 위해서, 선이라고 부르는 사랑에 속한 모든 것들과 진리라고 일컫는 지혜에 속한 모든 것들이 사람에게서는 전혀 나올 수 없다는 것과, 또 이들 둘이 생명이기 때문에 생명에 속한 모든 것들은 곧 주님에게서 비롯된 생명이다는 것을 주님께서 가르치셨습니다.

395. 존재 그 자체에서 보면 영혼이 사랑과 지혜이고, 사람 안에 있는 이들 양자는 주님에게서 비롯되기 때문에, 사람 안에는 두 수용그릇이 창조되었는데, 그것을 사람 안에 있는 주님의 거처(居處)라고 합니다. 그 거처 중 하나는 사랑을 위한 것이고, 다른 하나는 지혜를 위한 것인데, 사랑을 위한 거처를 의지라고, 지혜를 위한 거처를 이해라고 부릅니다. 그러므로 주님 안에 있는 사랑(Love)과 지혜(Wisdom)가, 앞에서 설명한 것과 같이(17－22항 참조), 서로 다른 하나(存在)이기 때문에, 신령사랑은 주님의 신령지혜에 속한 것이고, 신령지혜는 주님의 신령사랑에 속한 것입니다(34－39항 참조). 그리고 이 둘은 모두가 신·인(神·人·God-Man) 즉 주님에서 나오기 때문에, 그러므로 의지와 이해인 사람 안에 있는 주님의 두 수용그릇이나 거처들은 서로 구분되는 둘로써, 주님에 의해 창조되었지만, 그럼에도 불구하고 모든 작용이나 모든 감관에서는 한 몸(一體)을 이룹니다. 왜냐하면 이것들 안에 있는 의지와 이해는 서로 분리될 수 없기 때문입니다. 그러나 사람이 주님을 받는 수용그릇이고 거처가 되기 위해서, 즉 이 목적에 대한 필요 때문에, 사람 개인은 그 빛에 속한 사랑을 가지고 있지 않으나 그 개인의 고유한 사랑 위로 사람의 이해를 제고시켜서 지혜의 빛 안으로 들어가도록 섭리하시고, 또한 그것에 의해서 자신이 만약 보다 높은 사랑에 오르려면, 따라서 영원한 행복을 향유하려면 그가 어떻게 살아야만 하는지를 깨닫고, 가르침을 받도록 섭리하십니다.

　그러나 자기 고유의 사랑 위로 이해를 제고할 수 있는 이 능력의 오용(誤用)에 의하여 사람은, 의지를 자아애와 세간애(世間愛)의 거처로, 이해를 이 사랑을 확증하는 어떤 것들의 거처로 만듦으로 해서 주님의 수용그릇이나 거처(즉 주님에게서 비롯된 사랑과 지혜의 수용그릇이나 거처)가 되기 위한 자신을 스스로 멸망시키고 말았습니다. 이로 말미암아 이들 두 거처 즉 의지와 이해는 지옥적인 사랑의 거처가 되고, 또 지옥적 사랑의 편에 근거한 확증에 의하여 그것들은 겉보기에는 지혜처럼 보이지만 지옥 안에 있는 지옥적 사상의 거처가 되어 버렸습니다.

396. 자아애(自我愛)와 세간애(世間愛)가 지옥적인 사랑이고, 그럼에도 불구하고 사람이 그들 속에 들어갈 수 있고, 따라서 그 자신 안에 있는 의지와 이해를 멸망시킬 수 있다는 이유는 아래와 같습니다.

자아애와 세간애는 창조에 의해서는 천계적 사랑입니다. 왜냐하면, 한 가옥에 비하면 기초인 것과 같이, 그 사랑들은 영적 사랑을 섬기는 자연적인 사람의 사랑들이기 때문입니다. 왜냐하면 사람은 자아애와 세간애로 말미암아 자기 자신의 복리를 추구하고 의·식·주(衣食住)를 갈망하며, 가족의 복지를 위해 염려하고, 또 선용을 위해서 직업을 찾고, 심지어 복종의 이해관계에서 자기가 관리하는 일의 존엄성에 따라서 영광받기를 원하고, 세상적 향락에서도 기쁨과 기분전환을 얻으려고 하지만, 그럼에도 불구하고 이 모든 것들은 목적을 위한 선용이 되어야만 하기 때문입니다. 왜냐하면 이런 일들을 통해서 사람은 주님을 섬기고, 또 이웃을 섬기는 상태 안에 있기 때문입니다. 어쨌든 주님을 섬기는 사랑이나 이웃을 섬기는 사랑이 전혀 없고, 오직 세상적인 방편에 의한 자기 자신만을 섬기는 사랑만 있으면, 천계적인 것에서 비롯된 사랑까지도 지옥적인 것이 되어버립니다. 왜냐하면 그것은 사람으로 하여금 자기의 마음이나 성품을 그의 고유속성이 들어 있는 것 즉 본질적으로 온전히 악한 것 안에 빠지게 하기 때문입니다.

397. 사람은 이해에 의해서는 천계 안에 있지 않을 수 있고, 동시에 의지에 의해서는 지옥 안에 있을 수 있다는 것은 현실적으로 가능하기 때문에, 그런 일로 인해서 사람이 분열된 마음을 가지는 것을 예방하기 위하여, 그리고 사후(死後), 자기 자신의 사랑을 초월한 이해에 속한 것들은 모두 제거되고, 또 그렇게 하는 것에 의해서 누구나 의지와 이해가 종국에 하나(一體)가 되는 때가 옵니다. 천계에 있는 사람의 의지는 선을 사랑하고, 그의 이해는 진리를 생각합니다. 그러

나 지옥에 있는 사람의 의지는 악을 사랑하고, 그의 이해는 거짓을 생각합니다. 이 세상에 있는 사람도, 자신의 영으로 말미암아 생각할 때에는, 혼자 있을 때 행동하는 것처럼, 아주 꼭같습니다. 그럼에도 불구하고 육 안에 있고, 또 홀로 있지 않는 한, 대부분의 사람은 다르게 생각합니다. 그 때 그들이 다르게 생각하는 것은 그들이 그들의 의지에 속한 고유사랑, 다시 말하면 그들의 영에 속한 사랑 위로 자신들의 이해를 올리기 때문입니다. 그래서 의지와 이해는, 비록 한 몸처럼 행동하도록 창조된 것이지만, 엄연히 서로 다른 둘이라는 것과 그들은 전에 그러하지 않았다면 사후 한몸처럼 행동하도록 창조되었다는 사실들을 밝히 알게 하기 위해서 앞에서 이런 내용들을 설명한 것입니다.

398. 이제부터는 사랑과 지혜, 그러므로 의지와 이해가 영혼이라고 부르는 것이기 때문에, 그리고 영혼이 육신에 어떻게 작용하는지, 또 영혼이 어떻게 그의 모든 활동을 성취하는지를 아래에서 설명하고자 합니다. 이같은 내용은 심장과 의지의 대응에서, 또 폐장과 이해의 대응에서 알 수 있기 때문에 그 대응에 의하여 아래의 사실들을 밝혀드리겠습니다.

(1) 사랑 즉 의지가 사람의 생명 자체라는 것.

(2) 사랑 즉 의지는 인간 형체와 그 형체에 속한 모든 것을 위해서 부단히 애쓴다는 것.

(3) 사랑 즉 의지는 지혜 즉 이해와의 결합 없이 인간형체에 의해서 아무것도 이룰 수 없다는 것.

(4) 사랑 즉 의지는 지혜 즉 이해를 가리키는 장차의 아내를 위해서 집 즉 신방(新房)을 준비한다는 것.

(5) 사랑 즉 의지는 역시 지혜 즉 이해와 결합하여 행동하기 위해서 인간형체 안에서 모든 것들을 준비한다는 것.

(6) 혼인 뒤, 첫번째 결합은 알고자 하는 정동을 통해서 이루어지고, 그것에서부터 진리를 위한 정동이 솟아난다는 것.

(7) 두번째 결합은 이해를 향한 정동을 통해서 이루어지고, 그것에서부터 진리의 지각이 솟아난다는 것.

(8) 세번째 결합은 진리를 보고자 하는 정동을 통해서 이루어지고, 그것에서부터 사상이 생겨진다는 것.

(9) 이같은 세 결합을 통해서, 사랑 즉 의지는 감수성이 강한 삶과 적극적인 삶 안에 있다는 것.

(10) 사랑 즉 의지는 지혜 즉 이해를 자신의 집안에 있는 모든 것들에게 안내한다는 것.

(11) 사랑 즉 의지는 지혜 즉 의지와의 결합 안에 있지 않으면 아무것도 행할 수 없다는 것.

(12) 사랑 즉 의지는 그 자신을 지혜 즉 이해에 결합시키고, 그리고 지혜 즉 이해도 교호적으로 그것과 결합하게 한다는 것.

(13) 지혜 즉 이해는 사랑 즉 의지에 의하여 그것에게 주어진 힘에 의해서 고양될 수 있고, 또 천계에서 비롯된 빛에 속한 것들을 받을 수 있고, 또 그것들을 지각할 수 있다는 것.

(14) 사랑 즉 의지는, 그 계도 안에서 자신의 배우자로 지혜를 사랑한다면, 마찬가지로 고양될 수 있고, 또 천계에서 비롯된 볕에 속한 것들을 지각할 수 있다는 것.

(15) 그렇지 않으면 사랑 즉 의지는 자체와 더불어 지혜 즉 이해가 한 몸처럼 행동하기 위해서 지혜 즉 이해를 고양된 지점에서부터 하강시킨다는 것.

(16) 사랑 즉 의지는, 만약 의지와 이해가 모두 함께 고양되었다면, 이해 안에 있는 지혜에 의하여 정화(淨化)된다는 것.

(17) 사랑 즉 의지는, 만약 의지와 이해 모두가 함께 고양되지 않았다면, 이해 안에서, 그리고 이해에 의해서 오염(汚染)된다는 것.

(18) 사랑이 이해 안에서 지혜에 의해 정화되었을 때, 그 사랑은 영적 또는 천적 사랑이 된다는 것.

(19) 사랑이 이해 안에서, 그리고 그것에 의해 오염되었을 때 그

사랑은 자연적, 감관적, 관능적이 된다는 것.
 (20) 합리성이라고 부르는 이해하는 기능과 자유라고 부르는 행동하는 기능은 계속 남아 있다는 것.
 (21) 영적 사랑은 이웃사랑이고, 천적 사랑은 주님사랑이며, 또 자연적 사랑은 세간애이고, 감관적 사랑은 자아애이다는 것.
 (22) 인애와 믿음, 그리고 그것의 결합은 의지와 이해, 그리고 그것의 결합과 꼭같다는 것.
399. (1) 사랑 즉 의지가 사람의 생명 자체라는 것.
 이 사실은 앞에서 고찰한 바 있는(378-381항 참조) 심장과 의지의 대응에서 비롯됩니다. 왜냐하면 심장이 육신 안에서 작용하듯 의지가 마음 안에서 작용하기 때문이고, 육신에 속한 모든 것들이 존재와 운동을 목적해서 심장에 의존하듯이 마음에 속한 모든 것들은 존재와 삶을 목적해서 의지에 의존하기 때문입니다. 의지에 의존한다고 말하였는데, 그러나 이 말은 사랑에 의존한다는 뜻입니다. 왜냐하면 의지는 사랑의 수용그릇이고, 사랑은 생명자체이기 때문입니다(1-3항 참조). 그리고 생명 자체인 사랑은 오직 주님에게서만 비롯되기 때문입니다. 동맥과 정맥을 거쳐 몸 속으로 들어가는 심장과 심장의 확장에서 밝히 알 수 있는 사실은 사랑 즉 의지가 사람의 생명이다는 것입니다. 왜냐하면 전자는 자연적이고, 후자는 영적이다는 것 이외에는 서로 대응하는 것들은 꼭같이 작용하기 때문입니다. 심장이 몸 안에서 어떻게 작용하는지는 해부학이 명확히 보여주고 있습니다. 즉 해부학은 심장이 거기서 나온 혈관에 의해 작용을 하면 모든 것이 살아 움직이고 생명에게 도움이 되지만, 그러나 거기서 심장이 혈관을 통해 작용을 하지 않으면 모든 것은 생명이 없는 죽은 것(死物·lifeless)이다는 것을 보여주고 있습니다. 더욱이 심장은 몸 안에서 작용하는 처음이고 끝입니다. 그것이 처음이라는 사실은 태아(胎兒)에서 잘 알 수 있고, 그것이 마지막이라는 사실은 죽을 때 잘 알 수 있습니다. 심장이 또한 폐장의 협조 없이도 작용할 수 있다는 것은 질식이나 졸도의 경우에서 잘 알 수 있습니다.

　이런 사실들에서 밝히 알 수 있는 것은, 마음에 속한 생명은 오직 의지에 의존하고 있지만, 몸에 속한 대용적인 생명(代用的 生命·the substitute life)은 오직 심장에 의존한다는 것이고, 또 의지는 비록 생각이 소멸되었다고 해도 살아 있다는 것은 숨이 끊어졌어도 심장은 살아 있는 것과 같다는 것 등입니다.

　이와 같은 사실은 태아의 경우나 숨질 때, 또는 질식이나 졸도의 경우에서 잘 알 수 있습니다. 이렇게 볼 때 사랑 즉 의지가 사람의 생명 자체다는 결론을 지을 수 있겠습니다.

400. (2) 사랑 즉 의지는 인간형체와 그 형체에 속한 모든 것을 위해서 부단히 애쓴다는 것.

　이 사실은 심장과 의지의 대응에서 명백합니다. 왜냐하면 육신에 속한 모든 것들은 태 내에서 형성된다는 것, 또 그것들은 뇌에서부터 생겨난 섬유질과 심장에서부터 생겨난 혈관에 의해서 형성된다는 것, 그리고 이들 둘에서부터 기관이나 내장에 속한 모든 조직이 이루어졌다는 사실 등을 잘 알 수 있기 때문입니다. 여기서 밝히 알 수 있는 것은 사람에 속한 모든 것들은 뇌에서 비롯된 제일원리로부터 섬유질을 거쳐 나온 사랑을 가리키는 의지의 생명에서부터 그들의 존재를 갖는다는 것과 그리고 육체에 속한 모든 것들은 동맥과 정맥을 거쳐 심장에서부터 그들의 존재를 갖는다는 것 등입니다.

　이렇게 볼 때 매우 명확한 사실은, 사랑과 거기서 비롯된 의지를 뜻하는 생명은 인간형체를 위해서 부단히 애쓴다는 것입니다. 그리고 인간형체가 사람 안에 존재하는 모든 것들로 이루어졌기 때문에, 사랑 즉 의지는 이런 모든 것들을 형성하는 계속적인 활력소(活力素 ·conatus)와 노력 안에 있다는 결론을 얻을 수 있겠습니다. 인간형체를 위한 이같은 활력과 노력이 있다는 것은, 하나님이 사람이시다 (God is a Man), 신령사랑과 신령지혜는 그분의 생명이다, 또 그분의 생명에서부터 생명에 속한 것은 존재한다는 이유 때문입니다. 누구나 알 수 있는 명확한 사실은, 참된 사람(very Man)인 생명 자체 (Life)가 본질적으로 생명이 아닌 것 안에 들어와 작용하지 않는다면 수많은 것들이 한 몸을 이룬 사람, 그것들이 생성된 생명 자체 (Life)를 향해 온 힘을 다해 열망하는 사람, 생명 자체의 수용그릇이나 거처가 될 수 있다는 사람, 이러한 사람 안에 존재하는 것들의 생성은 불가능하다는 것입니다. 이상에서 볼 때 밝히 알아야 할 사실은 사랑과 그 사랑에서 나온 의지와, 그 의지에서 비롯된 심장은 모두가 인간형체를 위해 부단히 애쓰고 노력한다는 것입니다.

401. (3) 사랑 즉 의지는 지혜 즉 이해와의 결합 없이 인간형체에 의해서 아무것도 이룰 수 없다는 것.

역시 이 사실도 심장과 의지의 대응에서부터 명확합니다. 태아 상태의 사람은 심장에 의해서 사는 것이지 폐장에 의해 사는 것은 아닙니다. 왜냐하면 태아의 피는 폐장에게 숨쉬는 능력을 주려고 심장에서 폐장으로 흐르지 않고, 그것은 달걀모양의 구멍(the foramen ovale)을 통해서 심장의 좌심실로 흘러듭니다. 그러므로 태아가 신체의 어느 부위를 움직인다는 것은 불가능합니다. 그러나 태아는 감관도 가지지 못한 채 감싸여, 누워 있을 뿐입니다. 왜냐하면 태아의 감관기관은 모두가 폐쇄되어 있기 때문입니다. 이같은 사실은 사랑 즉 의지에 있어서도 그런데, 실제로 태아는 느낌이나 동작이 없이 분명하지 않은 상태에서 삽니다. 그러나 폐장이 열리는 순간, 그것은 출생 뒤의 경우인데, 태아는 느끼고 또 동작하기 시작합니다. 그리고 태아는 뜻하고, 생각하기도 시작합니다. 이상에서 볼 때 알 수 있는 것은, 사랑 즉 의지는 지혜 즉 이해와의 결합이 없이 인간의 형체에 의해서는 아무것도 이룰 수 없는 그런 존재다는 것입니다.

402. (4) 사랑 즉 의지는 지혜 즉 이해를 가리키는 장차의 아내를 위해서 집 즉 신방(新房)을 준비한다는 것.

창조된 우주 안에는, 또 그것의 모든 개별적인 것 안에는 선과 진리의 혼인(婚姻·結合·marriage)이 존재합니다. 그럴 수밖에 없는 이유는 선은 사랑에 속한 것이고, 진리는 지혜에 속한 것이고, 또 이들 양자는 모두 주님 안에 있고, 또 존재하는 모든 것들은 다 주님에게서부터 창조된 것이기 때문입니다. 이 결합이 어떻게 해서 사람 안에 존재를 갖는지는 심장과 폐장의 결합 안에서의 반영(反影·mirrored)에 잘 나타나 있습니다. 그 이유는 심장은 사랑 즉 선에 대응하고 폐장은 지혜 즉 진리에 대응하기 때문입니다(378-381·382-384항 참조).

그 결합에서부터 밝히 알 수 있는 것은, 어떻게 해서 사랑 즉 의지는 지혜 즉 이해와 약혼을 하고, 그 뒤에 그것과 혼인하는지, 다시 말하면 그것과 더불어 혼인의 상태에 들어가는지를 안다는 것입니다. 사랑은 집 즉 신방을 준비하는 것으로 지혜 자체와 약혼을 하는 것이고, 또 사랑은 정동에 의해 그것과의 결합으로 혼인을 하며, 그 뒤 사랑은 그가 준비한 신방에서 그와 더불어 현명하게 살아갑니다. 이것이 어떠한지는 영적인 언어가 아니고서는 충분히 기술할 수가 없겠습니다. 왜냐하면 사랑과 지혜, 결과적으로 의지와 이해가 모두 영적이기 때문입니다. 그리고 사실 영적인 것은 자연적인 언어로 표현될 수 있지만, 그러나 영적인 것은, 사랑에 관한 지식이나 지혜에 관한 지식의 결여(缺如) 때문에, 그리고 또한 선을 위한 정동이나 지혜를 위한 정동 즉 진리를 위한 정동에 관한 지식의 결여 때문에, 불영명스럽게 지각될 뿐입니다. 그럼에도 불구하고 사랑과 지혜의 약혼이나 혼인의 특성, 또는 의지와 이해의 약혼이나 혼인의 특성은, 심장과 폐장의 대응에 의하여 공급된 비교에 의하여 밝히 알 수 있습니다. 이것들에 관한 것이 사실이다는 것은 사랑과 지혜에 관한 것이 사실이다는 것을 가리키는데, 전자는 자연적이고, 후자는 영적이다는 것을 제외하면 아무런 차이가 없기 때문입니다. 따라서 심장과 폐장에서 밝히 알 수 있는 것은, 심장은 처음에 폐장을 형성하지만 뒤에 가서는 스스로 그것과 결합한다는 것이고, 또 심장은 태아 안에 있는 폐장을 형성하지만 출생한 뒤에는 자체를 그 폐장에 결합시킨다는 것입니다. 이런 일을 가슴이라고 일컫는 그것의 거처에서 행하는데, 거기서 양자는 서로 살다가, 횡격막이라고 부르는, 그리고 늑막이라고 부르는 칸막이에 의해 육체의 다른 부위와 격리됩니다. 사랑과 지혜에 있어서도, 그리고 의지와 이해에 있어서도 내용은 마찬가지입니다.

403. (5) **사랑 즉 의지는 역시 지혜 즉 이해와 결합하여 행동하기 위해서 인간형체 안에서 모든 것들을 준비한다는 것.**

우리는 의지와 이해라고 말하지만, 그러나 명심하여야 할 것은 의지가 온전한 사람이다는 것입니다. 왜냐하면 이해와 더불어 의지는 뇌 안에서는 제일원리 안에, 몸에서는 파생적인 것 안에 있습니다. 따라서 그것들은 전체 안에 있고, 또 모든 부분들 안에 있습니다 (365-367항 참조). 여기에서부터 명확히 알 수 있는 것은, 모든 부분으로 이루어진 일반적 형체나 또는 개별적 형체라는 양자의 측면에서 사람의 진정한 형체를 살펴보면, 의지가 온전한 사람을 가리킨다는 것과, 그리고 이해는, 폐장이 심장의 동반자인 것처럼, 의지의 동반자에 불과하다는 것 등입니다. 꼭 명심해야 할 것은 의지에 대해서 인간형체에서 분리된 어떤 것으로 생각해서는 안 된다는 것입니다. 왜냐하면 의지는 바로 그 인간형체와 꼭같기 때문입니다. 이렇게 볼 때 의지가 이해를 위해 어떻게 신방을 장만하는지 뿐만 아니라 이해와 공동으로 활동하기 위하여 전체적인 몸으로써 그 집안에 있는 모든 것들을 어떻게 준비하는지도 잘 알 수 있습니다. 의지는, 신체에 속한 개별적인 것이나 모든 것들이 의지에 결합하는 식으로 준비하는데, 그러므로 의지는 이해에 결합됩니다. 즉 신체에 속한 개별적인 것이든 전체적인 것이든 모두가 의지에 복종하듯이 그것은 이해에도 그렇게 복종한다는 것입니다. 신체의 모든 것이나 개별적인 것이 의지와 하듯이 이해와의 결합을 위해 어떻게 준비하는지는 해부학적 지식의 도움으로 거울에서처럼, 또는 이미지에서 처럼, 신체 안에서 잘 볼 수 있습니다. 해부학은, 신체의 모든 것들이 잘 연결되어 있기 때문에 폐장이 호흡을 하면 온 몸 안에 있는 모든 것이나 개별적인 것이 어떻게 움직이는지를, 그리고 동시에 심장의 고동으로 인하여 그것들이 또 어떻게 움직이는지를 잘 보여주고 있습니다. 해부학은 심장은 폐장의 내면적인 것 속으로 이어져 있는 심장의 심이(心耳)를 거쳐서 폐장과 연결되어 있다는 것과 또 온몸의 모든 내장은 인대(靭帶)를 통해서 가슴에 있는 방(室)과 이어져 있다는 것과 그리고 그렇게 연결되어 있기 때문에 폐장이 숨을 쉬면, 일반적으로나 개별적으로나, 개별적인 것이든 전체적인 것이든 모든 것들은 호흡운동작용에 참여한다는 것 등을 보여주고 있습니다. 따라서 폐장이 부풀어 팽창하면 갈비뼈(肋骨)은 흉부(胸部)를 확장시키고, 늑막(肋膜)을 팽창시키고, 그리고 횡격막(橫隔膜)은 널리 늘어나고, 이런 것들과 더불어 인대로 연결되어 있는 신체의 아래 부위에 속한 모든 것들은 폐장의 운동작용을 통해서 어떤 운동을 전수받습니다. 해부학의 지식을 가지고 있지 않는 사람은 그 낱말의 뜻을 모르기 때문에, 이 주제에 관하여 혼선을 빚지 않게 하기 위해서 더 이상의 사실은 설명하지 않겠습니다. 해부학에 조예가 깊은 해부학자에게, 가슴에서부터 그 아래에 있는 신체의 모든 것들이, 폐장이 호흡에 의해 팽창하면 그것들의 모든 것들이 폐장의 운동에 의한 동시적인 운동작용이 일어나도록 서로 연결되어 있는지 아닌지를 자문해 보십시오.

 이상의 설명에서 의지에 의하여 이해나 인간 형체의 모든 것이나 개별적인 것 사이에 마련된 결합의 특성을 명확히 알 수 있겠습니다. 다만 그 연결 자체를 잘 조사 연구하고, 또 해부학상의 안목으로 그것들을 면밀히 살펴 보십시오. 그리고 그 연결을 뒤밟아가서, 숨쉬는 폐장과 심장의 협동을 숙고하시고, 마지막으로 사상 안에서 이해 대신 폐장을, 그리고 의지 대신 심장을 대치하여 보십시오. 그러면 독자들은 그 사실을 밝히 이해할 것입니다.

404. (6) 혼인 뒤, 첫번째 결합은 알고자 하는 정동을 통해서 이루

어지고, 그것에서서부터 진리를 위한 정동이 솟아난다는 것.

혼인이 뜻하는 것은 출생 뒤의 사람의 상태변화를 뜻하는 것으로, 무지(無知)의 상태에서 총명의 상태로, 또 총명의 상태에서 지혜의 상태로 진전하는 것을 뜻합니다. 여기서 혼인은 아무것도 모르는 순수한 무지의 상태인 첫째 상태를 뜻하지는 않습니다. 왜냐하면 그때 거기에는 이해에서 비롯된 사상은 전혀 없고, 다만 사랑 즉 의지에서 비롯된 불영명한 정동만 있기 때문입니다. 이 상태가 혼인에 대한 입문의 상태입니다. 두번째 상태는 유아 때의 사람에게 속한 상태로, 거기에는 우리가 잘 알고 있듯이 알고자 하는 정동이 있는데, 그것에 의해서 젖먹이 유아들은 말하는 것이나 책을 읽는 것을 배우고, 그 뒤에는 점차적으로 이해에 속한 것들을 배웁니다. 이것이 바로 의지에 속한 사랑이고, 또 사랑이 이런 결과를 성취한다는 것도 의심의 여지가 없습니다. 왜냐하면 사랑 즉 의지에 의해서 이루어지는 것이 없다면 그렇게 될 수 없기 때문입니다.

모든 사람은 출생 후 알고자 하는 정동을 가지며, 그것을 통해서 지식을 터득하며, 그 지식에 의해서 그의 이해는 점차적으로 형성되고, 커지고, 완벽해진다는 것은 깊은 생각을 가지고 경험을 살피는 사람이면 누구나 시인하는 사실입니다. 명확한 사실은 이것에서부터 진리를 위한 정동이 온다는 것입니다. 왜냐하면 사람이 알고자 하는 정동에서부터 총명스럽게 되면, 그 사람은 경제적, 시민법적, 도덕적이거나, 그가 사랑하는 문제에 대해서 추론하고 결론을 짓는 정동에 의한 것처럼 알고자 하는 정동에로 나가지 않기 때문입니다. 이 정동이 영적인 것에 이르면 그것은 영적 진리를 위한 정동이 됩니다. 이 첫째 상태 즉 입문(入門)의 상태가 알고자 하는 정동을 가리킨다는 것은, 진리를 위한 정동이 알고자 하는 정동보다 높여진 정동을 가리킨다는 사실에서 쉽게 알 수 있습니다. 왜냐하면 진리에 의해 감동받는 것은 그것들을 알고자 하는 정동에서부터 원한다는 측면에서 동일하기 때문이고, 또 일단 진리를 찾으면 정동에 속한 기쁨에서부터 그것들을 들이마시는 것과 같기 때문입니다.

(7) 두번째 결합은 이해를 향한 정동을 통해서 이루어지고, 그것에서부터 진리의 지각이 솟아난다는 것.

합리적 통찰력으로 이 문제를 검토하려는 사람에게는 누구에게나 이 사실은 명백합니다. 합리적 통찰력에서 볼 때 진리의 정동이나, 진리의 지각이 이해에 속한 두 능력을 가리키지만, 어떤 사람에게서는 한몸처럼 조화를 이루지만, 어떤 사람에게서는 조화를 이루지 못한다는 것도 명백한 사실입니다. 그것들은 이해와 더불어 진리를 지각하기를 갈망하는 사람에게서는 한몸처럼 조화를 이루지만, 단지 진리를 알기만을 갈망하는 사람에게서는 조화를 이루지 못합니다. 또한 모든 사람이 이해를 위한 정동 안에 있는 정도만큼 진리의 지각 안에 있다는 것도 역시 명백합니다. 왜냐하면 여러분이 진리를 이해하려는 정동을 없애 버린다면 진리의 지각은 결코 존재하지 않을 것이지만, 그러나 진리를 이해하려는 정동을 갖는다면 그것을 위한 정도에 따라서 진리의 지각이 있을 것이기 때문입니다. 진리를 이해하려는 정동을 가지고 있는 한 건전한 이성을 가진 사람에게 진리의 지각에 대한 결핍은 결코 없습니다. 모든 사람이 이른바 합리성이라고 일컫는 진리를 이해하는 기능을 가지고 있다는 것은 앞에서 이미 설명하였습니다.

(8) 세번째 결합은 진리를 보고자 하는 정동을 통해서 이루어지고, 그것에서부터 사상이 생겨진다는 것.

알고자 하는 정동, 이해하고자 하는 정동, 진리를 보고자 하는 정동이 각각 서로 다르다는 것, 다시 말하면 진리를 위한 정동, 진리의 지각, 사상 역시 각각 서로 다르다는 것은, 마음의 작용을 엄연히 다른 것으로 지각할 수 없는 사람에게는 오직 불영명하게 보일 뿐이지만, 그 작용을 엄연히 다른 것으로 지각할 수 있는 사람에게는 매우 명료하게 이해됩니다. 마음의 작용을 엄연히 다른 것으로 지각할 수 없는 사람에게 이런 것들이 불영명하게 이해되는 이유는, 진리의 정동이나 진리의 지각 안에 있는 사람에게는 이 작용이 사상 안에서 동시적이고, 또 동시적일 때 그것들은 서로 구분될 수 없기 때문입니다. 사람은 그의 영이 몸 안에서 생각할 때는 확고한 사상 안에 있습니다. 특히 다른 사람과 같이 있는 경우에는 더욱 그러합니다. 그러나 그 사람이 이해하려는 정동 안에 있고, 또 그것을 통해서 진리의 지각에 이르게 되면, 그 때 그 사람은 그의 영에 속한 사랑 안에 있는데, 이것이 바로 명상(瞑想·meditation)입니다. 이같은 일은 실제로 몸에 속한 사상 안에서 일어나는데, 다만 침묵적인 사상 안으로 지나갈 뿐입니다. 왜냐하면 영에 속한 사상은 육체적인 사상 위에 있으며, 또한 기억에서 비롯된 사상에 속한 것들을 자기 자체보다는 아래의 것으로 내려다 보고, 거기에서부터 결론이나 확증을 내리기 때문입니다. 그러나 진리에 대한 진정한 정동은, 명상 안에 내면적으로 있는 생명과 같은 어떤 즐거운 것에서 비롯된 의지의 압박으로만 느끼지만, 거의 관심의 대상이 되지 못합니다.

이상에서 볼 때 지금 알 수 있는 것은, 이들 삼자 즉 진리의 정동·진리의 지각·사상 이 삼자는 차례로 사랑에서 비롯된다는 것과 또 그것들은 오직 이해 안에서만 그 존재를 갖는다는 것입니다. 왜냐하면 사랑이 이해 안에 들어가면, 그들의 결합이 이루어질 때 그같은 일이 일어나는데, 그것은 처음에는 진리의 정동을 낳고, 그 뒤 그것을 아는 이해의 정동이 생기고, 마지막에는 그것이 이해하는 육체적 사상 안에서 보고자 하는 정동이 생겨나오기 때문입니다. 사상은 내적 시각 이외의 다른 것이 아니기 때문입니다. 사상이 먼저 나타난다는 것은 사실입니다. 왜냐하면 그것은 자연적인 마음에 속한 것이기 때문입니다. 그러나 진리의 정동에서 비롯된 진리의 지각에서 나온 사상은 제일 나중에 나타납니다. 이 사상이 지혜에 속한 사상이지만 그러나 다른 것은 자연적인 마음의 시각을 통해서 기억에서 비롯된 사랑입니다. 이해 안에 있지 아니한 사랑에 속한 즉 의지에 속한 모든 작용은 진리의 정동에 관계되지 않지만 그러나 선의 정동에는 관계를 갖습니다.

405. 의지 안에서, 의지의 사랑으로부터 이들 셋 즉 진리의 정동·진리의 지각·사상이 차례차례 나온다는 것을 합리적인 사람은 실제로 깨달을 수 있지만, 그러나 그럼에도 불구하고 분명히는 볼 수 없고, 따라서 믿음의 문제로 확인될 뿐입니다. 그러나 의지에 속한 사랑은 대응에 의하여 심장과 더불어 한몸처럼 행동하고 또 이해에 속한 지혜도 폐장과 더불어 한몸처럼 행동하기 때문에, 그러므로 진리의 정동·진리의 지각·사상에 관해서 언급한 내용(404항 참조)은 폐장과 거기서 비롯된 그 조직 밖의 다른 곳에서는 분명히 보지도, 증명하지도 못할 것입니다. 그러므로 이것들에 관해서 간략하게 기술하고자 합니다.

　출생한 뒤 심장은 피를 우심실에서 폐장으로 보내고, 이것들을 통과한 뒤에는 피가 좌심실로 옮깁니다. 이와 같이 심장은 폐장을 개장시킵니다. 이같은 일은 심장의 폐동맥과 정맥을 통해서 행합니다. 폐장은 여러 갈래로 뻗은 기관지 도관(導管)을 가지고 있으며, 종국에는 기포(氣胞)에서 끝을 맺는데, 폐장은 거기에다 공기를 주입(注入)시킵니다. 즉 이렇게 하여 호흡을 하는 것입니다. 기관지 도관과 갈라져나간 지맥(支脈) 주위에는 정맥 또는 대정맥에서, 또는 대동맥에서 생겨진 기관지라고 부르는 동맥과 정맥이 있습니다. 이 동맥과 정맥은 폐장의 동맥이나 정맥과는 엄연히 구분됩니다. 이상에서 볼 때 명확한 사실은 혈액은 두 길을 통해서 폐장에 들어가고 또 두 길을 통해서 거기서 나온다는 것입니다. 이같은 일은 폐장으로 하여금 심장과 동시적으로 움직이지 않고 호흡을 가능하게 합니다. 심장은 한 리듬을 가지고 움직이고, 폐장도 다른 리듬을 가지고 움직인다는 것은 주지의 사실입니다. 앞에서 설명한 바와 같이, 심장과 폐장이 의지와 이해에 대응되기 때문에, 또 하나가 움직이면 다른 하나도 움직이는 성질을 가진 대응에 의한 결합 때문에, 피가 심장에서 나와 폐장에 흘러들어가는 것에 의하여, 의지가 어떻게 이해 안에 들어가고, 또 진리의 정동과 진리의 지각과 사상에 관해서 앞서 설명한(404항 참조) 결과가 어떻게 생성되는지를 잘 알 수 있겠습니다. 이 대응에 의해서 몇마디 말로 설명할 수 없는 이 주제에 관계되는 내용이나 그 밖의 많은 내용이 나에게는 밝혀졌습니다.

사랑 즉 의지가 심장에 대응하고, 지혜 즉 이해가 폐장에 대응하기 때문에, 뒤따르는 결론은 폐장 안에 있는 심장의 혈관은 진리의 정동에 대응하고, 폐장의 기관지의 지맥(支脈)이 이들 정동에서 비롯된 진리의 지각이나 사상에 대응합니다. 이 근원에서부터 폐장의 모든 조직을 탐색하고, 의지에 속한 사랑과 이해에 속한 지혜를 가지고 그 유사점을 찾아내는 사람이면 누구나 위에서 설명한 것들(404항 참조)을 한 현상에서 볼 수 있고, 또 그것에 의하여 확신하는 신념에까지 이를 수 있습니다. 그러나 불과 몇몇 사람들만이 심장과 폐장에 관해서 해부학적인 세목(細目)을 알고 있기 때문에, 또 잘 알고 있지 못한 것들에 의해서 굳어진 어떤 사실들이 불영명한 것을 자아내기 때문에, 나는 비교법에 의한 상세한 내용설명을 더 이상 하지 않겠습니다.

406. (9) 이같은 세 결합을 통해서, 사랑 즉 의지는 감수성이 강한 삶과 적극적인 삶 안에 있다는 것.

이해 없는 사랑, 또는 이해에 속한 사상이 없는 사랑에 속한 정동은 몸 안에서는 느낄 수도 없고, 또 움직일 수도 없습니다. 그 이유는 이해 없는 사랑은 장님과 같고, 사상이 없는 정동은 짙은 흑암 속에 있는 것과 같기 때문입니다. 왜냐하면 이해는 사랑으로 하여금 볼 수 있게 하는 빛이기 때문입니다. 더욱이 이해에 속한 지혜는 태양이신 주님에게서 나온 빛에서 비롯되기 때문입니다.

그 때에 이해의 빛이 없이는 의지의 사랑은 아무것도 볼 수 없는 장님이기 때문에, 여기서 뒤이어지는 결론은 이해에 속한 빛이 없이는 육체적 감관은, 시각이나 청각 뿐만이 아니라 다른 여타의 감관 역시 장님이 될 것이고, 아니면 감관이 아주 무디게 된다는 것입니다. 여기서 다른 여타의 감관이 그렇게 된다고 한 것은 진리에 관한 모든 지각이, 위에서 설명한 바와 같이, 이해 안에 있는 사랑의 재산이고, 그리고 육체적인 모든 감관은 그들의 마음의 지각에서 비롯된 그들의 지각에서부터 나오기 때문입니다. 육체적인 모든 움직임도 꼭 같은 이치입니다. 왜냐하면 이해 없는 사랑에서 비롯된 행위는 사람이 무엇을 행하였는지를 알지 못할 때의 흑암 속에 있는 사람의 행위와 같기 때문입니다. 결과적으로 이같은 행위 안에선 총명이나 지혜에 속한 것은 아무것도 없습니다. 그리고 이런 행위는 살아 있는 행위라고 부를 수는 없습니다. 왜냐하면 행위는 사랑에서 실재를 가져오고, 그 됨됨이(性質)을 총명에서 가져오기 때문입니다. 더욱이 사랑에 속한 전 능력은 진리에 의해 존재합니다. 그러므로 선은 진리 안에서, 따라서 진리에 의해서 움직입니다. 그리고 선은 사랑에 속한 것이고 진리는 이해에 속한 것입니다. 이상에서 볼 때, 사랑 즉 의지는 이들 세 결합을 통해서(404항 참조) 감수성이 강한 삶이나 적극적인 삶 안에 있다는 것을 알 수 있겠습니다.

407. 이와 같은 사실은 심장과 폐장의 결합에 의해 실제 생활에 대해서 증명할 수 있겠습니다. 왜냐하면 의지와 심장 사이의 대응이나 이해와 폐장 사이의 대응은 영적으로는 사랑이 이해와 더불어 움직이는 것과 꼭같이, 자연적으로는 심장이 폐장과 더불어 움직이기 때문입니다. 이 사실에서부터 앞서 설명한 내용은 눈에 드러나 보이는 하나의 형상 안에서처럼 보여질 수 있기 때문입니다.

심장과 폐장이 서로 함께 움직이지 않는 한, 사람이 감수성이 예민한 삶이나, 적극적인 삶을 가질 수 없다는 것은 모태 안에 있는 태아나 갓난아이의 상태에서, 그리고 출생 후 그의 상태에서 밝히 알 수 있겠습니다. 사람이 태아 즉 모태 안에 있는 동안은 폐장은 닫혀 있고, 따라서 태아는 아무런 느낌도 행동도 없습니다. 또 감관기관은 닫혀 있고, 손과 발은 모두 묶여 있습니다. 그러나 출생 뒤에는, 폐장은 열리고, 또 그것이 열렸기 때문에 사람은 느끼고 또 움직일 수 있습니다. 심장에서 보내지는 피에 의하여 폐장은 열립니다. 심장과 폐장의 협동이 없다면 사람이 감각적인 삶이나, 실제적인 삶을 가질 수 없다는 것은, 심장만 움직이고 폐장은 움직이지 않는 졸도(卒倒)에서 잘 알 수 있습니다. 왜냐하면 그 때 호흡이 멈추었기 때문입니다. 이같은 경우에 잘 알고 있듯이 감관도 없고 움직임도 없습니다. 그리고 물이나 그밖의 것이 후두(喉頭)를 막거나 숨통(氣管)을 차단하여 질식한 사람의 경우도 꼭같습니다. 그런 경우 그 사람은 죽은 것 같이 보이는데, 그 사람은 아무것도 느끼지도 못하고 전혀 움직이지도 못합니다. 그럼에도 불구하고 심장에서 보면 죽지 않고 살아 있습니다. 왜냐하면 폐장을 차단하고 있는 것이 풀어지면 곧 그 사람은 감관적 삶이나 실제적 삶에 되돌아오기 때문입니다. 그동안 피가 폐장을 거쳐 순환하는 것은 사실입니다. 그것은 다만 폐동맥과 정맥을 통해서 순환하고, 기관지 동맥이나 정맥을 통해서는 순환하지 않습니다. 나중의 것들이 사람에게 숨쉬는 힘을 주는 것입니다. 이해에 흘러드는 사랑의 입류도 마찬가지 입니다.

408. (10) 사랑 즉 의지는 지혜 즉 이해를 자신의 집안에 있는 모든 것들에게 안내한다는 것.

사랑의 집 즉 의지의 집은 사람의 마음에 속한 것들의 측면에서 본 전인간(全人間)을 뜻합니다. 그리고 이것들이 앞에서 설명한 바와 같이 신체에 속한 모든 것들에 대응하기 때문에 그 집은 역시 사람의 몸에 속한 것들 즉 이른바 사지(四肢)·기관·내장이라고 부르는 것들로써의 전인간(全人間)을 뜻합니다. 마치 이해가 마음에 속한 모든 것들에 안내되는 것과 꼭같이, 폐장이 이같은 모든 것들에게 안내된다는 것은, 앞에서 설명한 것에서, 다른 말로 하면 사랑 즉 의지가 지혜 즉 이해를 가리키는 장래의 아내를 위한 집이나 신방(新房)을 준비하는 것에서(402항 참조), 그리고 사랑 즉 의지가 인간 형체 안에 있는 모든 것 즉 그 집안에 있는 모든 것을 준비한다는 것에서, 그리고 그것이 지혜 즉 이해와 결합해서 행동한다는 것에서

(403항 참조) 잘 알 수 있습니다.

거기서 설명한 것에서부터 온몸에 속한 개별적인 것이나 전체적인 모든 것은 늑골·척추·흉골·횡격막에서부터, 그리고 이것들에서 의존하고 있는 복막으로부터 생겨진 띠(靭帶)로 말미암아, 폐장이 숨을 쉬면, 모든 것들도 또한 번갈아 움직이는 가운데 마찬가지로 지탱하도록 연결되어 있다는 것을 알 수 있습니다. 해부학이 보여준 사실은 호흡에서 번갈아 일어나는 파장은 창자 자체에 들어가 그것의 가장 깊숙한 곳(壁龕)에까지 들어갑니다. 왜냐하면 앞에서 설명한 인대(靭帶)는 창자의 껍질에 굳게 결합되어 있고, 이들 결합은, 동맥과 정맥이 자신의 지맥(支脈)에 의해서 하는 것처럼, 자신의 뻗음(伸長)에 의해서 그것의 가장 내적인 부위에까지 침투하기 때문입니다. 이렇게 볼 때 확실한 사실은 폐장의 호흡은 심장과 신체의 개별적인 것이나 모든 것과의 온전한 결합 안에 있다는 것입니다. 그리고 또한 그 결합이 모든 목적에서 완벽하기 위해서, 심지어 심장 자체까지도 폐장의 동작 안에 있습니다. 왜냐하면 그것은 폐장 속에 있고, 또 그것은 그것들과 심장의 심이(心耳)에 의해 연결되어 있고, 또한 그것은 횡격막에 의존해 있으며, 그것에 의하여 역시 동맥은 폐장의 동작에 함께 하기 때문입니다. 위장 역시 기관(氣管)들과 연결된 식도(食道)와의 결합에 의해 폐장과도 유사한 결합을 하고 있습니다. 이같은 해부학적인 사실은, 사랑과 지혜 또는 의지와 이해의 결합이 무엇인지를, 그리고 배우자 관계인 이 둘이 마음에 속한 것들과 어떻게 결합하는지를 예증(例證)해 주고 있습니다. 왜냐하면 영적인 결합이나 육체적인 결합은 유사하기 때문입니다.

409. (11) 사랑 즉 의지는 지혜 즉 의지와의 결합 안에 있지 않으면 아무것도 행할 수 없다는 것.

이해를 별문제로 여기는 사랑은 감수성이 예민한 삶이나 적극적이고 실제적인 삶을 가지지 못하기 때문에, 그리고 또 앞에서 설명한 것과 같이(407·408항 참조), 사랑이 이해를 마음에 속한 모든 것들

제5편 창조의 목적

에게 안내하기 때문에, 여기서 뒤따르는 것은 사랑 즉 의지는 이해와의 결합 안에 있지 않으면 아무것도 행하지 못한다는 것입니다. 이해가 결여된 사랑에서부터 활동할 수 있는 것이 무엇이겠습니까? 이해가 결여된 행동을 다만 비합리적(非合理的) 행동이라고 부릅니다. 왜냐하면 이해는 행하여야 할 것이 무엇인지, 또 어떻게 행하여야 하는지를 바르게 가르쳐 주기 때문입니다. 이해를 무시한 사랑은 이런 사실을 알지 못합니다. 결론적으로 이러한 일이 사랑과 이해 사이에 있는 결합이므로, 비록 그들이 둘이지만, 그들은 한몸처럼 행동합니다.

  선과 진리 사이에도 이와 꼭같은 혼인이 있습니다. 왜냐하면 사랑은 선에 속한 것이고 진리는 이해에 속한 것이기 때문입니다. 주님께서 창조하셨기 때문에 우주 안에 있는 모든 개별적인 것 안에는 이와 같은 결합 즉 혼인이 있는데, 그들의 선용은 선과 관계를 가지고, 그들의 선용의 형체는 진리와 관계를 갖습니다. 이와 같은 결합 즉 혼인에서 볼 때 신체의 모든 것이나 개별적인 것 안에는 오른쪽과 왼쪽이 있는데, 오른쪽은 진리가 비롯된 선과 관계를 가지고 있고, 왼쪽은 선에서 비롯된 진리와 관계를 가지고 있고, 따라서 그들의 결합 즉 혼인과 관계를 가지고 있다는 것입니다. 또 이 사실에서부터 사람 안에는 쌍(=짝)이 있다는 것입니다. 즉 두 개의 두뇌, 두뇌에 속한 두 개의 대뇌반구(大腦半球), 심장의 두 개의 심실, 폐장의 두 개의 폐엽(肺葉), 두 개의 눈·귀·콧구멍·팔·손·음부·발·신장·불알 등등이 있습니다. 이와 같이 짝을 이루고 있지 않은 것은 오른쪽과 왼쪽에 있습니다. 이와 같은 것들은 모두가 선은 형체를 갖추기 위해서 진리를 우러르고, 진리는 존재하기 위해서 선을 우러른다는 이유 때문입니다. 이같은 사실은 천사적 천계에서나 또는 그곳의 수많은 사회에서도 마찬가지입니다. 이러한 내용에 관해서는 위에서 더 많은 사실을 알 수 있는데(401항 참조), 거기서는 사랑 즉 의지는 지혜 즉 이해와의 결합 없이는 인간 형체 안에서 아무것도 이룰 수 없다는 것을 설명하였습니다. 악과 거짓의 결합이 선과 진리의 결합에 정반대가 된다는 사실은 다른 곳에서 설명하겠습니다.

410. (12) 사랑 즉 의지는 그 자신을 지혜 즉 이해에 결합시키고, 그리고 지혜 즉 이해도 교호적으로 그것과 결합하게 한다는 것.

사랑 즉 의지가 그 자신을 지혜 즉 이해에 결합시킨다는 것은 심장과 폐장의 대응에서 명백합니다. 해부학적 연구는 심장은 아직 폐장이 운동 안에 있지 않을 때에도 자신의 생명의 활동 안에 있다는 것을 보여줍니다. 이같은 사실은, 졸도나 질식의 경우나 또는 모태 안의 태아나 달걀 속의 병아리의 경우에서 잘 알 수 있습니다. 해부학적 연구는, 또한 심장이 홀로 활동하는 동안 폐장을 형성하고, 또 그것들을 조정할 수 있기 때문에 그 속에서 숨쉬는 것을 유지할 수 있다는 것과 또한 심장이 여타의 내장이나 기관을 형성하기 때문에, 얼굴의 기관은 감관을 가지게 하고, 운동기관은 움직이게 하고, 신체의 나머지 여타 부위도 사랑에 속한 정동에 대응하는 선용을 보여주는 등의 다종다양한 선용을 그것 안에서 유지한다는 것도 입증해 줍니다.

이상의 모든 것에서 볼 때, 심장이 뒤에 신체에서 그 임무를 충실하게 수행할 여러가지 기능의 목적을 위해서 이러한 일을 생성하는 것처럼, 의지라 부르는 수용그릇 안에 있는 사랑도, 앞에서 설명한 바와 같이, 다종다양한 정동의 목적을 위해서 인간형체를 가리키는 그것의 형체를 생성하고 있다는 것을 처음으로 보여주고 있습니다. 그러므로 사랑의 정동에 속한 그 첫째이고 또 가장 닮은 정동들이 알고자 하는 정동, 이해하고자 하는 정동, 알고 이해한 것을 보고자 하는 정동 등이기 때문에 그것에서 뒤따르는 결론은, 이같은 정동을 위해서 사랑은 이해를 형성하고, 또 사랑은 이해가 느끼고, 행동하고, 생각하기 시작할 때 실제적으로 그들 속으로 들어간다는 것입니다. 이와 같은 일에 이해는 공헌한 바가 아무것도 없습니다. 이같은 사실은 앞에서 설명한 바 있는 심장과 폐장의 비교에서 잘 알 수 있습니다.

　이상에서 볼 때 밝히 알 수 있는 것은, 사랑 즉 의지는 자기 자신을 지혜 즉 이해에 결합시키지만 그러나 지혜 즉 이해는 자신을 사랑 즉 의지에 결합시키지 못한다는 사실입니다. 이 사실에서 볼 때 역시 명확한 것은 사랑이 알고자 하는 정동에 의해 터득한 지식이나, 이해하고자 하는 정동에 의해 터득한 진리의 지각이나, 알고 이해한 것을 보고자 하는 정동에 의해 터득한 사상 등은 이해에 속한 것이 아니고 사랑에 속한 것이다는 사실입니다.

　사상·지각·지식 등이 영계에서부터 비롯된다는 것은 참된 사실입니다. 그럼에도 불구하고 그것들은 이해에 의해서는 받아들여지지 않고, 그 이해 안에 있는 그것의 정동에 따라서 사랑에 의해 영접될 뿐입니다. 그러나 마치 이해가 그것들을 수용하는 것처럼 보이고, 사랑 즉 의지가 그것들을 수용하지 않는 것처럼 보이는 것은, 사실은 그것은 크게 잘못된 미망(迷妄·illusion)입니다. 외견상 마치 이해가 사랑 즉 의지에 자기 자신을 결합시키는 것처럼 보이는 것도 역시 미망일 따름입니다. 오직 사랑 즉 의지만이 이해에 자기 자신을 결합시키고, 또 이해로 하여금 교호적으로 그것에 결합하게 할 뿐입니다. 이 교호적 결합은 지혜와 결합하는 사랑의 혼인에서 비롯되고, 또 거기서부터 비롯된 외견상의 교호적 결합은 생명이나 그것에서 나온 사랑의 능력에서 이루어집니다.

　이같은 사실은 선과 진리의 혼인에서도 꼭 같습니다. 왜냐하면 선은 사랑에 속한 것이고, 진리는 이해에 속한 것이기 때문입니다. 선은 모든 일을 할 수 있으며, 또한 선은 진리를 그의 집으로 받아들이고, 또 진리가 일치하는 정도만큼 자기 자신을 진리와 결합시킵니다. 선은 또한 일치하지 않는 진리도 허용합니다. 그러나 선은 이같은 일을 알고자 하고, 이해하고자 하는 정동이나 그것 자체의 것으로 생각하고자 하는 정동에서 행할 뿐입니다. 그럼에도 불구하고 선은 자체의 목적이나, 자체의 선이라고 일컫는 선용에 대해서 그것 자체를 진리라고 결정하지는 않습니다.
  교호적 결합에 관해서 즉 진리와 선의 결합에 관해서 살펴보면 거기에는 이 이외의 것은 아무것도 없습니다. 진리가 교호적으로 결합한다는 것은 선에 속한 생명 때문입니다. 이상에서 볼 때 모든 사람이나 모든 영이나 천사 모두는 주님에 의하여 그의 사랑이나 선에 따라서 존중될 뿐, 주님에 의하여 자기 자신의 총명이나 또는 사랑 즉 선과 단절된 자기 자신의 진리에 따라서 존중되는 존재는 아무도 없다는 것을 알 수 있습니다. 왜냐하면, 앞에서 설명한 것과 같이, 사람의 생명은 그의 사랑 자체이고, 또 그의 삶은 진리에 의해서 자기의 정동을 고귀하게 승화시킨 정도에 따라서, 다시 말하면 그 사람이 지혜에 의해서 자기의 정동을 완벽하게 한 정도 만큼 한정되기 때문입니다. 왜냐하면 사랑에 속한 정동은 진리에 의해서, 따라서 지혜를 방편으로 하여 고귀하게 승화되고 완벽해지기 때문입니다. 그렇게 되었을 때, 사랑은 그것에서 비롯된 것처럼 기꺼이 그것의 지혜와 더불어 행동합니다. 그러나 사랑은 자기 자신의 형체를 거쳐서 행하듯 지혜를 통해서 그 자신으로 말미암아 행할 뿐입니다. 이와 같은 일은 이해에서 비롯되는 것은 아무것도 없고 오히려 모든 것들은 정동이라고 일컫는 일종의 사랑의 결단에서부터 행해집니다.
  411. 자기가 총애하는 것을 자기의 선이라고 부르고, 선으로 인도하는 모든 것을 그것의 진리라고 일컫습니다. 그리고 이것들이 방편들이기 때문에 진리들은 사랑을 받고, 정동에 속하게 되고, 따라서 형체 안에서 정동이 됩니다. 그러므로 진리는 사랑에 속한 모든 정동의 형체 이외의 아무것도 아닙니다. 인간의 형체도 사랑에 속한 모든 형체 이외의 다른 것이 아닙니다. 아름다움은 그것의 총명이며, 그것은 외적인 또는 내적인 시각이나 청각에 의하여 받아들인 진리를 거쳐 사랑은 아름다움을 마련합니다. 이것들은 사랑이 그것의 정동의 형체에서 결정한 것입니다. 그리고 이들 형체는 매우 다종다양

한 것 안에 존재합니다. 그러나 모든 것들은 인간인 그들의 일반적인 형체에서부터도 꼭같은 것을 이끌어냅니다. 이런 모든 형체는 사랑에 맞추어서 아름답고 사랑스러운 것이지만, 그러나 그렇지 않은 것은 추하고, 흉측스럽습니다. 이렇게 볼 때, 다시 말하지만 사랑이 자신을 이해에 결합시키지만, 그 반대로는 가능하지 않다는 것과 또 교호적 결합 역시 사랑에서 비롯된다는 것을 잘 알 수 있습니다. 이러한 내용이 사랑 즉 의지가 지혜 즉 이해로 하여금 교호적으로 그것에 결합시킨다는 말의 뜻입니다.

412. 언급된 내용은 앞에서 설명한 것과 같이 심장과 폐장, 또는 사랑과 이해의 대응에 의해서 확증된 한 형상 안에서 잘 알 수 있습니다. 왜냐하면 만약 심장이 사랑에 대응하면 그것의 끝맺음(偏向·determination)인 동맥이나 정맥은 정동에 대응할 것이고, 그리고 폐장에 있어서는 진리의 정동에 대응할 것이기 때문입니다. 폐장 안에는 공기도관(空氣導管)이라고 부르는 여타의 관(管)들이 있기 때문에, 그것에 의하여 호흡은 유지되는데, 이들 도관(導管)은 지각에 대응합니다. 폐장에 있는 동맥이나 정맥이 정동이 아니라는 것이나, 호흡이 지각이나 사상이 아니라는 것, 그러나 그것들이 대응을 가리킨다는 것, 다시 말하면 그것들이 대응적으로 또는 동시적으로 움직인다는 것을 분명하게 이해하여야만 합니다. 이와 마찬가지로 심장이나 폐장은 사랑이나 이해가 아니고, 다만 그것들의 대응일 뿐입니다. 그러므로 그것들이 대응인 한은 전자는 후자 안에서 보여질 수 있습니다. 해부학에서부터 폐장의 전구조(全構造)를 이해할 수 있었던 사람은, 만약 그가 그것을 이해에 비교한다면, 이해가 그 자신에 의해서 결코 아무 일도 하지 못하고, 또 그것 자체에 의해서는 지각이나 생각을 하지 못하지만, 그러나 사랑에 속한 정동에 의해서 전반적으로 그 일을 할 수 있다는 사실을 명료하게 이해할 것입니다. 이해 안에 있는 일련의 이런 것들을, 앞에서 설명하듯이, 알려고 하는 정동, 이해하려고 하는 정동, 보려고 하는 정동이라고 부릅니다. 왜냐

하면 폐장의 모든 상태들은 심장에서 비롯된 피에 의존하고, 대동맥(大動脈·*vena cava*)과 대정맥(大靜脈·*aorta*)에서 나온 혈액에 의존하기 때문입니다. 폐장의 기관지에서 일어나는 호흡은 이들 도관(導管)의 상태에 따라서 생겨집니다. 왜냐하면 혈액순환이 멈추면 호흡도 멈추기 때문입니다. 폐장이 대응하는 이해와 더불어 폐장의 구조에 관해서 비교하는 것에 의해서 더 많은 것들이 알려집니다. 그러나 해부학에 익숙한 사람이 거의 없기 때문에, 그리고 알지도 못하는 것으로 어떤 것을 입증하고 논박하려고 하는 것이 오히려 어떤 사물에 관해서 모호하게 만들어 버리기 때문에, 이 주제에 관해서 더 말하는 것이 온당하지 않겠습니다. 내가 폐장의 구조에 관해서 알고 있는 것에 의해서 내가 충분히 확신하는 것은 사랑은 그것의 정동을 통해서 자기 자신을 이해에 결합시킨다는 것과 그리고 이해는 사랑에 속한 그 어떤 정동에 자신을 결합시키지 못한다는 것과 그러나 그것은 사랑에 의해서 교호적으로 결합한다는 그 목적에서 보면 사랑은 감수성이 예민한 삶이나 실제적인 삶을 가지기 위한 것이다는 것 등입니다. 그러나 잊지 말고 꼭 기억해야 할 것은 사람은 이중적 호흡을 한다는 것인데, 하나는 영에 속한 것이고, 다른 하나는 육신에 속한 것이다는 사실과 영에 속한 호흡은 두뇌에서 비롯된 섬유질에 의존하고, 육신에 속한 호흡은 심장에서 비롯된, 그리고 대동맥과 대정맥에서 비롯된 혈액의 도관(導管)에 의존한다는 것입니다. 더욱이 사상은 호흡을 생성시킨다는 것과 또 사랑에 속한 정동이 사상을 생성시킨다는 것 역시 명백히 기억해야 합니다. 왜냐하면 정동이 결여된 사상은 심장이 없는 호흡과 아주 꼭같아서, 이러한 일은 도저히 있을 수 없는 일이기 때문입니다. 이상에서 볼 때 명백한 사실은, 앞에서 설명한 것과 같이, 사랑에 속한 정동은 그 자신을 이해에 속한 사상에 결합시킨다는 것이며, 마찬가지로 심장과 폐장 안에서 이와 꼭같은 일을 행한다는 것입니다.

413. (13) 지혜 즉 이해는 사랑 즉 의지에 의하여 그것에게 주어진

힘에 의해서 고양될 수 있고, 또 천계에서 비롯된 빛에 속한 것들을 받을 수 있고, 또 그것들을 지각할 수 있다는 것.

사람이 지혜에 속한 비의(秘義)를 들으면 그 비의를 지각할 수 있는 능력을 가지고 있다는 사실은 앞서 많은 곳에서 설명하였습니다. 사람이 가지고 있는 이 기능을 합리성이라고 부릅니다. 그것은 창조에 의해서 모든 사람에게 주어졌습니다. 이 기능은 바로 어떤 사물을 내면적으로 이해하는 기능이고, 또 무엇이 바르고 옳은 것인지를, 또 무엇이 선하고 참된지를 판정하는 기능입니다. 이것에 의해서 사람은 짐승과 구분됩니다.

이해가 높이 고양될 수 있고 천계에서 비롯된 빛에 속한 어떤 사물을 받고, 그것을 지각한다는 것은 바로 짐승과 구분된다고 말하는 말의 뜻입니다. 이것이 사실이라는 것은, 폐장이 이해에 대응하기 때문에 폐장 안에 있는 한 이미지에서 이해할 수 있습니다. 폐장에서 그것은, 호흡할 때 공기를 담는 그릇인 아주 미세한 기포(氣胞)에까지 이어진 기관지(氣管支)로 구성된 그것들의 세포질 실체에서 알 수 있습니다. 이런 것들은 여러 사상들이 대응에 의해서 하나를 이룬 어떤 것을 가리킵니다. 이 세포 같은 실체는 두 가지 형식으로 팽창(膨脹)과 수축(收縮)을 할 수 있는 그런 성질의 것인데, 하나는 심장에게 있는 형식이고, 다른 하나는 심장과는 거의 무관한 형식입니다. 전자의 경우는, 심장에게만 오로지 있을 수 있는 폐동맥(肺動脈)과 정맥(靜脈)을 통해서 일어나는 팽창과 수축운동이고, 후자는 심장 밖에 있는 도관(導管)인 대동맥과 대정맥에서 생겨진 기관지 동맥과 정맥을 통해서 일어나는 팽창과 수축운동입니다. 이같은 운동이 폐장에서 일어나는 이유는, 천계에서 오는 빛을 받기 위해서 심장에 대응하는 자기 본연의 사랑(its proper love) 이상으로 고양될 수 있는 이해의 고유능력 때문입니다. 그럼에도 불구하고 이해가 자기 본연의 사랑 이상으로 올리워지면, 이해는 그것에서 물러나지 않고, 오히려 이 세상에 있는 명예·영광·재물 따위의 관점을 가지고,

그것에서부터 소위 알고자 하고, 이해하고자 하는 정동을 끌어들입니다. 이것은 하나의 표면을 가리키는 모든 사랑에 밀착되어 있고, 이로 말미암아 사랑은 그 표면에서 빛을 발합니다. 그러나 현명한 사람에게 있어서 그 사랑은 전신(全身·through)에서 빛을 발합니다. 폐장에 속한 이같은 사실들을 말한 것은 이해가 고양되어 천계의 빛에 속한 것들을 받아들이고 지각할 수 있다는 것을 입증하기 위해서입니다. 왜냐하면 대응은 절대적인 것이기 때문입니다. 대응에서부터 무엇을 본다는 것은 이해에서부터 폐장을, 폐장에서부터 이해를 보는 것입니다. 그러므로 그것은 양자로 말미암아 그 증명을 깨닫는 것을 뜻합니다.

414. (14) 사랑 즉 의지는, 그 계도 안에서 자신의 배우자로 지혜를 사랑한다면, 마찬가지로 고양될 수 있고, 또 천계에서 비롯된 별에 속한 것들을 지각할 수 있다는 것.

이해가 천계의 빛 안으로 고양(高揚)될 수 있고, 그 빛에서부터 이해가 지혜를 끌어낸다는 내용은 앞 장이나 다른 여러 곳에서 이미 설명하였습니다. 그리고 사랑 즉 의지가 천계의 빛에 속한 것 즉 지혜에 속한 것을 사랑하면, 사랑 즉 의지 역시 이해와 꼭같이 고양(高揚)될 수 있다는 내용도 여러 곳에서 설명하였습니다. 그럼에도 불구하고 사랑 즉 의지는 목적으로써 명예·광영·재물에 속한 것들을 통해서는 그와 같이 고양될 수도 없고, 오직 선용에 속한 사랑을 통해서만 고양될 수 있고, 그러므로 자아(自我)를 목적해서는 역시 고양될 수 없지만 이웃을 위한 목적으로써만이 고양될 수 있습니다. 그 이유는 이 사랑은 주님에 의해 천계로부터 주어진(賦與) 것이고 또한 이 사랑은 사람이 죄로 알고 악에서부터 멀리 도피(逃避)할 때 주님에 의하여 주어지는 것이기 때문에, 그러므로 그 사랑 즉 의지는 이들 방편에 의해서는 고양될 수 있지만 이 방편이 아니고서는 결코 고양될 수 없기 때문입니다.

그러나 사랑 즉 의지는, 이해가 천계의 빛에로 고양될 때에만, 천계의 별에로 상승됩니다. 이 양자가 모두 고양되었을 때, 거기에는 천적 혼인(天的 婚姻·celestial marriage)이라고 부르는 양자의 혼인이 있습니다. 왜냐하면 그것이 천적 사랑과 천적 지혜의 혼인이기 때문입니다. 그러므로 만약 사랑이 그 계도 안에서 자신의 배우자로 지혜를 사랑한다면 사랑 역시 고양된다고 말할 수 있겠습니다. 지혜에 속한 사랑 즉 인간 이해에 속한 본연의 사랑은 주님에게서 온 이웃사랑입니다.

그같은 내용은 이 세상의 빛과 별의 경우에서도 꼭 같습니다. 빛은 별 없이는 존재할 수 있고, 별과 더불어 존재할 수 있습니다. 겨울철 같이 별이 없이도 빛은 존재하고, 또 여름철 같이 별과 더불어 존재하기도 합니다. 그러나 빛과 같이 별이 있을 때 모든 만물은 번창합니다.

겨울철의 빛에 대응하는 사람에게 있는 빛은 사랑이 없는 지혜일 뿐입니다. 그리고 여름철의 빛에 대응하는 사람에게 있는 빛은 그 사랑과 같이 하는 지혜입니다.

415. 사랑과 지혜의 결합이나 분열(分裂)은, 말하자면 심장과 폐장의 결합을 그리는 그 그림에서 알 수 있겠습니다. 왜냐하면 심장은 그것 자체에서부터 보내지는 혈액에 의하여, 그리고 자체에서 보내지는 않았지만 대동맥과 대정맥에서 보내지는 혈액에 의하여 기관지의 소공포(小空胞) 무리에 결합할 수 있기 때문입니다. 이것에 의하여 신체의 호흡은 영에 속한 호흡에서 분리될 수 있습니다. 그러나 오직 심장에 의해서만 피가 움직이면 이 호흡은 분리될 수 없습니다.

사상이 대응에 의하여 한몸처럼 행동하기 때문에 호흡에서 폐장의 두 종류의 호흡상태에서 볼 때 명백한 것은, 사람은 다른 사람과 같이 있을 때 생각하고, 또 사상에서부터 말하고 행동하는 방법이 있고, 또 다른 사람과 같이 있지 않을 때, 즉 명성의 상실 같은 두려움을 가지고 있지 않을 때 생각하고, 사상에서부터 말하고, 행동하는 다른 방법이 가능하다는 것입니다. 왜냐하면 그 때 그 사람은 하나님이나, 이웃, 교회에 속한 영적인 것에 거슬러서 생각하고 말할 수 있기 때문이고, 또 그는 도덕률이나 시민법에 반대되게 생각도 하고 말도 할 수 있기 때문입니다. 그리고 그 사람은 역시 그런 것들에 정반대는 일들 즉 도둑질 하는 일, 원수 갚는 일, 주님을 모독하는 짓, 간음을 저지르는 일 따위를 저지릅니다. 그러나 다른 사람과 같이 있을 때, 즉 명성을 잃을까 하는 두려움에 있을 때에는 그 사람은 영적이고, 도덕적이고 준법정신이 강한 사람처럼 경건하게 말하고, 설교도 하고 행동도 합니다.

이상에서 볼 때 밝히 알 수 있는 것은, 이해가 상승되어 천계의 별이나 사랑에 속한 것들을 받을 수 있는 것과 꼭같이, 사랑 즉 의지는, 사랑이 그 계도 안에서 지혜를 사랑한다면, 그만큼 상승되고 또 그것들을 받을 수 있지만, 만약 사랑이 지혜를 사랑하지 않는다면, 말하자면 사랑은 분열될 수밖에 없다는 사실입니다.

416. (15) 그렇지 않으면 사랑 즉 의지는, 자체와 더불어 지혜 즉 이해가 한 몸처럼 행동하기 위해서 지혜 즉 이해를 고양된 지점에서부터 하강(下降)시킨다는 것.

사랑에는 자연적 사랑과 영적 사랑이 있습니다. 영적 사랑과 자연적 사랑 안에 동시에 있는 사람은 합리적인 사람입니다. 그러나 비록 영적인 사람과 꼭같이 합리적으로 생각한다고 해도, 오직 자연적인 사랑 안에 있는 사람은 합리적인 사람이 아닙니다. 왜냐하면 비록 그 사람이 자기의 이해를 천계의 빛, 따라서 지혜에까지 고양시킨다고 해도, 지혜에 속한 것, 즉 천계의 빛에 속한 것은 그의 사랑에 속한 것은 아니기 때문입니다. 그의 사랑이 그 고양을 이루었다는 것은 사실이지만, 그러나 그것은 명예·광영·재물의 갈망에서 비롯된 것입니다. 그러나 그 사람이 그같은 고양으로 인해서는 자신이 그 어떤 것도 얻을 수 없다는 것을 지각하면(이것은 그가 자기 자신의 자연적 사랑만으로 스스로 생각하는 경우인데) 그 때 그 사람은 천계적인 빛에 속한 것이나 지혜는 사랑하지 않습니다. 따라서 그 때 그 사람은, 자기 자신과 한 사람처럼 행동하기 위해서 그 이해가 처해 있는 높은 상태에서부터 이해를 끌어 내립니다. 예를 들어 보겠습니다. 이해는 자신의 고양에 의하여 지혜 안에 있게 되면, 그 때 사랑은 무엇이 공정하고, 진실이고, 순결인지를 직시(直視)하며, 심지어는 순수한 사랑이 무엇인지도 바로 알게 됩니다. 이같은 일은 자연적 사랑은 천계의 빛 안에 있는 것들을 이해하고, 심사숙고하는 그 사랑이 가지고 있는 능력에 의해 직시합니다. 그리고 그 자연적 사랑은 심지어 그것들이 동시에 도덕적·영적 미덕인 양 그것들에 관해서 말하고, 설교하고, 설명을 합니다. 그러나 이해가 상승되지 않으면, 즉 단순한 자연적인 사랑이면 그 사랑은 이들 미덕을 직시하지 못하고 오히려 공정 대신에 불공정, 진실 대신에 사기(詐欺), 순결 대신에 외설(猥褻) 등등을 볼 뿐입니다. 만약 그 때 이해가 상승되었을 때 그가 말한 것을 생각나게 되면, 사랑은 그것들을 조소(嘲笑)하고, 그것들에 관해서 그것은 단지 사람의 영혼을 사로잡는데 조력(助力)한 것에 지나지 않는다고 말합니다.

　이상에서 볼 때 알 수 있는 사실은, 사랑이 만약 지혜를 그 계도 안에서, 배우자로 사랑하지 않는다면, 사랑은 그 지혜를 상승의 경지에서 끌어내린다는 것과, 그리고 그것과 한 몸처럼 행한다는 것 등을 어떻게 이해할 수 있는지를 알게 되었다는 것입니다. 그 사랑은, 사랑이 그 계도 안에서 지혜를 사랑한다면, 상승할 수 있다는 것 등은 위의 설명에서(414항 참조) 잘 알 수 있겠습니다.

417. 사랑이 심장에, 이해가 폐장에 대응하기 때문에 아래에서 설명할 내용도 그것들의 대응에 의해 확증할 수 있겠습니다. 예를 들어 보겠습니다. 이해가 그 자신의 사랑이나 심지어 지혜에까지 어떻게 고양될 수 있는지, 만약 그 사랑이 단순한 자연적인 사랑이라면 이해가 그 고지(高地)에서부터 사랑에 의해 어떻게 끌어내려지는지? 와 같은 내용들이 되겠습니다.

사람은 두 종류의 호흡을 합니다. 하나는 신체의 호흡이고, 다른 하나는 영의 호흡입니다. 이 두 호흡은 서로 분리될 수 있고, 또한 서로 결합할 수도 있습니다. 순전히 자연적인 사람의 경우, 특히 위선자(僞善者)의 경우, 이 양자는 서로 분리되지만, 그러나 영적이고, 진실된 사람의 경우에는 좀체로 그렇지가 않습니다. 그러므로 순전히 자연적인 사람이나 위선자의 경우, 이해는 고양되었지만 아직까지 지혜에 속한 여러가지를 기억하는 정도에 머물러 있으면, 그 사람은 그 기억에서 비롯된 사상에 의해 다른 사람과 어울려 있을 때는 아주 슬기롭게 말을 할 수 있지만, 그러나 그들이 다른 사람과 같이 있지 않을 때에는 기억에서부터 생각하지 않고 오히려 그의 영적 상태 즉 그의 사랑에서부터 생각합니다. 따라서 그 사람은, 사상이나 호흡이 서로 대응적으로 행동하는 것처럼 그런 식으로 호흡을 합니다. 사람의 폐장의 구조가 심장에서 나온 피나, 심장 밖에서 나온 피에 의해 호흡할 수 있는 그런 구조라는 것은 앞에서 이미 설명하였습니다.

418. 지혜가 사람을 만든다는 것은 일반적인 견해입니다. 그러므로 어느 누구가 슬기롭게 말하거나 가르치는 것을 듣게 되면 그 사람은 지혜로운 사람이다는 대우를 받습니다. 아니, 그 사람 자신도 자기가 그런 사람이라고 생각합니다. 왜냐하면 그가 여러 사람이 있는 가운데서 생각하고 가르치게 되면, 그 사람은 기억에 근거해서 생각을 하고, 또 만약 그 사람이 단순히 자연적인 사람인 경우면, 명예·광영·재물을 갈망하는 겉꾸밈적인 사랑(the surface of his love)에 근거해서 생각하기 때문입니다. 그러나 그 사람이 주위에 다른 사람이 없이 자기 홀로 있게 되면, 그 사람은 자기 영에 속한 보다 깊은 내적 사랑에 근거해서 생각하게 되는데, 그 때 그 사람은 슬기롭지도 않을 뿐더러 어떤 경우에는 아주 몰상식하게 생각합니다.

이상에서 볼 때 밝히 알 수 있는 것은 어느 누구도 슬기롭게 말하는 그 말투에 의해서 그 사람의 인격이 판별될 수 없고, 오히려 그 사람의 삶에 의해서 판별되어야 한다는 것입니다. 다시 말하면 삶과 관계 없는 그럴사한 말에 의해서가 아니라 삶과 결부된 현명한 말에서 그 인격이 판별되어야 한다는 것입니다. 그의 삶은 그의 사랑을 뜻합니다. 그 사랑이 그의 생명 자체다는 것은 앞에서 설명하였습니다.

419. (16) 사랑 즉 의지는, 만약 의지와 이해가 모두 함께 고양되었다면, 이해 안에 있는 지혜에 의하여 정화(淨化)된다는 것.

사람은 나면서부터 자아(自我)와 세상 이외의 것은 아무것도 사랑하지 않습니다. 왜냐하면 그런 것들 외에는 아무것도 눈 앞에 보이지 않고, 또 사람의 마음에는 그 외의 것은 아무것도 자리잡고 있지 않기 때문입니다. 이 사랑이 바로 관능적 자연적(官能的 自然的·corporeal-natural)이며, 이 사랑을 물질적 사랑이라고 부릅니다. 더욱이 이 사랑은, 천계적 사랑에서의 이탈(離脫)로 인하여 그 부모 안에서 불순(不純)하게 되었습니다. 사람이 자기의 이해를 천계의 빛 안으로 상승시키는 능력을 가지고 있지 않다든지, 또는 그의 사랑이 그의 이해처럼 지혜에 고양하기 위해서 어떻게 살아야 하는지를 판별할 수 있는 능력을 가지고 있지 않다면, 이 사랑은 그 불순의 상태에서 결코 떠날 수 없습니다. 이 이해에 의해서 사랑 즉 그 사람은 그 사랑을 모독하고, 타락시키는 것이 악이다는 것을 직시할 수 있고, 또한 만약 그 자신이 죄이기 때문에 제반(諸般) 악에서부터 멀리 떠나고, 또 그것들을 멀리 쫓아버린다면, 이같은 악에 정반대되는 것들이나 천계적인 것들을 사랑한다는 것도 바로 알 것입니다. 그 때 역시 그 사람은, 죄이기 때문에 제반 악에서부터 멀리 떠나고, 쫓아버릴 수 있는 방법들이 무엇인지도 깨달을 것입니다. 이같은 일은 사랑 즉 그 사람이 지혜의 근원인 천계의 빛 속으로 자신의 이해를 상승시키는 그의 능력에 속한 부단(不斷)한 실천에 의해서만 직시하고 깨달을 수 있습니다.

그렇게 되었을 때, 사랑이 천계를 첫째 자리에 두고 세상을 그 아래 자리에 두는 한, 또 동시에 첫째 자리에 주님을 모시고 자아를 그 아래에 예속시키는 한, 그 사랑은 그 정도 만큼, 그 더러움을 씻고, 정화(淨化)됩니다. 다시 말하면 사랑이 천계의 볕에로 올려지고, 이해가 자리잡고 있는 천계의 빛과 결합하는 정도만큼 그 사랑은 깨끗해지고, 순수하게 순화됩니다. 그리고 선과 진리의 혼인, 즉 사랑과 지혜의 혼인이라고 부르는 천계적 혼인이 이루어집니다.

 사람이 도둑질이나 사기(詐欺)에서부터 멀리 피하고, 그것들을 쫓아버리는 정도만큼 진실·정직·공정을 사랑한다는 것, 또는 증오에서부터 멀리 피하고, 그것들을 쫓아버리는 정도만큼 이웃을 사랑한다는 것, 그리고 간음을 멀리하고, 그것을 쫓아버리는 정동만큼 순결을 사랑한다는 것이나 그 밖의 여러가지 내용을 누구나 이지적으로 깨닫고, 또 합리적으로 이해할 수 있습니다. 그럼에도 불구하고 거의 대부분의 사람은 천계에 속한 것이 무엇인지, 주님께서는 진실·정직·공정·이웃사랑·순결이나 그 밖의 천계적 사랑 안에 계시고, 사람이 이와 반대되는 것들을 제거하기 전까지는 그런 것 안에 계시지 않는다는 사실 등을 잘 알지 못하고 있습니다. 사람이 이 반대되는 것들을 제거하면 그같은 정동 안에 있게 되고, 그리고 그 사람은 그로 인해서 그런 것들을 인식하고 또 이해하게 됩니다.

 이런 일이 있기 전에 둘 사이를 조정해 주는 휘장 같은 것이 있는데, 그것은 천계의 빛을 사랑에 전해 주는 일을 합니다. 그렇지만 그 사랑이 그 계도 안에서 자기의 배우자로 지혜를 사랑하지 않는다면 사랑은 지혜를 받아들이지 못합니다. 아니, 사랑이 그 높은 상태에서부터 돌아서 버린다면 사랑은 심지어 지혜를 부인하고 비난을 퍼부을 것입니다. 더욱이 그 사람은, 그의 이해에 속한 지혜가 명예·광영·재물 따위를 얻는 수단으로써 잘 쓰여진다고 스스로 떠버립니다. 그렇게 되면 사람은 자아나 세상을 가장 윗자리에, 그리고 주님이나 주님나라는 그 아래 예속시킬 것이고, 둘째 자리에 예속된 것이 첫째 자리에 복종하는 정도 만큼만 오직 좋아할 것이고, 만약 그것이

제5편 창조의 목적   353

그 첫째에 아무런 쓸모가 없으면 자기와의 관계를 단절하거나 거부할 것입니다. 이 세상에 있을 때 미쳐 그런 짓거리를 하지 않았으면 죽은 뒤에 그 짓을 할 것입니다.

이상에서 볼 때 사랑 즉 의지가, 의지와 이해가 모두 고양되면 의지 안에 있는 지혜에 의해서 정화된다는 것은 진리이다는 것을 밝히 알 수 있겠습니다.

420. 이와 꼭같은 것을 폐장에서 생각할 수 있겠는데, 폐장의 동맥이나 정맥은 사랑에 속한 정동에 대응하고, 폐장의 호흡은 이해에 속한 지각이나 사상에 대응한다는 것인데, 이런 사실은 이미 앞에서 설명하였습니다. 심장의 피는 폐장 안에서 소화되지 않는 물질(undigested matters)이 정화된 것이고, 흡입(吸入)한 공기로 적절한 양식을 만들어 자체를 자양물이 되게 한다는 내용은 많은 연구관찰에서 잘 입증되고 있습니다.

(1) 폐장 안에서 소화되지 않은 물질이 정화된 것이 피라는 것은, 유입된 피 즉 먹고 마신 음식물에서 선별한 유미(乳糜)로 가득한 정맥의 피에서, 그리고 다른 사람이 맡을 수 있는 내뱉는 입김이나 그것의 향기에서, 그리고 또한 심장의 좌심실(左心室)로 다시 유입되는 피의 양(量)의 점감(漸減)에서 잘 알 수 있슾니다.

(2) 피가 흡인한 공기에서 적절한 양식을 만들어 자체를 자양물이 되게 한다는 것은 들판·공원·숲에서부터 끊임없이 흘러나오는 엄청난 양(量)의 향기나 발산물(發散物)에서, 땅이나 강 또는 못에서부터 생겨난 물 속에 있는 각종 소금의 엄청난 공급에서, 공기 가운데 가득한 인간이나 동물들에게서 나온 엄청난 양의 발산물이나 유출물(流出物)에서 분명합니다.

이런 것들이 흡인된 공기와 함께 폐장 속에 유입된다는 것은 부인할 수 없는 사실입니다. 그러므로 그들에 의해서 피가 그것에 유용한 것들로 그런 것들을 끌어들인다는 것도 부인할 수 없는 사실입니다. 그리고 이같은 것들은 사랑에 속한 정동에 대응하듯 매우 유용한 것입니다. 이런 이유로 해서 이런 일이 있습니다. 폐장의 소공포(小空胞)나 폐장 깊숙히 오목한 곳(窩)이 있고, 거기에는 작은 정맥이 있는데, 그것은 이같은 적절한 양식을 받아들일 수 있는 아주 미세한 입(吸入口)을 엄청나게 많이 가지고 있습니다. 그러므로 심장의 좌심실(左心室)로 되돌아간 피는 깨끗한 색깔의 동맥의 피(鮮血)로 바뀌어 집니다. 이와 같은 사실은 이질적(異質的)인 것 자체를 정화해서, 동질적(同質的)인 것으로 만들어, 자체를 자양물이 되게 한다는 것을 입증하고 있습니다.

폐장 안에 있는 피가 자기 자신을 마음 안에 있는 것들에 대응되게 정화하고 자양물로 만든다는 것은 지금까지는 알려지지 않았지만, 그러나 영계에서는 이 사실이 잘 알려져 있습니다. 왜냐하면 천계의 천사들은 그들의 지혜에 속한 사랑에 대응하는 향기에서만 오직 기쁨을 찾지만, 반대로 지옥의 영들은 지혜에 상반되는 사랑에 대응하는 향기에서만 오직 기쁨을 찾기 때문입니다. 이같은 향기는 구역질나는 역겨운 악취(惡臭)이지만, 전자의 향기는 감미롭고, 상쾌한 향기입니다.

여기서 알 수 있는 것은, 이 세상의 사람들은 그들의 사랑에 속한 정동과 대응하는 것에 따른 동질의 것을 그들의 피에 주입(注入)한다는 것입니다. 왜냐하면 한 사람의 영이 사랑하는 것은 곧 대응에 일치하여 갈망하는 것이고, 호흡에 의하여 매혹되는 것이기 때문입니다. 이 대응에서 얻을 수 있는 결론은, 사랑의 측면에서 본 사람은, 그가 지혜를 사랑하면 정화되지만, 그가 지혜를 사랑하지 않으면 더럽혀진다는 것입니다. 더욱이 사람의 모든 정화는 지혜에 속한 진리에 의해서 성취되고, 사람의 모든 오염(汚染)은 지혜에 속한 진리에 상반되는 거짓에 의해서 이루어진다는 사실입니다.

421. (17) 사랑 즉 의지는, 만약 의지와 이해 모두가 함께 고양되지 않았다면, 이해 안에서, 그리고 이해에 의해서 오염(汚染)된다는 것.

이같은 이유는 사랑이 만약 고양되지 않으면 불순(不純)한데 머물러 있고(419·420항 참조), 그것이 그런데 머물러 있는 한 그 사랑은 불순한 것들 즉 복수·증오·사기·모독·간음 같은 것을 우러르고 좋아하기 때문입니다. 왜냐하면 그 때 이런 것들은 정욕(情欲·lust)이라고 부르는 그것의 욕정(欲情)들인데, 그것들은 인애·공정·진실·진리·순결 등에 속한 것들을 깡그리 거절하기 때문입니다. 사랑이 이해 안에서, 또 그것에 의해 더럽혀진다고 말하였습니다. 이해 안에서 더럽혀진다는 것은, 사랑이 이같은 불순한 것들에 의해 침범당하였을 때 일어나고, 이해에 의해서 더럽혀진다는 것은 사랑이 지혜에 속한 것들을 자신들의 종으로 만들 때이고, 더욱이 사랑이 지혜에 속한 것들을 악용하고, 거짓으로 위화(僞化)하고, 섞음질(冒瀆)할 때입니다. 심장의 대응상태나 폐장 안에 있는 피의 대응에 관해서는 앞에서 설명한 것(420항 참조) 이상으로 더 설명할 필요는 없겠습니다. 그러나 다만 천계와 지옥에서 일어나는 것과 전혀 다른 바가 없는 피의 정화 대신에 피의 오염이 일어나고, 향기에 의한 피의 영양섭취 대신에 악취에 의한 영양섭취가 있다는 것만 부연합니다.

422. (18) 사랑이 이해 안에서 지혜에 의해 정화되었을 때, 그 사랑은 영적 또는 천적 사랑이 된다는 것.

사람은 자연 중심으로 태어납니다. 그러나 그의 이해는 어느 정도까지는 천계의 빛에까지 올려지고, 그의 사랑 역시 그 이해와 더불어 천계의 별으로 올려지는데, 그렇게 해서 그 사람은 영적 또는 천적인 사람이 됩니다. 그 때 그 사람은 동시에 봄철의 빛이나 별 안에 있는 에덴동산 같이 됩니다.

사람으로 하여금 영적 또는 천적인 사람이 되게 하는 것은 이해가 아니라 사랑입니다. 사랑이 그렇게 되면, 사랑은 자신의 배우자인 이해를 영적 또는 천적이 되게 합니다. 사랑은, 이해가 가르치고, 요구하는 지혜에 속한 진리에 일치하는 삶에 의해서 영적 또는 천적이 됩니다. 사랑은 자기 스스로 하지 못하고, 이해에 의해서 이들 진리를 흡수합니다. 왜냐하면 사랑은 진리를 알지 못하면 그 자신을 고양시킬 수 없고 그리고 이 진리들은 오직 고양되고, 조요(照耀)된 이해에 의해서만 터득될 수 있으며, 그리고 다음에는 진리를 구체적으로 실천하는 가운데 그 진리를 사랑하는 정도만큼 제고될 수 있기 때문입니다. 그 이유는 어떤 것을 이해한다는 것과 어떤 것을 뜻(意圖)한다는 것은 서로 다르기 때문입니다. 또한 말하는 것과 행하는 것이 다르기 때문입니다. 지혜에 속한 진리에 관해서 이해하고 말을 하면서도, 그것을 뜻하거나 실천하지 않는 사람이 있습니다. 그러므로 사랑이 이해하고 고백(告白)한 빛에 속한 진리를 구체적으로 실천하는 일을 할 때 사랑은 승화됩니다. 이러한 사실에 관해서 어떤 사람은 오직 이성(理性)에서 직시할 수 있습니다. 왜냐하면 지혜에 속한 진리를 이해하고, 또 그것들에 관해서 미끈하게 말을 하면서도 그 진리에 정반대되는 삶을 사는 사람, 다시 말하면 그의 뜻이나 행위가 그것들에 반대되는 삶을 사는 사람이라면 그는 과연 어떤 성품(性稟)의 사람이겠습니까? 라고 질문하지 않을 수밖에 없기 때문입니다.

지혜에 의해 정화된 사랑은 영적 또는 천적 사랑이 됩니다. 이런 이유로 해서 사람은 누구나 자연적·영적·천적이라고 일컫는 삶의 세 계도를 가지고 있고(이것에 관해서는 이 책 제3편에서 이미 설명하였다), 그리고 사람은 아래 계도에서 위의 계도로 승화되는 능력도 가지고 있습니다. 그럼에도 불구하고 사람은 지혜만으로는 승화되지 않고 오히려 지혜에 일치하는 삶에 의해서만 고양되고 승화됩니다. 왜냐하면 한 사람의 생명은 바로 그의 사랑이기 때문입니다. 그러므로 사람의 삶이 지혜에 일치하는 한 그 사람은 그 정도만큼 지혜를 애지중지 사랑합니다. 그리고 그의 삶이 지혜에 일치하는 정도만큼 그 사람은 자기 자신을 죄된 불결(不潔)에서부터 정화되는 것이고, 또 그가 이 일을 실천하는 정도만큼 지혜를 사랑하는 것입니다.

423. 이해 안에서 지혜에 의하여 정화된 사랑이 영적 또는 천적이

된다는 것을 심장과 폐장의 대응에 의해서는 그렇게 명료하게 알지 못하는데, 그 이유는 어떤 누구도, 폐장이 호흡의 상태 안에서 유지하는 피의 성질을 알지 못하기 때문입니다. 피는 불결한 것으로 가득할 수 있는데, 그럼에도 불구하고 깨끗한 피(鮮血)와 분별되지 않습니다. 더욱이 단순한 자연적인 사람의 호흡도 영적인 사람의 호흡과 꼭같이 나타나 보입니다. 그러나 천계에서의 그 차이는 극명(克明)하게 분명됩니다. 왜냐하면 거기에서 모든 사람은 사랑과 지혜의 혼인에 따라서 호흡하고, 그러므로 천사들의 성품을 그 혼인에 따라서 알 수 있듯이, 그들의 됨됨이 또한 그들의 호흡에 따라서 알 수 있기 때문입니다. 이런 이유 때문에 이같은 혼인 상태에 있지 않은 사람이 천계에 들어가면 그 사람은 가슴의 통증에 사로잡히고, 죽음의 고뇌에 빠져 있는 사람처럼 숨을 쉬기 위해 몸부림칩니다. 그러므로 이런 부류의 사람들은 자기가 있는 곳에서부터 머리를 거꾸로 하여 몸을 내던집니다. 따라서 자기들과 유사한 호흡 상태에 있는 사람들 가운데 그들이 있을 때까지는 그들은 휴식을 전혀 가질 수 없습니다. 왜냐하면 그렇게 되면 그들은 대응에 의하여 비슷한 정동 안에 있으며, 그러므로 비슷한 사상 안에 있기 때문입니다.

이상에서 볼 때 밝히 알 수 있는 것은, 영적인 사람에게 있어서 그 피는, 어떤 사람들이 순수하게 정화되었다는 뜻으로 동물의 영(the animal spirit)이라고 부르는 보다 순수한 피라는 것, 또 사람이 사랑과 지혜의 혼인 상태에 있는 정도만큼 그 피가 정화된다는 것 등입니다. 이 보다 순수한 피가 바로 그 혼인에 가장 가까운 대응을 뜻합니다. 이 정화된 피가 신체의 피 속에 흘러들기 때문에 뒤이어지는 결론은 후자 즉 육신의 피도 역시 그것으로 정화된다는 것입니다. 이해 안에서 더럽혀진 사랑을 가진 사람의 경우는 그 반대가 참입니다. 그러나 앞에서 말한 것과 같이 피에 관해서 어떠한 실험에 의해서 이같은 사실을 증거할 수 있는 사람은 하나도 없지만, 그러나 정동들이 피에 대응하기 때문에 다만 사랑의 정동을 예의 관찰하는 것만으로도 그같은 증거는 가능합니다.
424. (19) 사랑이 이해 안에서, 그리고 그것에 의해 오염되었을 때 그 사랑은 자연적, 감관적, 관능적이 된다는 것.

영적 사랑에서 무관한 자연적 사랑은 영적 사랑에 정반대입니다. 왜냐하면 자연적인 사랑은 자아애이고 세간애이고, 영적 사랑은 주님사랑과 이웃사랑이기 때문에, 그리고 자아애와 세간애가 아래의 것들이나 외적인 것들을 우러르지만, 주님사랑과 이웃사랑은 위의 것과 내적인 것을 우러르기 때문입니다. 그러므로 자연적인 사랑이 영적 사랑에서 이탈하면 그것은 사람의 고유속성 이상으로 올리워질 수 없고 오히려 그것 안에 몰입(沒入)된 채로 남아 있으며, 또 그것을 사랑하는 것 만큼, 그것에 붙어 있습니다. 만약 이해가 고양되어 천계의 빛에 의해 지혜에 속한 것들을 본다면 이 자연적인 사랑은 지혜를 끌어내려 자기의 고유속성에다 그 지혜를 합쳐 버립니다. 그리고 자기의 고유속성 안에서 지혜에 속한 것을 거절하여 물리치든가, 아니면 그것들을 거짓으로 위와(僞化)하든지, 또는 명성을 얻을 목적으로 그것에 관해서 말하기 위해 그것을 가지고 고유속성을 그럴싸하게 꾸밉니다.

자연적인 사랑이 점차적으로 승화되어 영적 사랑이나 천적 사랑이 될 수 있듯이, 그것은 마찬가지로 점차적으로 감관적 또는 관능적 사랑이 될 수 있습니다. 그 사랑은, 그것이 선용에 속한 사랑이 전무(全無)하고, 오직 자아애에서 비롯된 지배욕(支配欲)을 사랑하는 정도만큼 타락할 수 있습니다. 이것이 바로 악마(惡魔·the devil)라고 부르는 사랑입니다.

이같은 사랑 안에 있는 사람들은 영적 사랑 안에 있는 사람들이 하는 것과 꼭같은 식으로 말도 하고 행동도 할 수 있지만, 그러나 그들은 그런 일을 기억에서 또는 자기 자신에 의해 천계적 빛에 올려진 이해에서부터 행할 뿐입니다. 뿐만 아니라 그들이 말하고 행동하는 것은 겉으로 보기에는 아름답지만 속은 완전히 썩어서 먹을 수 없는 과일에 비교할 수 있겠습니다. 아니면 껍데기만 보면 흠이 없이 보이지만 속은 완전히 벌레 먹은 아몬드(扁桃)와 같다고 하겠습니다. 영계에서는 이런 것들을 터무니 없는 환상(幻想)이라고 부르는데, 거기에서 바다요정(妖精·siren)이라고 칭하는 창녀(娼女)들은 그런 것들을 가지고 수작을 부려 그럴싸하게 자기의 몸매를 가꾸고, 아주 멋진 옷을 차려 입습니다. 그러나 그 환상이 사라지면 그 요정은 본연의 사악한 귀신 모습으로 나타나고, 또 자기 자신을 빛의 천사처럼 위장한 악마의 모습을 드러냅니다. 왜냐하면 관능적인 사랑이 이해의 높은 자리에서 그 이해를 끌어내리면, 사람이 주위에 아무도 없이 자기 혼자 있으면서 자신의 자아애에서 생각할 때처럼 꼭 같은 짓을 자행하는데, 그렇게 되면 그 사람은 자연의 편이 되어 하나님을 거스르고, 또 세상 편이 되어 천계에 거역하고, 지옥에 속한 악이나 거짓과 한 패거리가 되어 교회의 진리나 선에 상충(相衝)하는 생각만 하게 됩니다. 다시 말하면 지혜에 상충하는 생각을 합니다.

이렇게 볼 때 관능적인 사람이라고 칭하는 사람의 성품을 잘 알 수 있겠습니다. 즉 그들은 이해의 면에서는 관능적이 아니지만 사랑의 면에서는 관능적입니다. 다시 말하면 그들이 여러 사람이 있는 데서 서로 대화를 할 때면 이해의 면에서도 관능적이 아니지만, 그러나 영으로 그들과 대화를 할 때면 역시 그들은 관능적입니다. 그러므로 그들이 죽어서 영적인 그런 존재가 되면 그들은, 사랑이나 이해의 면에서 관능적이라고 부르는, 영들이 되고 맙니다.

이 세상에 있을 때 자아애에서 비롯된 최상의 지배욕(支配欲·a supreme love of ruling)에 흠뻑 빠져 있고, 또 이해를 높이는데 다른 사람에 비하여 월등하였던 이런 사람들은, 사후 몸으로는 이집트의 미이라 같이, 마음으로는 조악하고 백치 같은, 모습으로 보입니다.

본질적으로 보면 이 사랑이 이런 본질의 것이다는 것을 오늘날 이 세상에서 누구가 모르겠습니까? 그럼에도 불구하고 오직 자아가 목

적이 아니고 공동선(共同善)을 목적으로 한 선용의 사랑에서 비롯된
지배애라면 가능합니다. 그러나 어쨌든 비록 이들의 차이가 천계와
지옥의 차이 같다고 해도 이 사랑인지 저 사랑인지를 분별한다는 것
은 사람으로써는 무척 어려운 일입니다. 사랑에 속한 이 두 지배애
의 차이에 관해서는《천계와 지옥》에서(같은 책 551-565항 참조)
잘 읽을 수 있습니다.

425. (20) 합리성(合理性)이라고 부르는 이해하는 기능과 자유(自
由)라고 부르는 행동하는 기능은 계속 남아 있다는 것.

　사람에게 속한 이 두 기능에 관해서는 앞에서(264-267항 참조)
이미 설명하였습니다. 사람이 자연적 존재에서 영적 존재가 되기 위
해서, 다시 말하면 중생(重生)하기 위해서 이 두 기능을 가지고 있
습니다. 왜냐하면, 앞에서 설명하였듯이 영적 존재가 되고 또 중생하
는 것이 바로 그 사람의 사랑이기 때문입니다. 만약 사랑이 그 이해
에 의해서 악이나 선이 무엇인지, 따라서 진리와 거짓이 무엇인지를
알지 못한다면 그 사랑은 영적인 존재도 될 수 없고, 또 중생할 수
도 없습니다. 사랑은 전자 아니면 후자를 택할 수밖에 없다는 사실
을 알고 만약 선을 택하였다면, 사랑은 그의 이해에 의하여 선에 이
를 수 있는 방법에 관해서 능히 가르침을 받을 수 있습니다. 사람이
선에 이를 수 있는 모든 수단과 방법은 이미 마련되어 있습니다. 사
람이 이들 수단이나 방법을 알고 이해할 수 있는 것은 합리심에 의
한 것이고, 사람이 그것을 뜻하고 행할 수 있는 것은 자유에 의한
것입니다. 이들 방법을 뜻하고, 알고, 이해하고, 생각할 수 있는 자
유도 또한 있습니다. 영적인 것이나 신학적인 것들은 이해를 초월한
것이다는 교회의 가르침(敎理)를 간직하고 있는 사람들은, 그리고
그러므로 이해를 별문제로 믿는 사람들은, 합리성이나 자유라고 부
르는 이 두 기능에 관해서 아는 바가 전혀 없습니다. 이들은 합리성
이라고 부르는 기능이 존재한다는 것을 부인하는 이외의 다른 것은
아무것도 할 수 없습니다. 역시 교회의 교리로부터 자신으로 말미암

아 선을 행할 수 있는 사람은 아무도 없다든지, 그러므로 구원을 받기 위하여 어떠한 의지로 말미암아 선을 행한다는 것은 선이 아니다는 생각을 고수하는 사람들은 종교적인 원칙에서부터 사람에게 속한 이들 두 기능의 존재를 부인하는 것 이외의 다른 것을 할 수 없습니다. 그러므로 이런 주장으로 자기 자신을 무장한 사람들은 사후 그들의 신앙에 따라서 이같은 기능들을 박탈(剝奪)당합니다. 그들이 있는 곳은 천계적인 자유 대신에 지옥적인 자유 안에 있게 되고, 합리성에서 비롯된 천사적 지혜 안에 있는 것 대신에 그들은 지옥적인 광기(狂氣) 안에 있게 됩니다. 더욱이 놀라운 것은 악을 행하는 것으로 자유를 실천하는 것이 노예의 신세이고, 거짓을 생각하는 것으로 이성을 실천하는 것이 비합리적이라는 것을 모르면서, 그들은 이같은 기능은 악한 것을 저지르고, 거짓을 생각하는 것 안에 자리잡고 있다고 주장한다는 것입니다. 그러나 잊지 않고 꼭 유념해야 할 일은, 자유와 합리성이라는 이 두 기능은, 모두가 사람의 것이 아니고, 사람 안에 있는 주님의 것이다는 것과 또 사람은 그것들을 자기 것인양 착복(着服)할 수 없으며, 그렇다고 사람의 것으로 그에게 주어질 수도 없지만, 그러나 그것은 주님의 것으로 사람 안에 존재하며, 그럼에도 불구하고 사람에게서 거두어 가지도 않는다는 것입니다. 그 이유는 앞에서 설명한 것과 같이, 그것이 없으면 사람은 구원을 받을 수 없기 때문인데, 왜냐하면 그것이 없으면 그가 중생할 수 없기 때문이라는 것도 유념하여야 하겠습니다.

 이런 이유 때문에, 사람은 사람 스스로는 참된 것을 생각할 수도 없고, 또한 선한 것을 행할 수도 없다는 것을 교회로부터 배워야 합니다. 그러나 사람은 자기 스스로 참된 것을 생각하고, 자기 스스로 선한 것을 행할 수 있다는 것 이외의 다른 것은 아무것도 인지하지 못하기 때문에, 명확한 것은 마치 사람은 자기 스스로 참된 것을 생각하는 것처럼, 마치 사람은 자기 스스로 선한 것을 행하는 것처럼 보이는 것 뿐이라는 사실을 믿어야 한다는 것입니다. 왜냐하면 만약

사람이 이 사실을 믿지 않는다면 그는 참된 것을 생각하지 않는 것
이고, 선한 것을 행하지 않는 것이며 그러므로 그 사람은 결국에 종
교를 가지지 않은 것이거나, 아니면 자기 스스로 참된 것을 생각하
고 선한 것을 행하는 이같은 공로를 자기 스스로 신령존재로 여기는
자기 자신에게 돌리는 것이 되기 때문입니다. 마치 자기 스스로의
힘으로 하듯이 사람은 누구나 참된 것을 생각하고 선한 것을 행하여
야만 한다는 것은, 처음부터 끝까지《새 예루살렘을 위한 삶의 교
리》(the Doctrine of Life for the New Jerusalem)라는 책자에서 잘 읽
을 수 있습니다.

426. (21) 영적 사랑은 이웃사랑이고, 천적 사랑은 주님사랑이며,
또 자연적 사랑은 세간애이고, 감관적 사랑은 자아애이다는 것.

앞에서 설명한 것과 같이, 이웃사랑(love toward the neighbor)은
선용에 속한 사랑을 뜻하고, 주님사랑(love to the Lord)은 선용을 실
천하는 사랑을 뜻합니다. 이들 사랑이 영적 또는 천적 사랑인데, 그
이유는 선용을 사랑하는 것과 선용에 속한 사랑에서부터 선용을 실
천하는 것은 사람의 고유속성에 속한 사랑 때문인 것과는 엄연히 다
르기 때문입니다. 왜냐하면 영적으로 선용을 사랑하고, 자아를 우러
르지 않고 오히려 그들이 가지고 있는 선 때문에 자기 밖의 사람을
우러르는 사람은 감동되기 때문입니다. 이러한 사랑에 반대되는 것
은 자아애와 세간애입니다. 왜냐하면 이러한 사랑은 다른 사람을 목
적해서가 아니고, 자기 자신을 위해서 선을 숭상(崇尙)하기 때문입
니다. 이런 짓을 하는 사람들은 신령질서를 뒤집어 놓고, 주님의 자
리에 자기 자신을 올려놓으며, 천계의 자리에는 세상을 앉혀 놓기
때문입니다. 결론적으로 그들은 주님과 천계로부터 등을 돌리고, 그
리고 이 사랑들에서부터 등을 돌리는 것은 곧 지옥을 숭상하는 것입
니다(이들 사랑에 관해서 많은 것을 보려면 424항 참조).

그럼에도 불구하고 사람은, 그가 자기 자신을 위해서 선용을 수행
하는 사랑을 느끼고 지각하는 것처럼 선용을 목적해서 선용을 수행

하는 사랑을 느끼지 못하고, 지각하지도 못합니다. 그러므로 사람이 선용을 수행할 때 그 사람은 선용을 목적으로 그것을 행하였는지, 아니면 자기 자아를 위해서 그것을 행하였는지를 알지 못합니다. 그러나 그가 악을 멀리 피하는 정도만큼 선용을 목적해서 선용을 수행한다는 것을 밝히 알아야 하겠습니다. 왜냐하면 악에서부터 멀리 피하는 정도만큼 그 사람은 자신을 위해서가 아니고 주님을 위해서 선용을 수행하는 것이기 때문입니다. 그 이유는 선과 악은 서로 상반되는 것이기 때문입니다. 어느 누구나 악 안에 있지 않는 것만큼 그는 선 안에 있습니다. 악 안에 있으면서 동시에 선 안에 있을 수 있는 사람은 아무도 없습니다. 왜냐하면 어느 누구도 두 주인을 동시에 섬길 수는 없기 때문입니다.

지금까지 장황하게 설명한 것은 그가 수행한 선용이 선용 그 자체를 목적한 것인지 아니면 자기 자신을 위해서 행한 것인지, 다시 말하면 선용이 영적인 것인지 아니면 단순한 자연적인 것인지를 비록 감각적으로 지각하지 못한다고 할지라도, 그래도 그가 악을 죄로 생각하고 끊느냐 끊지 않느냐에 의해서 그 사람은 그것을 명백히 알 수 있다는 사실을 보여주기 위해서 입니다. 만약 사람이 악을 죄로 알고, 또 그런 이유로 해서 악을 행하는 짓을 끊는다면 그가 행한 선용은 모두가 영적입니다. 그리고 어느 누구나 악을 행하는 것이 싫다는 마음에서 죄를 끊으면, 그 때 그는 선용을 목적한 선용의 사랑에 관한 명확한 지각을 가지기 시작이며, 또 그것들 안에 있는 영적 기쁨에서부터 이 일을 하기 시작한 것입니다.

427. (22) 인애와 믿음, 그리고 그것의 결합은 의지와 이해, 그리고 그것의 결합과 꼭같다는 것.

천계가 구분되는데 기준이 되는 두 사랑이 있는데, 하나는 천적 사랑이고 다른 하나는 영적 사랑입니다. 천적 사랑은 주님사랑(love to the Lord)이고 영적 사랑은 이웃사랑(love toward the neighbor)입니다. 이들 두 사랑은, 천적 사랑이 선에 속한 사랑이고, 영적 사랑은 진리에 속한 사랑이다는 것에 의해서 분별됩니다. 왜냐하면 천적 사랑 안에 있는 사람은 선에 속한 사랑으로 말미암아 선용을 수행하고, 영적 사랑 안에 있는 사람은 진리에 속한 사랑으로 말미암아 선용을 수행하기 때문입니다. 천적 사랑의 혼인은 지혜와의 결합이고 영적 사랑의 혼인은 총명(聰明)과의 결합입니다. 왜냐하면 선으로 말미암아 선을 행하는 것은 지혜에 속한 것이고, 진리로 말미암아 선을 행한다는 것은 총명에 속한 것이기 때문입니다. 그러므로 천적 사랑은 선한 것을 행하고, 영적 사랑은 참된 것을 행합니다. 이 두 사랑의 차이는 오직 이런 방법으로만 규정할 수 있겠는데, 그것은 천적 사랑 안에 있는 사람은 기억에다 지혜를 각인(刻印)하지 않고 그의 생명에다 지혜를 각인합니다. 이런 이유 때문에 그들은 신령진리에 관해서 말하지 않고 오히려 그것을 행합니다. 반면에 영적 사랑 안에 있는 사람은 그의 기억에다 지혜를 각인합니다. 그러므로 그들은 진리에 관해서 말을 하고, 기억 안에 있는 원칙에서부터 그것들을 행합니다. 천적 사랑 안에 있는 사람들은 그들의 생명에다 지혜를 각인하였기 때문에 그들은 그들이 들은 어떤 사실이 참인지 아닌지를 즉시 지각합니다. 그리고 그것이 참인지, 아닌지를 질문 받으면 그들은 그것이 그렇다 또는 아니다 라고만 대답합니다. 이러한 사람들이 바로 주님의 말씀이 뜻하는 사람을 가리킵니다. 주님 말씀에―.

> 너희는 "예" 할 때에는 "예"라는 말만 하고, "아니오" 할 때에는 "아니오"라는 말만 하여라.
> (마태 5:37)

또 그들은 이런 사람들이기 때문에, 그들은 무엇이 믿음인가? 그것은 지혜가 아니지 않은가? 또 인애는 무엇인가? 그것은 행하는 것이 아니지 않은가? 라는 말을 하면서 믿음에 관한 어떤 내용을 전혀 듣지 않으려고 합니다. 믿음은 이해할 수 없는 것을 믿는 것이다는 말을 들으면, 그들은 "그 사람은 미쳤다"고 말하면서 아예 등을 돌려버리고 맙니다. 이들은, 삼층천(三層天·the third heaven)에 있는 사람 중 가장 지혜로운 사람들입니다. 이 세상에 있을 때 그들이 들은 신령진리를, 지옥적이기 때문에 악에서부터 쫓아버리는 삶에 직접 적용한 사람들이 이런 부류의 사람이 되고, 또 오직 주님만 예배하는 사람이 이런 사람들이 됩니다. 이런 사람들은, 그들의 성품이 순진무구(純眞無垢)하기 때문에, 다른 사람들에게는 마치 갓난아이처럼 보입니다. 그리고 그들은 지혜에 속한 진리에 관해서 결코 말하지 않으며 또 그들의 대화에는 자만스러운 것이 전혀 없기 때문에 그들 역시 소박한 사람으로 보입니다. 뿐만 아니라 그들이 어떤 사람의 주장을 들으면, 그들은 그 음색(音色)에서부터 그 사람의 사랑에 속한 모든 것을 지각하고, 또 그의 언사(言辭)에서는 그의 총명에 속한 모든 것을 지각합니다. 이들이 바로 주님에게서 비롯된 사랑과 지혜의 혼인 안에 있는 사람입니다. 그리고 또한 이들이 위에서 설명한 천계의 심장 영역을 표징하는 사람들입니다.

428. 어쨌든 이웃사랑을 가리키는 영적 사랑 안에 있는 사람들은 그들의 생명에 새겨진 지혜를 가지고 있지 않고, 대신 총명을 가지고 있습니다. 왜냐하면 선을 위한 정동으로 말미암아 선을 행하는 것은 지혜에 관한 것인데 반하여, 진리를 위한 정동으로 말미암아 선을 행하는 것은, 앞에서 설명하였듯이, 총명에 관한 것이기 때문입니다.

이들도 믿음이 무엇인지는 모릅니다. 믿음이라는 말을 하면 그들은 진리로 이해하고, 인애라는 말을 하면 그들은 진리를 행하는 것으로 이해합니다. 또 그들이 믿어야만 한다는 말을 들으면 그들은, 그것을 무의미한 말(空言·empty talk)이라고 이르고, "참된 것을 믿지 않는 사람이 누구인가"라고 묻습니다. 그들이 이렇게 말하는 것은 그들이 그들 자신의 천계의 빛으로 진리를 보기 때문입니다. 그러므로 보지 못하는 것을 믿는다는 것을 그들은 우직(愚直·simplicity)이나 어리석음(foolishness)이라고 부릅니다. 위에서 설명한 것과 같이 이들은 곧 천계의 폐장의 영역을 이루는 사람들입니다.

429. 그러나 영적-자연적 사랑(spiritual-natural love) 안에 있는 사람들은 그들의 생명에 새겨진 지혜도 총명도 가지고 있지 않고, 대신 인애와 결합되어 있는 정도 만큼 성언(聖言)에서 나온 믿음에 속한 어떤 것만 가지고 있습니다. 그들은 인애가 무엇인지, 또는 믿음이 진리인지, 아닌지 모르기 때문에, 그들은 천계에서 지혜나 총명 안에 있는 사람들과 같이 있을 수 없고, 대신에 지식 안에 있는 사람들과 같이 있습니다. 그럼에도 불구하고 그들 중에서, 악을 죄로 알고 멀리 피한 사람들은 천계의 가장 변방(極外的 天界)에 있고, 또한 밤중의 달빛 같은 그런 빛 가운데 있습니다. 이에 반하여 알지 못하는 것 자체를 하나의 믿음이라고 자신을 다짐하지 않고, 오히려 진리를 위한 정동을 소중히 간직한 사람들은 천사들에 의해 교육을 받는데, 그들은 진리의 수용(受容)과 그것에 일치하는 삶에 따라서 영적 사랑 안에 있는, 그러므로 총명 안에 있는 사람들의 사회에로 올리워집니다. 그러나 인애와 무관한 믿음 안에서 산 사람들은 그런 천계로부터 옮겨져 멀리 사막으로 보내집니다. 왜냐하면 그들은 어떠한 선 안에도 있지 않았고, 따라서 천계에 있는 모든 사람들이 있는 선과 진리의 어떤 혼인 안에도 있지 않았기 때문입니다.

430. 제5편에서 사랑과 지혜에 관해서 설명한 모든 내용은 인애와 믿음에 관해서 설명하기 위해서 입니다. 만약 인애에 의하여 영적 사랑을 이해하고, 믿음에 의해 진리를 이해한다면 그것으로 총명이 있다는 것을 이해할 수 있습니다. 의지가 사랑의 수용그릇이고, 이해가 총명의 수용그릇이기 때문에 여기에 쓰여진 의지나 이해라는 말이나 사랑이나 총명이라는 말 역시 꼭같은 뜻을 지닙니다.

431. 여기에 아래의 소중한 경험을 부연하고자 합니다. 천계에 있는 모든 사람은 선용의 정동으로 말미암아 선용을 수행한 사람입니다. 왜냐하면 그들이 살고 있는 공동체 때문에 그들은 다른 사람에 비하

여 보다 더 현명하고 행복합니다. 그리고 그들에게 있어서 선용을 수행하는 것은 각자의 천직(天職·calling)에 적합한 일을 성실하게, 올바르게, 공정하게, 그리고 믿음직스럽게 행하는 것을 가리킵니다. 이것이 바로 그들이 인애라고 일컫는 것입니다. 예배에 관계되는 계율(戒律·observance)까지도 그들은 인애의 표적(標的)이라고 부릅니다. 그리고 기타의 것들도 그들은 의무요, 은혜라고 부릅니다. 사람이 자기 자신의 천직에 속한 의무를 성실하고, 올바르고, 공정하고, 믿음직스럽게 수행할 때 공공의 선이 유지되고 영속된다고 말하고, 이것이 바로 "주님 안에 있는 것"이라고 말합니다. 왜냐하면 주님에게서 비롯되는 모든 것은 선용이기 때문이고, 또한 그 선용은 개개인에게서 공동체에, 공동체에서 개개인에게 흘러들고 나오기 때문입니다. 여기서 개개인은 천사들이고, 공동체는 그들의 한 사회를 가리킵니다.

제 5 장 수태에서 비롯되는 인간의 시초는 무엇인가?

432. 수태된 뒤 모태 안에 있는 인간의 시초 즉 최초형체(最初形體·primitive form)가 무엇인지는 그 누구도 알지 못합니다. 왜냐하면 볼 수 없기 때문입니다. 더욱이 그것은 자연적인 빛으로는 보여지지 않는 영적 실체(靈的 實體·spiritual substance)로 이루어지기 때문입니다. 그런데 이 세상에는 그것이 아버지에게서 온 씨(種子)요, 그것으로 말미암아 수태(受胎)가 이루어진다는 사람의 최초형체에 관해서 열정적으로 탐구하는 사람들이 더러 있기 때문에, 그리고 이들의 대부분의 사람은 처음부터 즉 최초부터 충분한 가운데 있으며, 또 그 뒤에는 성장에 의해서 완벽해진다는 잘못된 생각(誤謬)에 빠져 있기 때문에, 그 최초 즉 처음이 형체 자체로 볼 때 어떠하였는지 나에게 알려졌습니다. 그것은 천사에 의해서 나에게 보여졌지만, 천

사에게는 주님께서 계시하였습니다. 그 이유는 천사들이 그것을 그들의 지혜의 일부분으로 삼았기 때문이고, 또 그것은 허락이 주어지면 그들이 알고 있는 것을 다른 이에게 전수(傳授)하는 것을 그들의 지혜에 속한 하나의 기쁨으로 여기기 때문입니다. 그들은 천계의 빛 가운데서 사람의 최초 형체(最初形體·man's initial form)를 내 목전에 펼쳐 보여주었는데, 그 내용은 아래와 같습니다.

부속기관(附屬器官)이 없이 얼굴 전면(前面) 같이 생긴 정교한 본(設計圖·外貌·輪廓·a delicate delineation) 모양을 갖춘 아주 작은 형상의 뇌(腦)가 나타나 보였습니다. 위쪽 부위에 볼록한 모양의 이 최초 형체는 빈틈없이 이어진 작은 구체(球體) 즉 소구(小球·spherule)의 구조였는데, 이 각각의 소구(小球)는 보다 더 작은 소구들로 묶여져 있고, 이 작은 소구들은 그 보다 아주 작은 소구들로 묶여져 있었습니다. 따라서 이것 역시 세 계도로 되어 있었습니다.

평평한 부분(the flat part) 즉 정면의 윤곽이 얼굴인듯 보였습니다. 그 볼록한 부위는 매우 정교한 살갖(皮膚·a very delicate skin) 즉 투명한 얇은 막(膜)으로 둘러 싸여 있었습니다. 지극히 작은 형체의 뇌 모양인 볼록한 부위는 두 돌기(突起·bed)로 나뉘어졌는데, 말하자면 그것보다 좀 큰 형체의 뇌가 반구(半球)로 나뉘어진 것과 흡사했습니다. 나에게는, 오른쪽 돌기는 사랑을 담는 수용그릇이고, 왼쪽 돌기는 지혜를 담는 수용그릇이라는 것과 또 서로서로의 놀라운 연결에 의해 이들은 배우자나 짝꿍과 같다는 것이 일러졌습니다. 그 위에 눈이 부시도록 내려 쪼인 천계의 빛 가운데 보여진 것은, 이 작은 뇌의 내부의 구조는 그 위치와 움직임(動態)의 측면에서 볼 때 천계의 질서와 형체를 하고 있다는 것이고, 그 외부의 구조는 그 질서와 형체에 정반대이다는 것이었습니다.

이런 일이 보여지고, 교시(敎示)된 뒤, 천사는 천계의 질서와 형체 안에 있는 두 내적 계도는 주님에게서 비롯된 사랑과 지혜의 수용그릇이다는 것과, 천계의 질서와 형체에 반대되는 위치에 있는 외면적인 계도는 지옥적인 사랑과 광기(狂氣)를 담는 수용그릇이다는 것을 말하였습니다. 이런 이유로 해서 사람은, 유전적인 타락(遺傳的 墮落·hereditary corruption)에 의해 온갖 성질의 악 가운데 출생하고, 이 악들은 그 극외적인 부위에 상주하고, 이 타락은, 앞에서 설명한 것과 같이, 주님에게서 비롯된 사랑과 지혜의 수용그릇인 보다 높은 계도가 열리지 않으면 제거될 수 없습니다. 본질에 있어서 사랑과 지혜는 주님이시고, 또 사람의 최초 형체가 하나의 그릇이기 때문에, 사랑과 지혜가 바로 사람입니다. 여기에서 얻을 수 있는 결론은 미완성인 사람의 최초 형체 안에는 인간형체를 향한 계속적인 노력이 있고, 그것 역시 점차적으로 사람의 형체를 갖춘다는 것입니다.

신령사랑과 신령지혜

색 인

＊색인에 표시된 숫자는 본문의 항수입니다.

색 인

ㄱ

가나안(Canaan)
거기에 사는 주민의 상태에 대응하는 그 땅의 상태(345항).

가는 섬유질체(fibrillary)
두뇌의 가는 섬유질체(366항).

가슴(breast)
심장이나 폐장의 거처(402·403항)

가시적인 것들(可視的인 것들·visible things)
창조된 우주 안에 있는 가시적인 삼라만상은 자연은 아무것도 창조하지도 못했고, 하지도 못한다는 것을 증거한다. 그러나 그것들은 신령존재께서 영계를 통해서, 그분 자신에게서부터 삼라만상을 만들었고, 창조한다는 것을 증거한다(349-357항).

가을(秋·autumn)
성경말씀에서 가을은 교회의 퇴보를 가리킨다(73항).

가장 낮은 것(lowest)
단계적 질서에서 가장 낮은 것은 동시적 질서에서는 가장 극외적(極外的)인 것이 된다(206항). 자연계의 각각의 왕국에는 가장 낮은 것은 중간적인 것의 선용을 위해 존재하고, 중간적인 것들은 가장 높은 것의 선용을 위해 존재한다(65항).

가장 내적인 것(極內的·innermost)
동시적 질서의 가장 내적인 것은 단계적 질서의 가장 높은 것과 같다(206항).

가장 큰 것(至大한 것·greatest)
가장 큰 것이나 가장 작은 것 안에는 신령존재가 꼭같이 존재한다(77-82항). 두 계도가 존재하는 가장 큰 것(225항).

가지·지맥(支脈·ramification)
폐장의 기관지의 지맥(405·412항). 그것들은 진리의 정동에서 비롯된 지각과 사상에 대응된다(405항).

간(肝臟·liver)
감관으로 사람은 그의 간에 관해서 아무것도 모른다(22항). 불연속 계도에 따라서 내면적으로 보다 더 완전하다(201항).

갈비뼈(rib)
그것들은 폐장에 관계된다(403·408항).

감각(感覺·sensation)
감각들은 감각기관에서 비롯된 추상적인 것들이 아니라(210항), 감각은 사랑과 지혜에서 비롯된 최종적인 것이다(363항).

감관적인 것(sensual)
감관적인 사람은 육체적 감관에 속한 외현이나 오류 이상의 것을 생각할 수 없는 가장 낮은 자연적인 사람을 가리킨다(249항). 감관적 존재는 자연적 계도에 속한 가장 낮은 영역을 가리킨다(254항).

감관·지각·의미·뜻(感官·知覺·意味·sense)
　감관은 실체에 속한 느낌이요, 유기체의 형체이다(41항). 감각을 일으키는 실체와 형체의 느낌은 주체에서 분리된 것이 아니고, 그것 안에서 변화를 일으키는 원인이다. 주체는 그 전이나 그 후나 주체는 주체대로 남는다(41항). 육체의 외적인 감관은 두뇌와 같이 하는 섬유질을 통해서 직접적으로 소통하고 거기서부터 그것들의 감관적인 삶이나 적극적인 삶이 비롯된다(365항). 모든 육체적인 감관은 그것들의 마음에 속한 지각에서부터 그것들의 지각을 유발한다(406항).

같은모양(類似物·similitude)
　일반적인 것과 개별적인 것 사이의 같은모양, 즉 가장 큰 것과 가장 작은 것의 유사함(227항).

개구리(frog)
　그것들의 근원(339·345항).

거듭남(重生·再生·regeneration)
　(바로잡음 참조). 중생한다는 것은 자연적 존재에서 영적 존재가 되는 것을 가리킨다(425항).

거리(距離·distance)
　내면적 사상은 거리를 조성하지 아니하고, 눈의 시각과 하나가 되어 움직이는 외면적 사상만이 그러하다(130항). 영계의 거리들은 모두가 외현(外現)이다(108·112·113·124항); 그것들은 사랑과 지혜에 속한 즉 선과 진리에 속한 영적 친근성에 따른 외현이다(7·10항). 자연적 거리의 개념(41항).

거미(spider)
　그것의 근원(339항).

거주지(居住地·dwelling-place)
　사람 안에 있는 주님의 주거지(170·395항). 천사나 영들의 주거지는 사랑과 지혜에 대한 그들의 수용에 일치한다(121항). 이 세상의 사람과 전혀 다른 천사는 그 자신이 가야 할 자신의 집이나 주거지를 잘 안다(134항).

거짓(false)
　악 참조.

겨울(冬·winter)
　성경말씀에서 겨울은 교회의 마지막 때를 가리킨다(73항).

결과(結果·effect)
　원인이나 목적이 없는 결과만은 불가능하다(167항). 결과는 목적과 원인의 복합체요, 그릇이요, 초석이다(212항). 모든 결과는 원인의 충만함이다(217항). 결과에서부터 결과 이외 것은 아무것도 배울 것이 없으며, 그리고 그것들만을 연구 검토한다면 원인은 결코 빛으로 옮겨지지 않을 것이다(119항). 결과는, 결과의 원인을 동시에 이해되지 않는다면 한밤 중의 흑암에 나타나 보일 뿐이다(107항). 원인에서 결과를 안다는 것은 지혜롭게 되지만, 그러나 결과에서 원인을 찾는다는 것은 지혜롭게 되는 것이 아니다 (119항). 결과에서부터 무엇을 살핀다는 것은 거짓으로부터 보는 것과 같다(187항). 마지막 목적이라고 일컫는 모든 결과는 창조주(=第一存在)에게서부터 가로막힘이 없는 새로운 첫째 목적이 된다(172항).(168·256·257항 참조)

결단(結斷·終結·determination)
행동에 대한 결단은 사랑과 지혜에 관계된다(363항).

결말(結末·結果·conclusion)
결말은 사랑과 지혜 양자에 관계된다(363항).

결합(結合·conjunction)
결합이 있으려면 거기에는 반드시 상호적(相互的)이어야 한다(48·115·401항). 주님과 천사와의 결합(115항). 영과 육체와의 결합(390항). 의지와 이해, 인애와 믿음, 사랑과 지혜의 결합(371-431항). 사랑과 지혜의 결합은 심장과 폐장과의 결합에서의 그림으로 이해될 수 있다(415항). 대응에 의한 그들의 결합은 하나가 움직이면 다른 하나가 움직이는 것과 같은 성질을 갖는다(405항).

겸비(謙卑·謙遜·humiliation)
존경과 예배는 겸비에서 비롯된다(335항).

계도(階度·等次·degree)
계도는 두 종류가 있는데 하나는 높이 또는 수직적 계도 즉 불연속 계도이고, 다른 하나는 너비의 계도 즉 연속적 계도이다(184-188항). 조잡한 데서(grosser)부터 고상한 (finer) 데로의 점감 즉 적어지는 것, 고상한 데서 조잡한 데로의 성장이나 증진을 연속적 계도라고 일컫는다. 불연속 계도는 이것과 전적으로 다른데, 그것들은 목적·원인·결과의 관계와 같다(184항).(65-68항 참조)

계시(啓視·revelation)
모든 사람은 신령계율(神靈戒律·the Divine precept)에 관해서 직접 계시가 아니라, 종교로부터 그것을 밝히 알고 있는 다른 사람들에 의해 가르침을 받는다(249항).

계절(季節·season)
성경말씀에서 일년의 사계절은 교회의 상태를 일컫는다(73항).

곤충(昆蟲·벌레·insect)
(62·341·342항 참조). 유독한 곤충과 그것의 근원(339·342항). 가장 작은 곤충에 의해 표징되는 경이로운 것들(352·373항).

골수(骨髓·medullary)
두뇌의 골수질체(366항).

골수질체(骨髓質體·marrow)
척골(脊骨) 골수질체(366항).

공간(空間·space)
공간은 자연의 속성이다(69·70항). 공간은 눈으로 보이는 것 같이 이 세상에 있는 개별적인 것이든 전체적인 것이든 모든 것 안에 있다(7항). 영계에서는 공간처럼 나타나 보이지만 그럼에도 불구하고 그것들은 다만 외현(外現)일 뿐이다(7항). 영계에서는 공간이 자연계에서와 같이 고정되어 있지 않고 생명의 상태에 따라서 가변적이다(70항). 공간은 사랑의 상태에 대응한다(70항). 공간개념은 자연개념에 있지만 영적 개념에는 있지 않다(7·111항). 하나님에 관해서 공간개념에 따라 생각한다는 것은 자연의 창공에 관해서 생각하는 것을 가리킨다(9항). 주님께서는 공간을 통해서는 진전할 수 없고, 수용에 따라 각자와 함께 현존한다(111항). 시간 참조.

공기(空氣·air)
공기는 세 대기 중 가장 낮은 것이다(176항). 몸에 대한 그것의 압력과 작용(176항).

공정(公正·審判·judgement)
성경말씀에서 공정과 심판은 신령사랑과 신령지혜를 뜻한다(38항). (최후심판 참조)

관계(關係·relation)
사람에게 개별적 관계가 있는 것과 꼭같이 하나님에게는 모든 것과의 일반적 관계가 있다(64항). 동물계·식물계·광물계에 속한 모든 것 안에는 개별적인 것이든 전체적인 것이든 사람과 관계되는 것이 있다(61항).

관능적(官能的·肉體的·corporeal)
관능적인 사람과 영적 사람, 그리고 그들의 성품(424항).

광물계(鑛物界·mineral kingdom)
광물계에 속한 선용의 형체들(313항). 광물계에 속한 개별적인 것이나 전체적인 것들에 관한 사람과의 관계(61항).

교류(交流·意思疏通·communication)
세 천계 사이의 교류는 오직 대응을 통해서만 이루어진다(202항). 자연적인 사람과 영적인 사람 즉 마음과의 교통 또한 그러하다(90·252항). 대응에 의한 교류는 감관적으로는 느껴지지 않는다(238항); 그것의 교류는 진리들이 빛 가운데서 보여진다는 사실에 의해서만 지각되고; 또한 정동에서부터 선용이 수행된다는 사실에 의해서만 의지 안에서 지각된다(252항).

교회(敎會·church)
주님 강림 이후와 이전의 교회의 차이(233항). 교회에 속한 사람은 그 사람 안에 교회가 있는 사람을 뜻한다(118항). 성경말씀에서 한 날의 때들(times)이나 년의 계절은 교회의 상태를 뜻한다(73항).

구름(雲·cloud)
성경말씀에서 구름은 영적 구름을 가리키는데, 그것은 바로 사상(思想)들이다(147항). 영계에는 진리에서 비롯된 사상이 하나의 빛나는 흰 구름으로 나타나 보이지만, 그러나 거짓에서 비롯된 사상은 검은 구름으로 나타나 보인다(147

색 인

항).

구조(構造·structure)
폐장의 구조(405·412·417항).

굳힘(確證·確認·confirmation)
자연 안에 있는 경이로운 것들로부터의 신령존재의 확증(351-356항). 누구나 자연 편에서의 확증을 밝히 알아야 한다(357항). 악과 거짓의 굳힘은 천계는 닫는다(268항).

귀(耳·ear)
귀가 듣는 것은 외현(外現)이지만 귀를 거쳐 듣는 것은 이해이다(363항). 감관으로부터 사람은 귀 안에 있는 헤아릴 수 없이 많은 것을 알지 못한다(22항). 보다 내면적으로 보면 볼수록 이 모든 것 안에 있는 신기함이 더하는 것을 잘 안다. 그러나 이것들은 높이의 계도 즉 불연속 계도에 따라서 더욱 완전하다(201항).

균형·평형(均衡·平衡·equilibrium)
만물의 균형은 작용과 동시적 반충작용에서 비롯된다(68·263항). 모든 사물은 균형상태 안에 있어야만 한다(68항). 균형은 작용이 작용을 압도할 때, 또는 그 반대일 때 깨어진다(263항).

그릇(수용그릇·容器·vessel)
심장의 용기(207·399·400·412항). 폐장 안에 있는 심장에 속한 혈관은 진리의 정동에 대응한다(405항). 폐장의 공기 혈관은 지각에 대응한다(412항).

극미동물(極微動物·animacule)
유해한 극미동물과 그것들의 근원(341-343항).

극외적(極外的·outermost)
동시적 질서의 가장 외적인 것은 단계적 질서의 가능 낮은 것이다(206항).

극외적인 것(outmost)
각 시리즈 안에 있는, 다시 말하면 선용·행동·행위 안에 있는 극외적인 것은 모든 선재(先在)하는 것의 복합체요, 수용그릇이다(215항). 모든 극외적인 것은 선재하는 것으로, 또는 그것들의 첫째의 것들로 이루어졌다(208항). 모든 극외적인 것은 껍질이 입혀지고, 그것에 의해 그것의 선재하는 것과 분별된다(278항). 극외적인 것 안에는 동시적 질서 안에 있는 불연속 계도가 있다(207·208항). 높이의 계도는 그들의 극외적 계도 안에 완성과 능력으로 있다(217-221항). 보다 높은 계도에서 분리된 가장 낮은 영적인 것은 악용을 산출한다(345항). 광물계에 속한 모든 것들이 최종적인 것들이다(65항).

근원(根源·origin)
사람의 근원(346항); 정동과 사상의 근원(33항); 악의 근원(264-270항); 생동력 있는 별의 근원(379항); 동물과 식물의 근원(339·340·346항); 극미(極微)곤충과 유해곤충의 근원(342항); 실체와 물질의 근원(302항); 지구의 근원 (302-306항).

근육(筋肉·muscle)
그것의 구성(190·192·197항). 그것은 불연속 계도에 따라서 보다 더 내면적으로 완전하다(201항).

글을 쓴다(著述·write)
생각하거나 말은 잘 하지만 글은 잘 쓰지 못하는 이유(361항).

금석(金石·metal)
그것들의 구성(190·192·207항). 그것들 안에는 두 종류의 계도가 있다(225항). 그것들은 불연속 계도에 따라서 내면적으로 보다 더 완벽하다(201항). 그것들로부터 발산의 파장이 계속해서 나온다(293항).

기관(器官·organ)
그것의 구성(190항). 감각기관(366·407항). 운동기관(366항). (207·370·376·377·384·385·400·401·408·410항 참조).

기관(氣管·trachea)
382·408항 참조.

기관지(氣管支·bronchia)
폐장에 있는 기관지의 지맥(支脈)과 그것의 대응(405·412-415항).

기능(能力·機能·capacity)
사람이 생명을 위해 두 기능을 가졌는데, 그것이 하나로부터는 의지를, 다른 하나로부터는 이해를 갖는다(30항). 합리성과 자유는 사람이 금수와 분별되는 사람 안에 있는 주님에게서 비롯된 두 기능이다(240·264항). 이것들의 선용과 남용(267항). 결코 거두어질 수 없는데, 악마도 천사들과 꼭같이 그 기능을 갖고 있다(162항).

기쁨·즐거움(享有·enjoyment)
사람의 생명에 속한 기쁨은 그 사람의 사랑의 정동에서 비롯되고, 즐거움은 거기서 비롯된 사상에서 온다(33항). 어떤 사람의 사랑에서 비롯된 행동이나 행위에서 느끼는 기쁨은 선용에 속한 기쁨이다(316항). 기쁨은 사랑에서부터 파생된다(363항).

기생충(寄生蟲·이·louse)
그것들의 근원(338·339·342·345항).

길(道·way)
영계에 있는 길들(145항).

길이(長·length)
성경말씀에서 길이는 한 사물에 속한 선을 가리킨다(71항).

껍데기(덮개·表皮·外皮·covering)
모든 불연속 계도는 그것 자체의 껍데기에 의하여 다른 것과 분별되고, 또 모든 계도는 일반적인 껍데기에 의하여 엄밀히 분별되는데, 이 일반적 껍데기는 내면적인 것이나 극내적인 것과 교류한다(194항). 영체의 겉껍데기(皮質)와 그것의 구성(257·388항). 식물은 그것의

색　인　　　　　　　　　　　　　　　　379

껍데기를 통해서 어떻게 이루어지나(314항).

꽃(花·flower)
　그것들은 불연속 계도에 따라서 내면적으로 보다 완전하다(201항). 발산의 파장(後光·a wave of effluvia)이 계속해서 꽃들에게서 흘러 나온다(293항).

끈·띠(ligament)
　(403·408항).

ㄴ

나무껍질(木皮·bark)
　식물의 성장발육은 나무의 외피와 내피를 통해서 어떻게 이루어지나?(314항)

나무와 관목(樹木·灌木·tree & shrub)
　그것들은 어떻게 생겨지나(346항). 그것들 안에는 두 종류의 계도가 있다(225항). 후광(＝발산의 파장·後光)은 그것들로부터 계속해서 발산된다(293항).

나비(butterfly)
　벌레(毛蟲)가 나비로의 변형(354항).

나선(螺線·댐돔·spiral)
　영적인 계도의 위축은 나선이 반대 방향으로 비틀어지는 것과 같다(254·263항).

날들(日·days)
　성경말씀에서 날들은 상태를 가리킨다(73항).

남용(濫用·誤用·abuse)
　합리성과 자유의 남용(267항).

남쪽(南·south)
　성경말씀에서 남쪽은 빛 안에 있는 지혜를 뜻한다(121항). 영계에서 보다 높은 지혜의 계도 안에 있는 사람들은 남쪽 영역에 거주한다(121항).

낮(正午·noon)
　성경말씀에서 낮은 교회에 속한 충만함(完成)을 뜻한다(73항).

낮음(lower)
　성경말씀에서 낮음은 외적인 것을 뜻한다(206항).

내면적인 것들(內面的·interriors)
　육체에 속한 내면적인 것들은 그것의 외면적인 것들에 대응하고, 그것을 통해서 행동이 나온다(219항). 계도에 속한 지식을 거치지 않고서 발견될 수 있는 내면적인 것은 결코 있을 수 없다(184항). 개방된 내면적인 것과 폐쇄된 내면적인 것들(138항). 마음에 속한 내면적인 것들은 육체에 속한 내면적인 것과 한몸을 이룬다(137항).

내장(內臟·viscera)
　201·207·370·373·376·377·384·385·400·401·408·410항 참조. 그것들의 구성(190항).

내적인 것(內的·internals)
　외적인 것(externals) 참조.

냄새맡다(嗅覺·smell)
후각은 코 안에 있고, 그것을 맡지는 향기의 분자들에 의한 코의 느낌이다(41항). 후각은 그것의 기관에서 나오는 어떤 휘발성이 아니고, 그것의 실체와 형체 안에서 살펴본다면 조직기관이요; 그 기관이 느낌을 받을 때 김긱은 일어난다(41항). 후각은 섬유질을 통해서 즉시 두뇌에 교류하고, 그것으로 감각적이고 적극적인 삶을 유발한다(365항). 냄새를 맡는다는 것은 지각을 서술한다(363항). 감각 참조.

너비(폭·廣·breadth)
성경말씀에서 너비는 어떤 사물의 진리를 가리킨다(71항).

놀라운 것들(the wonderful thing)
누구나 원하면 자연 안에서 보는 놀라운 것들에 의하여 자기 스스로 신령존재의 편에서 확증할 수 있다(351-356항). 현존하는 동물의 본능에서 비롯된 놀라운 것들(60항).

높은 것(higher)
성경말씀에서 보다 높은 것은 보다 내적인 것을 뜻한다(206항). 높은 존재가 낮은 존재에 작용하는 것은 질서에 따른 것이지만, 그 역은 아니다(365항). 가장 높은 존재는 가장 극내적 존재를 뜻한다. 단계적 질서에 속한 가장 높은 것은 동시적 질서에 속한 가장 내적인 것이다(206항).

높이(高·height)
성경말씀에서 높이는 선과 진리의 계도를 뜻한다(71항). 영계에 있는 태양은 중간 높이에 나타나 보이는데, 그 이유(105항).

눈(目·eye)
눈이 본다는 것은 외현(外現)에 따른 것이지만 그러나 눈을 통해서 보는 것은 이해이다(363항). 눈에 속한 헤아릴 수 없이 많은 것들도 감관으로부터 사람은 아무것도 알지 못한다(22항). 눈이 보다 내면적으로 살피면 살필수록 더욱 신기함이 증대하는 것을 보게 된다. 그것들은 불연속계도에 따라서 내면적으로 보다 더 완전하다(201항). 사람의 눈이나 천사의 눈은 그들 자신의 빛의 본연의 그릇을 위해 이루어진다(91항).

뉴톤(Newton)
진공에 적용한 무(無·nothing)의 관념에 대한 그의 증오(82항).

늑막(肋膜·pleura)
심장과 폐장에 관계된다(384·402·403항).

ㄷ

다양성(多樣性·diversity)
창조된 모든 것 안에 있는 다양성은 이것에서 비롯된 것을 알 수 있는데, 즉 그것은 신인(神·人·God-Man) 안에는 무한한 것이 있다는 것, 따라서 영적 태양 안에는 끝없는 것이 있다는 것이다(155

색 인

항).

다양성(多樣性·variety)
창조된 우주 안에 있는 삼라만상의 다양성은 어디서 비롯되나(300·155항). 일반적인 다양성과 개별적인 다양성(155항). 사랑에 속한 다양함은 끝이 없다(368항). 모든 사물의 다양함 안에는 무한존재와 영원존재에 속한 형상이 있다(318항). 불영명한 다양성(228항).

단일·단순(單一·單純·simples)
단순한 것이 복잡한 것 보다 보다 더 완전하다. 왜냐하면 그것들은 생명이 없는 실체나 물질로 덜 가리워져 있고, 보다 적나라하기 때문이다(204항). 단순한 것은 단순하면 단순할수록 상처를 입지 않도록 더욱 더 단순하다. 왜냐하면 그것은 보다 더 완전하기 때문이다(204항). 단순한 것 안에 매우 뛰어난 완전함이 없다면, 사람이나 어떤 종류의 동물도 씨에서 존재로 나올 수 없으며, 나중에는 계속해서 살아남지 못할 것이고, 뿐만 아니라 나무나 관목의 씨까지도 자라서 계속 살아남지 못할 것이다(204항).

달(月·moon)
태양의 빛과 꼭같이 달의 빛이 뜻하는 것(233항).

닮음·모양(likeness)
창세기에서 하나님의 모양은 신령사랑을 뜻한다(358항).

대기(大氣·atmospheres)
대기는 볕과 빛의 용기요, 그릇이다(183·191·296·299항). 영계에도 자연계에서와 꼭같이 대기가 있는데, 다만 전자는 영적인데 반하여 후자는 자연적이다(173·178항). 양자들은 실체 즉 최소의 형체로 나뉜다(174항). 영계와 자연계의 대기의 차이(175항). 영계의 대기나 또는 그들의 가장 외적인 대기는 이 지구에서와 꼭같이 실체와 물질로 종결된다(302-304항). 호흡·말하는 것·들음은 공기라고 일컫는 가장 낮은 대기에 의하여 이루어지고, 시각은 공기 보다 더 순수한 대기에 의하여 ; 사상이나 정동은 매우 순수한 대기 이외의 것으로는 불가능하다(176항). 영들이나 천사들의 몸에 속한 모든 것들은 대기에 의하여 결합·형체·질서 안에서 모두 이루어진다(152·176항). 대기는 실제적 힘이다(178항). 양계에 있는 대기에는 두 종류의 계도가 있다(225·184항). (147·158·300·310항 참조).

대동맥(大動脈·aorta)
(405·412·413·415항 참조).

대비·비교(對比·比較·parallelism)
식물의 성장과 사람의 생기 사이의 대비(316항). 영적인 선용과 자연적인 선용 사이의 대비(333항).

대상(對象·object)
영적 빛에서 사상의 대상은 진리이고, 시각의 대상은 자연계에 있는 그것들과 같지만, 그러나 그것은 그들의 사상에 대응한다(70항).

대응(對應·correspondence)
자연적인 것과 영적인 것에는 대응이 있는데, 그것에 의해 그것들은 결합된다(374항). 사람 안에 있는 어떤 것이나 또한 사람의 정동이나 사상 뿐만 아니라 육체적 기관이나 내장까지도 대응하지 않는 것은 우주 안에 아무것도 없다. 이것들은 실체로써가 아니라 선용으로써 그러하다(324항). 하나는 자연적이고, 다른 하나는 영적인 것 이외는 서로 대응하는 것들은 같은 모양으로 움직인다(399항). 열거된 주된 대응들(377항).

더럽힘(汚染·pollution)
사람의 모든 더럽힘(汚染)은 지혜에 속한 진리에 정반대되는 거짓에 의해 이루어진다(420항).

도덕(道德·moral)
도덕적인 것들은 추상적인 것이 아니고 실체적인 것이다. 그것들은 주체를 떠나서 있을 수 없고, 그것들은 주체 곧 실체의 상태이다(209항).

독(毒藥·poison)
그것의 근원(339항).

독초(毒草·aconites)
그것들의 근원(339항).

돌·반석(盤石·stone)
그것들의 구성(190·192·207항). 그것들 안에는 두 종류의 계도가 있다(225항). 그것들도 불연속 계도에 따라서 내면적으로 보다 완전하다(201항). 후광 또는 발산의 파장은 돌에서부터 계속적으로 발산된다(293항).

동·동쪽(東·east)
영계의 동쪽은 하나의 태양으로 나타나는 주님이 계신 곳이고, 여기서부터 다른 방위들이 결정된다(119-123항). 천사들이 자신의 몸을 이리저리 돌릴 때 천사의 안전은 항상 동쪽을 향한다(105항). 성경말씀에서 동쪽은 가장 높은 뜻으로는 주님을 뜻하고, 상대적인 뜻으로는 주님을 향한 사랑을 뜻한다(121·122항). 영계에서 보다 높은 사랑의 계도 안에 있는 사람은 동쪽에서 산다(121항).

동맥(動脈·artery)
영들이나 천사들에게 있어서의 동맥의 맥박(391항). 기관지나 폐의 동맥(405·407·412·413·420항). 동맥은 정동에 대응하고, 폐장에 있는 것들은 진리를 위한 정동에 대응한다(412·420항).

동물(動物·animal)
그들의 생성 근원, 그리고 그것들이 어떻게 생성되었나(340·346·351항). 그것들 안에는 두 종류의 계도가 있다(225항). 그들의 본능에는 수많은 것들이 내재해 있다(60·61항). 그것들 안에 활착(活着)된 동물들에 의해 소유된 지식들(134항). 동물들에게서부터 계속적으로 악취의 파장이 발산된다

색　인

(293항). 영계에 나타나 보이는 동물들은 단순한 대응일 뿐이다(339항).

동물계(動物界·animal kingdom)
동물계 안에 있는 선용의 형체들(316항). 개별적이든 전체적이든 동물계의 모든 것들은 사람과 관계된다(61항).

동의(同意·consent)
사랑이나 지혜와 관계한다(363항).

돼지(豚·swine)
그것의 근원(339항).

되돌아옴(回歸·return)
만물은 창조주에게 되돌아온다(167-172항).

두로(Tyre)
성경말씀에서 두로는 선이나 진리에 속한 지식의 측면에서 교회를 뜻한다(325항).

두뇌(頭腦·brain)
그것의 조직(366·373·432항). 두뇌의 상처(365항). 제일원리 안에 있는 사람의 생명은 뇌 안에 있고, 그 파생적인 것은 육체 안에 있다(365항). 두뇌 안에는 실체와 형체가 무수히 있으며, 이해나 의지에 관계되는 그것 안에 있는 모든 내면적인 감관은 자기자리를 갖는다(42항). 소뇌는 특별히 의지의 기관이고, 대뇌는 이해의 기관이다(384항).(367·370·409항 참조).

들음·청각(聽覺·hearing)
듣는 것은 이해에 속한 주의(注意)와 유의에 속한 것이다(363항). 들음은 공기라고 일컫는 가장 낮은 대기에 의하여 이루어진다(176항). 들음은 귀 안에 있지, 소리나는 곳에 있지 않는다. 들음은 귀의 실체와 형체의 감동(affecting)이다. 들음은 귀로부터 밖으로 나가서 소리를 잡는 것이 아니고, 소리가 귀에 들어와 귀를 감동케 한다. 따라서 청각은 그 기관을 떠나 떠돌아 다니는 휘발성의 것이 아니고 그 실체와 형체에서 보면 기관 자체이다(41항). 두뇌의 섬유를 통해서 직접적으로 의사소통하며, 거기에서 그들의 감각적이고 적극적인 삶이 비롯된다(365항).

땅(earth)
땅은 수동적 힘이며, 결과는 이 힘으로부터 존재한다(178항). 땅에는 형체 안의 선용 즉 선용의 형체를 만드는 활력소가 있다(310-312항). 힘이 아직 새로운 상태에 있는 한 이들 땅에서 비롯되는 첫 생성은 종자이다(312항). 땅의 근원(302-306항). 영계에도 땅이 있는데, 그렇지만 그것은 영적인 것이다(173-178항).

띠끌·먼지(dust)
저주 받은 먼지와 그 됨됨이(341항).

Divinum A Quo
모든 것들이 비롯된 신령 삼일성

안에 있는 그것을 아버지(聖父)라고 일컫는다(146항).

ㅁ

마음(mind)
사람의 마음은 의지와 이해로 이루어졌다(239·372·387항). 사람의 마음에 속한 사람의 내면적인 것들은 불연속 계도에 의해 분류된다(186·203항). 사람은 자연적·영적·천적 마음을 갖는다(239·260항). 자연적 마음은 영적 실체와 동시에 자연적 실체로 이루어졌다(257·260·270·273항). 자연적 마음은 영적인 마음과 천적인 마음을 감싸기도 하고 에워싸기도 한다(260항). 자연적인 마음은 그것의 첫째 원리 안에 있는 두뇌 안에 그 자리를 갖는다(273항). 마음은 그 몸과 그것에 속한 것들 모두를 마음대로 부린다(387항). 자연적 마음은 형체나 형상으로 볼 때 이 세상이고, 반면에 영적 마음은 그 형체나 형상에서 한 천계이다(270항). 영적 마음은 그 형체를 오직 영계의 실체에서 끌어온다(270항). 자연적 마음은 오른쪽에서 왼쪽으로의 나선형을 취하고, 영적 마음은 왼쪽에서 오른쪽으로의 나선형을 취한다(270항). 자연적 마음의 보다 높은 영역을 합리심이라고 하고, 보다 낮은 영역을 감관이라고 부른다(254항). (제3부·제5부 참조).

마키아벨리(Machiavelli)
마키아벨리와 그의 추종자들(267항).

말(言語·speech)
언어 참조.

말 또는 언어(language or speech)
언어는 사상에서 비롯된다(26항). 그것은 공기라고 부르는 가장 낮은 대기를 방편으로 이루어진다(176항). 영적 언어는 자연적 언어와 같지 않다(163항). 자연적 언어와 꼭같은 그 어떤 낱말도 영적 언어에는 없다(295항). 자연적 언어와 영적 언어는 오직 대응에 의해서만 의사소통한다(306항). 천사적 언어(26·295항).

말씀·성언(聖言·the Word)
주님을 "성언"이라고 부르는 이유(220항). 성언에는 세 계도에 따라서 세 뜻이 있는데, 천적인 뜻·영적인 뜻·자연적인 뜻이다(221항). 모든 낱말은 일종의 복합체로서, 음조·음절·뜻을 내포한다(280항). 성경말씀의 각각의 낱말에는 신령지혜에서 비롯된 영적인 것과 신령사랑에서 비롯된 천적인 것이 있다(280항).

맛·미각(味覺·taste)·
미각은 혀의 실체와 형체의 느낌이다; 혀는 주체이다(41항). 미각은 그 기관을 떠나 떠돌아다니는 어떤 휘발성 물질이 아니고, 실체나 형체에서 본다면 기관 자체이고, 그 기관이 느낌을 받으면 감관이 생긴다(41항). 미각은 섬유질을 통해서 즉시 두뇌와 소통하고, 거기에서 그들의 감각적이고 적극적인 삶이 비롯된다(365항). 미각은 지각을 서술한다(363항) (감관 참조).

매개체·중재·화해(媒介體·仲裁·和解·mediation)

제일존재로부터 궁극적인 것까지 중단 없는 매개체가 있다는 것, 그리고 선재(先在)하는 것에서부터 자체에 이르는 것이 없으면 어떤 것도 실재를 가질 수 없으며, 최후에 가서는 제일존재로부터 비롯되지 않고서는 어떤 것도 실재를 가질 수 없다(303항).

맥박·고동(脈搏·鼓動·pulse)

(378항 참조). 사람의 영은 그의 육체와 꼭같이 맥박과 호흡을 가지며, 영의 맥박과 호흡은 육체의 맥박과 호흡에 입류하고, 또 그것들을 생성한다(390·391항). 그것들 사이에는 대응이 있다(390항).

머리(頭·head)

머리는, 머리 하에 있는 육체를 원하는 대로 다스린다. 왜냐하면 이해와 의지는 머리 안에서 그들의 자리를 가지기 때문이다(25항). 지옥에 있는 이들은 발을 위로, 머리를 아래로 즉 거꾸로 보인다(275항). 한 몸에 여러 개의 머리들(24항).

메뚜기(locust)

그것들의 근원(339·345항).

모든 것의 섭리(All-providing)

하나님께서 어떻게 모든 것을 섭리하시는가를 어느 정도 깨닫고, 이해할 수 있다(21항).

모충(毛蟲·caterpillar)

나비로 변하는 그들의 변신(354항).

목(neck)

모든 섬유질은 두뇌로부터 목을 통해서 전 몸에 내려온다. 그리고 몸으로부터 목을 거쳐 두뇌에 오르는 것은 아무것도 없다(365항).

목적(目的·end)

원인이나 결과 없이 목적만으로는 불가능하다(167항). 목적은 원인을 낳고, 원인을 통해서 결과를 낳는다(189·241항). 목적은 원인의 모두이고, 또한 결과의 전부이다(168·197항). 제일 목적·중간 목적·마지막 목적이 있는데, 그것은 바로 목적·원인·결과이다(167·197항). 최종 목적이 가로막힘이 없는 이음 안에서 새로운 제일목적이 된다(172항). 창조의 목적은 모든 것들이 창조주에게 돌아가 거기서, 결합하는데 있다(167-172·329·330항). 모든 창조의 목적은 선용이다(314항). 목적은 방법을 정당화한다(261항) (원인과 결과 참조).

목적(目的·object)

이 책의 목적은 원인을 들추어내어 그것들로부터 결과를 보는 데 있다(188항).

무(無·nothing)

무(無)로부터 어떤 것을 창조한다는 것은 모순(矛盾)이다(55·283항). 우주는 무(無)에서부터 창조되지 않았다(283항). 무(無) 안에는 마음에 속한 진정한 활동은 없다(82항).

무소부재(無所不在·omnipresence)
하나님의 무소부재(7·9·21·69·71·72항). 하나님은 공간 안에 있지 않기 때문에 무소부재하신다(147항).

무신론자(無神論者·atheist)
무신론자가 된 사람들(349항). 영계에서 그들의 형편(357항).

무지(無知·ignorance)
사랑과 지혜에 관한 교회에 속한 사람들의 무지(188항).

무한존재(無限存在·Infinite)
하나님은 무한하시다. 왜냐하면 그분은 본질적으로 존재와 실재 자체 뿐만 아니라 그분 안에 무한한 것들이 있기 때문이다(17항). 무한존재 안에 무한이 없는 무한은 이름만의 무한이다(17항). 신·인(神·人) 안의 무한한 것들은 거울에 비치는 것과 같이 천계에게, 천사에게, 사람에게 나타나 보인다(19·21항). 신·인(神·人) 안에 있는 무한한 것들은 서로 분별되는 것들이다(17-22항).

묵상(默想·meditation)
묵상은 영에 속한 사상이다(404항).

물(江·海·水·waters)
물은 중간적인 힘을 가리킨다(178항). 영계에는 자연계의 것과 꼭같은 강·바다·호수 등이 있다. 그러나 그것은 영적인 것이다(173-178항).

물질·질료·물체(物質·質料·matter)
그것의 근원(302·305·158·311·340항). 만물을 이루고 있는 실체와 물질(=물체)은 본질적으로 신령존재에 속한 것은 아무것도 없고, 그럼에도 불구하고 그것들은 본질적으로 신령존재에게서 비롯된 것들이다(305항).

민족(民族·nation)
천계에 있는 모든 민족은 사람(a Man)이신 하나님의 개념에 따라서 그들의 거처가 주어진다(13항).

믿는다(believe)
이해되지 않는 것을 믿는다는 것은 믿음이 아니다(427항). 각종 종교회의와 몇몇 지도자들이 공포한 신학적 문제 곧 모든 영적인 것은 이해를 초월하기 때문에 맹목적으로 믿어야 한다고 한다(374항).

믿음(信仰·faith)
본질 자체로써의 믿음은 진리이다(253·429항). 믿음은 사상에 속한다(214항)(인애 참조).

ㅂ

바다요정(siren)

색 인

그것의 환상적인 아름다움(424항).

바람(風·wind)
사람들이 영이나 영혼을 바람 같은 것으로 믿는 이유; 또는 폐장이 숨을 쉬는 것과 같은 그런 대기적인 것으로 믿는 이유(383항).

바로잡음·개혁(改革·reformation)
바로잡음(改革)과 거듭남(重生·再生)은 주님에게서 비롯된 사랑과 지혜의 수용을 통해서, 그리고 그 때 그들의 질서 안에 있는 마음의 내면적 계도들을 여는 것을 통해서 이루어진다(187·263항).

바보(어리석음·어리석은 사람·foolish)
성경말씀에서 말씀에 따라서 그대로 행하지 않는 사람을 어리석은 사람이라고 일컫는다(220항).

박쥐(bat)
그것들의 근원(339항).

반구(半球·hemispheres)
두뇌의 반구, 또 두 개가 있는 이유(384·409항). 오른쪽은 사랑의 수용그릇이고 왼쪽은 지혜의 수용그릇이다(432항).

반충작용(反衝作用·reaction)
하나님에 의해 창조된 모든 것 안에는 반충작용이 있다(68·260항). 반충작용은 생명의 작용에 의해 일어난다(68항) (작용 참조).

받아들임(受容·reception)

신령선과 신령진리의 수용은 신령진리를 가리키는 사람의 질서의 법칙들의 적용에 일치한다(57항).

발산(發散·effiuvia)
자연 안에 있는 모든 것들로부터 흘러나오는 계속적인 발산이 있다(293항).

발산물(發散物·發散·exhalation)
피에서 일어나는 발산물의 결과(420항).

발출(發出·proceeding)
주님의 사랑과 지혜에서 비롯된 첫 발출은 천사들 앞에 태양처럼 나타나 보이는 불꽃 같은 신령체이다(97·152·290·300항).

발출하는 신성(發出神性·proceeding Divine)
신령 삼일성(神靈三一性·三位一體)에서 발출하는 신성을 성령(聖靈·the Holy Spirit)이라고 한다(146항). 발출하는 신성 즉 성령은 무엇인가(146-150항).

밤(夜·night)
성경말씀에서 밤은 교회의 마지막(終末) 상태를 뜻한다(73항).

방위(方位·quarter)
영계의 방위들(119-128항). 저 세상의 방위는 자연계의 방위처럼 남쪽에서부터 결정되지 않고, 동쪽에서부터 결정된다(120·132항); 방위들은 영계의 태양에 의해서 결정되지 않고, 거기의 주민에 의해 결정된다(120항); 방위는 사랑과 지혜에 속한 그들의 수용에 일치한다(124-128·132항). 사랑과 지혜의 다양한 수용은 영계에서의 방위를 있게 한다(126항). 영으로써의 그 사람은 영계의 그 어떤 방위 안에 있는데, 그가 자연계의 어떤 방위에 있었든지 관계 없이 거기에 있을 수 있다(126항).

번식(繁殖·propagation)
식물계와 동물계에 속한 주체들의 번식(347항).

벌(bees)
그들의 놀라운 행위들(355·356항).

벌레들(worms)
유해한 벌레와 그것의 근원(341·342·339항). 벌레들의 변태(變態)(354항). 누에(61·356항).

범·호랑이(tiger)
그것의 근원(339항).

변화(變化·change)
상태의 변화는 마치 시각이 눈이 없으면 불가능한 것과 같이 주체로써의 실질적인 형체 없이는 불가능하다(273항).

별(熱·heat)
영적 태양에서 흘러나오는 별은 본질에 있어서 사랑이다(5·32·363항). 사랑에 속한 첫째 발출(發出·proceeding)은 별이다(95항). 영계에는 계속적인 별이 있다(161항). 본질적으로 영계에 있는 별은 생명이 있는 살아 있는 것이고, 자연계의 별은 본질적으로 생명이 없는 죽은 것이다(89항). 자연계의 별은 천계적 별의 입류에 의해 생기를 얻는다(88항). 별은 사랑 자체 안에서는 실재하지 않으나 사랑으로 말미암아 의지 안에, 따라서 육체 안에서 실재한다(95항). 영적 별은 인애에 속한 선이다(83·84항). 선은 죄이기 때문에 악을 멀리하는 것에 의하여 성취할 수 있다(246항). 생동하는 별과 그것의 근원(379항). 별은 사랑에 대응한다(32항). (제2부 참조)

보편적인 것(universal)
삼라만상의 보편적인 것은 사랑과 지혜이다(28항).

복막(腹膜·peritoneum)
폐장과의 관계(408항).

복수(復數·多數·plurality)
다신적 복수 신관(神觀)은 있을 수 없다(27항).

복합체(復合體·composite)
모든 복합체는 높이의 계도 즉 불연속 계도로 이루어진다(184·190항).

본다·이해한다(see)
천사들은 하나님을 그 자신 안에서도, 그 자신 밖에서도 볼 수 있다(130항). 악 안에 빠져 있는 한 어느 누구도 선을 볼 수 없지만, 선 안에 있는 사람은 악을 볼 수 있다(271항). 사람이 지혜로 말미암아 생각한다면 그는 말하자면 밝은 빛 안에서 모든 사물을 본다(95항). 이 세상에 있는 사람은 왜 저 세상에 있는 사람을 볼 수 없나(91항). 오직 결과에 의해서만 사물을 본다는 것은 거짓으로 이해하는 것과 같다(187항). 본다는 것은 이해에 관해서 서술한다(363항).

본질(本質·essence)
모든 사랑의 본질은 결합 안에서 이루어진다(47항). 영적 사랑의 본질은 자신을 위해서가 아니라 다른 사람을 위하는 일념으로 그에게 선을 행하는 것이다(335항).

봄(春·spring)
성경말씀에서 봄은 교회의 첫 상태를 가리킨다(73항). 모든 천사적 천계에는 영속적인 봄이 상존한다(105항). 봄 절기는 평온의 상태에 대응한다(105항).

부인(否認·negation)
하나님을 부인하는 것은 지옥을 이루는 것이다. 그리고 기독교계에서는 주님의 신성을 부인하는 것이 지옥을 이룬다(13항).

부인(否認·拒否·不定·denial)
기독교계에서 신을 거부하는 것과 주님의 신성을 부인하는 것은 지옥을 이룬다(13항).

부활(復活·resurrection)
주님께서는 사람과는 전적으로 달리, 온몸으로 다시 사셨다(221항).

북쪽(北·north)
성경말씀에서 북쪽은 그늘에 있는 지혜를 가리킨다(121항).

분별되는 존재(distinctly one)
신·인(神人·God-Man) 안에 있는 존재(存在·esse)와 실존(實存·existere)은 서로 분별된다(14−16·34항). 마찬가지로 신·인 안에는 무한한 것들이 있다(17−22항). 또한 목적·원인·결과도 내재한다(169항). 왜 그것들이 분별된다고 말하나(14항).

불·불꽃(火焰·fire)
일반적인 불꽃은 생명이 없는 죽은 것이고, 태양의 불꽃은 죽음 자체이다(89항). 영적 사랑인 영적인 불과 자연적인 불과의 차이는 살아있는 것과 죽어 있는 것과의 차이와 같다(93항). 영적 태양의 불이 영적 대기에 의하여 천계의 천사들에게 어떻게 적용되는지, 마찬가지로 자연적 태양의 불이 사람들에게 어떻게 적용되는지(174항). 성경말씀에서 불은 사랑을 뜻하고(87항); 또한 신령사랑으로써의 주님을 뜻한다(98항).

불연속적(discrete)
불연속적인 것에 의한 행동은 대응에 의한 행동을 가리킨다(219항).

비움(謙卑·exinanition)
주님의 비움(=謙卑)의 상태(234항).

비의(秘義·arcana)

주님에 관한 비의들(221·223항); 성언에 관한 비의(221항); 사람의 자연적 마음에 관한 비의(257항); 영계의 태양에 관한 비의(294항).

비장(脾臟·spleen)
사람은 감관만으로는 비장에 관해서 아무것도 모른다(22항).

빛(光·밝음·light)
본질적으로 영적 태양에서 비롯된 빛은 지혜이다(5·32·363항). 지혜의 첫 발출(發出·proceeding)은 빛이다(95항). 영계에는 연속적인 빛이 있다(161항). 본질적으로 영계의 빛은 살아 있는 것이다. 그러나 본질적으로 자연계의 빛은 죽은 것이다(89항). 세상의 빛은 천계적 빛의 입류에 의해서 밝아진다(88항). 빛은 지혜 안에 있지 않고 밖으로 나와 이해에 속한 사상 안에, 그리고 언어 안에 있다(95항). 사람의 빛은 신령진리이다(383항). 영적 빛은 세 계도를 통해 사람에게 입류한다(242-247항). 빛은 지혜에 대응한다(32항). 영적 빛은 믿음에 속한 진리이다(83·84항). 성경말씀에서 빛은 주님의 신령지혜를 뜻한다(38·98항). (제2부 참조)

뱀(serpent)
그것들의 근원(339·341항).

빨간색(赤色·red)
빨간색은 사랑에 대응한다(380항).

뼈(骨質·bone)
어떻게 형성되나(304항).

人

사람(人間·Man)
사람은 생명의 수용그릇이다(4·68항). 아버지에게서 비롯된 사람의 수태는 생명의 잉태가 아니라 다만 제일존재의 수태요, 생명을 받을 수 있는 순수한 형체의 수태일 뿐이다(6항). 수태에 의한 사랑의 시초 또는 원시적 형체의 성질(432항). 한 사람은 얼굴이나 육체로 말미암아 사람이 아니라, 이해와 의지로 말미암아 사람이다(251항). 사람은 하나의 동물로 태어나지만 사람이 된다(270항). 모든 사람은 그의 마음의 내면적 측면에서 영이고, 또 영들이나 천사들이 있는 영계에 있다(90·92항). 사람의 영이 곧 사람이다. 왜냐하면 그것은 주님에게서 비롯된 사랑과 지혜를 수용하는 것이기 때문이다(287항). 모든 사람 안에는 두 종류의 계도가 있다(225·236항). 주님에게 있는 높이의 세 계도는 무한하고, 지음을 받지 않는 것이지만, 사람 안에 있는 세 계도는 유한하고 지음을 받은 것이다(230-235항). 사람에게서는 발산의 파장(後光)이 계속적으로 나온다(293항). 사람은 모든 선용의 형체이고, 창조된 우주 안에 있는 모든 선용은 사람 안에 있는 선용들에 대응한다(298항). 영적인 사람·자연적인 사람·영적 자연적인 사람(250-255항). 영적인 사람은 자연적인 사람과 전적으로 분별되고, 그들 사이에는 원인과 결과 사이에서와 같은 것 이외의 다른 교류는 없다(251항). 자연적인 사람은 영적인 사람의 하인이고 종이지만, 영적인 사람은 그 사람의 주인이고 상전이다(249항). 사람은 짐승과 어떻게 분별되나(247항). 하나님은 사람(a Man)이시기 때문에 몸과 또 그것에 관계되는 모든 것을 소유하신다(18항).(제3부·제5부 참조).

사랑(愛·love)

사랑한다는 것은 자신 안에서 다른 사람의 기쁨을 느끼는 것이다. 그러나 다른 사람 안에서 나 자신을 느끼지만 나 자신 안에 다른 사람의 기쁨을 느끼지 않는 것은 사랑하는 것이 아니다(47항). 사랑은 사람의 생명이다(14·358·368항). 모든 사랑의 본질은 결합으로 이루어진다(47항). 사랑의 결합은 상호교호적이다(48항). 사랑은 자기 자신의 것이 다른 사람의 것이 되는 데 있다(47항). 사랑은 선용을 목적삼고, 그것을 지향하며, 지혜에 의하여 그것을 이루는 것이다(297항). 사랑 홀로는 실재가 없는 존재와 같다(139항). 사랑과 지혜는 실질적으로, 또 구체적으로 실체요 형체이며, 그것은 주체 자체를 이룬다(40·224항). 천적 사랑은 주님사랑 즉 선에 속한 사랑이다(426·427항). 이 사랑 안에 있는 사람들은 그들의 생명에 각인된 지혜를 갖는다(427·428항). 사랑과 지혜는 추상적인 것이 아니고; 그것들은 주체 밖에서는 있을 수 없고, 이것들의 상태로만 가능하다(209·224항). 주님사랑은 성경말씀의 계율을 삶에 적용시키는 것 이외의 다른 것이 아니다. 그것을 요약하면 악이 지옥적이고 악마적이기 때문에 악을 끊는 것이고, 선은 천계적이고 신령하기 때문에 행하는 것이다(237항). 이 사랑은 선용을 행하는 것에 속한 사랑을 뜻한다(426항). (141·142·427항 참조). 영적 사랑은 이웃을 향한 사랑이고, 또한 진리에 속한 사랑이다(426·427항). 영적 사랑 안에 있는 사람들은 그들의 생명에 각인된 총명을 갖는다(427·428항). 이웃사랑은 선용에 속한 영적 사랑이다(237항); 그 사랑은 선용에 속한 사랑을 뜻한다(426항). 자연적인 사랑은 자아애와 세간애에 속한 사랑이다(416·424항). 자연적인 사랑은 영석인 사랑에서 분리된다(424항). 자아애와 세간애는 지옥적인 사랑이다(396항). 창조에 의하여 자아애와 세간애는 천적이었다. 왜냐하면 이 사랑은 한 집의 기초석처럼 영적 사랑을 섬기는 자연적인 사람에 속한 사랑들이기 때문이다(396항). 자연적 영적 사랑(429항). 관능적 자연적 사랑(419항). 관능적 사랑(424항). 자아애에서 비롯된 지배욕(支配欲·the love of ruling)과 선용에 속한 사랑에서 비롯된 지배욕

(142·424항).

사랑과 지혜(love and wisdom)
모든 신령한 일에는 사랑과 지혜의 합일(合一·union)이 있다. 그것으로 말미암아 그것은 영구불멸성(永久不滅性), 즉 그것의 영원성을 지닌다(36항).

사물(死物·생명이 없는·dead)
자연계의 태양에서 비롯된 그 근원에서 파생된 모든 것은 죽은 것이다(157항). 죽었다는 것은 자기 자신으로부터는 전혀 움직일 수 없고, 살아 있는 것에 의존할 뿐이다(157항). 마음이 지옥인 사람은 죽었다고 말한다(276항).

사상·생각(思想·thought)
생각은 공기 보다 더 순수한 대기에 의한 것을 제외하면 불가능하다(176항). 생각은 내적 시각 이외의 아무것도 아니다(404항). 사상은 지혜와 이해에 관계된다(363항). 목적에 속한 지각인 가장 내적인 사상은 생명에 속한 첫번째 결과이다(2항). 정동과 사상은 실체와 형체이지 결코 실제적이고 능동적인 실체나 형체에서 비롯된 추상적인 본체는 아니다(42·316항). 영적인 사상은 자연적인 사상과 공통적인 것은 아무것도 없다(163항). 눈에서 비롯된 사상은 이해를 가로막지만 이해에서 비롯된 사상은 눈을 열어준다(46항). 사랑에 속한 정동은 사상을 낳고, 그리고 사상은 호흡을 낳는다(412항). 사상은 폐장에, 그리고 폐장을 통해서 언어에 흘러든다(391항). 사상은 폐장의 호흡에 대응한다(383항). 정동 참조.

사지(四肢·팔다리·member)
사람의 사지·조직·내장(22·370·377·384·385·408항).

사탄(satan)
사탄이라고 일컫는 모든 악한 계교(計巧)로 남의 소유를 빼앗으려는 사랑이 있다(273항). 교활한 극악과 음흉을 "사탄의 패거리"라고 부른다(273항). 악마 참조.

사회(社會·socity)
천계에서는 천계적 사랑의 등차(等次)에 따라서 여러 사회들로 나뉜다(141항). 천사적 사회는 두뇌의 내분비선 같이 헤아릴 수도 없이 많이 있고, 또 질서정연하다(366항).

산다(生活·live)
선인이든 악인이든 모든 사람이 영원히 사는 이유(240항). 산다·움직인다·하나님 안에 있다는 내용(301항).

살아 있는 것(living)
생명이 있는 것은 생명이 없는 죽은 것을 자체에 복종케 하고, 그 목적이 되는 선용을 위하여 그것을 처리하지만 그 반대는 아니다(166항). 전자 즉 마음에 천계를 가진 사람을 살아 있다고 한다(276항).

상승(上昇·高揚·오름·ascension)

높이의 계도에 속한 삼겹의 상승 (235항). 상승에는 여섯 계도가 있다. 즉 자연계 안에 셋, 영계 안에 셋이 있다(66·67항).

상태(狀態·state)
 상태는 사랑·생명·지혜·정동·회열에 관해서 서술하고, 또 일반적으로는 선과 진리에 관해서 서술한다 (7항). 사상에 관한 천사적 개념에서 공간이나 시간 대신에 거기에는 생명의 상태가 있다; 공간을 대신해서는 사랑의 상태에 관계되는 것이고, 시간을 대신해서는 지혜의 상태에 관계된다(70항). 살아 있는 상태와 죽은 상태(161항).

상호교환(相互交換·reciprocation)
 상호교환성은 결합하기 위한 필수적인 것이다(115·170항). 무엇이 서로 주고 받기 위한 능력을 주는가(116항). 사랑과 지혜의 상호교환; 의지와 이해의 교환; 선과 진리의 교환(385·410항). 이들의 상호 결합은 사랑에서 비롯된다(411항).

새(bird)
 새는 천사의 정동을 표징한다 (344항). 영적인 것은 낙원의 새와 같다(374항). 지식은 새들에 활착된다(134항). 새들의 놀라운 본능들(353항).

색깔(色彩·color)
 영계에는 모든 종류의 색깔이 있는데, 그 중 붉은색과 흰색이 근본적인 색깔이고, 여타의 색채는 이것들에서, 또는 그 반대의 색깔인 어스레한 불빛이나 검은 빛깔에서 다양하게 파생된 것이다(380항).(348항 참조).

생각한다(think)
 원인과 목적에서부터 생각한다는 것은 보다 높은 지혜의 관점이지만 이것들에 관해서 생각한다는 것은 보다 낮은 지혜의 관점이다. 목적에서부터 생각한다는 것은 지혜에 속한 것이다; 원인에서부터 생각한다는 것은 총명에 속한 것이고, 결과에서부터 생각한다는 것은 지식에 속한 것이다(202항). 감관적으로 또는 물질적으로 생각한다는 것은 자연 그 이상이 아니라 자연에서 비롯된 자연으로 생각하는 것이다 (351항).

생기·활기(生氣·活氣·vivification)
 여호와의 영에 의하여 생기가 일어난다고 언급한 이유(100항).

생명·삶(生命·life)
 존재(存在·Esse) 자체를 여호와라고 부르고, 또는 생명 자체 또는 본질적으로 생명이라고 일컫는다(4·76항). 생명은 신령본질이다(35항). 하나님 홀로 생명이시고, 그분의 생명은 신령사랑과 신령지혜이다(363·400항). 사람의 생명은 바로 사랑 즉 의지이다(1-3·399항). 사랑과 지혜, 거기서 비롯된 의지와 이해는 바로 사람의 생명을 이룬다 (363항). 그것의 첫째원리 안에 있는 사람의 생명은 뇌에 있고, 또 몸 안에 있는 그것의 파생물 안에 있다(365항). 그것의 첫째원리 안에 있는 이같은 생명은 전체 안에, 그리고 모든 부분 안에 있다(366항). 첫째원리에 의한 생명은 모든 부분에서 비롯된 전체 안에, 그리고 모든 전체에서 비롯된 부분 안에 있다(367항). 생명은 형체의 변화에 따라서 자연적인 것에 행동한다(166항). 사람은 생명 그 자체가 아니고, 생명의 그릇일 뿐이다(4항). 영적 생명은 신령존재의 법도에 순응할 때 참 생명이다(248항). 성경말씀에서 생명은 신령사랑을 뜻한다(38항).

생명을 담는 그릇(生命容器·recipient of life)

천사나 사람은 바로 이같은 그릇이다(4-6항). 사람은 하나님에게서 비롯된 것들에 의하여 감동을 받는 정도 만큼, 그리고 그 정동으로 생각하는 정도 만큼 하나의 생명 그릇이다(33항). 창조된 우주의 삼라만상은 신·인(神·人)에 속한 신령사랑과 신령지혜의 수용그릇이다(55-60항).

생산·생성(生産·生成·production)

씨의 생성은 땅에서 비롯된 첫번째 산물이다(312항).

서·서쪽(西·west)

성경말씀에서 서쪽은 주님을 향한 결여된 사랑을 뜻한다(121항). 영계에서 사랑의 제일 낮은 계도 안에 있는 사람들은 서쪽에 있다(121항).

석회질(石灰質·cineritious)

두뇌 안에 있는 석회질과 그것의 됨됨이(316항).

선(善·good)

사랑에서 비롯된 모든 것을 선이라고 일컫는다(31항). 행위 안에 현존을 갖는 모든 것들을 선용이라고 부른다(336항). 모든 선은 사람에 속한 것이다(84·402·406항). 모든 선은 영적 볕에 속한다(253항). 모든 선은 주님에게서 비롯되고, 사람에게서는 선에 속한 것은 아무것도 비롯되지 않는다(394항). 선의 온 능력은 진리에 의한다(406항). 선은 진리 안에서 행동하고, 따라서 진리를 방편으로 행동한다(406항).

선재하는 것(先在·先來·prior thing)

선재하는 것들은 그것들의 첫째 것들로 이루어진다(208항). 선재하는 것은 뒤에 오는 것보다 더 완전하다(204항). 선재하는 것에서 비롯된 후래(後來·posterior)하는 것은 볼 수 있지만 그 역은 아니다(119항).

선물(膳物·gift)

천계에서는 삶에 필요한 모든 것들이 값 없이 선물로 주어진다(334항).

선용(善用·씀씀이·use)

창조에 의하여 주님에게서 비롯된 모든 것들을 선용이라고 부른다

색 인

(298·307·335·336항). 창조의 목적으로써의 모든 선용은 형체 안에 있다(307항). 선용은 영혼과 같고, 그것의 형체는 육체와 같다(310항). 선용은 선에 관계되고, 그것의 형체는 진리에 관계된다(409항). 주님께서는 모든 선용을 가장 궁극적인 것에서 이끌어내신다(310항). 창조된 우주 안에 있는 모든 선용은 사람 안에 있는 선용에 대응한다(298항). 악한 씀씀이는 주님에 의해 창조되지 않았고, 지옥과 더불어 생겨졌다(336-348항). 잘못된 씀씀이(惡用)는 모두 지옥에 있고, 선한 씀씀이(善用)는 모두 천계에 있다(339항). 실제로 존재를 갖는 모든 좋은 것은 선한 씀씀이라고 하고 실제로 존재를 갖는 모든 나쁜 것은 악한 씀씀이라고 한다(336항). 사람이 행하는 선용에서 그것이 영적인지, 자연적인지 어떻게 알 수 있나(426항). 선용을 수행하는 것은 각자의 천직(天職·calling)에 적합한 일을 성실하게, 올바르게, 공정하게, 그리고 믿음직스럽게 행하는 것을 가리킨다(431항). 65-68항, 제4부 참조.

선회·회전(旋回·回轉·gyration)
오른쪽에서 왼쪽으로 도는 회전은 내려가는 것이고, 왼쪽에서 오른쪽으로 도는 회전은 상향하는 것이다. 이것이 내면적인 입류이다(270항).

설교자(說敎者·preacher)
정열에 감동된다(148항).

설명(說明·speaking)
계도에 의한 설명은 추상적이다(196항).

섬유·섬유질(纖維質·fiber)
섬유질의 근원; 그것은 생명의 근원이다(365·366항). 섬유질의 작용(366항; 207·254·367·369·370·400항 참조). 운동섬유(190·192·207·215·254·277항). 신경섬유질(190·192항).

성품·특성·질(性稟·特性·質·quality)
형체 안에 있지 않는 것은 특성을 전혀 갖지 못하고, 특성을 지니지 못한 것은 그 어떤 것도 아니다(15·223항).

세겹(三層·trine)
목적·원인·결과라고 일컫는 세겹이 모든 것 안에 있다고 서술할 수 있다(209·154·167-172·296·301항).

세계·세상(世界·世上·world)
두 세계가 있는데, 영계와 자연계이다(83·163항). 외적인 외현은 전적으로 같지만, 내적인 외현에서 보면 그것들은 서로 전적으로 다르다(163·173·321항). 그것들은 서로 엄연히 분별되지만 대응으로만 오직 교류한다(83항). 영계에는 자연계의 세 왕국 안에서 형체를 취하는 모든 것들이 있다(52·321항). 이 모든 것들은 대응인데, 그것들은 정동에 따라서, 결과적으로 천사의 사상에 따라서 형체를 갖는다(322

항). 영계는 사람들이 있는 곳인데, 사람을 떠나서는 결코 존재하지 않는다. 사람의 내면적인 것들의 측면에서 보면 각 사람은 천사나 영들이 있는 중앙에 있는 영계 안에 있다(92항). 영계는 천계·지옥 그리고 영들의 세계를 포함한다(140· 339항).

세포질(細胞質·cellular)
폐장 안에 있는 세포질의 실체, 그것의 구성(413항); 그것의 두겹 운동(413항).

소리(音聲·sound)
음절을 내어 낱말이 되게 하는 소리는 모두 폐로부터 기관 후두개(喉頭蓋)를 거쳐 나온다(382항). 천사들은 말하는 사람의 음조(音調)로 그의 사랑을, 음절로 그의 지혜를, 낱말의 뜻으로 그의 지식을 인지한다(280항). 짐승들은 그들의 사랑에 관계되는 지식에 따라서 소리만 낸다(255항).

소박한 사람(素朴·simple)
소박한 사람은, 자기 스스로 지혜 안에서 우월하다고 생각하는 사람들 보다 선이 무엇이고, 진리가 무엇인지를 보다 더 명료하게 이해한다(361항).

소우주(小宇宙·microcosm)
사람은 그의 이해와 의지의 측면에서 한 세계(a world) 또는 소우주라고 부를 수 있다(251항). 사람은 옛 사람들로부터 그렇게 지칭되었다(323항). 현대에서는 사람이 그렇게 지칭된 이유를 알지 못한다(319항).

소천질체(작은 샘 체·小泉質體· glandular substance)
두뇌의 작은 샘 질체와 그것을 구성하는 것(366항).

손(手·hand)
성경말씀에서 손은 능력(權能)을 뜻하고, 오른손은 보다 우월한 능력을 가리킨다(220항). 여호와의 오른손의 일은 신령사랑과 신령지혜에 속한 일을 뜻한다(590항). 서품식에서 손을 얹는 이유(220항).

수단(手段·方法·means)
사람이 선을 이룰 수 있는 수단은 이미 마련되어 있다(425·171항). 목적은 수단을 한정한다(261항).

수용그릇(受容容器·receptacle)
(191·223항 참조). 주님은 사람 안에 의지와 이해라고 일컫는 두 수용그릇을 창조하시고 형성하였는데, 그것은 또한 주님 자신을 위한 거처이다; 의지는 주님의 신령사랑을 위해, 이해는 주님의 신령지혜를 위한 것이다(358−361·364·410항). 세 계도 안에 수용된 신령사랑과 신령지혜(242항).

수용·받아들임(受容·receive)
빛에 속한 것보다 별에 속한 것을 더 많이 받는 것과 그 반대(101항). 사람은 셋째 계도에 이르기까지 지혜를 받을 수 있으나, 그러나

색 인   397

악이 죄이기 때문에 멀리하고, 주님을 우러르지 않으면 사랑은 받을 수 없다(242항).

수태(受胎·孕胎·conception)
아버지로 말미암은 사람의 수태는 생명의 수태는 아니다(6항).

숨·호흡(呼吸·respiration)
어떻게 이루어지나(176·412항). 사람은 두 종류의 호흡이 있는데, 하나는 영적인 몸에 속한 호흡이고, 다른 하나는 육체에 속한 호흡이다; 그것들은 각각 무엇에 의존하나(412·417항). 사람 안에 있는 영적 호흡은 육체에 속한 호흡에 흘러들고, 그리고 그것을 일어나게(生成)한다(390·391항). 그것들 사이에는 대응이 있다(390항). 이 둘의 호흡은 분리될 수 있고, 결합될 수도 있다(415·417항). 사상은 호흡을 생성시킨다(412항). 천사나 영들도 사람이 하는 것과 꼭같이 숨을 쉰다(176·391항). 폐장의 호흡은 이해에 속한 시각과 사상에 대응한다(420항).

숨쉰다(呼吸·breath)
사람들이 영혼 또는 영을 바람, 또는 폐장으로부터 입김처럼 불어오는 것과 같은 기체로 믿는 이유(383항). 주님은 "생명의 기운"이라고 불리웠다(383항).

숭배(崇拜·敬拜·adoration)
숭배와 예배는 마음의 부드러움과 겸비(謙卑)에서 비롯된다(335항).

스베덴보리(Swedenborg)
그는 영의 시각이 열려서, 영계의 사물을 보았고, 그 뒤에는 그 세계에 관해서 저술하였다(85·355항). 그는 태양이신 주님을 뵈었다(131항). 천계의 온 사회는 하나의 천사로 그에게 나타나보였다(79항). 그는 천계에, 그리고 천사들에게 올리워 갔고, 그 때는 육체를 떠난 영체 안에 있었다(319·394항).

시각(視覺·sight)
시각은 공기 보다 더 순수한 대기에 의해서만 오직 가능하다(176항). 시각은 그것의 유기체에서 비롯된 휘발성의 그 어떤 것이 아니라, 그것의 실체나 형체에서 살핀다면 기관 자체이고; 자극을 받으면 감각이 유발한다(41항). 시각은 주체인 눈에 있는 것이고, 주체의 느낌이다(41항). 시각은 눈에서부터 저편에 있는 대상물에 가지 않고, 저편에 있는 대상물의 형상이 눈에 들어와서 그것의 실체의 형체를 지극한다(41항). 감관은 두뇌와 같이 하는 섬유질을 통해서 즉시 교류하고, 거기서부터 그것의 감각적이고, 적극적이고 실제적인 삶을 유발한다(365항). 육체적 시각의 조잡하고 우둔함(352항). 감각 참조.

시간(時間·hour)
성경말씀에서 시간은 상태를 뜻한다(73항).

시간(時間·time)
시간은 자연에 속한 고유속성이

다(69·73·161항). 시간의 측정(73항). 영계에서 생명의 진전과정은 시간 안에 있는 것처럼 보인다; 그러나 거기서는 상태가 시간을 결정하기 때문에 시간은 오직 외현(外現)일 뿐이다(73항). 거기의 시간은 상태의 질 이외의 아무것도 아니다. 영계에서의 시간은 자연계에서와 같이 고정되지 않고, 생명의 상태에 따라서 변하는 가변적이다(70항). 정동에서 비롯된 사상과 더불어 시간은 일체를 이룬다(74항). 공간 참조.

시간의 측량(時間測量·measure of time)
그 근원(73항).

시리즈·계열(系列·series)
한 사물은 세겹(三重)의 계열 안에 있는 다른 것에서 비롯된다(212항). 각각의 계열에 속한 궁극적인 것은 모든 선재(先在)하는 것의 복합체요, 수용그릇이다(215항).

시민법적인 사물(civil matters)
시민법적인 사물은 추상적인 것이 아니라 오히려 실제적이다. 그것은 실체인 주체를 떠나서는 존재하지 않지만, 그러나 그것은 주체의 상태이다(209항).

시초·초생(始初·初生·primitive)
사람의 시초는 아버지에게서 비롯된 종자이다. 그것에 의해 수태가 이루어진다(432항). 수태 뒤 자궁 안에 있다(432항).

식물(植物·vegetable)
식물의 형체와 그것들이 비롯된 것, 어떻게 그것들이 생성되나(314·340·346·351항). 그것들 안에는 두 계도가 있다(225항). 그것들 생성 안에 있는 놀라운 일들(60·61·340항). 후광(後光·the wave of effluvia)은 식물에서 계속적으로 발산된다(293항).

식물계(植物界·vegetable kingdom)
식물계 안에 있는 선용의 형체들(314항). 식물계에 속한 모든 것들에서 사람에 관계되는 것이 일어난다(61항).

식욕(食欲·欲望·appetite)
식욕은 사랑 즉 의지에서 비롯된 파생물이다(363항).

신경(神經·nerves)
그것의 구성(190·192·366항). (197·388항 참조).

신령(神靈存在·神性·the Divine)
신령존재는 하나이고, 나눌 수 없다(4항). 신령존재는 공간을 초월해 있지만 우주의 공간을 가득 채운다(無所不在)(69-72항). 그것은 시간을 초월해 있지만 모든 시간 안에 있다(73-76항). 그것은 최대의 것이나 최소의 것 안에서 동일하다(77-82항). 개별적이든 전체적이든 피창조된 우주의 모든 것들 안에 있다(59·60항). 신성은 하나의 주체 안에 있는 경우와 다른 주체 안에 있는 경우와 서로 다르지 않다. 다만 지음을 입은 주체가 서

색 인

로 다를 뿐이다(54항). 신성은 다양하지도 않고, 변하지도 않는데, 따라서 어디에서나 언제나 꼭같다(77항) (하나님 참조).

신령본질(神靈本質·Divine Essence)
창조주이신 신령본질은 신령사랑과 신령지혜이다(33항). 그것은 한 몸이다(35항).

신령사랑과 신령지혜(Divine Love and Divine Wisdom)
제1부와 제2부 내용 참조.

신령삼일성(神靈三一性·三位一體·trinity)
주님의 신령삼일성을 아버지(聖父·the Father), 아들(聖子·the Son) 성령(聖靈·the Holy Spirit)이라고 부른다. 〔창조적 신령존재〕(the Creative Divine)를 아버지(聖父)라고 부르고, 신령인성(神靈人間·the Human Divine)을 아들(聖子)이라고, 신령발출(神靈發出·the proceeding Divine)을 성령(聖靈)이라고 부른다(146항).

신령생명(神靈生命·Divine Life)
신령생명은 신령본질이고, 하나이다(35항).

신령인간(神靈人間·the Divine Human)
(11·12·233항). 신령삼일성(神靈三一性·三位一體·the trinity)에서 아들(聖子·the Son)이라고 부른다(146항). 신령인간은 모든 창조된 것들 안에 있는 가장 내적 존재이다(285항). 주님의 두 인간성(221항).

신령진리(神靈眞理·Divine Truth)
주님께서는 모세와 예언자들이 주님에 관해서 언급한 성경말씀의 모든 것을 실현하심으로써 신령진리를 주님 자신으로 만드셨다(221항).

신령한 몸(the Divine Body)
신·인(神·人·God-Man)의 신령 몸은 신령실재(Divine Existere)를 뜻한다(14항).

신·인(神·人·God-Man)
신·인은 몸과 몸에 관계되는 모든 것을 갖는다(18항). 이것에서 사람 안에 있는 모든 것과 같은 것들이 비롯되었다(22항). 한 분 신·인에게서 온 모든 것들(23-27항).

신장(腎臟·kidney)
두 개가 있는 이유(384·409항). 신장을 내적으로 살피면 신장의 경이로운 것과 내면적으로 완전함이 있다(201항).

실재·현현(實在·顯現·existere)
실재는 존재(Esse)가 있는 곳을 가리킨다. 전자는 후자를 떠나서는 불가능하다(14항). 존재로 말미암아 존재하는 것은 존재와 더불어 하나를 이룬다(15항).

실재(實在·subsistence)
우주나 또 그것에 속한 삼라만상의 실재는 영적 태양에서 비롯되었

다. 실재는 영속적인 존재이다(152
·153항).
실재·실체(實在·實體·entity)
추상적 실체(43·210항).
실체(實體·substance)
본질적으로 실체는 유일한 실체이다(197·300항). 본질적으로 실체는 신령사랑이다(44-46항). 삼라만상은 본질적으로 실체인 실체에서 창조되었다(283항). 영적 실체는 움직이지 않는 실체가 되고, 자연계에서는 물질이라고 일컫는 것으로 고정되었다(302항). 땅을 구성하는 실체들(305·306·310항). 자연적인 마음을 구성하는 영적인 실체와 자연적인 실체(257·388항). 두뇌 안에는 사상과 정동의 수용그릇과 주거지인 유기적인 실체가 있다(191·192·197항). 실체는 형체를 떠나서는 그 존재가 불가능하다(209·229항). 실체와 형체(41항).
실체화(實體化·具體化·substantiated)
너무나 단순하기 때문에 보다 작은 형체에서부터 하나의 형체가 생길 수 없다는 실체로부터 실체화된 또는 구성되는 어떤 것도 생겨질 수 없다(229항).
심사숙고(深思熟考·reflection)
심사숙고는 지혜 즉 이해와 관계된다(363항).
심실(心室·ventricle)
심장의 심실; 그것이 두개 있는 이유(384·409항). 오른쪽 심실(405항). 왼쪽 심실(401·405·420항).
심장(心臟·cardiac)
사랑이 지배하는 천계의 나라를 심장의 나라(王國)라고 한다(381항). 이 나라는 주님에게서 비롯된 사랑과 지혜의 혼인 안에 있는 사람들에 의해 표징된다(427항). 육체 안에 있는 심장과 폐장의 운동(391·392항).
심장·마음(心臟·heart)
심장과 폐장은 생명이 갖는 두 운동의 근원이다(291항). 심장이 움직이는 동안 그것의 생동적인 별으로써의 사랑은 남아 있고, 또 생명은 보존된다(390항). 심장은 불연속 계도에 따라서 보다 내면적으로 완전해진다(201항). 의지는 심장에 대응한다(378항). 심장은 사랑 즉 선에 대응한다(402항). 성경말씀에서 심장은 의지에 속한 사랑을 뜻한다(383항).
심장수축작용(心臟收縮作用·systole)
심장의 수축과 확장의 운동은 각자의 사랑의 정동에 따라서 변하고 다양화한다(378항).
심장 확장(心臟擴張·diastole)
심장 수축작용(systole) 참조.
심판한다(審判·judge)
성경말씀에서 "사람은 그의 행위에 따라서 심판받을 것이다"는 말쏨이 언급된 이유(281항).

쌍(雙·pairs)
사람에게 있어서 인체의 모든 것들 안에 쌍으로 있는 이유(127·384·409항).

쌍을 이루지 않는 관(기정맥·azygos vena)
(405항 참조).

씨(種子·seed)
아버지에게서 비롯된 씨(種子)는 생명의 첫번째 그릇에 지나지 않으며, 이러한 그릇은 아버지에게 이미 있었던 것이다(269항). 씨의 생성은 그것들이 아직 새롭고 단순한 상태에 있을 때에 땅에서 비롯된 첫번째 생성이다(312항). 씨에는 그들 자신을 무한히, 그리고 영원히 증대시키고 열매 맺는 애씀(努力)이 있다. 내면적으로 그것들은 불연속 계도에 따라서 보다 더 완전해진다(201항).

ㅇ

아담(Adam)
(287·325항). 아담에 관한 오류들(117·269항).

아름다움(美·beauty)
그들의 아름다움은 곧 그들의 사랑의 형체이다(358·411항).

아이디아·개념·생각(idea)
영적 개념과 자연적 개념(7·294·306항). 영적 개념은 공간(空間)에서는 비롯되지 않지만 그러나 그것의 모든 것들은 상태에서 유래된다. 자연적 개념에는 공간개념이 있는데, 그 이유는 그것이 이 세상에 있는 것과 꼭같은 것들에서 형성되기 때문이다(7항). 자연적인 것과 영적인 개념은 높이의 계도에 따라서 다르다(294항). 모든 천계 안에는 하나님이 사람(a Man)이다는 개념 이외의 다른 개념은 없다. 마찬가지로 신령인간의 개념이 있다(11항). 영계의 모든 민족은 사람으로써의 하나님의 개념에도 따라서 배분된 주거지를 차지한다(13항). 사상에 속한 개념들(1·69·71·223·224항). 자연계에서 사람은 그의 사상에 속한 개념을 형성하고, 그것에 의하여 공간과 시간에서 비롯된 그의 이해를 형성한다(69항).

아침(朝·morning)
성경말씀에서 아침은 교회의 첫 상태를 뜻한다(73항).

악(惡·evil)
악의 근원은 사람의 합리성과 자유의 오용(誤用)에서 비롯되었다(264-270항). 사람에게 있는 확증된 악과 거짓은 영속적이다. 그리고 그의 사랑과 생명에 속한 것이 된다(268항). 모든 악들과 그것들의 거짓들은 물려받았든, 터득하였든 모두가 자연적인 마음 안에 자리잡고 있다(27항). 악과 거짓은 전적으로 선과 진리에 반대이다(271항) (유전악 참조).

악마(惡魔·devil)
자아애(自我愛)로부터 비롯된 지배욕(支配欲)을 악마라고 부른다. 그리고 그 사랑에서 생긴 사상과 더불어 거짓의 정동을 그들의 패거리라고 부른다(273·424항)(사탄 참조).

악어(crocodile)
그것들의 근원(339·341항).

악의·앙심(惡意·malignity)
악의는 영적인 마음이 닫혀진 정도에 따라서 점증한다(269항).

알(egg)
알 안에 있는 씨에 의한 번식(342·347·351항).

앗수르·앗시리아(Ashur·Assyria)
성경말씀에서 앗수르나 앗시리아는 총명(聰明·理智) 측면에서의 교회를 가리킨다(325항).

약초·향료식물(herb)
독초와 그것의 근원(338·339·341항).

약혼(約婚·betrothal)
사랑 즉 의지와 지혜 즉 이해와의 약혼(402항).

얼굴(顔面·face)
그것들의 무한한 다양함(318항). 천사의 얼굴은 변함없이 동쪽의 태양을 향한다(129항).

업적·행위(業績·行爲·works·deeds)
자연적인 마음의 세 계도 안에 있는 모든 것들은 행위 안에서 포함된다(277-281항). 사람의 행위에서부터 우리들은 그 사람의 의지에 속한 사상에 관해서 판단한다(215항). 인애와 믿음에 속한 모든 것들은 선한 업적 안에 현존한다(214-20항). 이런 이유 때문에 "업적"은 성경말씀에 자주 거명된다(215·220항).

에덴(Eden)
에덴 동산은 지혜와 총명의 측면에서 사람을 가리킨다(325·422항).

에텔(ether)
(176·183·223·374항).(대기 참조).

여름(夏·summer)
성경말씀에서 여름은 교회의 충만한 상태를 가리킨다(407항).

여우(fox)
그것들의 근원(339항).

여호와(Jehovah)
여호와는 존재 자체시고, 지음을 입지 않은 존재이시고, 무한존재이시다(4항). 우주의 창조주 하나님을 "여호와"라고 일컫는데, 그 뜻은 존재한다(to be)는 동사에서 왔다. 왜냐하면 그분 홀로 존재하기(is) 때문이다(282·100·151항). 신약성경에서 여호와는 주님으로 불리웠다(282항).

연골(軟骨·cartilage)
어떻게 형성되나(304항).

색 인   403

연속(連續·continuity)
입류는 연속에 의해 이루어지지 않고 대응에 의해 이루어진다(88항). 하나님으로부터 연속된 것은 하나님이다(55항).

연장(延長·接近·contiguity)
창조된 것들은 연속적인 것에 의하지 않고 연장에 의하여 주님과 결합할 수 있다(56항).

열대지방의 뱀·도마뱀(basilisk)
그것들의 근원(341항).

열매·과일(fruit)
모든 열매는 불연속 계도에 따라서 내면적으로 보다 완전하다(201항). 발산의 파장(後光)은 열매로부터 끊임 없이 발산된다(293항).

영(靈·spirit)
영들의 세계에 있는 사람들을, 만약 그들이 천계를 준비하고 있으면 천사적 영이라고 부르고, 지옥을 향하고 있으면 지옥적 악령이라고 부른다(140항). 성경말씀에서 "영"은 이해나 이해에 속한 지혜를 기리긴다(383항). 관능적인 영(424항). 동물의 영과 그 됨됨이(423항). 성령(聖靈·the Holy Spirit)은 주님에게서 발출된 진리자체이다(149항). 성령은 주님이시지, 다른 인격으로 계시는 하나님이 아니다(359항). 성경말씀에서 "성령"과 "하나님 영"은 신령지혜, 그러므로 사람의 빛인 신령진리를 가리킨다(383·149항).

영광(榮光·glory)
영광은 불꽃의 밝음 같이 각자의 사랑을 둘러싼다(266항). 주님께서는 경배를 받고, 예배를 받고, 광영을 받으셨는데, 그것은 그분 자신의 광영 때문이 아니라 사람을 위한 목적 때문이다(335항).

영광·광영화(榮光·榮光化·giorification)
주님의 광영화(234항). 그것의 설명(221항).

영기·국면(靈氣·局面·sphere)
에워싸고 있는 영기(291항). 영계에 있는 모든 사람은 그의 몸에서 분리되어 자유로운 상태에 있는 실체를 구성하는 영기에 의하여 둘러싸여 있다(292항). 영기는 이 세상에 나타나 보이는 모든 것들에서도 흘러나온다(293항). 모든 천사들은, 둘러싸고 있는 것에서 비롯된 정동이나 사상의 영기를 멀리 또는 가까이 있는 다른 사람에게 그의 현존을 드러내 보여준다(291항).

영들의 세계(the world of spirits)
모든 사람은 사후 천계와 지옥 중간에 위치한 영들의 세계에 제일 먼저 들어간다(140항).

영속(永續·不滅·perpetuity)
모든 신령한 작품에 속한 영원불멸성은 사랑과 지혜의 합일(合一)에서 비롯된다(36항).

영역(領域·providence)
온 천사적 천계는 사람의 사지

(四肢)·내장·조직에 따라서 구역과 영역으로 나뉘인다(288항).

영원성(永遠性·eternity)
천사를 위한 영원성(76항).

영적인 불(spiritual fire)
천사들 앞에 태양으로 보이는 영적 불꽃[실체]는 주님의 사랑과 지혜에서 비롯된 첫째 발출(發出·the first proceeding)이다(97항).

영적 존재·영적인 것(靈的 存在·the spiritual)
태양이신 주님에게서 발출된 볕과 빛은 가장 높은 뜻으로는 영적 존재라고 일컫는다(100항). 영적인 것은 그것의 태양으로부터 자연의 궁극적인 것에까지 세 계도를 통해서 흘러든다(345항). 가장 낮은 영적 존재 즉 영적 자연적인 것은 그것의 보다 높은 부분에서 분리될 수 있다(345항). 악한 씀씀이(惡用)는 그것 보다 우위에 있는 것에서 분리된 가장 낮은 영적인 것에 의해서 땅에서 일어난다(345항). 영적인 것은, 마치 살아 있는 것이 죽은 것에 추진력을 가하듯이 자연에게 활동하도록 추진력을 가한다(340항). 영적인 것은 땅에서 비롯된 물질로 그것들을 채우는 식물이나 동물의 형체를 만들어내고, 또 그것들이 정착하고 유지되도록 한다(340항). 영적인 것은 영적인 몸을 제공하고 물질적인 것은 물질적인 몸을 이룬다(343항). 자연적인 사람과 영적인 사람(251항). 영적인 것은 실체이고, 추상적이 아니다; 그리고 그것들은 실체인 주체를 떠나서는 불가능하고, 그러나 그것은 주체의 상태 즉 실체이다(209항).

영혼·얼(靈魂·soul)
존재 자체 안에 있는 영혼은 사람 안에 있는 주님에게서 비롯된 사랑과 지혜이다(395·398항). 육체를 떠난 영혼이나 영혼을 떠난 육체는 존재할 수 없다(14항). 모든 사람의 영혼은 이 세상에 있을 때 가지고 다니던 물질적 덮개를 벗은 뒤에는 영적인 몸(靈體) 안에 있다(14항). 식자(識者)들은 사람의 육체 안에 있는 영혼에 관한 연구에 어떤 결실을 맺지 못하였다(394항). 영혼은 어떻게 몸에 작용하고, 모든 그것의 운용을 관장하나(398-431항). 짐승의 영혼(346항). 성경말씀에서 "영혼"은 이해 또는 이해에 속한 지혜를 가리킨다(383항).

오류·허위(誤謬·虛僞·fallacy)
악인이나 단순한 사람에게 흔히 있는 오류는 일단 확증된 외현에서 생겨진다(108항).

오른쪽(右·right)
성경말씀에서 "오른손"은 보다 월등한 능력(能力)을 뜻한다(220항). "하나님의 능력과 권능의 오른쪽에 앉는다"는 말씀은 모든 능력을 갖는다는 것을 뜻한다(221항). 천사나 사람에게서 오른쪽은 지혜에서 비롯된 사랑 즉 진리에서 비롯된 선에 대응한다(127·384·409항).

오용(誤用·misuse)
사랑 보다 위에 이해를 올리는 능력의 오용(395항). 선용의 오용이 선용을 없애는 것은 아니다(331항).

올빼미·부엉이(owl·screech owl)
그것의 근원(339항).

완성(完成·完璧·perfection)
완성 자체는 주님 안에 있고 또 영적 태양 안에 계신 그분에게서 비롯된다(204항). 모든 완성은 계도에 따라서 그리고 계도에 일치하여 증대하고, 상승한다(199-204항). 힘의 완성은 생명에 의해 작용하고 움직이게 되는 모든 사물의 완성이다. 그러나 그 안에 생명이 있는 것은 아니다(200항). 생명의 완성은 의지와 이해의 완성을 가리킨다(200항). 형체의 완성과 힘의 완성은 한 몸을 이룬다(200항). 우주의 완성은 어디에서 오나(227항).

왕국(王國·kingdom)
천계에는 두 왕국이 있는데, 하나는 천적 왕국이고, 다른 하나는 영적 왕국이다(101·232·381항). 천적 왕국은 천계의 심장적 왕국이라고 일컫고, 영적 왕국은 천계의 폐장적 왕국이라고 일컫는다(381항). 이것들에게서 이 세상에 사는 사람들이 있는 제삼의 왕국이 더해지는데, 이것이 바로 자연적 왕국이다(232항). 광물·식물·동물의 왕국(61·65·313-316항).

외관·유사(外觀·類似·resemblance)
인류의 외관은 그의 조상과 닮았다(269항).

외면적인 것(exteriors)
마음의 외면적인 것들은 육체의 외면적인 것들과 더불어 하나로 행동한다(136항).

외이·귀바퀴(外耳·auricle)
(403·408항 참조).

외적인 것(externals)
천사의 모든 외적인 것들은 내적인 것들에 대응한다. 그러나 대응은 영적인 것이지 자연적인 것은 아니다(87항).

외피(外皮·皮質·cortical)
두뇌의 외피의 실체와 그것들의 됨됨이(366·373항).

외현·겉모양(外現·apperence)
외현은 사람의 마음이 사람의 이해를 이루는 첫째의 것인데, 마음이 원인을 규명할 때만 이 외현을 떨어버릴 수 있다(40항). 외현이 외현으로 머물러 있는 한 그것들은 진리처럼 나타나 보이지만, 그러나 그것들이 참된 진리로써 수용될 때 그것은 모두가 거짓과 허위로 바뀐다(108항). 외현에서 비롯된 말의 결과(349항).(7·10·73·109·110·113·125·363항 참조).

왼쪽(左·left)

천사나 사람의 왼쪽은 모두 사랑에서 비롯된 지혜 또는 선에서 비롯된 진리에 각각 대응한다(127·384·409항).

욕망·바람(欲望·desire)

욕망은 사랑에서부터 파생한 것이다(363항).

우주(宇宙·universe)

일반적으로 우주는 두 세계 즉 영계와 자연계로 나뉜다(163항). 선용의 측면에서 보면 우주는 하나님의 형상이다(64·169항). 우주 안에 있는 삼라만상은 신·인(神·人)에 속한 신령사랑과 신령지혜의 수용그릇이다(55항). 우주 안에 형체를 취하고 있는 개별적인 것과 또 모든 것은 사람의 개별적인 것과 모든 것에 대응한다(52항). 제4부 참조.

운동(運動·動作·motion)

운동은 힘에 의해서 일어나고, 그것은 활력소의 가장 외적인 계도이다; 운동을 통해서 활력소는 그것의 힘을 발휘한다(218항). 운동 안에는 실제적인 힘을 떠나서는 어떠한 본질적인 것은 아무것도 없다(197항). 사람 안에 살아 있는 동작은 이해에 결합된 의지에 살아 있는 힘을 통해서 생성된 행동이다(219항). 활력소와 동작은 불연속 계도에 의하지 않고서는 달리 결합되지 않으며, 그것의 결합은 연속에 의하지 않고, 대응에 의한다(218항). 심장과 폐장의 운동(381항). (노력과 힘 참조).

원리·원칙(原理·原則·principle)

사람 안에 있는 제일원리는 사랑과 지혜의 수용그릇이다(369항). 제일원리 안에 있는 생명은 의지와 이해를 뜻한다(365항). 의지와 이해는 두뇌 안에 있는 그것들의 제일원리 안에 있다(365·387·403항). 제일원리 안에 있는 생명이 이러하면 전체나 부분 안에 있는 것도 그러하다(366항). 제일원리를 방편으로 생명은 부분에서 비롯된 전체 안에, 또 전체에서 비롯된 부분 안에 있다(367항). 선(內分泌腺) 같이 보이는 두뇌 안에 있는 제일원리, 그리고 그것들의 다수는 별들의 다수에 비교된다(366·373항).

원인(原因·cause)

원인은 그것에서 비롯된 목적과 또 그것 안에 들어 있는 결과 없이 홀로는 불가능하다(167항). 주된 원인은 그것과 더불어 하나(一體)가 되지 않는 한 중간적 원인으로 지각되지 않는다(4항). 계도에 관한 지식이 없으면 원인에 관한 참된 진리를 알 수 없다(188항). 영계 안에 있는 모든 원인들(119항). 목적을 제외한 원인 안에는 본질적인 그 어떤 것도 존재하지 않는다(197항). 원인은 결과를 낳는데, 연속적이 아니라 불연속적이다(185항). 원인은 결과를 밝혀 보여준다(119항). 원인에서 비롯된 결과를 안다는 것은 지혜롭게 되는 것이지만, 그러나 결과로부터 원인을 찾는다는 것은 지혜롭게 되는 것이 아니다(119항). 원인은 결과의 방편에 의한 것을 제외하면 비록 명료하지 않지만 합리적으로 알 수 있다(375항).(목적과 결과 참조).

원천·근원·샘(源泉·根源·fountain)
사람의 생명에 속한 모든 것의 원천은 신령사랑과 신령지혜이다(33항).

위·밥통(胃·stomach)
감관만으로 사람은 위를 둘러싸고 있는 헤아릴 수 없이 많은 것들에 관해서 아무것도 모른다(22항). 위가 어떻게 폐장과 연결되나(408항).

위축(萎縮·縮小·contraction)
영적 계도의 위축은 나선(螺旋)이 반대방향으로 꼬이는 것과 유사하다(254항).

유기적(有機的·organic)
유기적인 실체(191·192·197·200항). 유기저 형체(208항).

유기체·조직체(有機體·organization)
의지와 이해의 유기체(373항).

유일무이(唯一無二·the Only)
그것으로부터 그밖의 모든 것이 나온 것을 유일무이라고 일컫는다(45항). 모든 것 안에서 제일존재는 다음 것 안에서 홀로 정상이 된다. 사실 그것은 그것들 안에서 오직 하나이다(197항).

유전악(遺傳惡·hereditary evil)
유전악은 조상, 따라서 조부와 조모에게서부터 후손들에게 계속적으로 이어진다(269항). 유전적 모독(冒瀆)은 보다 높은 계도를 열지 않고서는 옮겨지지 않는데, 높은 계도는 바로 주님으로부터 사랑과 지혜를 수용하는 그릇이다(432항).

육체·몸(肉體·身體·body)
사람의 육체는 느끼고 행동하는 마음의 외적인 것이다(369항). 육체에 속한 모든 것들은 파생물 즉 사랑과 지혜의 수용그릇인 제일원리에서 나온 섬유에 의하여 다함께 엮어졌다(369항). 육체에 속한 모든 것들은 심장과 폐장에 관계된다(372항). 육체의 생명은 그의 영의 맥박과 호흡과 더불어 그 맥박과 호흡의 대응에 의존한다(390항). 육체는 이해나 의지에 대응하는 형체이다(136항). 육체의 구성은 자궁에서 이루어진다(400항). 사람의 육체들은 오직 양계의 태양 아래에서만 시작될 수 있고, 또 존재할 수 있다(112항). 영적인 몸을 감싸는 피부를 이루는 실체(257·388항). 주님께서는 그 어떤 사람과도 다르게 온몸으로 다시 사셨다(221항).

유한(有限·finite)
유한존재는 무한존재로부터 존재할 수 있다(44항).

음부(陰部·loins)
둘이 있는 이유(384·409항).

의도(意圖·意向·intention)
의지에 속한 사상을 의도라고 일컫는다(215항).

의지(意志·will)
의지는 사랑을 담는 그릇이다(360항). 한 사람의 진정한 형체 측면에서 보면 의지는 온전한 그 사람을 가리킨다(403항). 의지와 이해는 서로 엄연히 분별되는데, 마치 사랑과 지혜가 분별되는 것과 같다(361항). 그것들은 추상적인 것이 아니고 실체와 형체이다; 그것들은 실체인 주체를 떠나서는 불가능하다. 그러나 실체의 상태일 뿐이다(209·42항). 그것들은 유기적 형체이다. 즉 가장 순수한 실체에서부터 이루어진 실체이다(373항). 그것들은 둘이 분별되도록 창조되었지만, 그럼에도 불구하고 그것들은 모든 작용이나, 감관에서 한 몸을 이룬다(395-397항). 의지는 이해를 선도(先導)하고, 그것 자체와 한 몸처럼 행동하는 원인이기도 하다(244항). 의지는 심장에 대응한다(378항). 제5부 내용 참조.

이기적인 것(selfhood)
사람의 것과 같은 천사의 이기적인 것은 악이다(114항).

이단사설(異端邪說·heresy)
지독한 이단사설(130항). 모든 이단사설은 그것의 지지자들에 의해 굳혀진다(267항).

이리·늑대(wolf)
그것들의 근원(339항).

이마(forehead)
사람이 마음을 쓰고 생각할 때 이마에 집중시킨다(365항).

이성(理性·reason)
인간 이성에 속한 모든 것들은 하나님이 한 분이시다는 점에서 하나가 되고, 집약된다(23항). 인간 이성이 의존하는 것(23항). 사람의 이성은 그것의 근원에서 비롯된 한 사물을 보는 것이 없이는 동의하지 않는 성질이 있다(291항). 이성이 어떻게 불건전해지나(23항).

이해(理解·understanding)
이해는 지혜의 그릇이다(360항); 또 총명의 그릇이다(430항). 그것은 유기적 형체, 즉 가장 순수한 실체에서 만들어진 형체를 갖는다(373항). 사랑을 볼 수 있는 것은 그것에 의한 빛이다(406·96항). 의지는 영적 볕 안에 있지 않을지라도 이해는 영적 빛 안에 있을 수 있다. 이해는 의지를 선도하지 못하지만 의지는 이해에 결합한다(410항). 이해는 폐장에 대응(382-384항). 이지와 사상 참조.

인애(仁愛·charity)
인애는 사람이 주님으로부터 부름 받고(天職), 행하는 모든 공적(功績·works)이고(253항); 정동에 속한 것이다(214항). 인애와 믿음은 교회의 본질이다(253항); 인애와 믿음은 실체요 형체이지 추상적인 것은 아니다. 그리고 그것들은 실체인 주체를 떠나서는 불가능하다. 그러나 그것들은 실체의 상태이다(209항). 인애·믿음·선행(善行·good work)은 불연속 계도 계열 안에 있다(214항). 천사들이 인애라고 일컫는 것은 각자의 직분(職分·calling)에 알맞는 일을 성실하게, 올바르게, 공정하게, 믿음직스럽게 행하는 것이다(431항).

일(work)
모든 신령한 일 안에는 사랑과 지혜의 합일이 있다(36항).

일체·한 분·하나(One)
사랑과 지혜는 오직 한 분(as One)이신 주님에게서 비롯된다. 그러나 천사들은 하나로 받지 않는다(125항). 주님에게서 발출되는 볕과 빛은 하나이다(99항).

입류·흘러듦(入流·influx)
입류는 대응에 의하여 이루어진다. 그러나 이 입류는 계속성에 의해 이루어질 수는 없다(88항). 영계로부터 자연계에는 끊임없는 입류가 있다(34항). 육적인 입류가 영혼에 속한 영적 작용 안에 들어온다는 것은 불가능하다(166항). 입류에 의해 생기는 작용은 식물계와 동물계의 두 형체에 있다(346항). 그 사람의 마음에 속한 사람 안에 있는 생명의 세 계도에 빛의 입류가 있다(245항). 간접적인 입류와 직접적인 입류(233항).

입류하다(入流·流入·flow-in)
영적 마음을 통해서 입류하는 모든 것들은 주님에게서 비롯되고, 반면에 자연적 마음에 입류하는 모든 것들은 세상에서 비롯된다(261항). 입류하는 모든 것들은 수용 형체나 또는 그것들의 상태에 따라서 지각되고, 또 느껴진다(275항).

ㅈ

자연(自然·nature)
본질적으로 그것은 전적으로 자동력(自動力)이 없다(166항). 사람이나 동물에게서 그것은 마치 생명이 있는 것처럼 나타나 보인다. 왜냐하면 그것과 더불어 그것을 자극하는 생명 때문이다(159항). 자연에 속한 모든 것들은 사랑과 지혜에서 비롯된다(46항). 자연은 식물이나 동물의 생성에 그 어떤 것도 공여(供與)하지 못한다(344항). 자연은 아무것도 생산하지 못하고 생산한 적도 없다. 그러나 자연은 신령존재께서 친히 영계를 통해서 모든 것을 생성하셨다(349·356항). 자연에게 놀릴 수 있는 것은, 자연은 자연에 끊임없이 흘러드는 것들을 가득 채우는 영적인 것에 봉사하는 것 이외는 아무것도 없다는 것이다(344항). 모든 것을 자연의 탓으로 돌리는 사람들의 어리석음(162·166항). 영계에서 그들의 상태(357항). 몇몇은 용서받는다(350항).

자연적인 것(自然的·natural)
자연계의 태양에서부터 생성되고,

계속적으로 존재하는 것들 모두를 자연적이라고 부른다(159항). 영적인 것에서부터 그 원인이 비롯되지 않은 자연적인 것은 존재하지 않는다(134항). 자연적인 사람(251항). 영적-자연적인 사람(429항). 감관적-자연적인 사람(144·162·254항). 자연적인 사람이 어떻게 영적인 사람이 되나(248항).

자연적인 마음(natural mind)
마음 참조.

자연주의(自然主義·naturalism)
그 근원(69항).

자유(自由·自由意志·freedom)
자유는 선과 진리를 선택하고, 행할 수 있는 기능으로, 의지에 속한 것이다(240·264·425항). 자유에 의해서 또는 합리심의 덕분으로 사람은 사람이고, 그것들에 의해서 금수와 구별된다(240·264항). 이들 기능들은 사람의 것이 아니고, 사람 안에 있는 주님의 것이다(116·425항). 그것들은 결코 소멸될 수 없다; 그것들은 악한 사람이나, 선한 사람과 더불어 살아 있다(162·240·247·266·425항). 이들 기능들의 선용과 남용(267항). 악을 행하는 자유는 노예쩌이다(425항).

작용(作用·能動·action)과 반충작용(反衝作用·受動·reaction)
작용은 그것의 존재(存在·esse)를 사랑에서 끌어내고, 그것의 질(質·quality)을 총명(聰明·理智·intelligence)에서 끌어낸다(406항).

생명 안에는 오직 작용만 있고, 반충작용은 생명의 작용에 의하여 일어난다(68항). 우주에 속한 큰 것이든 작은 것이든, 또는 살아 있는 것이든 죽어 있는 것이든, 거기에는 작용과 반충작용이 있다(263항). 반충작용이 없이는 작용은 소멸될 것이다(260항). 작용과 반충작용에서 비롯된 모든 것들의 균형(68·263항).

작용·운용(作用·運用·operation)
입류에 의하여 식물이나 동물의 형체에 작용한다(346항).

작은 것(small)
아무리 작은 것이라고 할지라도 그것 안에 계도를 가지고 있지 않은 것은 아무것도 없다(223항).

잠잔다(睡眠·永眠·sleep)
수면상태에서 시간의 경과는 알 수 없다(74항). 수면 중에 사람 안에서 무엇이 활력이 되고 힘이 되게 하나(219항).

장방형 골수체(長方型 骨髓體·medulla oblongata)
그것의 구성(366항).

저술·저작물(著作物·writing)
글자들이나, 글자들 하나하나에 전체적인 뜻을 내포하는 것 이외에 자연적인 저술과 같은 영적 지술은 전혀 있지 않다(295항). 이 두 저작물은 오직 대응에 의하여 교류를 갖는다(306항).

전가·유전(轉嫁·遺傳·transmis-

색 인   411

sion)
악에 속한 사랑의 유전은 부모에게서 후손에게 이어진다(269항).

전갈(scorpion)
그것들의 근원(339·341항).

전능(全能·omnipotence)
하나님의 전지전능(9·72·221항).

전섭리(全攝理·omniprovident·all-providing)
하나님이 전섭리이시다는 것은 어느 정도 알 수 있다(21항).

전지(全知·omniscience)
하나님의 전지하심(9·21·72항).

전체(全體·whole)
전체는 부분으로부터 존재하고, 부분은 전체로 말미암아 영속한다(367항).

점감(漸減·縮小·decrease)
영적 볕(熱)과 빛(光)의 점감은 계도에 의하여 이루어진다(94·186항). 천계에서, 천계의 모든 사회에서 빛은 중심에서부터 외연(外緣)으로 점감되어 간다(253항).

정동(情動·affection)
정동은 사랑에 속한 종결(終結·determination)이고(410항), 의지에 속한 것이다. 왜냐하면 그것이 사랑에 속한 것이기 때문이다(372항). 정동은 신령사랑에서 비롯된다(33항). 정동과 사상은 공기보다 더 순수한 대기(大氣)를 방편으로 하여 가능하다(176항). 알고자 하는 정동에서부터 진리를 위한 정동이 비롯된다; 이해를 위한 정동에서부터 진리의 지각이 비롯되고, 또 진리를 이해하고자 하는 정동에서부터 사상이 생겨진다(404항). 정동은 억양이 언어에 관계되는 것처럼 사상에 관계된다(372항). 정동은 생각하고, 말하고, 행동하는 가운데 알려지지 않은 그 어떤 즐거운 것 없이는 지각되지 않는다(364항). 정동·사상·행동은 불연속 계도에 속한 시리즈 안에 있다(214항). 사랑에 속한 정동은 안면에 나타난 심상(心像)으로 표현되고, 지혜에 속한 사상은 눈빛 안에 표현된다(365항). 사상·지각·정동은 실체(實體·substance)요, 형체이지만, 사실적 또는 실제적 실체나 형체에서 추출한 실체는 아니고(42항); 또 그것들은 그들의 주제에 속한 외모로는 불가능하지만 그러나 그것들은 주체에 속한 상태이다(209·224·291항). 이해 밖에 있는 사랑 또는 의지의 모든 작용은 긴리를 위한 정동에는 관계를 갖지 않고, 선을 위한 정동에 관계를 갖는다(404항). 사랑에 속한 정동은 피에 대응된다(423항).(사상 참조).

정맥(靜脈·vein)
399·400·408·420항 참조. 대정맥(vena cava)(405·412·413·415항). 기관지 정맥(405·407·413항). 폐장 정맥(405·407·412·413·420항). 정맥은 정동에 대응하고 폐장 안에 있는 정맥은 진리의 정동에

대응한다(412·420항).

정반대의 사물(대척지·對蹠地·antipodes)
지옥에 있는 이들은 정반대의 사물에 비교된다(275항).

정점(頂點·天頂·zenith)
영계에서 태양이 천정에 나타나지 않는 이유(105항).

정화(淨化·purification)
이해 안에 있는 사랑에 속한 정화, 그것은 어떻게 이루어지나(419·420항). 사람의 모든 정화는 지혜에 속한 진리의 방편으로 이루어진다(420항). 피의 정화(420·423항).

제고(提高·高揚·上昇·elevation)
천계의 별과 빛으로의 사람의 고양(138·256·258·422항).

제일존재(第一存在·the First)
생명의 제일원리 또는 제일존재는 두뇌에 있다(365항). 제일원리 안에 있는 생명은 의지와 이해를 뜻한다(365항). 첫째 가는 것들이 동물계에 속한 모든 것들이다(65항).

조요(照耀·enlightenment)
모든 조요는 오직 주님에게서만 온다(150항). 조요가 여호와의 영(the Spirit of Jehovah)에 의하여 이루어진다고 말하는 이유(100항). 자연적인 마음의 조요는 불연속 계도에 의해서는 올리워지지 않지만 연속적 계도 안에서는 증대된다(256항). 주님 강림 전 사람들의 조요는 간접적이었지만 강림 후에는 직접적으로 이루어진다(233항).

존재(存在·esse)
존재는 실체(實體·substance)이고, 실재(實在·existere)는 형체이다(43항); 15항 참조. 존재는 그것이 존재하지 않는다면 존재가 아니다(15항). 존재 자체는 생명 자체이다(76항). 신령존재는 신·인(神·人)의 신령혼을 뜻한다(14항).

존재와 실재(存在·實在·esse and existere)
사랑과 지혜가 합치면 신령존재이고, 서로 나누면 사랑은 신령존재라고 부르고, 지혜는 신령실재라고 일컫는다(34항).

좀벌레(moth)
그것들의 근원(338·339항).

종교(宗敎·religion)
그들의 종교에 속한 거짓을 고집한 사람들은 이 세상의 삶 뒤에도 저 세상에서 계속 이어진다(268항).

주(週·week)
성경말씀에 주(週)는 상태를 뜻한다(73항).

주님(主님·the Lord)
주님은 생명 자체이시기 때문에 사랑 자체이시다(4-6항). 주님은 사람이시다(11-13·285항). 주님은 우주를 통치하시는 참되시고, 유일하신 하나님이시다(103항). 주님 홀로 천계이시다(113-118항). 주님께서 어느 사람과도 완전히 다르게 그분의 온몸으로 다시 사셨다(221항). 주님께서 자기 스스로 천사들에게 나타나 보이셨을 때 주님은 자기 자신을 어떤 때는 사람(a Man)으로 보이셨고, 어떤 때는 영적 태양 안에, 어떤 때는 그 태양 밖에 나타나셨다(97항). 주님께서는 수용에 따라서 모두와 현존하신다(111·124항). 주님 안에 있다는 것은 각자의 천직적(天職的)인 의무를 성실히, 올바르게, 의롭게, 신실되게 완수하는 것을 가리킨다(431항).(하나님 또는 여호와 참조).

주체(主體·subject)
주체는 실체적 존재이다(373항). 사람은 그 자신의 측면에서 보면 신령사랑과 신령지혜를 받는 그릇이 될 수 있는 주체이다(170항). 사람이 주체를 떠나서 생각한다는 것은, 마치 어떤 것이 공중에 떠 있는 것이나 또는 물에 떠다니는 것과 같이, 본질적으로 주체의 상태에 관한 외현일 뿐이다(40-42항).

죽음(死亡·滅亡·death)
육체의 죽음이 발생하였을 때(390항). 사람이 죽었을 때 사람은 무엇이 되나(90항).

줄기(stalk)
식물계의 형체에서 줄기는 그것의 가장 궁극적인 것이다. 나무껍질의 층으로 덮힌 그것들은 뭍(earths)으로 뒤덮힌 지구를 표징한다(314항).

줄무늬체(striata corpora)
366항.

중간적인 것(middle things)
식물계의 개별적인 것이나 전체적인 것들은 중간적인 것들이다(65항).(최초의 것과 궁극의 것 참조)

쥐(rat)
그것의 근원(339·341항).

지각(知覺·perceive)
지각은 지혜에 관계한다(363항). 일반적인 지각(365항). 지각은 천계에서 비롯된 입류에 의하여 이루어진다(361항). 박학한 사람들이 자신들의 지각을 말살하는 이유(361항). 건전한 이성을 가진 사람은 진리를 깨달으려는 정동을 가진 것만큼 진리의 지각에 부족함은 없다(404항). 진리의 지각은 깨달으려는 정동에서 비롯된다(404항). 지각은 실체요 형체이지, 실체와 형체에서 비롯된 추상적 사물은 아니다(42항). 지각은 영계로부터 비롯되고, 또 지각은 이해에 의해서 받아들여지지 않고 오히려 이해 안에 있는 그것의 정동에 일치하는 사랑에 의해 수용된다(410항).(정동과 사상 참조)

지각한다(知覺·perceive)
주님에 속한 것을 자기의 것처럼 지각한다(115·116항).

지구·천체·지구의(地球·天體·地球儀·globe)

지구(地球)는 일종의 거점이요, 지탱하는 곳이다(106·165항).

지극히 작은 것(微小·minute)
지극히 작은 사물이라고 해도 그 안에 두 종류의 계도가 있지 않는 것은 아무것도 없다(223항).

지옥(地獄·hell)
세 개의 지옥들이 있는데 그것들은 높이의 세 계도 즉 세 천계에 반대되는 깊이에 따라서 서로 분별된다(275항). 지옥들은 사람들에게서 멀리 떨어져 있지 않고, 그들 주위에 있다. 뿐만 아니라 악한 사람들 그 안에 있다(343항).(339·341항 참조).

지혜(智慧·英智·wisdom)
지혜는 사랑인 존재에서 비롯된 생명의 실재이다(14·358·368항). 지혜는 사랑의 형상 이외의 아무것도 아니다. 왜냐하면 지혜 안에 있는 사랑은 볼 수 있고 깨달을 수 있도록 그 자체를 드러내 보여주기 때문이다(358항). 그것은 사랑에서 비롯되고, 그것은 사랑의 형체이다(368항). 그것은 사랑이 목적이요 선용이요, 결과인 원인을 가리킨다(241항). 그것은 사랑을 낳지 못하지만 사람이 어떻게 살아가야 하는지, 그리고 사람이 가야 할 길을 가르쳐주고, 보여준다(244항). 사랑이 결여된 지혜는 본질이 없는 실재와 같다; 또 겨울 햇빛과 같다(139항). 선을 위한 정동에서부터 선을 행하는 것이 지혜이다(428항). 사랑 참조.

진공(眞空·vaccum)
진공은 무(無)를 가리킨다(373·299항). 진공에 관한 천사와 뉴톤의 대화(82항).

진드기(mite)
그것들의 근원(338·339항).

진리(眞理·truth)
지혜에서 비롯된 모든 것을 진리라고 부른다(31항). 진리는 성동의 형체 즉 사랑의 형체 이외의 아무것도 아니다(411항). 진리는 이해에 속한다(406·410항). 모든 진리는 영적 빛에 속한다(253항).

진리들(眞理·truths)
피상적 진리(皮相的 眞理)들은 누구나 생각하고 말하는 것과 일치하는 외현일 뿐이다. 그러나 그것들이 참 진리를 받아들였을 때 피상적 진리는 거짓이나 오류가 된다(108항).

진전(進展·progression)
첫째 것에서부터 가장 외적인 것에로, 그리고 가장 외적인 것에서 첫째 것에로의 우주 안에 있는 만물의 진전(304·314·316항).

질서(秩序·order)
불연속 계도에 속한 영속적, 동시적 질서(205-208항).

질식·기절(窒息·氣絶·suffocation and swooning)
질식이나 기절했을 때 심장과 폐

색 인   415

장의 상태(407항).

짐승(禽獸·beast)
그것들이 말을 할 수 없는 이유
(255항). 감각적인 사람은 이런 관
점에서 짐승들과 구별되는데, 그것
은 사람은 지식을 가지고 기억을
채울 수 있고 또 그것에서부터 생
각을 할 수 있고, 말을 할 수 있기
때문이다(255항).(345항 참조).

집·가옥(家屋·house)
의지에 속한 집은 그 사람 전부
를 뜻한다(408항).

ㅊ

차이(差異·等次·difference)
영계에서의 별과 빛의 차이, 그리
고 자연계의 별과 빛의 차이(89
항). 천사와 사람의 차이(112항).
자체 안에 있는 것과 자체에서 비
롯된 것과의 차이(76항). 영적 대
기와 자연적 대기의 차이(175항).
세 천계는 어떻게 다른가(202항).
자연적 사람의 생명과 짐승의 생명
과의 차이(255항). 자연적인 것과
영적인 것의 차이; 천사의 사상과
사람의 사상과의 차이(294·295항).
천적 사랑과 영적 사랑과의 차이
(427항). 영적 언어와 자연적 언어
의 차이(70·295항).

창조(創造·creation)
모든 삼라만상은 사람과 사람을
위한 목적으로 창조되었다(170항).
창조된 모든 것들 안에는 목적·원
인·결과 세 국면이 있다(154항).
"하나님의 형상과 모양으로 창조되
었다"는 말씀은 사랑과 지혜의 형
체로 창조되었다는 것을 가리킨다
(287·358항). 우주의 창조(52-60
·151-156·163-172); 그것은 공
간으로부터 공간으로, 시간으로부터
시간까지가 아니라는 것이다(156
항); 공간과 시간을 사상에서 제거
한다면 우주 창조의 개념을 납득할
수 있다(155항). 창조의 목적은 모
든 만물이 창조주에게 돌아가는 것
(回歸)이고, 또한 창조주와 결합하
는 것이다(167-172항). 우주의 창
조 목적은 인류로부터 천사의 천국
을 만드는 것이다(329항). 선용의
모든 형체 안에는 창조의 형상이
있다(313-316항).

착각(錯覺·白日夢·幻像·delusion)
영계에서의 착각(424항).

천계·천국·하늘나라(天界·天國·heaven)
전 체계와 그것 안에 있는 모든
것들은 한 분 하나님을 우러른다
(25·26항). 온 천계는 모두 합쳐서
한 사람으로 보인다(288·381항).
천계는 사람의 사지(四肢)·내장·기
관에 따라서 지역과 영역으로 나뉘
인다(288항). 불연속 계도에 따라
서 정리된 세 천계가 있다(202·275
항). 천계는 영적, 천적의 두 왕국
으로 나뉜다(381항).

천사(天使·angel)
천사를 만드는 것은 사랑과 지혜

이며, 이 둘은 주님의 것이다; 천사는 주님에게서 비롯된 것이지 그들의 고유속성(固有屬性·own)에게서는 비롯되지 않는다(114항). 천사는 사람과 꼭같이 내적인 것과 외적인 것을 소유한다(87항). 천사들은 자연계에서 사람들이 숨쉬고, 말하고, 듣는 것과 꼭같이 영계에서 숨쉬고, 말하고 듣는다(176항). 천사들은 사람들이 지상에서 소유하는 개별적인 것이나 전체적인 것들을 소유한다(135항). 천사들은 그들의 사상이 처해 있는 곳에서 나타나 보인다(285항). 천계의 천사나 교회의 사람은 결합을 통해서 한몸(一體)처럼 행동한다(118항). 천사들 주위에 나타난 모든 것들은 그들에게서부터 생성된 것들이다(322항). 천사들은 사람들과 어떻게 대화를 하나(257항). 천사의 지혜에 속한 기쁨은 그들이 알고 있는 바를 다른 이들에게 전하는 일이다(432항).

천사적(天使的·angelic)
천사적인 상태는 동일하게 사랑이나 지혜의 수용그릇이다(102항). 천사의 천사적 상태는 신령사랑과 신령지혜이다(114항).

촉각(觸覺·touch)
촉각은 적용되는 사물에 있는 것이 아니라, 주체인 피부의 실체와 형체 안에 있다; 그 감각 자체는 적용된 것들에 의한 주체의 느낌을 제외하면 아무것도 아니다(41항). 촉각은 섬유질을 통해서 두뇌와 즉시 소통한다. 그리고 그것으로부터 감각적이고 능동적인 삶을 유발한다(365항). 손으로 만지는 것(觸手)은 교류를 뜻한다(220항). 감관 참조.

총명·이지(聰明·理智·intelligence)
진리를 위한 정동에서부터 선을 행하는 것이 총명이다(427·428항). 영적 사랑 안에 있는 사람들은 그들의 생명에 각인(刻印)된 총명을 갖는다(428항). 원인에서부터 생각한다는 것은 총명이다(202항).

최후심판(最後審判·last judgement)
그것에 관한 오류들(386항).(심판 참조)

추상적(抽象的·abstract)
보편적 존재들인 추상적인 것들은 응용적(應用的)인 것들 보다 혼히 더 잘 이해된다(228항).

추한·더러운·불순(不純·impure)
의지에 속한 더럽고 추한 것들은 이해 안에 있다(421항).

출생(出生·birth)
출생 전의 동물의 상태는 뿌리를 내리기까지의 땅 속에 있는 씨와 같다; 출생 후의 상태는 동물이 새끼를 낳는 어미가 되기까지는 나무가 성장하여 열매를 맺는 상태에 이르기까지의 나무의 성장과 같다(316항).

충만·가득함(充滿·完成·fulness)
충만함에 있는 것(217·221항).

색 인

췌장(膵臟·pancrea)
감관으로 사람은 췌장에 관해서 아무것도 알지 못한다(22항). 그것은 불연속 계도에 따라서 보다 더 내면적으로 완전하다(201항).

ㅋ

코(嗅覺·nose)
코는 진리의 지각에 대응한다(254항). 코가 냄새를 맡는다는 것은 외현(外現)이다. 그러나 이해가 그것의 지각의 덕분으로 냄새를 맡는 것이다(363항). 성경말씀에서 콧구멍은 지각을 뜻한다(383항).

ㅌ

태반·자궁(胎盤·womb)
태반에서의 사람의 형성(6·356·400항). 태반에서의 유아의 상태(407·410항). 동물계에서 몸은 태반이나 자궁에 자리잡은 씨에 의해 형성된다; 그리고 식물계에서는 씨가 그 시작이고, 자궁이나 태반은 대지(大地)이다(316항).

태아(胎兒·fetus)
태 안에 있는 태아의 상태(399·401·402·407·410·432항).

태양·해(太陽·sun)
두 태양이 있어서, 그것을 통해 주님께서는 삼라만상을 지으셨는데, 그 하나는 영계의 태양이고, 다른 하나는 자연계의 태양이다(153항). 영적 태양은 주님 자신은 아니고, 그분에서 발출한 신령사랑과 신령지혜이다(86·93·97·290·291·151-156항). 자연계의 태양은 순수한 불로서, 그것으로 말미암아 지상의 모든 생명체가 생겨졌다; 그러나 영계의 태양은 신령생명이 들어 있는 불이다(89·157항). 영적 태양은 모든 것들이 생성된 단 하나 뿐인 실체이다(300항). 그것은 천계에서 중앙 상단에 나타난다(103-107항). 성경말씀에서 태양은 신령사랑과 신령지혜의 측면에서 주님을 가리킨다(98항). 제2부 참조.

투명(透明·transparent)
사람 안에 내재한 볕과 빛을 받아들이는 형체(受容形體)는 수정의 컵 같이 출생부터 투명하다(245·255항). 자연적인 빛을 통과시키는 그 형체들은 영적 빛을 통과시킨다(245항).

ㅍ

파리(fly)
그것들의 근원(338·339항).

파생적인 것(派生的·derivatives)
육체의 모든 것은 파생적인 것 즉 사랑과 지혜의 그릇인 제일원리에서 나온 섬유에 의하여 모두 엮어진 것이다(369항). 의지와 이해는 육체 안에 있는 그것들의 파생적인 것 안에 내재한다(365·387항). 제일원리가 가는 곳에는 언제나 그 파생적인 것이 뒤따르고, 또한 떠날 수 없다(369항).

팔(上肢·arm)
성경말씀에서 팔은 능력(能力)을 뜻한다(220항). 오른팔은 진리에 속한 선에 관계되고, 왼팔은 선에 속한 진리에 관계된다(384·409항).

평화(平和·平溫·peace)
평온의 상태는 지상의 봄에 대응한다(105항).

폐(肺臟·lung)
폐장은 이해에 대응한다(413항); 그리고 지혜 즉 진리에 대응한다(402항). 이해는 폐장에 대응한다(382·383항). 폐장에 관한 특수적인 것들(413항). 불연속 계도에 따라서 보다 내면적으로 완벽하다(201항). 폐에 두 가지(葉)가 있는 이유(384·409항).(심장 참조).

폐관(肺管·pulmonary pipe)
작은 곤충 안에 있는 폐장의 실재(373항).

폐장의 나라(pulmonic kingdom)
천계에 있는 폐장의 나라는 지혜가 주동이 되는 나라이다(381항). 거기에 있는 사람들은 이웃사랑 안에 있다(428항).(391·392항 참조).

포크스 경(Sir Martin Folkes)
영국 학사원 원장으로 자연에 생성되는 힘이 창조주 하나님께서 끊임없이 있게 하신다고 주장(344항).

표징(表徵·representation)
심장과 폐장과 같이 하는 의지와 이해의 대응에 속한 천사적 표징(376항).

피(血液·blood)
(370·380·401·405항 참조). 사랑에 속한 정동은 피에 대응한다(423항). 폐장의 피가 마음의 정동에 대응하면서 자체를 정화하고, 또 자양분을 준다(420항). 사람의 영이 사랑하는 것, 즉 그의 피는 대응에 따라서 호흡에 의하여 간구하고 끌어당긴다(420항). 성경말씀에서 피가 영혼(靈魂·soul)이라고 일컫는 이유(379항). 동맥의 혈액(420항).

피부·살갗(皮膚·外皮·skin)
촉각의 주체는 사람을 감싸고 있는 피부이다(41항). 피부의 실체와 형체는 그것에 적용하는 그 어떤 것을 느끼도록 한다(41항).

ㅎ

하나님(神·God)
하나님은 생명 자체이시기 때문에 그분은 사랑 자체이시다(406항). 그분은 공간 안에 계시지 않는다(7-10·21항). 그분은 바로 사람이시다(11-13·16·97항). 자신에게서 비롯된 것에 존재하지 않고, 자신 안에 존재한다(16항). 선용의 관점에서 창조된 우주의 모든 것은 형상으로는 사람을 표징하는데, 이것은 하나님이 사람이시다는 것을 입증한다(319-326항). 그분 자신

색 인   419

의 본질에 의하여 하나님은 "여호와"라고 일컫는다(100항). 하나님만이 오직 본질적으로 본질 자체시고, 그러므로 존재 자체시다(283항). 하나님 안에서 우리는 살고, 움직이고, 우리의 존재를 갖는다(301항).(여호와·주님 참조).

한스 스로아네 경(Sir Hans Sloane) 344항.

할아버지(祖父·grand father)
유전적 악은 아버지(祖上)에게서 왔다. 따라서 조부와 조모에게서 와서 후손들에게 전수되었다(269항).

합리성(合理性·rationality)
합리성은 그것에 의해 사람이 참된 것, 선한 것이 무엇인지 이해하는 능력이다; 그것은 이해에 속한 기능이다(240·264·413·425항); 그것은 창조에 의해 모든 사람과 같이 하며, 따라서 출생에 의해 같이 하고, 그리고 자유와 결합된 그것은 사람을 짐승과 분별한다(264·413항). 나쁜 사람도 선한 사람과 꼭같이 이 능력을 만끽한다(266항). 그것은 사람에게서 소멸되지 않는다(247·258·264항). 사람의 자연적인 마음이 완숙에 이르기 전까지는 그것은 사람과 같이 존재하지 않는다(266항). 외적인 것들이 사고로 상해를 입으면 그것은 결여될 수 있다(259항). 거짓을 생각하는 합리적 기능은 비합리적이다(425항).

합리심(合理心·合理性·rational)
사람의 합리심은 이해에 속한 가장 높은 정상이다(237·254항). 사람의 합리심은 마치 세 계도 같은 외현 안에 있다(258항). 사람의 합리심이 자연적 사랑 안에, 동시에 영적 사랑 안에 있는 사람은 합리적인 사람이다(416항). 사람은 제고에 의하여 합리적이 되고 또 셋째 계도에까지 이른다(258항). 어떻게 합리적인 것이 완전해지나(332항). 합리적인 것은 자연적 계도에 속한 높은 지역이다(254항).

합일(合一·結合·union)
사랑과 지혜의 합일; 지혜와 사랑의 합일(35-37항). 영적인 별과 영적인 빛의 합일, 그리고 그 반대의 것(99항). 상호적 합일이 하나가 되는 원인(35항). 둘이 하나가 되는 것, 그렇게 되는 원인(15항).

해부(解剖·anatomy)
뇌의 해부에서 얻어진 확증들(366항); 심장의 해부에서 얻어진 확증들(399항); 배(胚)에서 얻어진 확증들(401항). 심장과 폐장의 결합(403·408항); 폐장의 구조(405·412항); 폐장의 호흡(408항); 심장의 작용(410항); 동맥과 공기 그릇(412항); 피의 순화와 영양분(420항).(365·373항 참조).

행동(行動·行爲·act)
육체의 행동들은 그것들 안에 그것들이 있게 한 선재(先在·prior)하는 것들을 내포한다(277·278항).

향기·냄새(香氣·odor)
지옥에 있는 추하고 더러운 냄새

들(339·341·420항). 천계들에 있는 향내들(420항).

향한다·방향을 바꾼다(turn)
천사들은 고정적으로 자신의 얼굴은 주님을 향한다(129-134항); 육체나 마음의 모든 내면적인 것들은 태양이신 주님을 향한다(135-139항). 모든 영, 즉 그의 성품은 그의 지배애를 향한다(140-145항).

허구·꾸며낸 일(虛構·figment)
추리의 허구(43·210항).

혀(舌·tongue)
혀가 맛을 보는 것은 외현이다. 그러나 이해는 그것의 지각에 의해서 맛을 본다(363항). 감관만으로는 사람은 그의 혀에 내재한 수많은 것들에 관해서 아무것도 알지 못한다(22항). 그것은 불연속 계도에 따라서 내면적으로 보다 더 완전하다(201항).

현명한 사람(賢者·wise)
말씀을 행하는 사람을 성경말씀에서 현명한 사람이라고 불렀다(220항). 사람은 그의 그럴듯한 말로 판단되지 않고 그의 삶으로 평가된다(418항).

현존·임재(現存·臨在·presence)
주님의 현존; 그분은 어떻게 어디에 계시나(299항). 천사의 현존; 어떻게 실현되나(299항). 사람은 사상을 방편으로 하여 아무리 먼 곳이라 할지라도 어느 곳이든지, 말하자면 어디든지 갈 수 있다(285항).

형상(形相·形狀·image)
선용의 측면에서 창조된 우주는 하나님의 형상이다(298·64항). 창조된 모든 것들은 주님 안에 있는 형상(=닮음)을 계속 담는다(223항). 선용의 형체들 안에는 창조의 형상의 한 종류이다(313항); 또 하나는 사람의 형상이다(317항); 그리고 무한존재와 영원존재의 형상이다(318항). 창조된 우주의 모든 것들은 선용의 관점에서 보면 한 형상으로 사람을 표징한다(319항). 악 안에 있고, 거기서 비롯된 거짓 안에 있는 자연적인 마음은 지옥의 형체이고 형상이다(273항). 영적 태양의 헤아릴 수 없이 많은 것들이 창조된 우주 안에 있는 한 형상 안에 있는 것으로써 실재 안에 임한다(155항). 창세기에서 "하나님의 형상"은 신령지혜를 가리킨다(358항).

형성(形成·構成·formation)
인체의 형성은 태중에서 이루어진다(400항).

형체·틀(形體·form)
본질적으로 형체는 신령지혜이다(44-46항). 자연적인 마음의 실체적 형체(273항). 인간 형체는 사랑에 속한 모든 정동의 형체 이외의 아무것도 아니다(411항). 사람의 시초적 또는 원초적 형체(432항). 사람의 물질적 형체(388항). 의지의 형체(410항). 식물과 동물의 형

색　인

체, 그것들은 무엇이 만드나(340
항). 사람의 기관의 형체의 근원
(370항). 모든 영적 형체는 큰 것
에 있든 작은 것에 있든 자체적으
로는 동일하다(273·275항). 자연계
안에 정착하고 유지하게 하는 형체
는 무엇이 원인인가(340항). 형체
는 선용의 수용그릇이다(46항). 선
용의 형체들(307-318항). 선용의
우열(優劣)에 따라서 형체는 다양
하다(80항). 형체가 없다면 본질은
존재할 수 없다(209·223·229항).
(본질과 형체 41항 참조).

혼인·결혼(婚姻·結婚·marriage)
　사랑과 지혜의 혼인, 그리고 의지
와 이해, 선과 진리의 혼인(402·
409·410·419항). 천적 사랑과 지
혜, 영적 사랑과 총명의 혼인(414·
423·427항).

혼인식(婚姻式·nuptial)
　사랑과 지혜, 의지와 이해의 혼인
식에 의해서 이해되는 것(404항).

확증한다·굳히다(確證·確認·confirm)
　자연적인 사람은 그가 원하는 것
은 무엇이든지 굳힐 수 있나. 모든
종류의 악과 거짓도 확증할 수 있
다(267항). 사람 안에서 확증되었
을 때 그것들은 불변적이고, 또 그
사람의 사랑과 지혜의 됨됨이가 된
다(268항).

활력소(活力素·努力·애씀·conatus
·effort)
　활력소는 스스로는 아무것도 할
수 없고, 다만 그것에 대응하는 힘
을 통해서 움직이고, 그것에 의해
동작이 생길 뿐이다; 활력소는 힘
안에 있는 모든 것이요, 힘을 거쳐
서 동작 안에 있는 모든 것이다
(218항). 영적인 모든 것 안에는
육체와 더불어 그것 자체를 감싸는
활력이 있다(343항). 사람 안에 있
는 살아 움직이는 활력은 그의 이
해와 결합된 그의 의지이다(219
항).(힘과 운동 참조).

횡격막·가로막(橫膈膜·diaphragm)
　폐장과의 관계(384·402·403·408
항).

후두개(喉頭蓋·epiglottis)
　382항.

흉골(胸骨·胸板·sternum)
　그것은 폐장과 관계된다(408항).

흉부(胸部·thorax)
　403항 참조.

힘(力·能力·force)
　힘은 활력으로 능동적이 되게 한다;
활력에 의하여 생성되고, 움직이게 한
다(218항). 사람 안에 살아 있는 힘
(living force)은 그의 육체 안에 있는
내면적 요소이다(219항). 죽은 힘
(dead force)이 살아 있는 힘에 작용
한다는 것은 질서에 위배되는 것이다
(166항). 힘의 완성(200항). 능동적
힘·중간적 힘·수동적 힘(178항).
(311·340·392항 참조).

힘줄(腱·tendon)
　그것의 근원(304항).

―――― ◇ 예수인의 책들 ◇ ――――

순정기독교(상·하권)
스베덴보리 지음·이모세/이영근 옮김 값 각권 20,000원

예수인의 생명
이모세 지음 값 7,000원

최후심판과 말세
스베덴보리 지음·이영근 옮김 값 7,000원

천계비의 ①·아담교회
―창세기 1-5장 영해―
스베덴보리 지음·이영근 옮김 값 9,000원

천계비의 ②·③·노아교회 [1]·[2]
―창세기 6-8장·9-11장 영해―
스베덴보리 지음·이영근 옮김 값 각권 9,000원

천계비의 ④·⑤표징적 교회 [1]·[2]
―창세기 12-14장·15-17장 영해―
스베덴보리 지음·이영근 옮김 값 각권 9,000원

천계와 지옥(上·下)
스베덴보리 지음·번역위원회 옮김 값 각권 9,000원

◇ 도서출판 예 수 인 ◇
강서구 화곡4동 488-49·전화 2649-8771/2644-2188

□ 옮긴이 약력

이모세   한국 신학대학, 동국대학교 대학원, 미국 새교회 신학교, 하버드 대학교 신학대학원에서 공부하였으며, 한국 새교회 신학원 원장, 강남대학 학장을 역임하였고, 예수교회 목사로 임직한 이후 예수교회 한강예배당, 미국 나성 새교회, 미국 남부네바다 한인교회, 미국 뉴욕 예수교회 밀알 예배당 담임목사를 역임하였다. 현재 예수교회 성도예배당(LA 소재) 원로목사로 재임하고 있다.
저서로는
  전통문화의 가치관(1982, 공저), 빛이 있어라(1985), 물과 물로 나뉘어라(1986), 열매에는 씨가…(1987), 하늘에는 해와 달이…(1988), 공중에는 새가 땅에는 짐승이…성서 상징물 이해:대응연구(1989), 요한묵시록 영해(1990), 성서영해 방법론(1991), 다니엘서 영해(1992), 마가복음 영해(1993), 나의 회고록(1995)이 있으며 역서로는
  천국이 시작되는 곳(EK 브레이 지음 1965), 순정기독교 상·하권(스베덴보리 지음·공역 1995) 등이 있다.

이 영 근   서강대학교 경상대학 경제학과, 중앙대학교 사회개발 대학원 사회복지학과, 한국 새교회 신학원에서 공부하였으며, 예수교회 목사로 임직한 이후 예수교회 공의회 의장을 역임하였고, 한국 IBM(주) 업무관리부장, 월간「비지네스」편집장, 월간「산업훈련」편집장을 역임하였다. 현재 예수교회 제일예배당 담임목사이고,「예수+교회」발행인 겸 편집인, 도서출판〈예수인〉대표이다.
역서로는 스베덴보리 지음〈창세기 1·2·3장 영해〉(1993),〈순정기독교 상·하권 공역·1995〉,〈최후심판과 말세〉(1995), 우스터 지음〈마태복음 영해〉(1994), 스베덴보리 지음〈천계비의 1권 아담교회·2권 노아교회[1]·3권 노아교회[2]·4권 표징적 교회[1] 5권 표징적 교회[2]〉와 천계와 지옥(上·下)(공역)이 있다.

신령사랑과 신령지혜

1999년 12월 21일 인쇄
1999년 12월 27일 발행
2019년 5월 22일 초판 2쇄 발행

지 은 이 임마누엘 스베덴보리
옮 긴 이 이모세/이영근
펴 낸 이 이 영 근
펴 낸 곳 예 수 인

1994년 12월 28일 등록 제 11-101호
(우) 07732 · 서울 강서구 등촌로13길 170-7 (화곡동)
연락처 · 예수교회 제일 예배당 · 서울 강서구 등촌로13길 170-7 (화곡동)
전 화 · 2649-8771 · 2644-2188

대금송금 · 국민은행 848-21-0070-108 (이영근)
우리은행 143-095057-12-008 (이영근)
우체국 012427-02-016134 (이영근)

ISBN 87889-88992-79-1 04230   값 25,000원